유닉스, 리눅스, OS X 환경에서 사용할 수 있는

셸 스크립트
프로그래밍 입문 4/e

유닉스, 리눅스, OS X 환경에서 사용할 수 있는

셸 스크립트
프로그래밍 입문 4/e

스티븐 코찬 · 패트릭 우드 지음 | 김용환 옮김

에이콘

| 지은이 소개 |

스티븐 코찬 Stephen Kochan

『처음 시작하는 C 프로그래밍』(정보문화사, 2015), 『프로그래밍 오브젝티브-C 2.0』(인사이트, 2013), 『Topics in C Programming』(Wiley, 1991), 『Exploring the Unix System』(Prentice Hall, 1992) 등 유닉스와 C 언어를 다룬 베스트셀러의 저자 및 공저자다. 이전에는 AT&T 벨 연구소Bell Laboratories의 소프트웨어 컨설턴트로 일하면서 유닉스 및 C 프로그래밍 수업을 개발하고 가르쳤다.

패트릭 우드 Patrick Wood

뉴저지에 위치한 EFIElectronics for Imaging의 CTO다. 1985년 코찬을 만났을 때 벨 연구소의 기술 직원 중 한 명이었으며, 코찬과 함께 유닉스 컨설팅 회사인 파이프라인 어소시에츠 사Pipeline Associates, Inc.를 설립하고 부사장을 지냈다. 『Exploring the Unix System』(Prentice Hall, 1992), 『Unix System Security』(Prentice Hall Computer, 1986), 『Topics in C Programming』(Wiley, 1991), 『Unix Shell Programming』(Sams, 2003)을 공동 저술했다.

| 옮긴이 소개 |

김용환(knight76@gmail.com)

네이버, 라인^{Line}을 거쳐 카카오^{Kakao}에서 개발자로 일하고 있다. 현재 마흔두 살의 평범한 개발자로 다양한 도전에서 에너지를 얻으며, 개발과 실무 경험을 블로그(http://knight76.tistory.com)에 기록하고 있다. NIPA(정보통신산업진흥원) 산하의 소프트웨어공학포털에 DEVOPS, 대용량, API, 오픈소스 거버넌스에 관련된 내용을 기고했다. 에이콘출판사의 『Ansible 설정 관리』(2015), 『ElasticSearch Cookbook 2/e』(2016), 『Redis 핵심정리』(2016), 『CentOS 7 리눅스 서버 쿡북』(2016), 『하이브 핵심정리』(2017), 『일래스틱서치 고급 기능의 개념과 활용』(2017), 『SMACK 스택을 이용한 빠른 데이터 처리』(2017)를 번역했다.

| 옮긴이의 말 |

리눅스는 무료 운영체제지만 안정성이 좋아 많은 회사에서 서버 환경으로 사용되고 있으며, 이제 리눅스를 쓰지 않는 IT 회사는 찾아보기 어렵습니다. 또한 개발과 운영을 동시에 진행해야 하는 데브옵스를 사용하기 위해 리눅스는 필수로 알아야 할 운영체제가 되고 있습니다.

프로그래밍 언어를 사용해 개발된 애플리케이션을 리눅스에서 실행하고 관리하기 위해서는 리눅스에 대한 기본 지식을 습득하고 셸 프로그래밍을 기본적으로 해야 합니다.

게다가 최근 많은 IT 회사에서 개발자 직군에게 유닉스 계열의 OS X가 설치된 맥북을 지급하고 있습니다(또한 디자이너 직군과 개발자 직군뿐 아니라, 일반 기획자와 사무직 직군에게도 지급되고 있어서 맥 OS X를 알아야 하는 상황입니다). 따라서 유닉스 서버 환경에서만 작업할 수 있는 환경을 로컬 환경에서도 동일하게 구축할 수 있게 됐습니다. 데브옵스, 클라우드, 도커 기술이 확산되면서 특히 셸 프로그래밍은 기본적으로 알아야 할 내용이 됐습니다. 이제는 피해갈 수 없습니다. 선택이 아닌 필수 지식에 가까워서 부담스러울 수 있겠지만 독자 여러분들이 즐겁게 배우고 리눅스를 깊이 알아가면 좋겠습니다.

이 책은 셸 프로그래밍을 배우길 원하는 개발자, 시스템 엔지니어, 일반인에게도 도움이 됩니다. 게다가 이 책의 예제와 설명은 유닉스, 리눅스, OS X 모두를 지원하는 POSIX 표준 셸을 기반으로 합니다. 따라서 이 책에서 배운 기술을 대부분의 유닉스 계열 운영체제에서 사용할 수 있습니다. 이 책에는 많은 유틸리티와 셸 프로그래밍 기술 등 현업에서 적용할 만한 내용이 가득합니다. 훌륭한 책인 만큼 여러분에게 더욱 추천합니다.

저는 리눅스를 평생 친구로 생각해왔습니다. 특히 윈도우보다 리눅스를 좋아합니다. 아마도 대학생일 때 학교에 있는 유닉스 터미널에서 MUD 게임을 하면서 점점 유닉스 운영체제에 관심을 갖게 된 것 같습니다. 그리고 조금씩 리눅스 유틸리티와 셸 프로그래밍에 대해 배운 내용을 블로그에 정리하기 시작했습니다. 이전 직장에서는 리눅스를 조금 안다는 이유로 커널 디바이스 프로그래밍을 해볼 좋은 기회를 얻었습니다. 리눅스 유틸리티를 알고 리눅스의 동작 방식을 이해하고 때로는 커널 내부 구조를 공부하며 리눅스 지식을 넓히는 것이 좋았습니다. 아무래도 리눅스 운영체제가 제 말을 알아듣고 제가 원하는 동작을 하는 것이 좋았기 때문이리라 생각합니다.

이 책을 읽는 분들도 제가 느꼈던 희열을 함께 느끼면 좋을 것 같습니다. 파이팅!

에이콘출판사가 없었다면 저는 번역을 시작하지 못했을 것 같습니다. 제가 좋은 책을 번역할 수 있게 도와주신 에이콘출판사 권성준 대표님과 편집자 여러분들께 깊은 감사의 말씀을 드립니다.

이 책을 번역하는 동안 옆에서 힘이 돼준 사랑스러운 아내 지현과 항상 제 옆에서 발랄하게 맴도는 공주님 조안이에게 감사와 사랑의 마음을 전합니다. 특히 딸 조안이를 예쁘게 키워주시는 장인어른, 장모님께도 깊은 감사를 전합니다.

| 차례 |

4장   함께 가는 여행   135

부록 B   추가 정보   475

| 들어가며 |

유닉스와 유닉스 계열의 운영체제는 지난 수십 년 동안 컴퓨팅 분야에서 가장 널리 보급돼 사용되는 운영체제군으로 떠올랐다. 수년 동안 유닉스를 사용해온 프로그래머들에게 이는 놀라운 일이 아니었다. 또한 유닉스 시스템은 프로그램 개발을 잘할 수 있도록 우아하고 효율적인 환경을 제공한다. 1960년대 후반, 벨 연구소에서 데니스 리치^{Dennis Ritchie}와 켄 톰프슨^{Ken Thompson}이 유닉스를 개발했을 때 그들은 바로 이런 것을 만들어내고자 했다.

> **노트**
> 이 책 전체에서 유닉스라는 용어를 사용할 것이다. 유닉스는 솔라리스(Solaris)와 같은 진정한 유닉스 운영체제와 리눅스(Linux) 및 맥(Mac) OS X 같은 유닉스 계열 운영체제를 포함해 광범위한 유닉스 기반 운영체제를 일반적으로 지칭한다.

유닉스 시스템의 가장 강력한 기능 중 하나는 광범위한 프로그램들이다. 200개 이상의 기본 커맨드는 표준 운영체제와 함께 배포되고, 리눅스는 종종 700~1,000개의 표준 커맨드가 함께 제공된다! 해당 커맨드(툴^{tool}이라고도 함)는 파일의 라인 수를 계산하는 것부터 전자 메일 보내기와 원하는 연도의 달력 표시 등 모든 작업을 수행한다.

그러나 유닉스 시스템의 진정한 강점은 큰 커맨드 집합이 아니라, 해당 커맨드들을 우아하고 쉽게 결합해 훨씬 더 정교한 작업을 수행할 수 있다는 것이다.

유닉스의 표준 사용자 인터페이스는 커맨드라인이고 실제로 셸^{shell}이다. 셸은 사용자와 시스템 자체(커널)의 가장 낮은 레벨 사이에서 버퍼 역할을 하는 프로그램이다. 셸은 사용자가 입력한 커맨드를 읽고 해당 커맨드를 시스템에서 쉽게 이해할 수 있는 형식으로 변환하는 프로그램이다. 또한 뭔가를 결정하고 루프를 돌며 변수에 값을 저장할 수 있는 핵심 프로그래밍 구문을 포함한다.

유닉스 시스템과 함께 배포되는 표준 셸은 AT&T 배포본에서 파생됐는데, 원래 벨 연구소의 스티븐 본^{Stephen Bourne}이 작성한 버전에서 시작됐다. 그 이후 IEEE는 Bourne 셸과 다른 최신 셸을 기반으로 표준 셸을 만들었다. 해당 표준의 현재 버전은 POSIX 표준이라고도 알려진 IEEE Std 1003.1-2001의 Shell and Utilities 볼륨이다. 표준 셸은 이 책의 모든 부분을 위한 기초로 사용된다.

이 책의 예시는 맥 OS X 10.11 기반의 맥, 우분투 리눅스^{Ubuntu Linux} 14.0, Sparcstation Ultra-30에서 실행되는 SunOS 5.7의 이전 버전에서 테스트됐다. 14장의 Bash 예시를 제외한 모든 예시는 Korn 셸을 사용해 실행됐지만 Bash와도 모두 잘 작동한다.

셸은 해석 프로그래밍 언어며, 프로그램을 쉽고 빠르게 작성하고 수정하고 디버깅할 수 있다. 첫 번째 프로그래밍 언어로 셸을 선택하길 바라며, 셸 프로그래밍에 익숙해진 후에도 계속 사용하길 바란다.

이 책의 구성

이 책은 사용자가 시스템과 커맨드라인의 기본 사항을 잘 알고 있다고 가정한다. 즉, 로그인 방법을 알고 있어야 할 뿐 아니라 파일의 생성, 편집, 삭제 방법과 디렉터리로 작업하는 방법을 알고 있다고 가정한다. 리눅스 또는 유닉스 시스템을 사용한 적이 없다면 1장, '기초 내용 빠르게 살펴보기'에서 기본적인 내용을 살펴본다. 또한 1장에서 파일 이름 대체, I/O 리디렉션, 파이프도 살펴본다.

2장, '셸이란?'에서는 셸의 실제 개념과 동작 원리를 설명하고 운영체제와 상호작용하는 주요 방법이 어떻게 끝나는지 보여준다. 시스템에 로그인할 때마다 무슨 일이 발생하는지 살펴보고 셸 프로그램이 시작되는 방법, 커맨드라인을 구문 분석하는 방법, 다른 프로그램을 실행하는 방법을 다룬다. 2장의 요점은 셸은 그저 또 다른 프로그램이라는 점이다. 그 이상 또는 그 이하도 아니다.

3장, '필요한 툴'에서는 셸 프로그램 작성에 유용한 툴을 설명한다. 3장에서 다루는 커맨드는 cut, paste, sed, grep, sort, tr, uniq다. 틀림없이 해당 커맨드의 선택은 주관적이지만 이 책의 모든 부분에서 개발할 프로그램에서 사용된다. 또한 3장에서는 sed, grep, ed와 같은 많은 유닉스 커맨드에서 사용되는 정규식에 대해 자세히 설명한다.

4장에서 9장까지는 프로그램 작성에 도움을 주는 셸의 사용 방법을 설명한다. 즉, 커맨드를 직접 작성하는 방법, 변수를 사용하는 방법, 매개변수를 받을 수 있는 프로그램을 작성하는 방법, 결정하는 방법, 셸의 for, while, until과 루프 커맨드를 사용하는 방법, read 커맨드를 사용해 터미널 또는 파일에서 데이터를 읽는 방법을 다룬다. 5장, '따옴표'에서는 셸의 가장 흥미로운(그리고 종종 혼란스러울 수 있는) 부분 중 하나인 따옴표를 해석하는 방식에 대해 장 전체에 걸쳐 다룬다.

이 책의 9장까지 셸의 모든 기본 프로그래밍 구조를 다루기 때문에 특정 문제를 해결할 수 있는 셸 프로그램을 작성할 수 있다.

10장, '사용자 환경'에서는 매우 중요한 주제로 셸이 작동하는 방식인 환경environment을 설명한다. 지역 변수, export 변수와 서브 셸, 그리고 HOME, PATH, CDPATH 같은 특수한 셸 변수와 .profile 파일을 설정하는 방법을 살펴본다.

11장, '매개변수 더 살펴보기'와 12장, '미진한 부분 살펴보기'에서는 일부 미진한 부분을 살펴보고 13장, 'rolo 수정'에서는 책 전체에 걸쳐 개발된 rolo라는 전화번호부 프로그램의 최종 버전을 제공한다.

14장, '대화식 및 비표준 셸 기능'에서는 공식적으로 IEEE POSIX 표준 셸의 일부가 아니거나(대부분의 유닉스 및 리눅스 셸에서는 사용할 수 있음) 프로그램 대신 대화식으로 사용되는 셸의 기능에 대해 설명한다.

부록 A, '셸 요약'에서는 IEEE POSIX 표준 셸의 기능을 요약한다.

부록 B, '추가 정보'에서는 다른 셸을 다운로드할 수 있는 웹사이트를 포함한 참고 자료와 정보를 제공한다.

이 책의 철학은 예시를 통해 가르치는 것이다. 특정 기능의 사용 방법을 많은 말로써 설명하는 것보다 적절하게 선택된 예시를 통해 설명하는 것이 여러분이 이해하는 데 훨씬 효과적이라고 믿는다. '천 마디 말보다 한 번 보는 게 더 낫다.'라는 오래된 격언은 코딩에도 적용되는 것 같다.

여러분의 시스템에서 모든 예시를 입력하고 테스트해보길 권한다. 테스트를 진행하면서 셸 프로그래밍을 숙달할 수 있어야 한다. 실험하는 것을 두려워하지 말라. 프로그램 예시에서 커맨드를 변경해 커맨드의 결과를 확인하거나 다른 옵션 또는 기능을 추가해 프로그램을 좀 더 유용하고 견고하게 만들어보자.

무료 웹 버전에 접근하기

이 책을 구입하면 해당 웹 에디션Web Edition에도 접근할 수 있다. 웹 에디션에는 학습에 도움이 될 만한 몇 가지 특수 기능이 있다.

- 온라인상에서 제공되는 책의 전체 본문
- 제대로 책의 내용을 이해했는지 테스트할 수 있는 대화식 퀴즈 및 연습 문제
- 변경 및 정정 사항

웹 버전은 HTML5를 지원하는 최신 웹 브라우저가 설치된 모든 타입의 컴퓨터와 모바일 기기에서 볼 수 있다.

이 책의 웹 버전에 접근하려면 이 책을 등록해야 한다.

1. www.informit.com/register를 방문한다.

2. 로그인하거나 새로운 계정을 생성한다.

3. ISBN: 9780134496009를 입력한다.

4. 구입 증명을 위한 질문에 답한다.

웹 버전은 Account 페이지의 **Digital Purchases** 탭 밑에 표시될 것이다. 제품에 접근하기 위해 **Launch** 링크를 클릭한다.

독자 서비스

웹사이트를 방문한 후 www.informit.com/register에서 이 책을 등록하면, 이 책에서 사용할 수 있는 모든 업데이트, 다운로드, 오탈자 관련 정보 등에 편리하게 접근할 수 있다.

한국어판 관련 정보와 정오표는 에이콘출판사 도서정보 페이지 http://www.acornpub. co.kr/book/shell-unix-linux-osx-4에서 확인할 수 있다.

기초 내용 빠르게 살펴보기

1장에서는 파일시스템, 기본 커맨드, 파일 이름 치환, I/O 리디렉션, 파이프를 포함한 유닉스 시스템에 대해 살펴본다.

기본 커맨드

날짜와 시간 출력: date 커맨드

date 커맨드는 날짜와 시간을 출력할 수 있도록 시스템에 알린다.

```
$ date
Thu Dec  3 11:04:09 MST 2015
$
```

date는 요일, 월, 일, 시간(24시간제, 시스템의 타임존)과 연도를 출력한다. 이 책의 코드 예시에서는 이와 같이 굵은 글꼴로 사용자가 입력한 내용을 나타낸다. 이러한 일반적인 형태는 유닉스 시스템이 출력하는 것을 나타낼 때 사용된다. 이탤릭체(기울임꼴)는 대화식 순서의 주석으로 사용된다.

모든 유닉스 커맨드는 Enter 키를 누르면 시스템에 등록된다. Enter는 입력 작업을 끝내고 유닉스 시스템이 해당 작업을 할 준비가 됐다고 알려준다.

로그인된 사용자 확인: who 커맨드

who 커맨드는 현재 시스템에 로그인한 모든 사용자에 대한 정보를 얻는 데 사용될 수 있다.

```
$ who
pat        tty29    Jul 19 14:40
ruth       tty37    Jul 19 10:54
steve      tty25    Jul 19 15:52
$
```

예시에서 pat, ruth, steve라는 세 명의 사용자가 로그인했다. 각 사용자 ID와 함께 tty 숫자와 사용자가 로그인한 날짜 및 시간이 나열된다. tty 숫자는 사용자가 유닉스 시스템에서 각 터미널이나 네트워크 장비에 로그인할 때 사용되는 고유한 식별 번호다.

또한 who 커맨드는 자기 자신의 정보를 얻는 데 사용할 수 있다.

```
$ who am i
pat        tty29    Jul 19 14:40
$
```

who와 who am i는 사실상 동일 커맨드다. 후자의 경우 am과 i는 who 커맨드에 대한 매개변수다(커맨드 매개변수가 동작하는 것은 좋은 예가 아니지만, 단지 who 커맨드에 대한 호기심으로 언급한다).

문자 출력: echo 커맨드

echo 커맨드는 라인에서 입력한 내용이 어떤 것이든지 터미널에서 출력(또는 에코)한다 (추후 알게 될 예외가 일부 있다).

```
$ echo this is a test
this is a test
$ echo why not print out a longer line with echo?
why not print out a longer line with echo?
$ echo
                                           빈 줄이 표시된다
$ echo one          two    three          four   five
one two three four five
$
```

앞 예시에서 echo는 단어 사이의 추가 공백을 줄여주는 것을 알 수 있다. 유닉스 시스템에서 공백은 단지 단어를 구분하기 위한 것이므로 단어가 중요하다. 일반적으로 유닉스 시스템은 추가 공백을 무시한다(2장에서 관련 내용을 자세히 설명한다).

파일 작업

유닉스 시스템은 일반 파일, 디렉터리 파일, 특수 파일이라는 세 가지 기본 타입만 인식한다. 일반적인 파일은 단지 데이터, 텍스트, 명령어program instruction 또는 기타 다른 것을 포함하는 시스템상의 모든 파일이다. 디렉터리 또는 폴더는 1장의 후반부에서 설명하겠다. 마지막으로 이름에서 알 수 있듯이 특수 파일은 유닉스 시스템에 특별한 의미를 부여하며 일반적으로 I/O와 연관돼 있다.

파일 이름은 이름에 포함된 총 문자 수가 255자보다 크지 않고 키보드에서 직접 사용할 수 있는 문자(심지어 문자가 아니어도 된다.)로 구성될 수 있다. 파일 이름이 255자보다 크면, 유닉스 시스템은 추가 문자를 무시한다.

유닉스 시스템은 파일 작업을 쉽게 하는 많은 도구를 제공한다. 여기서 기본적인 파일 조작 커맨드를 살펴본다.

파일 출력: ls 커맨드

디렉터리에 저장된 파일을 보려면 ls 커맨드를 실행할 수 있다.

```
$ ls
READ_ME
names
tmp
$
```

ls 커맨드 결과는 현재 디렉터리에 있는 READ_ME, names, tmp를 나타낸다(ls의 결과는 시스템마다 다를 수 있다. 예를 들어, ls는 많은 유닉스 시스템에서 터미널에 결과를 전달할 때 여러 열을 출력한다. 다른 유닉스 시스템일 경우 파일의 여러 타입에 따라 다양한 색이 사용되기도 한다. 숫자 1을 의미하는 -1 옵션을 함께 사용해 강제로 하나의 칼럼 결과만 출력하도록 할 수 있다).

파일 내용 출력: cat 커맨드

cat 커맨드를 사용해 파일 내용을 살펴볼 수 있다(고양이라고 생각할 수 있는데, 사실 '연결하다concatenate'의 준말이다). cat에 대한 매개변수는 내용을 살펴보고자 하는 파일의 이름이다.

```
$ cat names
Susan
Jeff
Henry
Allan
Ken
$
```

파일의 단어 수 계산: wc 커맨드

wc 커맨드를 사용하면 파일에 포함된 총 라인 수, 단어 수, 문자 수를 얻을 수 있다. 강조하자면, wc 커맨드의 매개변수로 파일 이름을 명세해야 한다.

```
$ wc names
        5       7       27 names
$
```

wc 커맨드는 파일 이름 뒤에 세 개의 숫자를 출력한다. 첫 번째 숫자는 파일의 라인 수(5), 두 번째는 단어 수(7), 세 번째는 문자 수(27)를 나타낸다.

커맨드 옵션

대부분의 유닉스 커맨드는 커맨드가 실행될 때 옵션을 지정할 수 있다. 해당 옵션은 일반적으로 다음과 같은 형식을 따른다.

```
-letter
```

즉, 커맨드 옵션은 마이너스 기호와 단일 문자로 구성된다. 예를 들어, 파일에 포함된 라인 수만 계산한다면 -l 옵션(즉, 문자 l)이 wc 커맨드에 제공된다.

```
$ wc -l names
        5 names
$
```

파일의 문자 수를 계산하려면 -c 옵션을 명세한다.

```
$ wc -c names
       27 names
$
```

마지막으로 파일에 포함된 단어 수를 계산하려면 -w 옵션을 명세한다.

```
$ wc -w names
        7 names
$
```

일부 커맨드는 파일 이름 매개변수 앞에 나열돼야 한다. 예를 들어, sort names -r은 허용되지만, wc names -l은 허용되지 않는다. 여전히 전자는 드문 경우며 대부분의 유닉스 커맨드는 wc -l names처럼 커맨드 옵션을 먼저 명세하도록 설계됐다.

파일 복사: cp 커맨드

파일의 사본을 만들려면 cp 커맨드를 사용한다. cp 커맨드의 첫 번째 매개변수는 복사될 파일 이름(원본 파일이라고 함)이고, 두 번째 매개변수는 사본을 넣을 파일 이름(대상 파일 이라고 함)이다. 다음과 같이 names 파일을 saved_names라는 파일로 복사할 수 있다.

```
$ cp names saved_names
$
```

cp 커맨드를 실행하면 names 파일의 내용이 saved_names라는 새로운 파일로 복사된다. 많은 유닉스 커맨드와 마찬가지로 cp 커맨드를 입력한 후 커맨드 프롬프트 이외의 출력이 표시되지 않는다는 사실은 커맨드가 성공적으로 실행됐음을 알려준다.

파일 이름 변경: mv 커맨드

mv('move') 커맨드로 파일 이름을 변경할 수 있다. mv 커맨드에 대한 매개변수는 cp 커맨드와 동일한 형식을 따른다. 첫 번째 매개변수는 이름을 바꾸려는 파일의 이름이고, 두 번째 매개변수는 새로운 파일 이름이다. 예를 들어 saved_names라는 파일을 hold_it으로 변경하려면 다음 커맨드를 실행한다.

```
$ mv saved_names hold_it
$
```

조심히 실행하도록 한다! mv 또는 cp 커맨드를 실행할 때, 유닉스 시스템은 두 번째 매개변수로 명세된 파일의 존재 여부를 상관하지 않는다. 유닉스 시스템이 두 번째 매개변수로 명세된 파일에 관여하면, 파일 내용은 삭제될 것이다. 예를 들어, old_names라는 파일에서 cp names old_names 커맨드를 실행하면, 프로세스에서 old_names에 파일 이름을 복사해 old_names의 이전 내용을 파기한다.

유사하게 mv names old_names 커맨드는 해당 커맨드가 실행하기 전에 old_names 파일이 존재하더라도 names를 old_names로 변경한다.

파일 삭제: rm 커맨드

rm 커맨드를 사용해 시스템에서 파일을 삭제할 수 있다. rm에 대한 매개변수는 단순히 삭제될 파일 이름이다.

```
$ rm hold_it
$
```

rm 커맨드를 사용하면 단순히 커맨드라인에서 모든 파일을 명세함으로써 한 번에 두 개 이상의 파일을 삭제할 수 있다. 예를 들어, 다음은 wb, collect, mon이라는 세 파일을 삭제하려고 한다.

```
$ rm wb collect mon
$
```

디렉터리에서 작업

다양한 메모, 제안서, 글자로 구성된 파일 집합이 있고, 또한 컴퓨터 프로그램인 다른 파일 집합이 있다고 가정해보자. 전자는 documents라는 디렉터리에 그룹화하고 후자는 programs라는 디렉터리로 그룹화하는 것이 논리적인 것처럼 보인다. 그림 1.1은 이러한 디렉터리 구성을 보여준다.

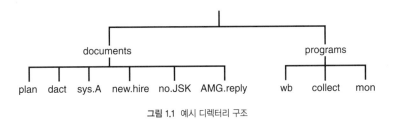

그림 1.1 예시 디렉터리 구조

documents 디렉터리는 plan, dact, sys.A, new.hire, no.JSK, AMG.reply 파일을 포함한다. programs 디렉터리는 wb, collect, mon 파일을 포함한다. 특정 시점에서 디렉터리의 파일을 더 자세히 분류하기로 결정할 수 있으며, 이는 하위 디렉터리를 만든 후 각 파일을 적절한 하위 디렉터리에 배치해서 수행할 수 있다. 예를 들어, 그림 1.2와 같이 documents 디렉터리에 memos, proposals, letters라는 하위 디렉터리를 생성하길 원한다고 해보자.

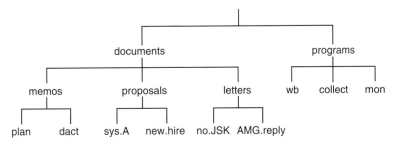

그림 1.2 하위 디렉터리를 포함하는 디렉터리

이때 documents는 memos, proposals, letters라는 하위 디렉터리를 포함한다. 순서대로 각각의 하위 디렉터리에는 두 개의 파일이 있다. memos 디렉터리는 plan과 dact를, proposals 디렉터리는 sys.A와 new.hire를, letters 디렉터리는 no.JSK와 AMG.reply를 포함한다.

주어진 디렉터리의 각 파일은 고유한 이름을 가져야 하지만, 다른 디렉터리에서 포함된 파일은 고유한 이름을 가질 필요가 없다. 따라서 memos 하위 디렉터리에 dact라는 파일이 존재하더라도 programs 디렉터리에 dact라는 파일을 가질 수 있다.

홈 디렉터리와 경로 이름

유닉스 시스템은 항상 특정 디렉터리와 연관시킨다. 유닉스 시스템에 로그인할 때, 유닉스 시스템은 자신의 디렉터리(홈home 디렉터리라고 함)에 자동으로 위치시킨다.

사용자의 홈 디렉터리 위치가 시스템마다 다를 수 있지만, 홈 디렉터리가 steve고 users라는 디렉터리의 하위 디렉터리에 있다고 가정해보자. 따라서 documents와 programs가 있다면 전체 디렉터리 구조는 실제로 그림 1.3과 같다. 디렉터리 트리의 최상단에 /(슬래시slash라고 발음함)라는 특수 디렉터리가 표시된다. 해당 디렉터리는 루트root라고 한다.

특정 디렉터리(현재 작업 디렉터리라고 함)의 '내부'에 있을 때마다 경로 정보를 지정하지 않은 채 해당 디렉터리에 포함된 파일에 즉시 접근할 수 있다. 다른 디렉터리의 파일에 접근하려면, 먼저 해당 디렉터리로 '변경'한 다음 특정 파일에 접근하거나 해당 경로 이름으로 특정 파일을 지정하도록 커맨드를 실행할 수 있다.

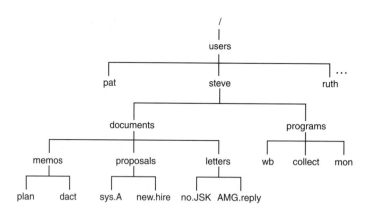

그림 1.3 디렉터리 계층 구조

경로 이름은 유닉스 시스템에서 고유한 특정 파일을 식별할 수 있게 한다. 명세된 경로 이름의 경로를 따라 연속 디렉터리는 슬래시 기호(/)로 분리된다. 슬래시 기호로 시작하는 경로 이름은 루트에서부터 전체 경로를 명세하기 때문에 전체 경로 이름full pathname 또는 절대 경로 이름absolute pathname이라고 지칭한다.

예를 들어 /users/steve는 users 디렉터리에 포함된 steve 디렉터리를 식별한다. 유사하게 /users/steve/documents는 users 디렉터리의 steve 디렉터리에 포함된 documents 디렉터리를 참조한다. 마지막 예시로 /users/steve/documents/letters/AMG.reply 경로 이름은 적절한 디렉터리 경로를 따라 포함된 AMG.reply 파일을 식별한다.

필요하지 않은 입력을 줄이기 위해 유닉스는 특정 표기법을 제공한다. 슬래시로 시작하지 않은 경로 이름은 상대 경로 이름relative pathname이라고 한다. 상대 경로는 현재 작업 중인 디렉터리에 상대적이다. 예를 들어 시스템에 로그인해서 /users/steve 홈 디렉터리에 있다면, documents를 입력해 documents 디렉터리를 직접 참조할 수 있을 것이다.

유사하게 상대 경로 이름인 programs/mon은 programs 디렉터리에 포함된 mon 파일에 접속하기 위해 입력될 수 있다. 관례상 ..은 항상 현재 디렉터리보다 한 단계 높은 디렉터리, 즉 부모 디렉터리parent directory를 참조한다. 예를 들어 /users/steve 홈 디렉터리에 있다면 .. 경로 이름은 users 디렉터리를 참고한다.

작업 디렉터리를 documents/letters로 변경하는 적절한 커맨드로 실행했다면 .. 경로 이름은 documents 디렉터리를 참조하고 ../..은 steve를 참조하며 ../proposals/new.hire는 proposals 디렉터리에 포함된 new.hire 파일을 참조할 것이다. 일반적으로 특정 파일에 대한 경로를 지정하는 방법은 여럿 있는데, 이는 유닉스를 강하게 연상시키는 특성이다.

기타 표기 규칙은 하나의 마침표(.)며, 해당 마침표는 항상 현재 디렉터리를 참조한다. 해당 마침표는 이 책에서 PATH에 없는 디렉터리와 현재 디렉터리에서 셸 스크립트를 지정하려 할 때 더 중요해질 것이다. 곧 해당 마침표를 자세히 설명할 것이다.

작업 디렉터리 출력: pwd 커맨드

pwd 커맨드는 현재 작업 디렉터리의 이름을 알려줌으로써 '어느 경로에 있는지 알려고 할 때' 사용된다.

그림 1.3의 디렉터리 구조를 생각해보자. 시스템에 로그인한 후 위치하게 되는 디렉터리를 홈 디렉터리라 한다. 그림 1.3에서 사용자 steve의 홈 디렉터리는 /users/steve다. 따라서 steve가 시스템에 로그인할 때마다 /users/steve 디렉터리에 자동으로 위치하게 된다. 이 경우 pwd(현재 디렉터리를 출력) 커맨드를 실행함으로써 홈 디렉터리를 확인할 수 있다.

```
$ pwd
/users/steve
$
```

pwd 커맨드의 결과 출력은 steve의 현재 작업 디렉터리가 /users/steve인지 확인한다.

디렉터리 변경: cd 커맨드

cd 커맨드를 사용해 현재 작업 디렉터리를 변경할 수 있다. 해당 커맨드는 대상 디렉터리 이름을 매개변수로 받는다.

시스템에 로그인해 /users/steve 홈 디렉터리에 위치하고 있다고 가정해보자. 그림 1.4의 화살표로 표시된다.

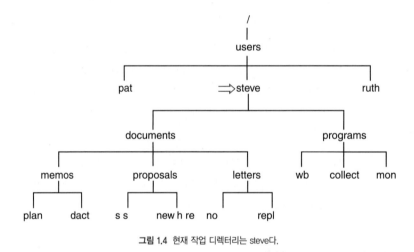

그림 1.4 현재 작업 디렉터리는 steve다.

documents와 programs라는 두 개의 디렉터리가 바로 steve의 홈 디렉터리 밑에 있음을 알고 있다. ls 커맨드를 실행해 디렉터리 정보를 터미널에서 쉽게 확인할 수 있다.

```
$ ls
documents
programs
$
```

다른 일반 파일이 출력되는 것처럼 이전 예시에서 ls 커맨드는 두 디렉터리인 documents와 programs를 출력한다.

현재 작업 디렉터리를 변경하려면 cd 커맨드 다음에 새로운 디렉터리 이름을 추가해서
실행한다.

```
$ cd documents
$
```

이전 커맨드를 실행하면 그림 1.5에서 보여주듯이 documents에 위치할 것이다.

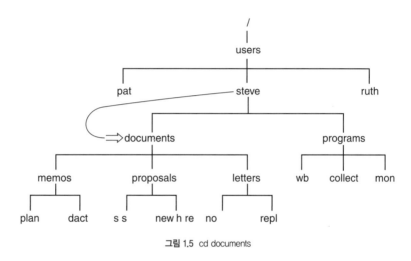

그림 1.5 cd documents

pwd 커맨드를 사용해 작업 디렉터리가 변경됐음을 터미널에서 확인할 수 있다.

```
$ pwd
/users/steve/documents
$
```

관례상 ..은 항상 한 단계 위의 디렉터리를 참조하기 때문에 특정 디렉터리에서 한 단계
위로 이동하는 가장 쉬운 방법은 다음과 같다(그림 1.6 참조).

```
cd ..
```

cd 커맨드에 ..을 참조하도록 한다.

```
$ cd ..
$ pwd
/users/steve
$
```

36

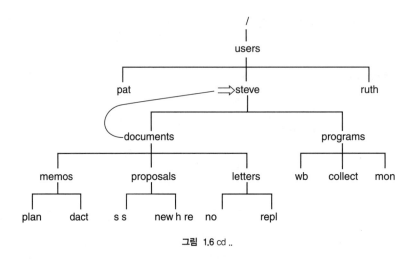

그림 1.6 cd ..

letters 디렉터리로 변경하고 싶다면 하나의 cd 커맨드에 상대 경로 documents/letters 를 지정해 해당 디렉터리로 이동할 수 있다(그림 1.7 참조).

```
$ cd documents/letters
$ pwd
/users/steve/documents/letters
$
```

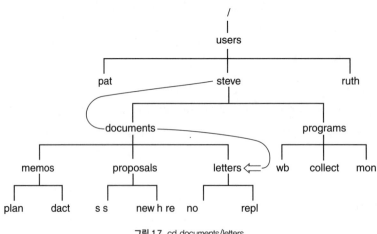

그림 1.7 cd documents/letters

다음과 같은 cd 커맨드를 사용해 홈 디렉터리로 이동한 후 홈 디렉터리로 돌아갈 수 있다.

```
$ cd ../..
$ pwd
/users/steve
$
```

또는 상대 경로가 아닌 전체 경로 이름을 사용해 홈 디렉터리로 돌아갈 수 있다.

```
$ cd /users/steve
$ pwd
/users/steve
$
```

마지막으로 가장 쉬운 홈 디렉터리로 돌아갈 수 있는 세 번째 방법이 있다. 매개변수 없이 cd 커맨드를 실행하면 파일시스템과 상관없이 항상 홈 디렉터리로 돌아간다.

```
$ cd
$ pwd
/users/steve
$
```

ls 커맨드

ls 커맨드를 입력하면, 현재 작업 디렉터리에 포함된 파일이 출력된다. 그러나 ls 커맨드에 매개변수를 제공해 다른 디렉터리의 파일 목록을 얻기 위해 ls 커맨드를 사용할 수도 있다. 먼저 홈 디렉터리로 돌아간다.

```
$ cd
$ pwd
/users/steve
$
```

이제 현재 작업 디렉터리에 있는 파일을 살펴보자.

```
$ ls
documents
programs
$
```

ls 커맨드에 해당 디렉터리 중 한 디렉터리 이름을 제공하면 해당 디렉터리의 목록을 얻을 수 있다. 따라서 ls documents 커맨드를 입력해서 documents 디렉터리에 포함된 내용을 찾을 수 있다.

```
$ ls documents
letters
memos
proposals
$
```

memos 하위 디렉터리를 살펴보고자 할 때도 비슷한 절차를 따를 수 있다.

```
$ ls documents/memos
dact
plan
$
```

ls 커맨드에 디렉터리가 아닌 파일 매개변수를 지정하면, 터미널에서 출력된 파일 이름을 간단히 얻을 수 있다.

```
$ ls documents/memos/plan
documents/memos/plan
$
```

혼란스러운가? 특정 파일이 디렉터리인지 알아내기 위해 ls 커맨드를 사용하는 옵션이 있다. -l 옵션(l 문자)은 특정 디렉터리의 파일에 대해 좀 더 상세한 설명을 제공한다. 현재 steve의 홈 디렉터리에 있다고 했을 때, ls 커맨드에 -l 옵션을 사용하면 다음과 같은 내용을 확인할 수 있다.

```
$ ls -l
total 2
drwxr-xr-x    5 steve     DP3725     80 Jun 25 13:27 documents
```

```
drwxr-xr-x    2 steve    DP3725    96 Jun 25 13:31 programs
$
```

출력된 첫 번째 라인은 출력된 파일이 사용하는 총 블록 수(1,024바이트)의 합계다. ls -l 커맨드는 디렉터리에 있는 파일에 대한 자세한 정보를 포함하며, 각 라인의 첫 번째 문자는 파일의 타입이 무엇인지 나타낸다. d는 디렉터리를, b, c, l은 파일을, p는 특수 파일을 나타낸다.

라인의 다음 아홉 개 문자는 특정 파일 또는 디렉터리의 접근 권한을 정의한다. 접근 모드access mode는 파일의 소유자(처음 세 개의 문자), 동일한 그룹의 다른 사용자(다음의 세 개 문자), 마지막으로 시스템의 다른 모든 사용자(마지막 세 개 문자)에 적용된다. 일반적으로 접근 모드는 지정된 사용자별로 파일을 읽거나, 파일에 쓰거나, 파일 내용을 실행할 수 있는지 여부를 나타낸다(프로그램 또는 셸 스크립트의 경우).

ls -l 커맨드는 링크link 수(1장 후반부의 '파일 링크: ln 커맨드' 참조), 파일 소유자, 파일의 그룹 소유자, 파일의 크기(즉, 많은 문자가 포함돼 있음), 파일이 마지막으로 수정된 시간을 알려준다. 라인의 마지막 줄에 표시되는 정보는 파일 이름이다.

> **노트**
>
> 최근 많은 유닉스 시스템은 그룹을 사용하지 않는다. 그룹 권한이 여전히 보이지만, 특정 파일 또는 디렉터리의 그룹 소유자는 ls 커맨드의 결과에서 생략되는 경우가 대부분이다.

ls -l 결과에서 많은 파일 정보를 수집할 수 있어야 한다.

```
$ ls -l programs
total 4
-rwxr-xr-x    1 steve    DP3725     358 Jun 25 13:31 collect
-rwxr-xr-x    1 steve    DP3725    1219 Jun 25 13:31 mon
-rwxr-xr-x    1 steve    DP3725      89 Jun 25 13:30 wb
$
```

각 라인의 첫 번째 열에 있는 대시(-)는 세 개의 파일인 collect, mon, wb가 디렉터리가 아닌 일반 파일임을 나타낸다. 이제 해당 파일이 얼마나 큰지 알 수 있는가?

디렉터리 생성: mkdir 커맨드

mkdir을 사용해 디렉터리를 생성한다. mkdir 커맨드에 대한 매개변수는 간단히 생성하고 자 하는 디렉터리의 이름이다. 예를 들어, 그림 1.7에서 표시된 디렉터리 구조로 계속 작 업 중이고 documents 및 programs 디렉터리와 동일한 레벨의 misc라는 새 디렉터리를 생성한다고 가정해보자. 현재 홈 디렉터리에 있다면 mkdir misc 커맨드를 실행해서 원하 는 결과를 얻을 수 있다.

```
$ mkdir misc
$
```

이제 ls를 실행하면 새 디렉터리가 출력되는 것을 확인할 수 있다.

```
$ ls
documents
misc
programs
$
```

이제 그림 1.8처럼 디렉터리 구조가 나타날 것이다.

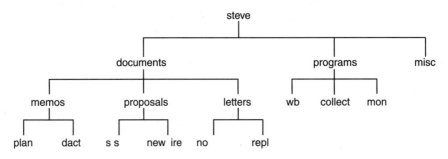

그림 1.8 새로 생성된 misc 디렉터리가 포함된 디렉터리 구조

특정 파일을 다른 디렉터리로 복사

cp 커맨드는 한 디렉터리에서 다른 디렉터리로 파일을 복사하는 데 사용될 수 있다. 예를 들어, 다음과 같이 programs 디렉터리의 wb 파일을 misc 디렉터리의 wbx라는 파일로 복사할 수 있다.

```
$ cp programs/wb misc/wbx
$
```

두 파일이 서로 다른 디렉터리에 있기 때문에 두 파일은 동일한 이름을 가질 수 있다.

```
$ cp programs/wb misc/wb
$
```

대상 파일이 소스 파일과 동일한 이름이라면(물론 다른 디렉터리에 있을 경우), 두 번째 매개변수로 대상 디렉터리만 지정해야 한다.

```
$ cp programs/wb misc
$
```

해당 커맨드가 실행되면 유닉스 시스템은 두 번째 매개변수가 디렉터리임을 인식하고 소스 파일을 해당 디렉터리로 복사한다. 이렇게 새로운 파일은 원본 파일과 동일한 이름이 된다.

대상 디렉터리의 이름보다 먼저 복사될 파일을 나열해 하나 이상의 파일을 특정 디렉터리에 복사할 수 있는데, 현재 programs 디렉터리에 있다면 커맨드는 다음과 같다.

```
$ cp wb collect mon ../misc
$
```

해당 커맨드는 mic 디렉터리에 세 개의 파일인 wb, collect, mon을 복사한다.

파일시스템에서 다른 디렉터리의 파일을 현재 위치한 디렉터리에 있는 동일한 이름의 파일로 복사하려면 현재 디렉터리를 의미하는 '.'를 사용한다.

```
$ pwd
/users/steve/misc
$ cp ../programs/collect .
$
```

이전 커맨드는 ../programs 디렉터리의 collect 파일을 현재 디렉터리(/users/steve/misc)로 복사한다.

디렉터리 간 파일 이동

mv 커맨드를 사용하면 파일의 이름을 바꿀 수 있다. 실제로 유닉스에는 'rename' 커맨드가 없다. 그러나 두 매개변수가 서로 다른 디렉터리를 참조하면 파일은 실제로 첫 번째 디렉터리에서 두 번째 디렉터리로 이동한다.

커맨드를 실행하려면 홈 디렉터리에서 documents 디렉터리로 이동한다.

```
$ cd documents
$
```

이제, memos 디렉터리의 plan 파일이 실제 제안을 포함한 파일이므로 memos 디렉터리에서 proposals 디렉터리로 이동하려 한다고 가정한 후, 다음 커맨드를 실행한다.

```
$ mv memos/plan proposals/plan
$
```

cp 커맨드와 마찬가지로 소스 파일과 대상 파일의 이름이 같아서 대상 디렉터리의 이름을 제공하기만 하면 plan 파일을 더 쉽게 이동시킬 수 있다.

```
$ mv memos/plan proposals
$
```

또한 cp 커맨드처럼 대상 디렉터리 이름 앞에 이동하려는 모든 파일을 간단히 나열해서 여러 파일을 동시에 대상 디렉터리로 이동할 수 있다.

```
$ pwd
/users/steve/programs
$ mv wb collect mon ../misc
$
```

이전 커맨드를 실행하면 세 개의 파일인 wb, collect, mon을 misc 디렉터리로 이동한다.

마침 mv 커맨드를 사용해 특정 디렉터리의 이름도 변경할 수 있다. 예를 들어, 다음과 같이 programs 디렉터리의 이름을 bin으로 변경할 수 있다.

```
$ mv programs bin
$
```

파일 링크: ln 커맨드

지금까지 파일 관리에 대해 이야기한 모든 내용은 주어진 데이터 파일이 파일시스템 어딘가에 위치하게 되더라도 단 하나의 파일 이름만 있다고 가정했을 경우다. 유닉스는 이보다 더 정교해서 동일한 파일을 여러 개의 파일 이름으로 할당할 수 있다.

주어진 파일에 대해 중복 이름을 생성해주는 주요 커맨드는 ln 커맨드다.

ln 커맨드의 일반적인 형태는 다음과 같다.

```
ln from to
```

해당 링크는 from 파일을 to 파일로 링크한다.

그림 1.8에서 steve의 programs 디렉터리 구조를 눈여겨보자. 해당 디렉터리에는 wb라는 프로그램이 저장돼 있다. steve가 writeback 프로그램을 호출하고 싶다고 가정했을 때, 반드시 해야 할 작업은 writeback이라는 wb 복사본을 만드는 것이다.

```
$ cp wb writeback
$
```

해당 방법의 단점은 프로그램이 두 배의 디스크 공간을 사용하고 있다는 것이다. 또한 steve가 wb를 변경하면 writeback의 변경 내용을 복제하는 작업을 잊어버릴 수 있다. 이 경우 steve가 동일한 프로그램인 것으로 생각하는 서로 다른 두 벌의 동기화 사본이 생성될 수 있으므로 좋지 않다, steve!

파일 wb를 새로운 이름으로 링크하면 해당 문제점을 피할 수 있다.

```
$ ln wb writeback
$
```

이제는 두 개의 파일이 존재하지 않고 두 개의 다른 이름인 wb와 writeback만 존재한다. 유닉스 시스템에 의해 두 파일은 논리적으로 연결됐다.

여러분이 보기에는 두 개의 다른 파일이 존재하는 것처럼 여겨질 수 있는데, ls 커맨드를 실행하면 두 파일은 따로 표시된다.

```
$ ls
collect
```

```
mon
wb
writeback
$
```

흥미로운 부분은 ls -l을 사용할 때다.

```
$ ls -l
total 5
-rwxr-xr-x    1 steve    DP3725      358 Jun 25 13:31 collect
-rwxr-xr-x    1 steve    DP3725     1219 Jun 25 13:31 mon
-rwxr-xr-x    2 steve    DP3725       89 Jun 25 13:30 wb
-rwxr-xr-x    2 steve    DP3725       89 Jun 25 13:30 writeback
$
```

결과의 두 번째 열을 자세히 살펴보자. 표시된 숫자는 collect와 mon의 경우 1이고 wb
와 writeback의 경우 2다. 이는 파일의 링크 개수다. 일반적으로 링크돼 있지 않은 파일
과 디렉터리가 아닌 파일은 1이다. 하지만 wb와 writeback은 링크돼 있기 때문에 해당
파일(또는 더 정확하게는 두 개의 이름을 포함한 파일을 의미)은 2다.

링크된 두 개의 파일 중 한 파일을 언제든지 삭제할 수 있고, 다른 파일은 삭제되지 않는다.

```
$ rm writeback
$ ls -l
total 4
-rwxr-xr-x    1 steve    DP3725      358 Jun 25 13:31 collect
-rwxr-xr-x    1 steve    DP3725     1219 Jun 25 13:31 mon
-rwxr-xr-x    1 steve    DP3725       89 Jun 25 13:30 wb
$
```

링크돼 있는 두 개의 파일 중 하나가 삭제됐기 때문에 wb의 링크 개수가 2에서 1로 변경
됐다는 점을 주목해보자.

대부분의 경우 ln은 파일이 하나 이상의 디렉터리를 동시에 보여주기 위해 사용된다. 예
를 들어, pat은 steve의 wb 프로그램에 접근하려고 한다고 가정해보자.

파일을 복사(이전에 설명한 동일한 데이터의 동기화 문제를 적용)하거나 PATH(10장, '사용자 환경'에서 보안 위험을 다룰 예정)에 steve의 programs 디렉터리를 포함하는 대신 프로그램 디렉터리에서 파일에 대한 링크를 간단히 걸 수 있다.

```
$ pwd
/users/pat/bin                          pat의 프로그램 디렉터리
$ ls -l
total 4
-rwxr-xr-x    1 pat        DP3822      1358 Jan 15 11:01 lcat
-rwxr-xr-x    1 pat        DP3822       504 Apr 21 18:30 xtr
$ ln /users/steve/wb .                  wb를 pat의 bin으로 링크한다
$ ls -l
total 5
-rwxr-xr-x    1 pat        DP3822      1358 Jan 15 11:01 lcat
-rwxr-xr-x    2 steve      DP3725        89 Jun 25 13:30 wb
-rwxr-xr-x    1 pat        DP3822       504 Apr 21 18:30 xtr
$
```

pat의 디렉터리 내용을 살펴볼 때도 여전히 steve가 wb의 소유자로 표시된다. 실제로 파일의 복사본이 하나뿐이고, steve가 해당 파일을 소유하고 있기 때문에 의미가 있다.

파일 링크에 대한 유일한 조건은 일반 링크의 경우 함께 링크될 파일이 동일한 파일시스템에 있어야 한다는 것이다. 그렇지 않으면, 링크를 시도할 때 ln에서 에러가 발생한다 (시스템에서 다른 파일시스템을 알고 싶으면, df 커맨드를 실행한다. 결과 각 라인의 첫 번째 필드는 파일시스템의 이름이다).

다른 파일시스템(또는 다른 네트워크 시스템)에 파일 링크를 생성하려면 ln 커맨드에 -s 옵션을 사용할 수 있다. ln 커맨드는 심볼릭 링크symbolic link를 생성한다. 심볼릭 링크는 원본 파일을 가리킨다는 점만 제외하면 일반 링크와 매우 유사하게 작동한다. 원본 파일이 삭제되면 심볼릭 링크는 더 이상 동작하지 않는다.

이전 예시의 심볼릭 링크가 어떻게 동작하는지 살펴보자.

```
$ rm wb
$ ls -l
total 4
-rwxr-xr-x    1 pat        DP3822      1358 Jan 15 11:01 lcat
-rwxr-xr-x    1 pat        DP3822       504 Apr 21 18:30 xtr
```

```
$ ln -s /users/steve/wb ./symwb          wb에 심볼릭 링크를 건다
$ ls -l
total 5
-rwxr-xr-x    1 pat      DP3822      1358 Jan 15 11:01 lcat
lrwxr-xr-x    1 pat      DP3822        15 Jul 20 15:22 symwb -> /users/steve/wb
-rwxr-xr-x    1 pat      DP3822       504 Apr 21 18:30 xtr
$
```

symwb의 소유자로 pat이 출력되고 ls 결과의 첫 번째 문자로 표시된 파일 유형은 심볼
릭 링크를 나타내는 l임을 주목한다. 심볼릭 링크의 크기는 15지만(실제로 파일은 /users/
steve/wb라는 문자열을 포함한다.), 파일 내용에 접근하려면 링크된 파일, /users/steve/
wb의 내용을 보면 된다.

```
$ wc symwb
        5        9          89 symwb
$
```

ls 커맨드의 -L 옵션을 -l 옵션과 함께 사용하면, 심볼릭 링크가 가리키는 파일에 대한
자세한 정보 목록을 가져올 수 있다.

```
$ ls -Ll
total 5
-rwxr-xr-x    1 pat      DP3822      1358 Jan 15 11:01 lcat
-rwxr-xr-x    2 steve    DP3725        89 Jun 25 13:30 wb
-rwxr-xr-x    1 pat      DP3822       504 Apr 21 18:30 xtr
$
```

심볼릭 링크가 가리키는 파일을 삭제하면 심볼릭 링크는 무효화되지만(심볼릭 링크는 파
일 이름으로 유지되기 때문에) 삭제되지는 않는다.

```
$ rm /users/steve/wb        pat이 해당 파일을 삭제할 수 있다고 가정한다
total 5
-rwxr-xr-x    1 pat      DP3822      1358 Jan 15 11:01 lcat
lrwxr-xr-x    1 pat      DP3822        15 Jul 20 15:22 wb -> /users/steve/wb
-rwxr-xr-x    1 pat      DP3822       504 Apr 21 18:30 xtr
$ wc wb
Cannot open wb: No such file or directory
$
```

해당 유형의 파일을 댕글링 심볼릭 링크^{dangling symbolic link}라 하고 특별한 이유가 없는 한 (예를 들어, 삭제된 파일을 교체하려면) 해당 파일은 삭제돼야 한다.

해당 내용을 끝내기 전에 마지막으로 주의해야 할 내용이 있다. ln 커맨드는 cp와 mv 같은 일반 형식을 따른다. 즉, 특정 대상 디렉터리 안에 다음 형식을 사용해 여러 파일에 대한 링크를 생성할 수 있다.

```
ln <파일> <디렉터리>
```

디렉터리 삭제: rmdir 커맨드

rmdir 커맨드를 사용해 디렉터리를 삭제할 수 있다. 그러나 실수로 수십 또는 수백 개의 파일을 삭제할 수 있기 때문에 rmdir은 지정된 디렉터리의 파일 및 하위 디렉터리가 완전히 비어있지 않으면 삭제를 진행할 수 없도록 한다.

/users/pat 디렉터리를 삭제하려면 다음과 같이 한다.

```
$ rmdir /users/pat
rmdir: pat: Directory not empty
$
```

휴! 그건 실수였을 것이다! 대신 이전에 생성한 misc 디렉터리를 삭제하자.

```
$ rmdir /users/steve/misc
$
```

다시 말하면, 이전 커맨드는 misc 디렉터리에 파일이나 디렉터리가 포함돼 있지 않은 경우에만 작동한다. 그렇지 않으면 이전에 설명한 것처럼 다음과 같은 결과를 출력할 것이다.

```
$ rmdir /users/steve/misc
rmdir: /users/steve/misc: Directory not empty
$
```

여전히 misc 디렉터리를 삭제하고 싶다면 rmdir 커맨드를 재실행하기 전에 misc 디렉터리에 포함된 모든 파일을 삭제해야 한다.

디렉터리와 디렉터리의 내용을 삭제하는 대안으로 rm 커맨드에 -r 옵션을 사용할 수 있다. 형식은 다음과 같이 간단하다.

```
rm -r dir
```

여기서 dir은 삭제하고 싶은 디렉터리의 이름이다. rm은 지정된 디렉터리와 디렉터리 안에 있는 모든 파일(디렉터리 포함)을 삭제하는 강력한 기능을 수행하므로 rm 커맨드를 사용할 때는 주의를 기울여야 한다.

해당 커맨드에 터보를 장착해보고 싶은가? -f 플래그를 추가하면 커맨드별로 사용자에게 프롬프트를 보여주지 않고 삭제 작업을 강제로 실행한다. 주의를 기울이지 않으면 시스템을 완전히 파기할 수 있으므로, 많은 관리자는 간단하게 rm -rf의 사용을 완전히 배제한다.

파일 이름 대체

별표

유닉스 시스템의 강력한 기능 중 하나는 파일 이름 대체^{filename substitution}다. 현재 디렉터리에 다음과 같은 파일이 있다고 해보자.

```
$ ls
chaptl
chapt2
chapt3
chapt4
$
```

대량으로 내용을 표시하길 원한다고 가정했을 때, cat을 사용하면 커맨드라인에서 지정한 대로 많은 파일 내용을 표시할 수 있다.

```
$ cat chaptl chapt2 chapt3 chapt4
    ...
$
```

그러나 해당 작업은 지루해질 수 있기 때문에 다음과 같은 간단한 입력을 통해 파일 이름 대체를 활용할 수 있다.

```
$ cat *
    ...
$
```

셸은 현재 디렉터리에서 패턴 *과 일치하는 모든 파일의 이름을 자동으로 대체한다. 물론 다른 커맨드에도 *를 사용하면 동일한 대체가 발생한다. 그렇다면 echo는 어떠한가?

```
$ echo *
chaptl chapt2 chapt3 chapt4
$
```

이전 echo 커맨드에서 *는 현재 디렉터리에 포함된 모든 파일의 이름으로 다시 바뀌고 echo 커맨드는 단순히 현재 디렉터리의 모든 파일 목록을 표시한다.

셸은 커맨드라인에 *라고 표시되는 모든 위치에서 파일 이름 대체를 실행한다.

```
$ echo * : *
chaptl chapt2 chapt3 chapt4 : chaptl chapt2 chapt3 chapt4
$
```

*는 실제로 풍부한 파일 대체 언어의 일부고, 일치하는 파일 이름을 제한하기 위해 다른 문자와 함께 사용할 수도 있다.

예를 들어, 현재 디렉터리는 chapt1에서 chapt4뿐 아니라 파일 a, b, c도 존재한다고 가정해보자.

```
$ ls
a
b
c
chaptl
chapt2
chapt3
chapt4
$
```

chap으로 시작하는 파일 이름만 표시하려면 다음과 같이 입력한다.

```
$ cat chap*
        .
        .
        .
$
```

chap*는 chap으로 시작하는 모든 파일 이름과 일치하므로, 지정 커맨드가 호출되기 전에 커맨드라인에서 일치한 모든 파일 이름은 대체된다.

*는 파일 이름의 끝으로 제한되지 않으며, 처음이나 중간 부분에서도 사용할 수 있다.

```
$ echo *t1
chaptl
$ echo *t*
chaptl chapt2 chapt3 chapt4
$ echo *x
*x
$
```

첫 번째 echo에서 * t1은 문자 t1으로 끝나는 모든 파일 이름을 지정한다. 두 번째 echo에서 첫 번째 *는 t까지 일치하는 모든 파일을, 두 번째 *는 이후의 모든 파일을 가리킨다. 따라서 t를 포함하는 모든 파일을 이름을 가리킨다. 마지막 echo는 x로 끝나는 파일이 존재하지 않기 때문에 echo 커맨드는 단순하게 *x를 표시한다.

일치하는 단일 문자

별표(*)는 0개 이상의 문자와 일치한다. 즉, x*는 x1, x2, xabc 등과 같은 파일 x와 일치한다. 물음표 기호(?)는 정확히 한 문자와 일치한다. 그래서 cat ?는 정확히 한 글자의 파일 이름을 가진 모든 파일을 출력하고, cat x?는 x로 시작하는 두 글자의 파일을 가진 모든 파일을 출력한다. echo를 이용한 예시를 다시 살펴본다.

```
$ ls
a
aa
aax
alice
```

```
b
bb
c
cc
report1
report2
report3
$ echo ?
a b c
$ echo a?
aa
$ echo ??
aa bb cc
$ echo ??*
aa aax alice bb cc report1 report2 report3
$
```

이전 예시에서 ??는 두 문자와 일치하고, *는 텍스트의 마지막까지 0개 이상의 문자와 일치한다. 마지막 echo 커맨드는 두 개 이상의 문자를 가진 모든 파일 이름을 찾아 출력한다.

단일 문자를 일치시키는 다른 방법은 대괄호 [ ] 안에 일치하는 문자 목록을 제공하는 것이다. 예를 들어 [abc]는 문자 a, b, c와 일치하기 때문에 ?와 유사하지만 어느 문자가 유효한 문자인지 선택할 수 있다.

대시(-)로 문자의 논리적 범위를 지정할 수도 있다. 예를 들어, [0-9]는 0에서 9까지의 문자를 일치시킨다. 문자 범위를 지정하는 유일한 제한으로 첫 번째 문자가 알파벳순으로 마지막 문자보다 작아야 한다는 조건이 있다. 때문에 [z-f]는 유효한 범위를 가지지 않아서 [f-z]가 돼야 한다.

목록에서 범위와 문자를 혼합하고 일치시킴으로써 복잡한 대체를 수행할 수 있다. 예를 들어, [a-np-z]*는 a에서 n 또는 p부터 z까지의 문자로 시작하는 모든 파일(또는 간단히 말하면 소문자 o로 시작하지 않는 파일 이름)을 찾는다.

[다음에 오는 첫 번째 문자가 !와 일치하면 반전된다. 즉, 대괄호 안에 있는 문자를 제외한 모든 문자가 일치한다. 그래서 다음 패턴의 경우

[!a-z]

소문자를 제외한 모든 문자를 찾고, 다음 패턴의 경우

*[!o]

소문자 o로 끝나지 않는 모든 파일과 일치시킨다.

다음의 표 1.1은 파일 이름 대체의 몇 가지 예시를 보여준다.

표 1.1 파일 이름 대체 예시

커맨드	설명
echo a*	a로 시작하는 파일 이름을 출력한다.
cat *.c	.c로 끝나는 모든 파일 내용을 출력한다.
rm *.*	마침표를 포함하는 모든 파일을 삭제한다.
ls x*	x로 시작하는 모든 파일 이름을 출력한다.
rm *	현재 디렉터리의 모든 파일을 삭제한다(해당 커맨드를 사용할 때 주의한다).
echo a*b	a로 시작하고 b로 끝나는 모든 파일 이름을 출력한다.
cp ../programs/* .	../programs의 모든 파일을 현재 디렉터리로 복사한다.
ls [a-z]*[!0-9]	소문자로 시작하고 숫자로 끝나지 않은 파일을 출력한다.

파일 이름의 미묘한 차이

파일 이름의 공백

커맨드라인과 파일 이름에 대한 내용은 유닉스 사용자의 오래된 골칫거리다. 그러나 리눅스, 윈도우, 맥 사용자의 당연한 일상이 된 파일 이름의 공백에 대해 이야기하지 않고서는 충분히 이번 장을 학습했다고 할 수 없을 것이다.

해당 문제는 셸이 단어 사이의 구분 기호로 공백을 사용한다는 사실에서부터 발생한다. 다시 말해 echo hi mom은 echo와 두 개의 인자 hi와 mom을 호출하는 것으로 분석해볼 수 있다.

이제 my test document라는 파일이 있다고 가정해보자. 커맨드라인에서 어떻게 나타낼 수 있을까? cat 커맨드를 사용하면 어떻게 해당 파일을 볼 수 있을까?

```
$ cat my test document
cat: my: No such file or directory
cat: test: No such file or directory
cat: document: No such file or directory
```

해당 커맨드는 확실히 작동하지 않는다. 왜일까? cat은 하나의 파일 이름으로 보지 않고 지정된 파일 이름을 원하기 때문에 세 개의 파일 이름인 my, test, document로 표시된다.

역슬래시(\)를 사용해 모든 공간을 이스케이프^{escape} 처리하거나 전체 파일 이름을 따옴표(")로 묶어 셸에게 여러 단어가 아닌 공백이 있는 단일 단어임을 이해시킬 수 있는 두 가지 표준 솔루션이 있다.

```
$ cat "my test document"
This is a test document and is full
of scintillating information to edify
and amaze.
$ cat my\ test\ document
This is a test document and is full
of scintillating information to edify
and amaze.
```

해당 커맨드는 문제를 해결하고 파일 이름의 일부로 공백이 포함된 디렉터리와 파일이 많은 파일시스템에서 진행할 때 알아야 할 중요한 내용이다.

기타 특이한 문자

이 공간이 파일 이름에 나타날 수 있는 특수 문자 중에서 가장 어렵고 성가신 일이지만 종종 다른 사람이 나타나서 커맨드라인 작업에 장애를 만들어낼 수 있다.

예를 들어, 물음표 기호가 포함된 파일 이름은 어떻게 처리할까? 다음 절에서 '?' 문자가 셸에서 특별한 의미를 갖고 있음을 알게 될 것이다. 대부분의 최신 셸은 의미 중복을 피하기에 충분히 똑똑하지만, 파일 이름을 따옴표로 처리하거나 역슬래시를 사용해 특수 문자가 파일 이름의 일부임을 나타낸다.

```
$ ls -l who\ me\?
-rw-r--r--  1 taylor  staff  0 Dec  4 10:18 who me?
```

실제로 흥미로운 부분은 파일 이름의 일부에 역슬래시 또는 따옴표가 있는 경우다. 실수로 발생할 수 있는 문제, 특히 리눅스 또는 맥 시스템의 그래픽 기반 프로그램으로 만든 파일의 경우다. 속임수? 작은따옴표를 사용해 큰따옴표가 포함된 파일 이름을 이스케이프하거나 반대의 경우도 마찬가지다. 다음과 같이 사용할 수 있다.

```
$ ls -l "don't quote me" 'She said "yes"'
-rw-r--r--  1 taylor  staff  0 Dec  4 10:18 don't quote me
-rw-r--r--  1 taylor  staff  0 Dec  4 10:19 She said "yes"
```

해당 주제는 계속 진행되겠지만, 이제 우리는 공백이나 다른 비표준 문자가 포함된 디렉터리 또는 파일의 문제를 단계별로 파악하는 방법을 알게 됐다.

표준 입력/출력과 I/O 리디렉션

표준 입력과 표준 출력

대부분의 유닉스 시스템 커맨드는 화면에서 입력을 받아 결과 출력을 화면에 다시 보낸다. 유닉스 용어로는 일반적으로 화면을 터미널terminal이라 부르고, 가장 초기의 컴퓨팅 작업을 처리하던 시대로 거슬러 올라간다. 요즘은 리눅스 환경에서 윈도우 프로그램을 실행하는 터미널 프로그램, 윈도우 컴퓨터 또는 맥 시스템과 같은 그래픽 환경에서 터미널 프로그램terminal program을 실행하는 경우가 많다.

커맨드는 기본적으로 컴퓨터 키보드로부터 표준 입력standard input을 읽는다. 이것은 여러분이 '키보드를 치는' 행위를 통해 입력한 정보를 명확하게 인식하는 멋진 방법이다. 비슷하게 커맨드는 출력을 표준 출력standard output으로 쓴다. 표준 출력은 기본적으로 터미널 또는 터미널 응용프로그램이다. 이 개념은 그림 1.9에 묘사돼 있다.

그림 1.9 일반적인 유닉스 커맨드

예를 들어 who 커맨드를 실행하면 현재 로그인한 모든 사용자가 표시된다. 좀 더 공식적으로는 who 커맨드를 로그인한 사용자 목록의 표준 출력으로 쓴다. 이를 그림 1.10에 묘사했다.

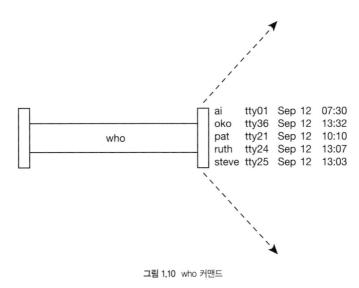

ai	tty01	Sep 12	07:30
oko	tty36	Sep 12	13:32
pat	tty21	Sep 12	10:10
ruth	tty24	Sep 12	13:07
steve	tty25	Sep 12	13:03

그림 1.10 who 커맨드

거의 모든 단일 유닉스 커맨드는 이전 커맨드 또는 파일의 결과를 입력으로 받을 수 있고, 출력을 다른 커맨드나 프로그램으로 보낼 수도 있다. 해당 개념은 커맨드라인의 기능을 이해하는 데 매우 중요하며 그래픽 인터페이스를 사용하는 경우에도 해당 커맨드를 모두 알아두면 도움이 될 것이다.

그러나 시작하기 전에 다음을 고려해야 한다. 파일 이름의 매개변수 없이 sort 커맨드를 호출하면 sort 커맨드는 표준 입력에서 입력을 받는다. 표준 출력과 마찬가지로 기본적으로 터미널(또는 키보드)로부터 출력을 받는다.

해당 방식으로 입력이 끝나면, 마지막 라인을 입력한 후 파일 끝end-of-file 문자를 지정해야 하며, 유닉스 규칙에 따라 Ctrl+d를 입력해야 한다. 즉, Ctrl+d는 Control 키(또는 키보드에 따라 Ctrl 키)와 d 키를 동시에 눌러 생성되는 문자다.

예를 들어, sort 커맨드를 사용해 네 개의 이름 Tony, Barbara, Harry, Dirk 등을 정렬해 보자. 파일에 이름을 입력하는 대신 터미널에서 직접 이름을 입력한다.

```
$ sort
Tony
Barbara
Harry
Dirk
Ctrl+d
Barbara
Dirk
Harry
Tony
$
```

sort 커맨드에 파일 이름이 지정되지 않았으므로, 표준 입력인 터미널에서 입력을 읽었다. 네 번째 이름이 입력된 후 데이터의 끝을 알리기 위해 Ctrl과 d 키를 누른다. 해당 시점에서 sort 커맨드는 네 개의 이름을 정렬했고 해당 결과를 터미널인 표준 출력 장치에 표시한다. 이것을 그림으로 설명하면 그림 1.11과 같다.

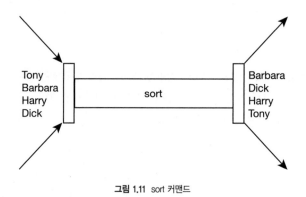

그림 1.11 sort 커맨드

wc 커맨드는 커맨드라인에서 파일 이름이 지정되지 않은 경우 표준 입력에서 입력을 가져오는 커맨드의 다른 예시다. 다음은 터미널에서 입력된 텍스트의 라인 수를 계산하는 데 사용되는 커맨드 예시다.

```
$ wc -l
This is text that
is typed on the
standard input device.
Ctrl+d
```

```
        3
$
```

Ctrl+d는 커맨드로 전달되지 않고 셸에서 해석되기 때문에 입력의 종료로 사용되는 Ctrl+d는 wc 커맨드에 의해 별도의 행으로 계산되지 않음을 주목한다. 게다가 wc 커맨드에 -l 플래그가 지정돼서 커맨드 결과는 라인 수(3)만 출력됐다.

출력 리디렉션

일반적으로 표준 출력으로 의도되는 커맨드의 결과는 파일로 쉽게 '방향을 바꿀^{diverted}' 수 있다. 해당 기능은 출력 리디렉션^{output redirection}이라 알려져 있는데, 유닉스의 능력을 이해하는 데 필수적으로 알아야 하는 기능이기도 하다.

출력을 표준 출력으로 정상적으로 쓰는 커맨드에 '> file' 표기가 추가되면 해당 커맨드의 출력은 file에 기록된다.

```
$ who > users
$
```

해당 커맨드는 who 커맨드를 실행시키고, who 커맨드 결과를 users 파일에 쓴다. 결과가 나타나지 않는다. 출력이 기본 표준 출력 장치(터미널)에서 지정된 파일로 리디렉션됐기 때문이다. 물론 확인할 수 있다.

```
$ cat users
oko    tty01  Sep 12 07:30
ai     tty15  Sep 12 13:32
ruth   tty21  Sep 12 10:10
pat    tty24  Sep 12 13:07
steve  tty25  Sep 12 13:03
$
```

커맨드 결과가 파일로 리디렉션되고 이미 해당 파일에 일부 데이터가 포함돼 있다면, 해당 데이터를 덮어 쓰기 때문에 데이터는 손실된다.

```
$ echo line 1 > users
$ cat users
line 1
$
```

그러나 users가 이미 이전 who 커맨드 결과를 포함하고 있음을 기억하고, 다음 예시를 살펴보자.

```
$ echo line 2 >> users
$ cat users
line 1
line 2
$
```

주의 깊게 살펴보면 해당 echo 커맨드는 >> 문자를 명시해 다른 타입의 출력 리디렉션을 사용했음을 알 수 있다. 해당 문자 쌍은 echo 커맨드의 표준 출력을 지정된 파일의 내용으로 추가되게 한다. 이전 내용은 손실되지 않으며, 새로운 결과가 끝부분에 간단하게 추가된다.

cat에 리디렉션 추가 문자 >>를 사용해 특정 파일의 내용을 다른 파일의 끝에 추가할 수 있다.

```
$ cat file1
This is in file1.
$ cat file2
This is in file2.
$ cat file1 >> file2              file1의 내용을 file2에 덧붙인다
$ cat file2
This is in file2.
This is in file1.
$
```

cat에 하나 이상의 파일 이름을 지정하면 첫 번째 파일의 내용이 표시되고 두 번째 파일이 바로 이어서 표시되는 것을 상기한다. 즉, 동일한 결과를 얻을 수 있는 두 번째 방법이 있다.

```
$ cat file1
This is in file1.
$ cat file2
This is in file2.
$ cat file1 file2
This is in file1.
This is in file2.
```

```
$ cat file1 file2 > file3          대신 file3로 리디렉션한다
$ cat file3
This is in file1.
This is in file2.
$
```

사실 cat 커맨드는 cat의 이름(catenate)을 따서 명명한 것이다. cat 커맨드를 하나 이상의 파일과 함께 사용하면 해당 파일들을 서로 연결catenate하는 효과가 있다.

입력 리디렉션

커맨드 결과를 파일로 리디렉션할 수 있기 때문에 커맨드 입력을 파일에서 리디렉션할 수도 있다. 그리고 좀 더 큰 문자인 >는 결과 리디렉션에 사용되므로 좀 더 작은 문자 <는 커맨드의 입력을 리디렉션하는 데 사용된다. 물론 표준 입력에서 일반적으로 입력을 받는 커맨드만 해당 방식으로 파일에서 입력을 리디렉션할 수 있다.

입력을 리디렉션하려면 < 문자 다음에 입력을 읽을 파일 이름을 입력한다. 예를 들어 users 파일의 라인 수를 계산하려면 wc -l users 커맨드를 실행할 수 있다는 것을 이미 알고 있어야 한다.

```
$ wc -l users
      2 users
$
```

wc 커맨드에 대한 표준 입력을 리디렉션해 파일의 라인 수를 계산할 수도 있다.

```
$ wc -l < users
      2
$
```

두 가지 형식의 wc 커맨드에 의해 생성된 출력에 서로 차이가 있다는 것을 주목한다. 첫 번째 경우, users 파일의 이름이 라인 수와 함께 출력되지만 두 번째 경우는 출력되지 않는다.

즉, 두 커맨드의 실행 간에 나타나는 미묘한 차이를 보여주고 있다. 첫 번째 경우, wc는 users 파일에서 입력을 읽는 것을 안다. 두 번째 경우는 표준 입력을 통해 원본 데이터만 제공되는 것을 본다. 셸은 터미널이 아닌 users 파일에서 입력을 리디렉션한다(2장에서

더 자세히 설명한다). wc 입장에서는 터미널이나 파일에서 입력이 들어오는지 알지 못하므로 파일 이름을 언급할 수밖에 없다는 것이다!

파이프

이전에 생성된 users 파일은 현재 시스템에 로그인한 모든 사용자의 목록을 포함한다는 것을 상기한다. 시스템에 로그인한 각 사용자 정보가 users 파일에 한 라인씩 있다는 것을 알고 있기 때문에 users 파일의 라인 수를 계산하면 로그인 세션 수를 쉽게 알 수 있다.

```
$ who > users
$ wc -l < users
      5
$
```

해당 커맨드의 결과는 현재 다섯 명의 사용자가 로그인했거나 다섯 개의 로그인 세션이 있음을 나타내는데, 사용자, 특히 관리자가 한 번 이상 로그인하는 경우가 많다. 이제 얼마나 많은 사용자가 로그인했는지 알고 싶을 때마다 사용할 수 있는 커맨드를 알게 될 것이다.

로그인한 사용자 수를 아는 또 다른 방법은 중간 파일을 생략하는 것이다. 앞서 언급했듯이 유닉스를 사용하면 두 개의 커맨드를 '연결'할 수 있다. 해당 연결을 파이프pipe라 하고 한 커맨드의 출력을 가져와서 다른 커맨드의 입력으로 직접 공급할 수 있다. 파이프는 두 개의 커맨드 사이에 있는 문자 |로 표시된다. who와 wc -l 커맨드 사이에 파이프를 작성하려면 who | wc -l을 입력한다.

```
$ who | wc -l
      5
$
```

두 커맨드 사이에 생성된 파이프를 그림 1.12에서 설명한다.

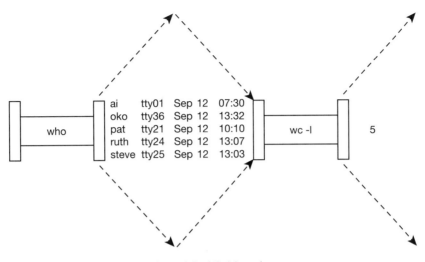

그림 1.12 파이프라인 처리: who | wc -l

두 커맨드 사이에 파이프가 연결되면 첫 번째 커맨드의 표준 출력은 두 번째 커맨드의 표준 입력에 직접 연결된다. who 커맨드는 로그인한 사용자 목록을 표준 출력에 기록하는 것을 알고 있다. 게다가 wc 커맨드에 파일 매개변수를 지정하지 않으면 표준 입력에서 입력을 받는 것을 알고 있다. 따라서 who 커맨드에서 출력된 로그인 사용자 목록은 자동으로 wc 커맨드에 대한 입력이 된다. wc 커맨드로 직접 파이프로 연결되기 때문에 터미널에서 who 커맨드의 출력을 볼 수 없다. 해당 내용은 그림 1.13으로도 설명할 수 있다.

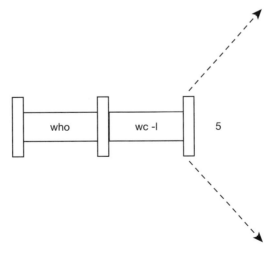

그림 1.13 파이프라인 처리

첫 번째 프로그램이 프로그램 결과를 표준 출력에 쓰고, 두 번째 프로그램이 표준 입력에서 입력을 읽는다면 두 프로그램 간의 파이프를 만들 수 있다.

다른 예로 디렉터리에 포함된 파일의 수를 세고 싶다고 가정해보자. ls 커맨드가 파일당 한 라인으로 출력한다는 사실을 알기 때문에 이전과 동일한 유형의 접근 방식을 사용할 수 있다.

```
$ ls | wc -l
     10
$
```

커맨드 결과는 현재 디렉터리에 10개의 파일이 있음을 나타낸다.

또한 하나의 프로그램 출력이 다음 프로그램의 입력으로 공급될 수 있도록 두 개 이상의 프로그램으로 구성된 더 복잡한 파이프라인을 만들 수 있다. 커맨드라인을 더 정교하게 사용할 수 있는 사용자가 되면 파이프라인을 엄청 강력하게 사용할 수 있는 상황을 많이 발견할 수 있을 것이다.

필터

필터filter라는 용어는 유닉스 용어로 표준 입력에서 입력을 받아 해당 입력에 대해 일부 연산을 수행하고 해당 연산 결과를 표준 출력으로 작성할 수 있는 프로그램을 가리키는 데 종종 사용된다. 좀 더 간결하게 정리하자면, 필터는 파이프라인에서 다른 프로그램의 결과를 변경하는 데 사용할 수 있는 프로그램이다. 따라서 이전 예시의 파이프라인에서 wc는 필터로 간주된다. ls는 표준 입력에서 입력을 읽지 않기 때문에 ls는 필터가 아니다. 다른 예시로 cat과 sort는 필터고 who, date, cd, pwd, echo, rm, mv, cp는 필터가 아니다.

표준 에러

표준 입력과 표준 출력 외에 표준 에러standard error라고 하는 세 번째 가상 장치가 있다. 표준 에러는 대부분의 유닉스 커맨드가 에러 메시지를 기록한다. 다른 두 개의 '표준' 장소와 마찬가지로 표준 에러는 기본적으로 터미널 또는 터미널 앱과 관련된다. 대부분의 경우 표준 출력과 표준 에러의 차이는 알 수 없다.

```
$ ls n*                                    n으로 시작하는 모든 파일을 출력한다
n* not found
$
```

여기서 실제로 ls 커맨드는 'not found' 메시지를 표준 에러로 기록한다. ls 커맨드의 결과를 리디렉션해 해당 메시지가 표준 출력으로 기록되지 않도록 확인할 수 있다.

```
$ ls n* > foo
n* not found
$
```

보다시피, 표준 출력을 리디렉션했더라도 해당 메시지는 여전히 터미널에 출력되고 foo 파일에 추가되지 않았다.

이전 예시는 표준 에러에 대한 존재 이유를 보여준다. 그래서 표준 출력이 파일로 리디렉션되거나 다른 커맨드로 파이프 처리돼도 에러 메시지는 여전히 터미널에 존재한다.

'커맨드 2〉 파일'과 같은 좀 더 복잡한 표기법을 사용해 표준 에러를 파일로 리디렉션할 수도 있다(예를 들면, 긴 시간 동안 프로그램의 잠재 에러를 로깅하는 경우).

2와 > 사이에는 공백이 없어야 한다는 데 주목한다. 일반적으로 표준 에러로 의도된 모든 에러 메시지는 표준 출력이 리디렉션되는 방식과 유사하게 지정된 파일로 전환된다.

```
$ ls n* 2> errors
$ cat errors
n* not found
$
```

추가 커맨드

한 라인에 하나 이상의 커맨드를 입력

세미콜론으로 구분하는 경우 한 라인에 두 개 이상의 커맨드를 입력할 수 있다. 예를 들어, 같은 라인에 date와 pwd 커맨드를 입력해 현재 시간과 현재 작업 디렉터리를 찾을 수 있다.

```
$ date; pwd
Sat Jul 20 14:43:25 EDT 2002
/users/pat/bin
$
```

세미콜론으로 각 커맨드를 구분하는 한, 한 라인에 원하는 만큼 많은 커맨드를 작성할 수
있다.

커맨드를 백그라운드로 실행하기

일반적으로 커맨드를 입력한 다음 커맨드 결과가 터미널에 표시될 때까지 기다린다. 지
금까지 확인한 모든 예시에서 대기 시간은 일반적으로 1초 정도의 짧은 시간이다.

그러나 때로는 완료하는 데 몇 분 또는 그 이상의 시간이 필요한 커맨드를 실행해야 할
수도 있다. 이런 경우 백그라운드에서 커맨드를 실행하지 않으면 커맨드를 계속 실행하
기 전에 커맨드 실행이 완료될 때까지 기다려야 한다.

유닉스 또는 리눅스 시스템은 여러분이 하고 있는 일에 완전히 집중하는 것처럼 보이지
만, 모든 시스템은 실제로 멀티태스킹^{multitasking}하면서 주어진 시간에 여러 커맨드를 동시
에 실행한다. 예를 들어, 우분투^{Ubuntu} 시스템을 사용하고 있다면 윈도우 관리자, 시계, 상
태 모니터, 터미널 윈도우 모두가 동시에 실행될 수 있다는 뜻이다. 커맨드라인에서도 여
러 커맨드를 동시에 실행할 수 있다. 그것은 커맨드를 '백그라운드로' 동작하게 해주며,
커맨드가 완료되는 동안에는 다른 작업을 할 수 있게 해준다.

하나의 커맨드 또는 여러 커맨드를 백그라운드로 실행하게 하는 표기법은 &(앰퍼샌드 문
자)를 추가하는 것이다. 즉, 커맨드가 더 이상 터미널로 묶이지 않고 여러분은 다른 작업
을 계속할 수 있다. 커맨드의 표준 출력은 여전히 터미널로 보내지만, 대부분의 경우 표
준 입력은 터미널에서 분리된다. 백그라운드 커맨드가 표준 입력에서 읽으려 한다면, 커
맨드는 읽는 동작을 멈추고 커맨드가 포그라운드^{foreground}로 올라갈 때까지 읽는 동작을
기다린다(14장, '대화식 및 비표준 셸 기능'에서 더 자세히 살펴본다).

다음의 예시를 보자:

```
$ sort bigdata > out &       백그라운드로 정렬을 보낸다
[1] 1258                     프로세스 ID
$ date                       터미널에서 즉시 다른 작업을 할 수 있다
Sat Jul 20 14:45:09 EDT 2002
$
```

커맨드를 백그라운드로 보내면, 유닉스 시스템은 두 개의 숫자를 자동으로 표시한다. 첫 번째는 커맨드의 작업 번호job number고, 두 번째는 프로세스 IDprocess ID 또는 PID다. 이전 예시에서 1은 작업 번호고 1258은 프로세스 ID다. 작업 번호는 일부 셸 커맨드로 특정 백그라운드 작업을 참조하기 위한 바로가기로 사용된다(작업 번호에 대해서는 14장에서 자세히 다룰 예정이다). 프로세스 ID는 백그라운드로 보낸 커맨드를 고유하게 식별하고, 커맨드에 대한 상태 정보를 얻는 데 사용할 수 있다. 즉, 프로세스 상태를 확인하는 커맨드(ps)를 사용해 프로세스 ID를 얻을 수 있다.

ps 커맨드

ps 커맨드는 시스템에서 실행 중인 프로세스에 대한 정보를 제공한다. 옵션이 없으면 프로세스의 상태만 출력한다. 터미널에 ps를 입력하면 실행 중인 프로세스를 설명하는 여러 라인을 볼 수 있다.

```
$ ps
   PID TTY          TIME CMD
 13463 pts/16   00:00:09 bash
 19880 pts/16   00:00:00 ps
$
```

ps 커맨드(일반적으로 시스템마다 다를 수 있음)는 PID, TTY, TIME, CMD 등 네 가지 정보 열을 포함한다. TTY는 프로세스가 실행된 터미널 번호를 의미하고, TIME은 프로세스가 사용한 컴퓨터 시간(분초)을 의미하며, CMD는 프로세스의 이름(이전 예시의 bash 프로세스는 로그인할 때 시작된 셸이며 9초의 컴퓨터 시간을 사용했다.)을 의미한다. 커맨드가 완료할 때까지 ps 커맨드 결과에 실행 중인 프로세스가 표시되므로, 이전 예시 19880은 ps 커맨드 자체다.

ps에 -f 옵션과 함께 사용하면, ps는 부모 프로세스 IDPPID, 프로세스가 시작된 시간STIME, 커맨드 매개변수가 포함된 프로세스 추가 정보를 출력한다.

```
$ ps -f
UID         PID   PPID  C STIME TTY          TIME CMD
steve     13463  13355  0 12:12 pts/16   00:00:09 bash
steve     19884  13463  0 13:39 pts/16   00:00:00 ps -f
$
```

커맨드 요약

표 1.2는 1장에서 살펴본 커맨드를 요약한다. 표 1.2에서 file은 한 파일을 나타내고, file(s)는 하나 이상의 파일을 나타내며, dir은 한 디렉터리를 나타내고, dir(s)는 하나 이상의 디렉터리를 나타낸다.

표 1.2 커맨드 요약

커맨드	설명
cat file(s)	files(s)의 내용을 출력하거나 file(s)가 없다면 표준 입력을 출력한다.
cd dir	현재 디렉터리를 dir로 변경한다.
cp file1, file2	file1을 file2로 복사한다.
date	날짜와 시간을 출력한다.
echo args	args를 출력한다.
ln file1 file2	file1을 file2로 링크한다.
ls file(s)	file(s)를 출력한다.
ls dir(s)	dir(s)를 지정하지 않으면 dir(s) 또는 현재 디렉터리의 파일을 출력한다.
mkdir dir(s)	dir(s) 디렉터리를 생성한다.
mv file1 file2	file1을 file2로 옮긴다(file1, file2가 동일한 디렉터리에 존재한다면 간단히 파일 이름을 변경한다).
mv file(s) dir	file(s)를 dir 디렉터리로 이동한다.
ps	현재 동작 중인 프로세스에 대한 정보를 출력한다.
pwd	현재 작업 중인 디렉터리 패스를 출력한다.
rm file(s)	file(s)를 삭제한다.
rmdir dir(s)	비어있는 디렉터리 dir(s)를 삭제한다.
sort file(s)	file(s)의 라인을 정렬하거나 file(s)가 없으면 표준 입력으로 입력된 라인을 정렬한다.
wc file(s)	file(s)의 라인, 단어, 문자의 수를 계산하거나 file(s)가 없으면 표준 입력으로 라인, 단어, 문자의 수를 계산한다.
who	로그인 사용자를 출력한다.

셸이란?

2장에서는 유닉스 커맨드 셸이 무엇인지, 왜 셸이 모든 파워유저의 툴박스인지 다루고자
한다.

커널과 유틸리티

유닉스 시스템은 논리적으로 두 개의 다른 영역인 커널^{kernel}과 유틸리티^{utility}로 나뉜다(그
림 2.1 참조). 또한 원한다면 커널과 다른 모든 것들은 일반적으로 모두 셸을 통해 접근
된다.

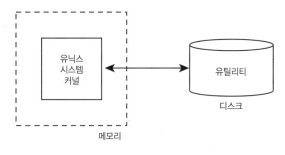

그림 2.1 유닉스 시스템

커널은 유닉스 시스템의 심장이고 컴퓨터가 켜져서 부팅^{booting}될 때부터 컴퓨터가 꺼질
때까지 컴퓨터의 메모리에 상주한다.

완전한 유닉스 시스템 경험을 구성하는 다양한 툴과 유틸리티는 컴퓨터의 디스크에서
툴과 유틸리티 관련 요청이 오면 메모리로 이동시켜 해당 툴과 유틸리티를 실행한다. 사

실상 모든 유닉스 커맨드는 유틸리티다. 따라서 프로그램은 디스크에 있으며 사용자의 요청이 있을 때만 메모리에 저장된다. 예를 들어, date 커맨드를 실행할 때 유닉스 시스템은 컴퓨터 디스크의 date라는 프로그램을 메모리에 로드load하고 지정된 작업을 수행하기 위해 date 프로그램 코드를 읽기 시작한다.

셸은 유틸리티 프로그램이기도 하고 로그인 순서의 일부분이라서 실행을 위해 메모리에 로드된다. 따라서 터미널 또는 윈도우에서 첫 번째 셸이 시작할 때 발생하는 정확한 이벤트 순서를 다뤄볼 가치가 있다.

로그인 셸

예전에 터미널은 하드웨어로 직접 연결된 물리적 장치였다. 그러나 요즘은 터미널 프로그램이 리눅스, 맥, 윈도우 환경에 있고, 해당 터미널은 네트워크를 통해 시스템과 상호작용할 수 있다. 일반적으로 터미널 또는 xterm과 같은 프로그램을 시작한 다음, 필요에 따라 ssh, telnet, rlogin과 같은 프로그램을 사용해 원격 시스템에 연결한다.

시스템의 각 물리적 터미널마다 getty라는 프로그램이 활성화될 것이다. 그림 2.2는 getty에 대해 설명하고 있다.

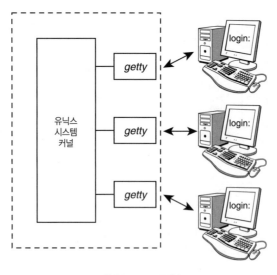

그림 2.2 getty 프로세스

유닉스 시스템, 더 정확히 말해 init이라는 프로그램은 시스템이 사용자의 로그인을 허용할 때마다 자동으로 각 터미널 포트에서 getty 프로그램을 시작한다. getty는 기본적인 장치 드라이버며, login 프로그램에 login: 메시지를 출력하게 해서 누군가가 무언가를 입력할 때까지 기다린다.

ssh와 같은 프로그램을 연결하면 유닉스 전문 용어인 가상 터미널(pseudo-terminal 또는 pseudo-tty)이 할당된다. who에서 ptty3 또는 pty1과 같은 항목을 봤다면 이런 이유인 것이다.

모든 로그인 셸에서는 계정과 패스워드 정보를 읽는 프로그램, 해당 정보를 검증하는 프로그램이 있다. 그리고 해당 정보를 확인하고 유효한 경우 '로그인log in'하기 위해 필요한 로그인 프로그램을 호출하는 프로그램을 호출한다.

누군가가 일부 문자를 입력하고 Enter 키를 입력하면 login 프로그램은 로그인 처리를 완료한다(그림 2.3 참조).

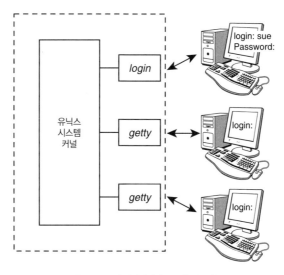

그림 2.3 sue의 터미널에서 login을 시작했다.

login 프로그램이 실행되면 터미널에 Password: 문자열을 출력한 다음, 패스워드를 입력할 때까지 기다린다. 패스워드를 입력하고 Enter 키를 누른 후(보안상의 이유로 사용자가 입력하는 동안 아무런 결과도 출력되지 않음), login 프로그램은 로그인 이름과 패스워드가 /etc/passwd 파일에 있는 내용과 일치하는지 확인한다. /etc/passwd 파일은 로그인 이름, 홈 디렉터리, 사용자가 로그인할 때 시작될 프로그램을 지정하도록 각 사용자 계정에 대한 항목을 포함한다. 해당 정보의 마지막 부분(로그인 셸)은 각 라인의 마지막 콜론 다음에 저장된다. 마지막 콜론 다음에 아무것도 없으면 /bin/sh가 기본적으로 표준 셸로 사용된다.

터미널 프로그램을 통해 로그인할 때 데이터 핸드셰이크handshake는 사용자 시스템의 ssh와 서버의 sshd 같은 프로그램을 포함할 수 있고, 유닉스 컴퓨터에서 윈도우를 열면 패스워드를 다시 입력할 필요 없이 즉시 로그인할 수 있다. 편리하다!

하지만 패스워드 파일로 돌아가보자. 다음 세 개의 라인은 sue, pat, bob이라는 세 명의 사용자에 대한 /etc/passwd의 전형적인 라인을 보여준다.

```
sue:*:15:47::/users/sue:
pat:*:99:7::/users/pat:/bin/ksh
bob:*:13:100::/users/data:/users/data/bin/data_entry
```

login 프로그램은 입력한 패스워드의 암호화 버전과 /etc/shadow에 저장된 특정 계정의 암호화된 패스워드가 동일한지 검증한 다음, 실행할 로그인 프로그램의 이름을 확인한다. 대부분의 경우 /bin/sh, /bin/ksh, /bin/bash가 될 것이다. 다른 경우에 대화형 접근 방식(파일 소유권 관리에 공통)을 포함하지 않는 계정의 경우 특수한 사용자 정의 프로그램 또는 /bin/nologin일 수 있다. 모든 로그인 프로그램의 토대가 되는 아이디어는 누군가가 시스템에 로그인할 때마다 프로그램을 자동으로 실행하기 위해 로그인 계정을 설정할 수 있다는 것이다. 셸은 일반적인 유틸리티이기 때문에 가장 자주 선택되는 프로그램이지만 셸만 쓸 수 있는 것은 아니다.

sue의 경우를 살펴보자. 일단 sue가 로그인하면, login 프로그램은 자체 프로그램을 종료시키고 sue의 터미널 연결의 제어를 표준 셸로 넘긴 다음 메모리에서 사라진다(그림 2.4 참조).

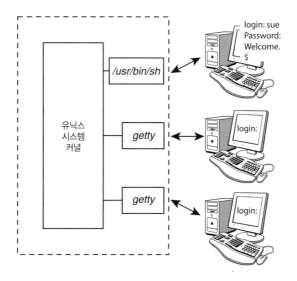

그림 2.4 login은 /usr/bin/sh를 실행한다.

이전에 살펴본 /etc/passwd의 다른 항목을 설명하자면, pat은 /bin에 저장된 ksh 프로그램(Korn 셸)을 갖고, bob은 data_entry라는 특수 프로그램을 얻는다(그림 2.5 참조).

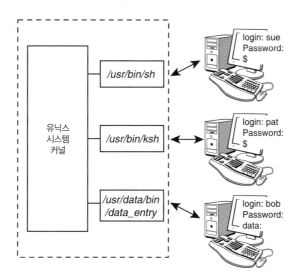

그림 2.5 로그인된 세 명의 사용자

앞에서 살펴봤듯이 init 프로그램은 네트워크 연결을 위해 getty와 유사한 프로그램을 실행한다. 예를 들어 sshd, telnetd, rlogind는 각각 ssh, telnet, rlogin을 통해 연결 요청에 응답한다. 특정 물리 터미널 또는 모뎀 라인에 직접 연결되는 대신, 해당 프로그램은 사용자의 셸을 가상 터미널^{pseudo-tty}로 연결한다. who 커맨드를 사용해 네트워크 또는 X 윈도우 화면 또는 네트워크 터미널 연결 프로그램을 통해 시스템에 로그인했는지 확인할 수 있다.

```
$ who
phw      pts/0    Jul 20 17:37        rlogin으로 로그인됐다
$
```

셸에 커맨드를 입력

셸이 시작되면 커맨드 프롬프트(일반적으로 달러 기호 $)가 터미널에 표시되고 커맨드를 입력할 때까지 기다린다(그림 2.6의 1단계와 2단계). 커맨드를 입력하고 Enter 키(3단계)를 누를 때마다, 셸은 입력한 내용을 분석하고 요청을 수행한다(4단계).

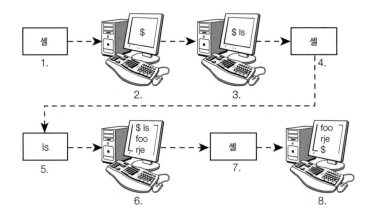

그림 2.6 커맨드 순환

특정 프로그램을 호출하기 위해 셸에 요청하면 디스크를 검색하고 해당 프로그램을 찾을 때까지 PATH에 지정한 모든 디렉터리를 단계별로 실행한다. 프로그램을 발견하면 셸은 셸 자체를 복제하고(서브셸^{subshell}이라고 함) 커널에 서브셸을 지정된 프로그램으로 바꾸도록 요청한다. 프로그램이 끝날 때까지 로그인 셸은 '잠자는 상태로 변경된다'(5단계).

커널은 지정된 프로그램을 메모리에 복사하고 해당 프로그램을 실행한다. 복사된 프로그램을 프로세스process라고 한다. 이런 방식으로 라인에 따라 디스크의 파일에 보관된 프로그램과 메모리에 있는 실행 중인 프로세스를 구별한다.

프로그램이 출력을 표준 출력으로 쓰는write 경우, 다른 출력으로 지정되지 않거나 다른 커맨드로 파이프되지 않으면 해당 출력은 터미널에 나타난다. 비슷하게 프로그램이 입력을 표준 입력으로부터 읽으면, 파일에서 리디렉션되지 않거나 다른 커맨드(6단계)에서 파이프 처리되지 않을 경우 사용자의 입력을 기다린다.

커맨드가 실행을 종료할 때 프로그램은 사라지고, 제어는 로그인 셸로 다시 한 번 돌아가며, 다음 커맨드를 프롬프트한다(7단계와 8단계).

해당 순환은 사용자가 로그인돼 있는 동안 계속된다. 시스템에서 사용자가 로그오프log off 하면 셸 실행은 종료되고 시스템은 새로운 getty(또는 rlogind 등)를 시작해 다른 사람의 로그인을 기다린다. 해당 순환은 그림 2.7에서도 확인할 수 있다.

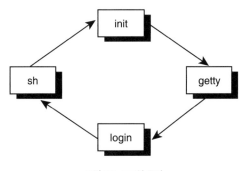

그림 2.7 로그인 주기

셸은 단지 프로그램임을 인식하는 것이 중요하다. 셸은 시스템에 대한 특별한 권한을 가지지 않는다. 즉, 충분한 지식과 열정을 가진 사람이라면 누구나 자신만의 셸을 만들 수 있다. 이것이 바로 셸의 다양한 종류, 취향이 생긴 배경이다. 예를 들어 스티븐 본Stephen Bourne이 개발한 오래된 Bourne 셸, 데이빗 콘David Korn이 개발한 Korn 셸, 주로 리눅스 시스템에서 사용되는 Bash 셸Bourne again shell, 빌 조이Bill Joy가 개발한 C 셸이 있다. 셸들은 모두 특정 목적을 위해 설계됐고, 각각 고유한 기능과 개성을 갖고 있다.

셀의 책임

이제 셸이 사용자가 입력한 각 라인을 분석(적절한 컴퓨터 전문 용어를 사용한다면 구문 분석parsing을 의미)하고, 선택한 프로그램의 실행을 초기화한다는 것을 알게 됐다. 구문 분석 단계에서 1장에서 설명한 대로 *와 같은 파일 이름을 확장하는 특수 문자가 확장된다.

셸은 그림 2.8에서 보여주듯이 다른 책임도 갖고 있다.

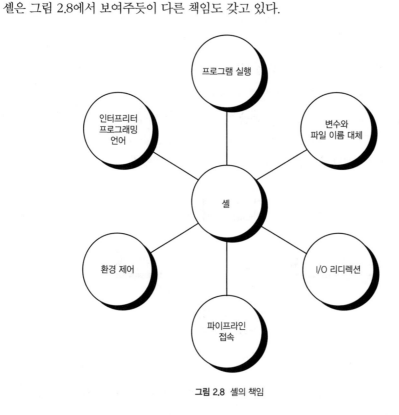

그림 2.8 셸의 책임

프로그램 실행

셸은 사용자 터미널에서 요청한 모든 프로그램의 실행을 책임진다.

셸에서 라인을 입력할 때마다 셸은 라인을 분석한 후 수행할 작업을 결정한다. 셸에 관한 각 라인은 동일한 기본 형식을 따른다.

```
program-name arguments
```

셸에 입력된 라인은 공식적으로 커맨드라인command line이라고 한다. 셸은 해당 커맨드라인을 분석해 실행될 프로그램의 이름과 프로그램에 전달할 매개변수를 알아낸다.

셸은 특수 문자를 사용해 프로그램 이름의 시작과 끝, 각 매개변수의 시작과 끝이 어디인지 알아낸다. 해당 특수 문자는 집합적으로 공백 문자whitespace character라고 부르며 공백 문자(스페이스space), 가로 탭 문자, 줄 바꿈 문자 등이다(공식적으로는 개행 문자newline character로 알려짐). 여러 공백 문자는 셸에서 무시된다.

다음 커맨드를 입력할 때,

mv   tmp/mazewars games

셸은 커맨드라인을 조사하고 라인의 처음부터 첫 번째 공백 문자까지 실행할 프로그램의 이름(mv)을 모두 얻는다. 다음 공백(여분의 공백)은 무시되고, 다음 공백 문자까지의 문자는 mv:tmp/mazewars의 첫 번째 매개변수가 된다. 다음 공백 문자까지의 문자(이 경우는 개행 문자)는 mv: games에 대한 두 번째 매개변수다. 커맨드라인을 구문 분석한 후 셸은 mv 커맨드를 실행해 mv 커맨드에 두 개의 지정된 매개변수 tmp/mazewars와 games를 제공한다(그림 2.9 참조).

그림 2.9 두 개의 매개변수를 가진 mv를 실행

이전에 언급한 것처럼 공백 문자가 여러 개 있더라도 셸에서는 무시된다. 즉, 셸이 다음 커맨드를 처리할 때

echo   when   do   we   eat?

echo 프로그램에 네 개의 매개변수 when, do, we, eat를 전달한다(그림 2.10 참조).

그림 2.10 네 개의 매개변수를 가진 echo를 실행

echo는 매개변수를 얻고 터미널에 매개변수를 출력하기 때문에 각 매개변수 사이에 공백을 추가하더라도 결과는 다음과 같이 훨씬 쉽게 읽을 수 있다.

```
$ echo          when    do      we      eat?
when do we eat?
$
```

echo 커맨드는 결코 빈 공백을 보지 못한다. 셸이 빈 공백을 '집어삼켰다'. 5장에서 따옴표(')를 다룰 때 프로그램의 매개변수에 공백을 포함시키는 방법을 살펴보겠지만, 일반적으로 여러분이 원하는 행동은 여분의 공백을 없애는 것이다.

이전에 살펴봤듯이, 셸은 실행하려는 프로그램을 찾을 때까지 디스크를 검색한 후 유닉스 커널에 실행을 시작하도록 요청한다. 이는 대부분 일어나고 있는 사실이다. 그러나 실제로 셸 자체에는 내장된 커맨드가 있다. 이러한 내장 커맨드는 cd, pwd, echo를 포함한다. 셸이 디스크에서 커맨드를 검색하기 전에 먼저 내장 커맨드인지 확인한 후 직접 커맨드를 실행한다.

그러나 개별 프로그램이 호출되기 전에 셸이 수행하는 작업이 좀 더 많기 때문에 셸이 수행하고 있는 작업에 대해 간단히 살펴보겠다.

변수와 파일 이름 대체

더 공식적인 프로그래밍 언어와 같이 사용자는 셸을 통해 변수에 값을 할당할 수 있다. 커맨드라인에서 달러 기호 앞에 변수 중 하나를 지정할 때마다 셸은 변수에 지정된 값으로 대체한다. 해당 주제는 4장에서 자세히 다룰 것이다.

또한 셸은 커맨드라인에서 파일 이름을 대체한다. 사실 셸은 실행하려는 프로그램의 이름과 프로그램 매개변수를 알아내기 전에 파일 이름 대체 문자인 **, ?, [...]을 찾기 위해 커맨드라인을 분석한다.

현재 디렉터리에 다음과 같은 파일이 있다고 가정한다.

```
$ ls
mrs.todd
prog1
shortcut
sweeney
$
```

이제 echo 커맨드에 파일 이름 대체(*)를 사용한다.

```
$ echo *              모든 파일을 출력한다
mrs.todd prog1 shortcut sweeney
$
```

echo 프로그램에 전달된 매개변수 개수는 몇 개일까? 하나 또는 네 개일까? 셸이 파일 이름 대체를 수행하기 때문에 해당 질문에 대한 대답은 네 개다. 셸이 다음 라인을 분석할 때

```
echo *
```

특수 문자 *를 인식하고 현재 디렉터리의 모든 파일 이름을 대체한다(심지어 알파벳순으로 정렬된다).

```
echo mrs.todd prog1 shortcut sweeney
```

그다음 셸은 실제 커맨드에 전달할 수 있는 매개변수를 결정한다. 그래서 echo는 별표 (*)를 볼 수 없으며, 해당 커맨드라인에 네 개의 매개변수가 입력된다(그림 2.11 참조).

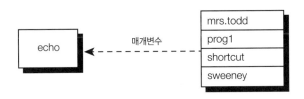

그림 2.11 echo의 실행

I/O 리디렉션

또한 셸의 책임은 입력과 출력의 리디렉션을 처리하는 것이다. 셸은 특수 리디렉션 문자 <, > 또는 >>가 사용되면 입력된 각 커맨드라인을 분석한다(궁금하다면 12장에서 다루고 있는 << 리디렉션 부분을 살펴본다).

사용자가 다음 커맨드를 실행하면

```
echo Remember to record The Walking Dead > reminder
```

셸은 특수 리디렉션 문자 >를 인식하고 커맨드라인에서 출력이 리디렉션돼야 하는 파일의 이름을 얻는다. 이 경우 해당 파일을 리마인더reminder라고 부른다. 리마인더가 이미 존재하고, 쓰기 권한이 있다면 이전 내용을 덮어 쓴다. 파일 또는 디렉터리에 대한 쓰기 액세스 권한이 없다면, 셸은 에러 메시지를 생성한다.

셸은 원하는 프로그램을 실행하기 전에 프로그램의 표준 출력을 지정된 파일로 리디렉션한다. 거의 모든 경우에 프로그램은 출력이 리디렉션된다는 사실을 결코 알 수 없다. 때문에 셸은 파일로 리디렉션했다는 사실을 모른 채 프로그램은 표준 출력(일반적으로 터미널)에 쓰기만 한다.

거의 동일한 두 커맨드를 살펴보면 다음과 같다.

```
$ wc -l users
      5 users
$ wc -l < users
      5
$
```

첫 번째 경우, 셸은 커맨드라인을 구문 분석하고 실행할 프로그램의 이름이 wc인지 알아내고 두 개의 매개변수 -l과 users를 전달한다(그림 2.12 참조).

그림 2.12 wc -l users의 실행

wc가 실행을 시작하면 wc는 두 개의 매개변수를 전달받는다. 첫 번째 -l은 라인 수를 세서 알려준다. 두 번째 매개변수는 라인 수를 계산할 파일의 이름을 지정한다. 그래서 wc는 users 파일을 열어서 라인 수를 계산한 다음 결과 값을 파일 이름과 함께 출력한다.

두 번째 경우의 wc 연산은 조금 다르다. 셸은 커맨드라인을 분석할 때 입력 리디렉션 문자 <를 찾는다. 따라서 커맨드라인에서 < 다음의 단어는 입력을 리디렉션할 파일의 이름으로 해석된다. 커맨드라인에서 < users를 사용하면, 셸은 wc 프로그램을 실행하고 users 파일으로부터 표준 입력을 리디렉션해서 -l 옵션 하나만 전달한다(그림 2.13 참조).

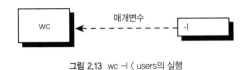

그림 2.13 wc -l 〈 users의 실행

wc가 이번에 실행을 시작할 때, 단일 매개변수 -l이 wc 커맨드에 전달된 것을 볼 수 있다. 파일 이름이 지정되지 않았기 때문에 wc는 표준 입력에서 오는 라인 수를 대신 계산해야 한다고 결정한다. 따라서 wc -l은 라인 수를 계산하고, 실제로는 users 파일의 라인 수를 계산한다는 것을 알지 못한다. 최종 결과 내용은 평상시처럼 출력되지만 wc에 파일 이름이 지정되지 않았기 때문에 파일 이름은 출력되지 않는다.

두 커맨드 실행에 대한 차이점을 이해하는 것이 중요하다. 이 부분이 명확하지 않다면, 진행하기 전에 이전 절을 한 번 더 살펴보자.

파이프라인 연결

셸이 리디렉션 문자를 찾기 위해 커맨드라인을 분석하는 것처럼 파이프 문자인 |를 찾아보자. 파이프 문자와 일치할 때마다 이전 커맨드의 표준 출력을 다음 커맨드의 표준 입력에 연결한 후 두 프로그램의 실행을 시작한다.

그래서 다음 커맨드를 실행하면

```
who | wc -l
```

셸은 who와 wc 커맨드를 구분하는 파이프 문자를 찾는다. 이전 커맨드의 표준 출력을 다음 커맨드의 표준 입력에 연결한 후 두 커맨드를 실행하려고 한다. who 커맨드를 실행할 때 who 커맨드는 누가 로그인돼 있는지 출력하고 표준 출력에 결과를 기록하지만, who 커맨드는 결과가 터미널에 전달되지 않고 다른 커맨드로 대신 전달된 것을 인식하지 못한다.

wc 커맨드를 실행할 때 wc 커맨드는 파일 이름을 지정하지 않았음을 인식하고 표준 입력에서 라인을 계산한다. wc는 표준 입력이 터미널이 아닌 who 커맨드 결과에서 온다는 것을 인식하지 못한다.

두 개의 커맨드 파이프라인을 갖는다는 것뿐만 아니라, 정말 복잡한 파이프라인에서는 세 개, 네 개, 다섯 개 또는 그 이상의 커맨드를 함께 묶을 수 있다. 복잡한 파이프라인을 사용해 커맨드 결과를 알아내는 것이 조금 까다로울 수 있지만 숨겨진 유닉스 시스템의 가장 큰 기능을 제대로 활용해보자.

환경 제어

셸은 환경을 사용자 정의할 수 있는 커맨드를 제공한다. 사용자 환경에는 홈 디렉터리, 커맨드에서 입력할 수 있도록 셸이 출력하는 문자, 프로그램 실행을 요청할 때마다 검색할 디렉터리 목록 등이 포함된다. 10장에서 관련 내용을 살펴볼 예정이다.

인터프리터 프로그래밍 언어

셸은 자체 내장된 프로그래밍 언어를 가지며, 내장된 언어는 바로 번역interpret된다. 즉, 셸은 발생한 각 문장을 분석한 후 유효 여부를 확인하는 커맨드를 실행한다. 내장된 언어는 프로그래밍 문장이 일반적으로 실행되기 전에 컴퓨터에서 실행 가능한 형식으로 컴파일되는 C++, 스위프트Swift 같은 프로그래밍 언어와 다르다.

인터프리터 프로그래밍 언어로 개발된 프로그램은 일반적으로 컴파일된 프로그램보다 디버깅 및 수정이 쉽다. 하지만 컴파일된 산출물보다 실행 시간이 오래 걸릴 수는 있다.

셸 프로그래밍 언어는 대부분의 프로그래밍 언어에서 찾을 수 있는 기능을 제공한다. 해당 언어는 루프loop 구조, 의사 결정 문장, 변수, 함수를 가지며 프로시저 지향procedure-oriented 언어다. IEEE POSIX 표준을 기반으로 하는 최신 셸은 배열, 데이터 타입, 내장된 산술 연산을 포함한 많은 기능을 갖고 있다.

3

필요한 툴

3장에서는 일반적으로 사용되는 셸 프로그래밍 툴을 자세히 설명한다. cut, paste, sed, tr, grep, uniq, sort를 사용하면서 능숙해질수록, 효율적인 셸 스크립트를 작성하기가 더 쉬워질 것이다.

정규 표현식

툴 활용에 들어가기 전에 정규 표현식에 대해 알아야 한다. 정규 표현식은 ed, sed, awk, grep, vi 편집기를 비롯한 많은 유닉스 커맨드에서 사용된다. 정규 표현식은 일치시킬 패턴pattern을 지정할 수 있는 편리하고 일관된 방법을 제공해준다.

혼란스러울 수 있는 점은 셸은 파일 이름 대체로 제한된 형식의 정규 표현식을 인식한다는 것이다. 별자(*)는 일치시킬 0개 이상의 문자를 지정하고, 물음표(?)는 단일 문자를 지정하고 [...] 구문은 대괄호 사이로 묶은 문자를 지정한다. 그러나 이 부분은 앞으로 살펴보게 될 공식적인 정규 표현식과 같은 것은 아니다. 예를 들어, 셸은 ?를 모든 단일 문자와 일치하는 것으로 보는 반면, 정규 표현식(일반적으로 regex로 축약됨)은 마침표(.)를 모든 단일 문자와 일치하는 것으로 사용한다.

실제로 정규 표현식은 셸이 인식하는 것보다 훨씬 정교하며, 복잡한 정규 표현식으로 조립할 수 있는 방법만 설명한 책들이 있다. 하지만 정규 표현식에서 큰 가치를 찾기 위해 굳이 전문가가 될 필요는 없다.

이 절에서는 ex 또는 ed와 같은 라인 기반 편집기에 익숙하다고 가정한다. 해당 편집기가 익숙하지 않다면 해당 편집기에 대한 자세한 정보를 설명한 부록 B를 참조하거나 man 페이지를 확인한다.

모든 문자와 일치: 마침표(.)

정규식의 마침표는 문자 여부에 상관없이 하나의 문자로 인식한다.

r.

따라서 위 정규 표현식은 r과 임의의 단일 문자가 일치함을 의미한다.

다음 정규 표현식의 경우

.x.

두 문자에 의해 감싸인 x와 일치하지만 반드시 동일하지는 않다.

리눅스가 존재하는 한, 라인 기반의 오래된 편집기인 간단한 ed 편집기를 사용해 많은 정규 표현식을 보여줄 수 있다.

예를 들어, 다음 ed 커맨드의 경우

/ ... /

공백으로 둘러싸인 세 문자를 포함하는 내용을 첫 번째 라인부터 편집 중인 파일을 검색한다. 그러나 예시의 맨 앞부분에서 ed는 파일의 문자 수(248)를 보여주고 print(p)와 같은 커맨드 앞에 파일의 첫 번째 줄부터 마지막 줄까지를 의미하는 1,$와 같은 범위 지시자가 앞에 붙을 수 있음을 알 수 있다.

```
$ ed intro
248
1,$p                              모든 라인을 출력한다
The Unix operating system was pioneered by Ken
Thompson and Dennis Ritchie at Bell Laboratories
in the late 1960s.  One of the primary goals in
the design of the Unix system was to create an
environment that promoted efficient program
development.
```

intro 파일이 작업할 파일이다. 이제 정규식을 시도해본다.

```
/ ... /                                 공백에 둘러싸인 세 문자를 찾는다
The Unix operating system was pioneered by Ken
/                                       마지막 검색을 반복한다
Thompson and Dennis Ritchie at Bell Laboratories
1,$s/p.o/XXX/g                          모든 p.o를 XXX로 변경한다
1,$p                                    무슨 일이 발생했는지 확인한다
The Unix operating system was XXXneered by Ken
ThomXXXn and Dennis Ritchie at Bell Laboratories
in the late 1960s.  One of the primary goals in
the design of the Unix system was to create an
environment that XXXmoted efficient XXXgram
development.
```

첫 번째 검색에서 ed는 파일의 시작 부분에서 검색을 시작했으며 지정된 패턴과 일치하는 첫 번째 라인의 'was'를 찾고 해당 라인을 출력했다.

검색을 반복(ed 커맨드 /)하면 파일 두 번째 라인의 'and'가 패턴과 일치하기 때문에 출력된다. 대체 커맨드 s를 사용해 문자 p에 임의의 단일 문자가 오고 그 뒤에 문자 o가 오는 단어를 XXX 문자로 치환한다. 접두어 1,$는 파일의 모든 라인에 적용함을 가리키고 대체는 s/old/new/g 구문으로 지정된다. 여기서 s는 대체를 나타내고 슬래시는 이전 값과 새 값을 지정하며, g는 각 라인마다 한 번씩 적용되지 않고 각 라인에 대해 필요한 만큼 여러 번 적용돼야 함을 가리킨다.

라인의 시작과 일치: 캐럿(^)

캐럿 문자 ^는 정규 표현식에서 첫 번째 문자로 사용되고 라인의 시작과 일치한다. 따라서 다음 정규 표현식의 경우

^George

라인의 시작 부분에서만 발생하는 문자 George와 일치한다. 캐럿은 분명히 정규식 세계에서 '왼쪽 뿌리left-rooting'로 알려져 있다.

다음을 살펴보자.

```
$ ed intro
248
/the/
>>in the late 1960s.  One of the primary goals in
>>the design of the Unix system was to create an
/^the/                         the로 시작하는 라인을 찾는다
the design of the Unix system was to create an
1,$s/^/>>/                     각 라인의 처음에 >>를 추가한다
1,$p
>>The Unix operating system was pioneered by Ken
>>Thompson and Dennis Ritchie at Bell Laboratories
>>in the late 1960s.  One of the primary goals in
>>the design of the Unix system was to create an
>>environment that promoted efficient program
>>development.
```

이전 예시는 정규 표현식 ^을 사용해 라인의 시작과 일치하는지 보여준다. 해당 예시에서 각 라인의 시작 부분에 >> 문자를 추가하는 데 사용된다. 다음과 같은 커맨드의 경우

```
1,$s/^/    /
```

각 라인의 시작 부분에 공백을 추가하는 데 사용된다(이 경우 네 개의 공백이 추가된다).

라인의 끝과 일치: 달러 기호($)

^가 라인의 시작과 일치하는 것처럼 달러 기호 $는 라인의 끝과 일치하는 데 사용된다. 따라서 정규 표현식의 경우

```
contents$
```

라인의 마지막 문자가 contents 문자로 일치하는 경우에만 문자 내용을 일치시킨다.

다음 정규 표현식과 일치하는 글자는 무엇이라고 생각하는가?

```
.$
```

.$는 라인이 끝나는 마침표 문자와 일치하는가? 아니다. 마침표는 어떤 문자와도 일치한다는 사실을 상기하면, .$는 라인의 끝에 단 하나의 문자(마침표 포함)와 일치한다.

그러면 무엇이 마침표와 일치하는가? 일반적으로 정규 표현식에 특별한 의미를 지닌 문자를 찾으려 한다면, 특별한 의미를 우선하기 위해 문자 앞에 역슬래시(\)를 붙여 처리한다.

\.$

예를 들어, 위 정규 표현식은 마침표로 끝나는 모든 라인과 일치하고 다음 정규 표현식은 마침표로 시작하는 모든 라인과 일치한다.

^\.

역슬래시를 실제 문자로 지정하고 싶은가? \\.처럼 연속해서 두 개의 역슬래시를 사용한다.

```
$ ed intro
248
/\.$/                        마침표로 끝나는 라인을 찾는다
development.
1,$s/$/>>/                    각 라인의 끝에 >>를 추가한다
1,$p
The Unix operating system was pioneered by Ken>>
Thompson and Dennis Ritchie at Bell Laboratories>>
in the late 1960s.  One of the primary goals in>>
the design of the Unix system was to create an>>
environment that promoted efficient program>>
development.>>
1,$s/..$//                    각 라인의 끝에 존재하는 최소 두 단어를 삭제한다
1,$p
The Unix operating system was pioneered by Ken
Thompson and Dennis Ritchie at Bell Laboratories
in the late 1960s.  One of the primary goals in
the design of the Unix system was to create an
environment that promoted efficient program
development.
```

^와 $의 일반적인 사용은 정규 표현식이다. 다음 정규 표현식의 경우

`^$`

문자를 전혀 포함하지 않는 라인과 일치한다. 이는 다음 정규 표현식과는 다르다.

`^ $`

단일 공백 문자로 구성된 모든 라인과 일치한다.

문자 집합과 일치: [...] 구문

사용자가 파일을 편집하는 중이고, the 문자가 첫 번째로 나타나는지 검색하려 한다고 가정해보자. ed에서 해당 검색은 쉽다. 간단하게 다음의 커맨드를 입력하면 된다. 다음 정규 표현식의 경우

`/the/`

ed가 지정된 문자를 포함하는 라인을 찾을 때까지 ed의 버퍼에서 앞부터 검색한다. ed가 일치하는 첫 번째 라인을 표시한다.

```
$ ed intro
248
/the/                                    the를 포함하는 라인을 찾는다
in the late 1960s.   One of the primary goals in
```

파일의 첫 번째 라인에 대문자 T로 시작하는 것을 제외하고 단어 the가 포함됨을 주시하자. 문자 집합을 사용해 the 또는 The를 검색한다. [와] 문자는 [와]로 감싸여 있는 문자 집합과 일치하는지 지정하는 데 사용된다.

`[tT]he`

위 정규 표현식은 소문자 또는 대문자 t 다음에 문자 he가 일치할 것이다.

```
$ ed intro
248
/[tT]he/              the 또는 The를 검색한다
```

```
The Unix operating system was pioneered by Ken
/                              이전 검색을 진행한다
in the late 1960s.  One of the primary goals in
/                              다시 이전 검색을 진행한다.
the design of the Unix system was to create an
1,$s/[aeiouAEIOU]//g            모든 모음을 삭제한다
1,$p
Th nx prtng systm ws pnrd by Kn
Thmpsn nd Dnns Rtch t Bll Lbrtrs
n th lt 1960s. n f th prmry gls n
th dsgn f th nx systm ws t crt n
nvrnmnt tht prmtd ffcnt prgrm
dvlpmnt.
```

이제 [aeiouAEIOU] 예시에서 대문자든 소문자든 간에 하나의 모음과 일치시킨다. 하지만 해당 표기법은 다소 번거로울 수 있으므로 대신 대괄호 안의 문자 범위를 지정할 수 있다. 범위의 시작 문자와 끝 문자를 대시(-)로 구분해 해당 작업을 수행할 수 있다. 따라서 0에서 9 사이의 모든 숫자를 일치시키려면 정규 표현식을 사용할 수 있다.

[0123456789]

또는 더 간결하게, 다음과 같이 사용할 수 있다.

[0-9]

대문자와 일치시키려면 다음을 사용한다.

[A-Z]

대문자 또는 소문자를 일치시키려면 다음과 같이 사용한다.

[A-Za-z]

다음은 ed 관련 일부 예시다.

```
$ ed intro
248
/[0-9]/                         하나의 숫자를 포함하는 라인을 검색한다
```

```
in the late 1960s. One of the primary goals in
/^[A-Z]/                      대문자로 시작하는 라인을 검색한다
The Unix operating system was pioneered by Ken
/                             이전 검색을 진행하다
Thompson and Dennis Ritchie at Bell Laboratories
1,$s/[A-Z]/*/g                모든 대문자를 *로 변경한다
1,$p
*he *nix operating system was pioneered by *en
*hompson and *ennis *itchie at *ell *aboratories
in the late 1960s. *ne of the primary goals in
the design of the *nix system was to create an
environment that promoted efficient program
development.
```

밑에서 설명하겠지만, 별표(*)는 정규 표현식의 특수 문자다. 그러나 대체 문자열이 다른 표현 언어를 포함하기 때문에 대체 커맨드의 대체 문자열에 역슬래시를 넣지 않아도 된다(이 경우 조금 까다로울 수 있다).

ed 편집기에서 *, ., [...], $, ^과 같은 정규 표현식은 검색 문자열에서만 의미가 있고 대체 문자열에 나타날 때는 특별한 의미가 없다.

캐럿(^)이 왼쪽 대괄호 다음에 첫 번째 문자로 나타나면 일치의 개념이 반전된다(비교해 보면, 셸은 이러한 목적으로 문자 집합에 !를 사용한다).

예를 들어, 다음 정규 표현식의 경우

[^A-Z]

대문자를 제외한 모든 문자와 일치한다. 비슷하게 다음 정규 표현식의 경우

[^A-Za-z]

알파벳이 아닌 문자와 일치한다. 테스트 파일에서는 라인에서 알파벳으로 시작하지 않은 문자를 모두 삭제한다.

```
$ ed intro
248
1,$s/[^a-zA-Z]//g            알파벳이 아닌 모든 문자를 삭제한다
1,$p
```

```
TheUnixoperatingsystemwaspioneeredbyKen
ThompsonandDennisRitchieatBellLaboratories
InthelatesOneoftheprimarygoalsin
ThedesignoftheUnixsystemwastocreatean
Environmentthatpromotedefficientprogram
development
```

0개 이상의 문자와 일치: 별표(*)

셸에서 사용되는 별표(*)는 파일 이름 대체에서 0개 이상의 문자와 일치시키기 위해 사용된다. 정규 표현식을 만들 때 별표는 정규 표현식에 있는 앞의 요소(그 자체가 다른 정규 표현식일 수 있음)를 0개 이상 일치시키기 위해 사용된다.

예를 들어, 다음 정규 표현식의 경우

X*

대문자 X가 0, 1, 2, 3, ...번 일치하는 경우에 사용되지만,

XX*

위 정규 표현식의 경우는 표현식이 X 다음에 0개 이상의 X를 지정하기 때문에 하나 이상의 대문자 X와 일치한다. 대신 +로 동일한 효과를 얻을 수 있다. 이전 표현식에서 하나 이상과 일치하므로 XX*와 X+는 기능상 동일하다.

유사한 유형의 패턴이 한 라인에서 하나 이상의 공백과 일치시키기 위해 자주 사용된다.

```
$ ed lotsaspaces
85
1,$p
This       is   an example    of a
file    that  contains      a  lot
of   blank spaces
1,$s/   */ /g          여러 공백을 하나의 공백으로 변경한다
1,$p
This is an example of a
file that contains a lot
of blank spaces
```

다음 ed 커맨드의 경우

1,$s/ */ /g

모든 공백 문자 뒤에 0개 이상의 공백을 하나의 공백으로 대체한다. 즉 모든 공백 문자를 하나의 공백으로 만든다. 하나의 공백과 일치하면 아무런 변화가 없다. 그러나 세 개의 공백과 일치한다면, 해당 공백은 모두 하나의 공백으로 대체될 것이다.

.*

위 정규 표현식은 0개 이상의 문자를 지정하기 위해 자주 사용된다. 정규 표현식은 패턴과 일치하는 가장 긴 문자열을 찾는다. 따라서 .* 정규 표현식을 사용한다면 해당 정규 표현식은 항상 전체 텍스트 라인과 일치한다.

.와 *의 조합에 대한 다른 예시를 살펴보자.

e.*e

위 정규 표현식은 첫 번째 e부터 마지막 e까지 모든 문자를 찾는다.

그러나 해당 정규 표현식은 왼쪽 루트 또는 오른쪽 루트가 아니기 때문에(즉, 패턴에서 ^ 또는 $를 사용하지 않기 때문에) e로 시작해서 e로 끝나는 라인만 일치하는 것은 아니다.

```
$ ed intro
248
1,$s/e.*e/+++/
1,$p
Th+++n
Thompson and D+++S
in th+++ primary goals in
th+++ an
+++nt program
d+++nt.
```

여기에 재미있는 정규식이 있다. 무엇과 일치한다고 생각하는가?

[A-Za-z][A-Za-z]*

이전 정규 표현식은 0개 이상의 알파벳 문자 뒤에 오는 모든 알파벳 문자와 일치한다. 이는 단어와 일치하는 정규 표현식에 매우 가깝고, 모든 공백과 마침표를 유지하면서 모든 단어를 문자 X로 바꾸려면 다음과 같이 사용한다.

```
$ ed intro
248
1,$s/[A-Za-z][A-Za-z]*/X/g
1,$p
X X X X X X X
X X X X X X
X X X 1960X.  X X X X X
X X X X X X X X X
X X X X X
X.
```

이전 예시에서 일치하지 않는 것은 숫자 1960뿐이다. 물론 정규 표현식을 변경해 숫자를 단어로 고려하게 할 수도 있다.

```
$ ed intro
248
1,$s/[A-Za-z0-9][A-Za-z0-9]*/X/g
l,$p
X X X X X X X
X X X X X X
X X X X.  X X X X X X
X X X X X X X X X
X X X X X
X.
```

하이픈(-) 단어와 단축 단어를 이용해 정규 표현식을 확장할 수 있다. 주목할 점으로 대괄호로 묶인 문자에서 대시 문자와 일치시키려면 왼쪽 대괄호 바로 뒤에 대시를 넣거나 (반전 문자 ^이 존재한다면 해당 문자 다음에), 대괄호 바로 앞에 대시를 넣어야 하기 때문에 제대로 이해하는 것이 중요하다.

즉, 다음 정규 표현식 모두

```
[-0-9]
[0-9-]
```

하나의 대시 또는 숫자 문자와 일치한다.

비슷한 방식으로, 오른쪽 대괄호 문자와 일치하려면 왼쪽 대괄호 뒤에(^이 있다면 ^ 다음에) 나타난다. 그래서 다음 구문의 경우

[]a-z]

오른쪽 대괄호 또는 소문자와 일치한다.

하위 패턴의 정확한 숫자와 일치: \{...\}

이전 예시에서는 별표를 사용해 0개 이상의 문자와 일치할 수 있는 정규 표현식의 지정 방법을 살펴봤다.

예를 들어, 정규식의 경우

XX*

X 다음에 0개 이상의 문자 X가 나오면 일치하는 것을 의미한다.

XXX*

마찬가지로, 위의 표현식은 적어도 두 개의 연속하는 X와 일치함을 의미한다.

그러나 해당 정규 표현식을 쓴다면 다소 투박하게 끝난다. 따라서 일치시킬 정확한 문자 수를 지정할 수 있는 더 일반적인 방법으로 다음과 같은 구문을 사용할 수 있다.

\{min,max\}

위 구문의 경우 min은 일치하는 이전 정규 표현식의 최소 개수를 지정하고 max는 최대 개수를 지정한다. 중괄호에는 각각 역슬래시를 붙여 이스케이프 처리를 해야 한다.

다음 정규 표현식의 경우

X\{1,10\}

첫 번째부터 열 번째까지 연속으로 X가 일치한다. 즉, 선택의 여지가 있을 때마다 가장 큰 패턴이 일치된다. 따라서 입력 텍스트에 여덟 개의 연속된 X가 있으면 그 수만큼 앞선 정규 표현식이 일치하는 것이다.

또 다른 예로 다음 정규 표현식의 경우

[A-Za-z]\{4,7\}

4~7자리의 알파벳 문자와 일치한다.

해당 표기법을 사용해 대체를 시도해본다.

```
$ ed intro
248
1,$s/[A-Za-z]\{4,7\}/X/g
1,$p
The X Xng X was Xed by Ken
Xn and X X at X XX
in the X 1960s.   One of the X X in
the X of the X X was to X an
XX X Xd Xnt X
XX.
```

이전 예시는 ed의 전역 검색과 대체인 s/old/new/를 설명했다(따라서 vi에서도 가능). 이 경우 범위를 1,$ 범위로 추가하고 g 플래그를 추가해 필요에 따라 각 라인에 여러 대체가 발생하도록 한다.

해당 특수 구문의 몇 가지 특별한 경우에는 주목해야 한다. 다음과 같이 중괄호에 하나의 숫자만 묶는다면,

\{10\}

이전 정규 표현식이 정확히 여러 번 일치해야 함을 지정할 때 숫자를 지정해야 한다.

따라서 다음 정규 표현식의 경우

[a-zA-Z]\{7\}

정확히 일곱 자의 알파벳과 일치하고 다음 정규 표현식의 경우

.\{10\}

정확히 10자의 모든 문자와 일치한다.

```
$ ed intro
248
1,$s/^.\{10\}//          각 라인에서 처음부터 10개 문자까지 지운다
1,$p
perating system was pioneered by Ken
nd Dennis Ritchie at Bell Laboratories
e 1960s. One of the primary goals in
 of the Unix system was to create an
t that promoted efficient program
t.
1,$s/.\{5\}$//          각 라인에서 마지막부터 마지막에서 다섯 개 문자까지 삭제한다
1,$p
perating system was pioneered b
nd Dennis Ritchie at Bell Laborat
e 1960s. One of the primary goa
 of the Unix system was to crea
t that promoted efficient pr
t.
```

마지막 대체 커맨드가 실행될 때 파일의 마지막 라인에 다섯 개의 문자가 없음을 주목한다. 따라서 정확히 다섯 개의 문자를 삭제해야 한다고 지정했지만 해당 라인은 해당 정규 표현식과 일치하지 않아 그대로 있다.

하나의 숫자가 중괄호로 묶이고 쉼표가 그 뒤에 추가되면 이전 정규 표현식에서 최소 몇 번 일치해야 할지는 정의하지만, 최대 몇 번 일치해야 할지는 설정되지 않는다.

그래서 다음 정규 표현식의 경우

```
+\{5,\}
```

최소한 다섯 자의 연속 플러스 기호와 일치한다. 입력 데이터에서 다섯 개 이상의 플러스 기호가 연속적으로 존재하면 가장 큰 수에 일치한다.

```
$ ed intro
248
1,$s/[a-zA-Z]\{6,\}/X/g     최소 여섯 자의 단어를 X로 변경한다
1,$p
```

```
The Unix X X was X by Ken
X and X X at Bell X
in the late 1960s. One of the X goals in
the X of the Unix X was to X an
X that X X X
X.
```

일치하는 문자 저장: \(...\)

역슬래시 괄호에 일치할 정규 표현식을 둠으로써 해당 정규 표현식과 일치하는 문자를 참조할 수 있다. 일치하는 문자는 정규 표현식에서 레지스터register라는 정규식 구문 분석기의 사전 정의 변수에 저장되고 1부터 9까지의 번호가 매겨진다.

레지스터는 조금 혼란을 줄 수 있기 때문에 이 절을 천천히 살펴보길 바란다!

첫 번째 예시로 다음 정규 표현식의 경우

`^\(.\)`

라인의 첫 번째 문자와 무엇이든 일치시키고 해당 문자를 레지스터 1에 저장한다.

특정 레지스터에 저장된 문자를 검색하기 위해 \n 구문이 사용된다. 여기서 n은 1에서 9 사이의 숫자다. 따라서 다음 정규 표현식의 경우

`^\(.\)\1`

처음에 라인의 첫 번째 문자와 일치시킨 후 레지스터 1에 저장하고 \1이 지정한 내용, 즉 레지스터 1에 저장된 일치한 내용을 얻는다. 해당 정규 표현식은 처음 두 문자가 있는 경우 라인의 처음 두 문자를 일치시키는 것이다. 어려운가?

다음 정규 표현식의 경우

`^\(.\).*\1$`

라인의 첫 번째 문자(^.)와 라인의 마지막 문자(\1$)가 동일한 모든 라인과 일치시킨다. .*는 ^.과 \1$ 사이의 모든 문자와 일치한다.

해당 정규 표현식을 분석해보자. ^은 라인의 시작이고 $는 라인의 끝을 의미한다. 다음의 단순 패턴은 ..*로서 라인의 첫 번째 문자(처음 .)와 라인의 나머지 부분인 .*를 의미한다. 레지스터 1에 첫 번째 문자를 추가하기 위해 \(\) 표기와 \1을 추가해 문자를 참조하도록 했다. 이제 쉽게 이해할 수 있을 것이다.

연속된 \(...\) 구문을 사용하면 레지스터에 연속적으로 할당된다. 따라서 다음 정규 표현식을 사용해 일부 텍스트를 일치시키려고 할 때

^\(...\)\(...\)

라인의 처음 세 문자는 레지스터 1에 저장되고 그다음 세 문자는 레지스터 2에 저장된다. 해당 패턴에 \2\1을 추가했다면, 1-3자 문자가 10-12자 문자와 동일하고 4-6자 문자가 7-9자 문자와 동일한 12자 문자열과 일치했을 것이다.

ed에서 대체 커맨드를 사용할 때 레지스터는 대체 문자열의 일부로 참조될 수 있으며 매우 강력한 기능으로 사용될 수 있다.

```
$ ed phonebook
114
1,$p
Alice Chebba     973-555-2015
Barbara Swingle 201-555-9257
Liz Stachiw      212-555-2298
Susan Goldberg  201-555-7776
Tony Iannino     973-555-1295
1,$s/\(.*\)      \(.*\)/\2 \1/      두 필드를 전환한다
1,$p
973-555-2015 Alice Chebba
201-555-9257 Barbara Swingle
212-555-2298 Liz Stachiw
201-555-7776 Susan Goldberg
973-555-1295 Tony Iannino
```

phonebook 파일에서 이름과 전화번호는 하나의 탭 문자로 각각 구분된다. 다음 정규 표현식의 경우

\(.*\)   \(.*\)

모든 문자를 첫 번째 탭(\ (와 \) 사이의 문자열 . *)과 일치시키고 해당 문자열을 레지스터 1에 할당하고 탭 문자 다음의 모든 문자를 일치시키고 해당 문자열을 레지스터 2에 할당한다.

다음 대체 문자열의 경우

\2 \1

레지스터 2의 내용을 지정한 후 공백을 두고 레지스터 1의 내용을 지정한다.

ed가 파일의 첫 번째 라인에 대체 커맨드를 적용하면 다음이 수행된다.

```
Alice Chebba      973-555-2015
```

이전 정규 표현식은 탭 이전까지의 모든 내용(Alice Chebba)과 일치해서 탭 이전까지의 문자열을 레지스터 1에 저장하고 탭 다음의 모든 내용(973-555-2015)과 일치해서 레지스터 2에 저장한다. 탭 자체는 정규 표현식에서 괄호로 묶여 있지 않기 때문에 따로 저장하지 않는다. 그리고 ed는 레지스터 2의 내용(973-555-2015)에 공백을 추가하고 그다음에 레지스터 1의 내용(Alice Chebba)이 포함된 문자(전체 라인)로 대체한다.

```
973-555-2015 Alice Chebba
```

보다시피 정규 표현식은 복잡한 패턴을 일치시킬 수 있고 제어할 수 있는 강력한 툴이다. 얼핏 보기엔 정규 표현식이 때때로 이상하게 보일 수 있다.

표 3.1은 정규 표현식에서 인식되는 특수 문자를 요약했다. 여러분이 만날 수 있는 모든 정규 표현식을 이해할 수 있으며 필요하면 직접 정규 표현식을 작성할 수 있다.

표 3.1 정규 표현식 문자

표기	의미	예시	일치하는 내용
.	모든 문자	a..	a 다음에 오는 모든 두 문자
^	라인의 시작	^wood	라인에서 시작된 wood
$	라인의 끝	x$	라인의 마지막 문자가 x
		^INSERT$	INSERT 문자를 포함한 문자
		^$	문자를 전혀 포함하지 않는 라인
*	직전의 정규 표현식이 0개 이상 나타나는 문자열	x*	0개 이상의 연속 x
		xx*	한 개 이상의 연속 x
		.*	0개 이상의 문자
		w.*s	w 다음에 0개 이상의 문자가 오고 그다음에 s가 온다
+	직전의 정규 표현식이 한 개 이상 나타나는 문자열	x+	한 개 이상의 연속 x
		xx+	두 개 이상의 연속 x
		.+	한 개 이상의 문자
		w.+s	w 다음에 한 개 이상의 문자가 오고 그다음에 s가 온다
[chars]	chars 안의 모든 문자	[tT]	소문자 t 또는 대문자 T
		[a–z]	소문자
		[a–zA–Za]	소문자 또는 대문자
[^chars]	chars가 아닌 모든 문자	[^0–9]	숫자가 아닌 문자
		[^a–zA–Z]	알파벳이 아닌 문자
\{min,max\}	직전의 정규 표현식이 최소 min, 최대 max 개로 발생	x\{1,5\}	x가 최소 한 개, 최대 다섯 개
		[0–9]\{3,9\}	연속적으로 세 개에서 아홉 개인 숫자
		[0–9]\{3\}	정확하게 세 개인 숫자
		[0–9]\{3,\}	최소 세 개의 숫자
\(...\)		^\(.\)	라인의 첫 번째 글자며, 해당 글자를 레지스터 1에 저장한다.
		^\(.\)\1	라인의 첫 번째 글자와 두 번째 글자가 동일하면 라인의 첫 번째와 두 번째 글자
		^\(.\)\(.\)	라인의 첫 번째와 두 번째 글자며 레지스터 1에 첫 번째 글자를, 레지스터 2에 두 번째 글자를 저장한다.

cut

이 절에서는 cut이라는 유용한 커맨드를 설명한다. 해당 커맨드는 데이터 파일이나 커맨드 출력에서 다양한 데이터 필드를 추출해야 할 때(즉, '잘라야 할 때') 유용하다.

cut 커맨드의 일반적인 형식은 다음과 같다.

cut -cchars file

여기서 chars는 file의 각 라인에서 추출하길 원하는 문자(위치 단위)를 지정한다. 이것은 각 입력 라인에서 다섯 번째 문자를 추출하기 위해 -c5와 같이 하나의 숫자로 구성될 수 있다. 또한 1, 13, 50번째 글자를 추출하기 위해 -c1,13,50처럼 쉼표로 구분된 숫자 목록을 지정할 수 있고, 20번째에서 50번째까지의 문자를 추출하려면 -c20-50처럼 대시로 구분된 숫자 범위를 지정할 수 있다.

라인의 끝까지 문자를 추출하려면 다음과 같이 범위의 두 번째 숫자를 생략할 수 있다. 다음 커맨드의 경우

cut -c5- data

data의 각 라인에서 다섯 번째 문자부터 라인 끝까지 추출하고 해당 결과를 표준 출력에 기록한다.

file을 지정하지 않으면 cut은 표준 입력에서 입력을 읽는다. 즉, cut을 파이프라인의 필터로 사용할 수 있다.

who 커맨드의 출력을 다시 한 번 살펴본다.

```
$ who
root      console Feb 24 08:54
steve     tty02   Feb 24 12:55
george    tty08   Feb 24 09:15
dawn      tty10   Feb 24 15:55
$
```

해당 커맨드 결과에서 보여준 것처럼 네 명의 사용자가 로그인했다. 로그인한 사용자의 이름을 알고자 할 때 터미널에 대한 정보나 로그인 시간은 고려하지 않는다고 가정한다. who 커맨드 출력의 사용자 이름만 추출하기 위해 cut 커맨드를 사용할 수 있다.

```
$ who | cut –c1-8        처음 여덟 글자만 추출한다
root
steve
george
dawn
$
```

cut에 –c1-8 옵션을 지정한다면 각 입력 라인에서 첫 번째부터 여덟 번째까지의 문자를 추출하고 표준 출력에 해당 문자를 기록한다.

다음은 로그인 사용자의 정렬 목록을 얻기 위해 이전 파이프라인의 끝에 sort를 사용하는 방법을 소개한다.

```
$ who | cut –c1-8 | sort
dawn
george
root
steve
$
```

이전 커맨드에는 세 개의 커맨드 파이프가 존재하고 있다는 데 주목한다. 다음 입력으로 전달되는 출력 개념을 이해한다면, 세 개 또는 네 개 이상의 커맨드 파이프는 논리적이고 조합하기 쉬울 것이다.

어느 터미널이 현재 사용 중인지, 어느 슈도 터미널pseudo terminal 또는 가상 터미널virtual terminal이 사용 중인지 확인하려면 who 커맨드 결과에서 tty 필드를 추출할 수 있다.

```
$ who | cut –c10-16
console
tty02
tty08
tty10
$
```

who 커맨드가 터미널 식별 정보를 10에서 16 사이의 문자 위치로 표시하는지 어떻게 알았는가? 간단하다! 터미널에서 who 커맨드를 실행했고 적절하게 문자 위치를 계산했다.

원하는 만큼 한 라인의 여러 글자를 추출하기 위해 cut을 사용할 수 있다. 여기서 cut은
사용자 이름과 모든 로그인 사용자의 로그인 시간을 출력하기 위해 사용된다.

```
$ who | cut -c1-8,18-
root     Feb 24 08:54
steve    Feb 24 12:55
george   Feb 24 09:15
dawn     Feb 24 15:55
$
```

-c1-8,18- 옵션은 '라인의 첫 번째부터 여덟 번째까지의 문자(사용자 이름)와 18번째부터
라인 끝까지의 문자(로그인 시간)를 추출한다.'는 의미다.

-d와 -f 옵션

파일 또는 커맨드를 추출할 때 파일 또는 커맨드가 고정된 형식을 가진 경우라면 cut 커
맨드의 -c 플래그가 유용하다.

예를 들어, who 커맨드 결과에서 사용자 이름의 문자 위치는 첫 번째에서 여덟 번째까지,
터미널의 문자 위치는 10번째에서 16번째까지, 로그인 시간의 문자 위치는 18번째에서
29번째까지 표시된다는 것을 알고 있기 때문에 who 커맨드에 cut 커맨드를 사용할 수 있
다. 불행히도 모든 데이터가 잘 정리돼 있지 않을 수 있다!

예를 들어 /etc/passwd 파일을 살펴보자.

```
$ cat /etc/passwd
root:*:0:0:The Super User:/:/usr/bin/ksh
cron:*:1:1:Cron Daemon for periodic tasks:/:
bin:*:3:3:The owner of system files:/:
uucp:*:5:5::/usr/spool/uucp:/usr/lib/uucp/uucico
asg:*:6:6:The Owner of Assignable Devices:/:
steve:*.:203:100::/users/steve:/usr/bin/ksh
other:*:4:4:Needed by secure program:/:
$
```

/etc/passwd는 시스템에 있는 모든 사용자의 사용자 이름을 포함하는 마스터 파일이다.
또한 사용자 ID, 홈 디렉터리, 특정 사용자가 로그인할 때 시작될 프로그램 이름과 같은
정보를 포함한다.

분명히 /etc/passwd의 데이터는 who의 결과처럼 깔끔히 정렬돼 있지 않다. 따라서 해당 파일의 시스템에 있는 모든 사용자 목록을 추출하기 위해 -c 옵션을 사용할 수 없다.

하지만 해당 파일을 면밀히 살펴보면 필드가 콜론(:) 문자로 구분돼 있다. 각 필드는 한 라인에서 다음 라인까지 길이가 같지 않을 수 있지만, 각 라인에서 동일한 필드를 얻기 위해 '콜론을 계산'할 수 있다.

-d와 -f 옵션은 특정 문자로 구분된 데이터가 있을 때 cut과 함께 사용된다. -d 옵션은 필드 분리자를 지정하고 -f는 추출할 필드를 지정한다.

다음 cut 커맨드 호출의 경우

```
cut -ddchar -ffields file
```

dchar는 데이터의 각 필드를 구분하는 문자고 fields는 file에서 추출할 필드를 지정한다. 필드 번호는 1에서 시작하고 이전에 문자 위치를 지정하는 데 사용된 것과 같은 형식으로 필드 번호를 지정할 수 있다(예: -f1,2,8, -f1-3, -f4-).

/etc/passwd에서 모든 사용자의 이름을 추출하려면 다음을 입력한다.

```
$ cut -d: -f1 /etc/passwd        필드 1을 추출한다
root
cron
bin
uucp
asg
steve
other
$
```

각 사용자의 홈 디렉터리가 여섯 번째 필드에 있으면, 시스템의 각 사용자를 홈 디렉터리와 일치시킬 수 있다.

```
$ cut -d: -f1,6 /etc/passwd       첫 번째 필드와 여섯 번째 필드를 추출한다
root:/
cron:/
bin:/
uucp:/usr/spool/uucp
asg:/
```

```
steve:/users/steve
other:/
$
```

cut 커맨드를 사용해 파일에서 필드를 추출하고 -d 옵션을 제공하지 않으면 cut은 탭 문자를 기본 필드 분리 문자로 사용한다.

다음은 cut 커맨드를 사용할 때 공통적으로 나타나는 함정을 보여준다. 다음 내용을 가진 phonebook이라는 파일이 있다고 가정한다.

```
$ cat phonebook
Alice Chebba    973-555-2015
Barbara Swingle 201-555-9257
Jeff Goldberg   201-555-3378
Liz Stachiw     212-555-2298
Susan Goldberg  201-555-7776
Tony Iannino    973-555-1295
$
```

전화번호부에 있는 사람들의 이름을 얻고 싶다면 먼저 cut 커맨드를 다음과 같이 사용한다.

```
$ cut -c1-15 phonebook
Alice Chebba    97
Barbara Swingle
Jeff Goldberg   2
Liz Stachiw     212
Susan Goldberg
Tony Iannino    97
$
```

이전 결과는 여러분이 원하는 내용이 아니다! 이전 결과는 이름이 공백 집합이 아닌 탭 문자로 전화번호와 분리됐기 때문에 발생했다. cut과 관련돼 -c 옵션을 사용할 때 탭은 단일 문자로 계산된다. 따라서 cut은 각 라인에서 처음 15자를 추출해 표시된 결과를 생성한다.

필드가 탭으로 구분된 상황이라면 대신 -f 옵션을 사용해야 한다.

```
$ cut -f1 phonebook
Alice Chebba
Barbara Swingle
Jeff Goldberg
Liz Stachiw
Susan Goldberg
Tony Iannino
$
```

cut은 탭 분리 문자를 기본값으로 하기 때문에 -d 옵션으로 구분 문자를 지정할 필요가 없다는 것을 상기하자.

필드가 공백이나 탭으로 구분되는지 사전에 어떻게 알 수 있는가? 알아낼 수 있는 한 가지 방법은 이전에 보여주듯이 시행착오를 이용하는 것이다. 또 다른 방법은 터미널에서 다음과 같이 커맨드를 입력하는 것이다.

sed -n l file

탭 문자가 필드를 구분하면 탭 대신 \t가 표시된다.

```
$ sed -n l phonebook
Alice Chebba\t973-555-2015
Barbara Swingle\t201-555-9257
Jeff Goldberg\t201-555-3378
Liz Stachiw\t212-555-2298
Susan Goldber\t201-555-7776
Tony Iannino\t973-555-1295
$
```

이전 결과에서 각각의 이름과 전화번호가 탭 문자로 구분돼 있는지 확인한다. 스트림 편집기인 sed는 3장의 후반부에서 더 자세히 다룰 것이다.

paste

paste 커맨드는 cut의 반대다. 즉, 라인을 분리하는 것이 아니라 함께 붙여 놓는다. paste 커맨드의 일반적인 형식은 다음과 같다.

```
paste files
```

여기서 지정된 files의 라인을 '붙여 넣거나' 병합해 단일 라인을 만들어 표준 출력으로 기록한다. 대시 문자 -는 입력을 표준 입력으로 받을 수 있도록 files 대신 사용될 수도 있다.

names라는 파일에 이름 목록이 있다고 가정한다.

```
$ cat names
Tony
Emanuel
Lucy
Ralph
Fred
$
```

names에 각 이름에 해당하는 전화번호를 포함하는 numbers라는 두 번째 파일이 있다고 가정한다.

```
$ cat numbers
(307) 555-5356
(212) 555-3456
(212) 555-9959
(212) 555-7741
(212) 555-0040
$
```

다음과 같이 paste를 사용해 이름과 전화번호를 나란히 출력할 수 있다.

```
$ paste names numbers            names와 numbers 파일을 붙인다
Tony     (307) 555-5356
Emanuel (212) 555-3456
Lucy     (212) 555-9959
Ralph    (212) 555-7741
Fred     (212) 555-0040
$
```

names의 각 라인은 numbers에서 각 라인과 함께 탭으로 구분돼 출력된다.

다음 예시는 두 개 이상의 파일을 지정할 때 어떤 일이 발생하는지 보여준다.

```
$ cat addresses
55-23 Vine Street, Miami
39 University Place, New York
17 E. 25th Street, New York
38 Chauncey St., Bensonhurst
17 E. 25th Street, New York
$ paste names addresses numbers
Tony     55-23 Vine Street, Miami           (307) 555-5356
Emanuel 39 University Place, New York       (212) 555-3456
Lucy     17 E. 25th Street, New York        (212) 555-9959
Ralph    38 Chauncey St., Bensonhurst       (212) 555-7741
Fred     17 E. 25th Street, New York        (212) 555-0040
$
```

-d 옵션

출력 필드를 탭 문자로 구분하지 않으려면 -d 옵션을 지정해 출력 구분 기호를 지정할 수 있다.

-dchars

여기서 chars는 함께 붙여 넣은 라인을 구분하는 데 사용되는 하나 이상의 문자다. 즉, chars에 나열된 첫 번째 문자는 두 번째 파일의 라인이 붙여진 첫 번째 파일의 라인을 분리하는 데 사용된다. chars에 나열된 두 번째 문자는 두 번째 파일의 라인과 세 번째 파일의 라인을 구분하는 데 사용된다. 이렇게 나머지 문자도 다음 라인을 구분하는 데 사용된다.

chars에 나열된 문자보다 더 많은 파일이 있는 경우 paste는 문자 목록을 '둘러싸는' 방식을 사용하고 처음부터 다시 시작한다.

-d 옵션에 가장 간단한 형식으로 단 하나의 구분자 문자를 지정하면, 해당 문자는 붙여넣은 모든 필드를 구분하는 데 사용된다.

```
$ paste -d'+' names addresses numbers
Tony+55-23 Vine Street, Miami+(307) 555-5356
Emanuel+39 University Place, New York+(212) 555-3456
Lucy+17 E. 25th Street, New York+(212) 555-9959
Ralph+38 Chauncey St., Bensonhurst+(212) 555-7741
Fred+17 E. 25th Street, New York+(212) 555-0040
```

구분자 문자를 작은따옴표로 묶을 때가 항상 가장 안전하다. 그 이유를 다음에서 설명한다.

-s 옵션

-s 옵션은 paste가 다른 파일 대신 동일한 파일의 라인을 함께 붙여 넣으라는 의미다. 하나의 파일만 지정하면 파일의 모든 라인을 탭으로 구분해서 병합하는 것이 효과적이다. 또는 -d 옵션으로 지정된 구분자 문자로 탭으로 구분해서 병합할 수 있다.

```
$ paste -s names          names의 모든 라인을 붙여넣기한다
Tony    Emanuel Lucy    Ralph    Fred
$ ls | paste -d' ' -s -    ls 결과에 공백 구분자를 사용해 붙여넣기한다
addresses intro lotsaspaces names numbers phonebook
$
```

이전 예시에서 ls의 출력은 표준 입력(-)에서 라인(-s 옵션)을 병합해 각 필드를 공백(-d' ' 옵션)으로 분리하는 paste로 파이프된다. 1장에서 다음 echo 커맨드를 상기한다.

```
echo *
```

여기서 현재 디렉터리에 있는 모든 파일을 나열했었다. 해당 커맨드는 아마도 ls | paste 보다 덜 복잡한 결과를 출력했다.

sed

sed는 파이프 또는 커맨드 집합에서 데이터를 편집하는 데 사용되는 프로그램이다. sed는 스트림 편집기stream editor를 나타낸다. ed와 달리 sed는 대화식으로 사용할 수 있지만 두 커맨드는 비슷하다. sed 커맨드의 일반적인 형식은 다음과 같다.

```
sed command file
```

여기서 command는 지정된 file의 각 라인에 적용되는 ed 스타일의 커맨드다. file을 지정하지 않으면 표준 입력으로 가정한다.

sed는 입력의 각 라인에 지정한 커맨드를 적용해 해당 결과를 표준 출력으로 기록한다.

함께 살펴보자. 먼저 intro 파일을 다시 보자.

```
$ cat intro
The Unix operating system was pioneered by Ken
Thompson and Dennis Ritchie at Bell Laboratories
in the late 1960s. One of the primary goals in
the design of the Unix system was to create an
environment that promoted efficient program
development.
$
```

텍스트의 모든 'Unix'를 'UNIX'로 변경하길 원한다고 가정한다. 다음과 같이 sed에서 쉽게 수행할 수 있다.

```
$ sed 's/Unix/UNIX/' intro      Unix를 UNIX로 대체한다
The UNIX operating system was pioneered by Ken
Thompson and Dennis Ritchie at Bell Laboratories
in the late 1960s. One of the primary goals in
the design of the UNIX system was to create an
environment that promoted efficient program
development.
$
```

sed의 커맨드를 작은따옴표로 묶는 습관을 갖는 것이 좋다. 나중에 작은따옴표가 필요할 때와 큰따옴표를 대신 사용하는 것이 더 나을 때가 언제인지 설명할 것이다.

모든 intro 라인에 sed 커맨드 s/Unix/UNIX/를 적용한다. 라인이 수정됐는지 여부에 관계없이 표준 출력에 기록된다. 라인이 데이터 스트림에 있기 때문에 sed는 원래 입력 파일을 변경하지 않는다.

변경 사항을 영구히 유지하려면 sed의 출력을 임시 파일로 리디렉션한 후 원본 파일을 새로 만든 파일로 대체해야 한다.

```
$ sed 's/Unix/UNIX/' intro > temp       변경한다
$ mv temp intro                         그리고 영구적으로 변경한다
$
```

원본 파일을 덮어 쓰기 전에 항상 파일이 올바르게 변경됐는지 확인한다. mv 커맨드가 원본 데이터 파일을 덮어 쓰기 전에 cat으로 temp를 확인하면 좋을 것 같다.

한 라인의 텍스트에 'Unix'가 한 개 이상 포함돼 있으면 이전 sed는 첫 번째 내용만 'UNIX'로 변경했을 것이다. 대체 커맨드 s의 끝에 전역 옵션 g를 추가하면 한 라인의 여러 내용이 변경된다.

이런 경우에 sed 커맨드는 다음과 같을 것이다.

```
$ sed 's/Unix/UNIX/g' intro > temp
```

이제 who의 결과에서 사용자 이름만 추출하려 한다고 가정한다. 여러분은 이미 cut 커맨드를 사용해 사용자 이름을 추출하는 방법을 알고 있다.

```
$ who | cut -cl-8
root
ruth
steve
pat
$
```

이전 커맨드 대신 정규 표현식을 사용함으로써 사용자 이름의 끝을 나타내는 첫 번째 공백 이후의 모든 문자를 라인에서 삭제하기 위해 sed를 사용할 수 있다.

```
$ who | sed 's/ .*$//'
root
ruth
steve
pat
$
```

sed 커맨드는 공백 다음부터 라인 끝까지 모든 문자(*. $)를 빈 공간(//)으로 대체한다. 즉, 각 입력 라인에서 라인 끝까지 공백 이후의 모든 문자를 삭제함을 의미한다.

-n 옵션

기본적으로 sed는 변경 여부와 관계없이 각 입력 라인을 표준 출력에 기록한다. 하지만 때로는 파일의 특정 라인을 추출하기 위해 sed를 사용하길 원할 것이다. 바로 그것이 -n 플래그가 사용되는 이유다. sed의 -n 플래그는 기본적으로 특정 라인을 출력하지 않는다. n 플래그와 쌍을 이루는 p 커맨드를 사용해 지정한 범위나 패턴과 일치하는 라인을 출력한다. 예를 들어 다음은 특정 파일의 처음 두 라인만 출력한다.

```
$ sed -n '1,2p' intro        처음 두 개의 라인을 출력한다
The UNIX operating system was pioneered by Ken
Thompson and Dennis Ritchie at Bell Laboratories
$
```

라인 번호 대신 슬래시로 묶인 문자를 p 커맨드와 함께 사용하면 sed는 표준 입력에서 해당 패턴과 일치하는 라인만 출력한다. 다음 예시는 sed를 사용해 특정 문자열을 포함하는 라인을 표시한다.

```
$ sed -n '/UNIX/p' intro        UNIX를 포함한 라인을 출력한다
The UNIX operating system was pioneered by Ken
the design of the UNIX system was to create an
$
```

라인 삭제

텍스트 라인을 삭제하기 위해 d 커맨드를 사용한다. 라인 번호 또는 숫자 범위를 지정해 입력에서 특정 라인을 삭제할 수 있다. 다음 예시에서 sed는 intro에서 텍스트의 처음 두 라인을 삭제하는 데 사용된다.

```
$ sed '1,2d' intro        첫 번째 라인과 두 번째 라인을 삭제한다
in the late 1960s. One of the primary goals in
the design of the UNIX system was to create an
environment that promoted efficient program
development.
$
```

기본적으로 sed는 입력의 모든 라인을 표준 출력에 기록하고, 나머지 라인은 간단하게 표준 출력에 기록하게 된다는 것을 기억한다. 이전 예시는 intro 파일의 세 번째 라인부터 끝까지 출력한다.

d 커맨드 앞에 패턴을 추가하면 sed를 사용해 해당 텍스트가 있는 모든 라인을 삭제할 수 있다. 다음 예시에서는 sed를 UNIX라는 단어를 포함한 텍스트의 모든 라인을 삭제할 때 사용한다.

```
$ sed '/UNIX/d' intro          UNIX를 포함한 모든 라인을 삭제한다
Thompson and Dennis Ritchie at Bell Laboratories
in the late 1960s. One of the primary goals in
environment that promoted efficient program
development.
$
```

sed의 강력함과 유연성은 여기서 보여준 내용 이상이다. sed는 루프를 만들고 버퍼에 텍스트를 만들며 많은 커맨드를 단일 편집 스크립트로 결합할 수 있는 기능을 제공한다. 표 3.2는 sed 커맨드의 몇 가지 예시를 보여준다.

표 3.2 sed 예시

sed 커맨드	설명
sed '5d'	다섯 번째 라인을 삭제한다.
sed '/[Tt]est/d'	Test 또는 test를 포함한 라인을 모두 삭제한다.
sed -n '20,25p' text	text 파일에서 20번째 라인부터 25번째 라인까지만 출력한다.
sed '1,10s/unix/UNIX/g' intro	intro 파일의 처음 10라인에서 unix를 발견하면 UNIX로 변경한다.
sed '/jan/s/-1/-5/'	jan을 포함한 모든 라인에서 처음 -1을 -5로 변경한다.
sed 's/...//' data	data 파일의 각 라인에서 처음 세 개의 문자를 삭제한다.
sed 's/⋯$//' data	data 파일의 각 라인에서 마지막 세 개의 문자를 삭제한다.
sed -n 'l' text	\nn(nn은 문자의 8진수 값)과 \t(탭) 같은 출력되지 않는 문자와 함께 text의 모든 라인을 출력한다.

tr ▰▰▰▰▰▰▰▰▰▰▰▰▰▰▰▰▰▰▰▰▰▰

tr 필터는 표준 입력에서 문자를 변환할 때 사용된다. tr 커맨드의 일반적인 형식은 다음과 같다.

```
tr from-chars to-chars
```

여기서 from-chars와 to-chars는 하나 이상의 문자 또는 문자 집합이다. 입력에서 만난 from-chars의 모든 문자를 to-chars의 관련 문자로 변환한다. 변환 결과는 표준 출력에 기록된다.

tr은 가장 간단한 형식에서 한 문자를 다른 문자로 변환하기 위해 사용될 수 있다. 3장 앞부분에서 다룬 intro 파일을 다시 상기해보자.

```
$ cat intro
The UNIX operating system was pioneered by Ken
Thompson and Dennis Ritchie at Bell Laboratories
in the late 1960s. One of the primary goals in
the design of the UNIX system was to create an
environment that promoted efficient program
development.
$
```

다음은 모든 e를 x로 변환하기 위해 tr을 사용하는 방법을 보여준다.

```
$ tr e x < intro
Thx UNIX opxrating systxm was pionxxrxd by Kxn
Thompson and Dxnnis Ritchix at Bxll Laboratorixs
in thx latx 1960s. Onx of thx primary goals in
thx dxsign of thx UNIX systxm was to crxatx an
xnvironmxnt that promotxd xfficixnt program
dxvxlopmxnt.
$
```

해당 tr 입력이 표준 입력에서 오기 때문에 intro 파일이 tr 입력으로 리디렉션돼야 한다. 변환 결과는 원본 파일을 그대로 두고 표준 출력으로 기록된다. 더 실제적인 예시로 시스템에 있는 모든 사용자의 사용자 이름과 홈 디렉터리를 추출하는 데 사용되는 파이프라인을 살펴본다.

```
$ cut -d: -f1,6 /etc/passwd
root:/
cron:/
bin:/
uucp:/usr/spool/uucp
asg:/
steve:/users/steve
other:/
$
```

파이프라인의 끝에 콜론을 탭 문자로 변환하는 tr 커맨드를 추가해서 더 읽기 쉬운 출력을 생성할 수 있다.

```
$ cut -d: -f1,6 /etc/passwd | tr : '	'
root	/
cron	/
bin	/
uucp	/usr/spool/uucp
asg	/
steve	/users/steve
other	/
$
```

작은따옴표 사이에는 탭 문자가 포함돼 있다(탭 문자를 눈으로 볼 수 없기 때문에 탭 문자라는 단어를 사용한다). 탭 문자가 셸에 의해 관련 없는 공백으로 파싱되고 삭제되지 않도록 따옴표로 묶여져야 한다.

출력할 수 없는 문자로 작업하고 있는가? tr에서 다음과 같은 형식으로 문자의 8진수 표현을 사용할 수 있다.

\nnn

여기서 nnn은 문자의 8진수 값이다. nnn은 그다지 많이 사용되진 않지만 기억하기 쉽다.

예를 들어 탭 문자의 8진수 값은 11이므로 콜론-탭 변환을 수행하는 또 다른 방법은 tr 커맨드를 사용하는 것이다.

tr : '\11'

표 3.3은 자주 8진수 형식으로 지정하려는 문자를 나열한다.

표 3.3 일부 아스키(ASCII) 문자의 8진수 값

문자	8진수 값
벨(bell)	7
백스페이스(backspace)	10
탭(tab)	11
개행(newline)	12
라인피드(linefeed)	13
폼피드(formfeed)	14
캐리지 리턴(carriage return)	15
이스케이프(escape)	33

다음 예시에서 tr은 date에서 결과를 가져와 모든 공백을 개행 문자로 변환한다. 최종 결과는 date 커맨드의 각 출력 필드가 다른 라인에 표시된다는 점이다.

```
$ date | tr ' ' '\12'          공백을 개행 문자로 변환한다
Sun
Jul
28
19:13:46
EDT
2002
$
```

tr은 문자의 범위를 변환할 수도 있다. 예를 들어, 다음은 intro의 모든 소문자를 대문자로 변환하는 방법을 보여준다.

```
$ tr '[a-z]' '[A-Z]' < intro
THE UNIX OPERATING SYSTEM WAS PIONEERED BY KEN
THOMPSON AND DENNIS RITCHIE AT BELL LABORATORIES
IN THE LATE 1960S. ONE OF THE PRIMARY GOALS IN
THE DESIGN OF THE UNIX SYSTEM WAS TO CREATE AN
ENVIRONMENT THAT PROMOTED EFFICIENT PROGRAM
DEVELOPMENT.
$
```

셸이 패턴을 해석하지 못하도록 문자 범위 [a-z]와 [A-Z]를 따옴표로 묶는다. 따옴표 없이 tr 커맨드를 시도하면 여러분이 찾고자 하는 결과가 아님을 빨리 알 수 있다.

tr에 두 개의 매개변수를 역순으로 사용하면 모든 대문자를 소문자로 변환할 수 있다.

```
$ tr '[A-Z]' '[a-z]' < intro
the unix operating system was pioneered by ken
thompson and dennis ritchie at bell laboratories
in the late 1960s. one of the primary goals in
the design of the unix system was to create an
environment that promoted efficient program
development.
$
```

다음은 더 흥미로운 예시다. 다음 예시에서 tr 호출이 무엇을 수행하는지 추측해보자.

```
tr '[a-zA-Z]' '[A-Za-z]'
```

추측했는가? 해당 커맨드는 대문자를 소문자로 바꾸고 소문자는 대문자로 변환한다.

-s 옵션

-s 옵션을 사용해 to-chars에 여러 문자가 연속적으로 나오는 것을 '압축'할 수 있다. 즉, 변환 후에 to-chars에 지정된 문자가 둘 이상 연속적으로 발생하면 문자가 단일 문자로 바뀐다.

예를 들어 다음 커맨드는 모든 콜론을 탭 문자로 변환해 여러 탭을 단일 탭으로 교체한다.

```
tr -s ':' '\11'
```

위 예시의 경우 입력된 하나의 콜론이나 여러 개의 연속 콜론은 출력 시 단일 탭 문자로 대체된다.

'\t'는 '\11' 대신에 많은 경우에 사용할 수 있으며, 더 읽기 쉽게 하려면 '\t'를 시도한다!

다음과 같은 내용을 포함하는 lotsaspaces라는 파일이 있다고 가정한다.

```
$ cat lotsaspaces
This       is    an example  of a
```

```
file    that contains        a  lot
of   blank spaces.
$
```

-s 옵션을 사용하고 단일 공백 문자를 첫 번째 및 두 번째 매개변수로 지정함으로써 여러 공백을 압축하기 위해 tr을 사용할 수 있다.

```
$ tr -s ' ' ' ' < lotsaspaces
This is an example of a
file that contains a lot
of blank spaces.
$
```

이전 tr 커맨드는 출력 시 여러 공백을 단일 공백으로 변환한다.

-d 옵션

tr은 입력 스트림에서 개별 문자를 삭제할 때 사용될 수 있다. tr의 형식은 다음과 같다.

```
tr -d from-chars
```

from-chars에 나열된 문자는 표준 입력에서 삭제된다. 다음 예시에서 tr은 파일 intro에서 모든 공백을 삭제하기 위해 사용된다.

```
$ tr -d ' ' < intro
TheUNIXoperatingSystemwaspioneeredbyKen
ThompsonandDennisRitchieatBellLaboratories
inthelate1960s.0neoftheprimarygoalsin
thedesignoftheUNIXSystemwastocreatean
environmentthatpromotedefficientprogram
development.
$
```

동일한 결과를 얻기 위해 sed를 사용할 수도 있음을 알고 있다.

```
$ sed 's/ //g' intro
TheUNIXoperatingsystemwaspioneeredbyKen
ThompsonandDennisRitchieatBellLaboratories
```

```
inthelate1960s.0neoftheprimarygoalsin
thedesignoftheUNIXsystemwastocreatean
environmentthatpromotedefficientprogram
development.
$
```

이전 커맨드는 유닉스 시스템에서 일반적으로 쓰이지 않으며, 이 문제를 해결하는 데 하나 이상의 접근법이 항상 존재한다. 방금 봤던 두 방법(즉, tr 또는 sed) 모두 만족스럽지만, tr은 훨씬 작은 프로그램이고 더 빨리 실행될 수 있기 때문에 아마도 더 좋은 선택이 될 것이다.

표 3.4는 문자를 변환하고 삭제하기 위해 tr을 사용하는 방법을 요약한 것이다. 여기서 단일 문자로만 작업한 것을 명심한다. 따라서 단일 문자보다 긴 문자를 변환해야 한다면 (예, unix에서 UNIX로 변환) sed와 같은 다른 프로그램을 사용해야 한다.

표 3.4 tr 예시

tr 커맨드	설명
tr 'X' 'x'	모든 대문자 X를 소문자 x로 변경한다.
tr '()' '{}'	열려 있는 모든 괄호를 중괄호로 변환한다.
tr '[a–z]' '[A–Z]'	모든 소문자를 대문자로 변환한다.
tr '[A–Z]' '[N–ZA–M]'	대문자 A–M을 N–Z로, N–Z는 A–M으로 변환한다.
tr ' ' ' '	모든 탭(따옴표의 첫 번째 글자)을 공백으로 변환한다.
tr –s ' ' ' '	여러 공백을 하나의 공백으로 변환한다.
tr –d '\14'	모든 폼피드(8진수 14) 문자를 삭제한다.
tr –d '[0–9]'	모든 숫자를 삭제한다.

grep

grep은 하나 이상의 파일에서 지정한 패턴을 검색할 수 있다. 해당 커맨드의 일반적인 형식은 다음과 같다.

```
grep pattern files
```

pattern을 포함한 각 파일의 모든 라인이 터미널에 표시된다.

grep에 한 개 이상의 파일을 지정하면, 각 라인 앞에 파일 이름이 오게 되므로 패턴이 발견된 특정 파일을 식별할 수 있다.

ed.cmd 파일에서 모든 shell이란 단어를 찾으려 한다고 가정해보자.

```
$ grep shell ed.cmd
files, and is independent of the shell.
to the shell, just type in a q.
$
```

이전 커맨드 결과에서 ed.cmd에 shell이란 단어를 포함한 두 라인을 볼 수 있다.

해당 패턴이 지정된 파일에 존재하지 않으면, grep 커맨드는 아무것도 출력하지 않는다.

```
$ grep cracker ed.cmd
$
```

sed를 설명한 절에서 해당 커맨드를 사용해 intro 파일에서 UNIX 문자열을 포함하는 모든 라인을 출력하는 방법을 살펴봤다.

```
sed -n '/UNIX/p' intro
```

그러나 다음 grep 커맨드를 사용해서도 동일한 결과를 얻을 수 있다.

```
grep UNIX intro
```

이전의 phonebook 파일을 다시 살펴보자.

```
$ cat phonebook
Alice Chebba     973-555-2015
Barbara Swingle 201-555-9257
Jeff Goldberg    201-555-3378
Liz Stachiw      212-555-2298
Susan Goldberg  201-555-7776
Tony Iannino     973-555-1295
$
```

특정 전화번호를 찾아야 할 때 grep 커맨드가 유용하다.

```
$ grep Susan phonebook
Susan Goldberg   201-555-7776
$
```

grep 커맨드는 여러 파일에서 어떤 단어나 문구가 포함돼 있는지 확인하고자 할 때 매우 유용하다. 다음 예시는 grep 커맨드를 사용해 현재 디렉터리의 모든 파일에서 shell이란 단어를 검색하는 방법을 보여준다.

```
$ grep shell *
cmdfiles:shell that enables sophisticated
ed.cmd:files, and is independent of the shell.
ed.cmd:to the shell, just type in a q.
grep.cmd:occurrence of the word shell:
grep.cmd:$ grep shell *
grep.cmd:every use of the word shell.
$
```

앞에서 설명한 것처럼 grep에 하나 이상의 파일을 지정하면 각 출력 라인 앞에 해당 라인을 포함하는 파일의 이름이 온다.

sed 표현식, tr 패턴과 마찬가지로 grep 패턴을 사용할 때는 작은따옴표로 묶어 셸로부터 '보호'하는 것이 좋다. 따옴표로 보호하지 않을 경우 발생할 수 있는 다음 예시를 소개한다. 다음 예시에서는 stars 파일 안에 별표가 포함된 모든 라인을 찾으려 한다.

grep * stars

이와 같이 입력하면 해당 커맨드는 여러분이 원하는 대로 동작하지 않는다. 셸이 별표를 보고 현재 디렉터리에 있는 모든 파일의 이름을 자동으로 대체하기 때문이다.

```
$ ls
circles
polka.dots
squares
stars
stripes
$ grep * stars
$
```

이 경우에 셸은 별표를 사용했고 현재 디렉터리의 파일 목록을 대체했다. 그런 다음 grep 을 실행하기 시작한다. 해당 grep은 첫 번째 매개변수(circles)를 가져와 나머지 매개변수 에 지정된 파일에서 첫 번째 매개변수를 찾으려 했다(그림 3.1 참조).

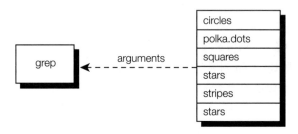

그림 3.1 grep * stars

그러나 별표를 따옴표로 묶으면 셸이 구문 분석이나 해석을 하지 못하도록 차단한다.

```
$ grep '*' stars
The asterisk (*) is a special character that
***********
5 * 4 = 20
$
```

따옴표는 셸에게 따옴표로 둘러싸인 문자만 남겨둘 것을 알렸다. 그런 다음 grep을 실행 시켜 두 개의 매개변수인 *(둘러싼 따옴표 없이 *만 전달해 셸은 프로세스로 실행할 때 둘러싼 따옴표를 제거한다.)와 stars(그림 3.2 참조)를 전달한다.

그림 3.2 grep '*' stars

셸에서 특별한 의미를 가진 * 이외에 다른 문자가 있다면, 해당 문자는 패턴에서 사용될 때 따옴표로 둘러싸여 있어야 한다. 셸에서 따옴표를 처리하는 전체 주제는 틀림없이 까 다로우므로 5장에서 해당 내용을 다룬다.

grep은 파일 이름을 지정하지 않으면 표준 입력에서 입력을 받는다. 특정 패턴과 일치하 는 라인에 대한 커맨드 출력을 통해 살펴보기 위해 파이프의 일부로서 grep을 사용할 수 있다. 사용자 jim의 로그인 여부를 알고 싶다고 가정하자. who 결과에서 jim을 검색하기 위해 grep을 사용할 수 있다.

```
$ who | grep jim
jim          tty16              Feb 20 10:25
$
```

grep에 검색할 파일을 지정하지 않으면 grep이 자동으로 표준 입력을 검색한다는 점에 주목한다. 당연히 사용자 jim이 로그인돼 있지 않으면, 결과를 보여주지 않은 채 새로운 커맨드 프롬프트가 표시된다.

```
$ who | grep jim
$
```

정규 표현식과 grep

intro 파일을 다시 한 번 살펴본다.

```
$ cat intro
The UNIX operating system was pioneered by Ken
Thompson and Dennis Ritchie at Bell Laboratories
in the late 1960s. One of the primary goals in
the design of the UNIX system was to create an
environment that promoted efficient program
development.
$
```

grep을 사용하면 ed에서 정규 표현식을 사용한 것처럼 패턴을 지정할 수 있다.

[tT]he

위 패턴의 경우, 소문자 t 또는 대문자 T에 he 문자가 오는 글자를 grep으로 검색 가능한 패턴으로 지정할 수 있음을 의미한다.

the 또는 The 문자가 포함된 모든 라인을 출력하기 위해 grep을 다음과 같이 사용할 수 있다.

```
$ grep '[tT]he' intro
The UNIX operating system was pioneered by Ken
in the late 1960s.  One of the primary goals in
the design of the UNIX system was to create an
$
```

더 좋은 대안은 grep에 -i 옵션을 사용해 대소문자를 구분하지 않도록 하는 것이다. 즉, 다음 커맨드의 경우

grep -i 'the' intro

intro의 라인에 패턴을 일치시킬 때 대소문자의 차이를 무시하도록 grep에 알린다. 따라서 the 또는 The를 포함한 라인은 THE, THe, tHE 등이 포함된 라인과 같이 출력된다.

표 3.5에서는 grep에 지정할 수 있는 다른 유형의 정규 표현식과 일치하는 패턴의 유형을 보여준다.

표 3.5 일부 grep 예시

커맨드	출력
grep '[A-Z]' list	list에서 대문자를 포함한 라인
grep '[0-9]' data	data에서 숫자를 포함한 라인
grep '[A-Z]...[0-9]' list	list에서 대문자로 시작하고 숫자로 끝나는 다섯 글자로 이뤄진 라인
grep '\.pic$' filelist	filelist에서 .pic로 끝나는 파일

-v 옵션

지정된 패턴을 포함하는 라인을 찾는 데 관심이 없지만 때때로 지정된 패턴이 포함되지 않는 라인을 찾는 데 관심이 있다. grep과 함께 -v 옵션을 사용하면 일치하는 작업의 논리를 바꿀 수 있다. 다음 예시에서 grep은 UNIX 패턴을 포함하지 않는 intro의 모든 라인을 찾을 때 사용된다.

```
$ grep -v 'UNIX' intro          UNIX를 포함하지 않는 모든 라인을 출력한다
Thompson and Dennis Ritchie at Bell Laboratories
in the late 19605.  One of the primary goals in
environment that promoted efficient program
```

```
development.
$
```

¬ 옵션

때로는 패턴과 일치하는 실제 라인을 보지 않고 해당 패턴을 포함하는 파일 이름을 찾는 것이 좋을 수 있다. 예를 들어 현재 디렉터리에 C 프로그램들이 있다고 가정하자(이러한 파일 이름은 파일 접미사 .c로 끝난다). Move_history라는 변수를 사용하고 있는지 알고 싶다. 해당 변수를 찾는 한 가지 방법은 다음과 같다.

```
$ grep 'Move_history' *.c        모든 C 소스 파일에서 Move_history를 찾는다
exec.c:MOVE    Move_history[200] = {0};
exec.c:      cpymove(&Move_history[Number_half_moves -1],
exec.c: undo_move(&Move_history[Number_half_moves-1],;
exec.c: cpymove(&last_move,&Move_history[Number_half_moves-1]);
exec.c: convert_move(&Move_history[Number_half_moves-1]),
exec.c:      convert_move(&Move_history[i-1]),
exec.c: convert_move(&Move_history[Number_half_moves-1]),
makemove.c:IMPORT MOVE Move_history[];
makemove.c:    if ( Move_history[j].from != BOOK (i,j,from) OR
makemove.c:          Move_history[j] .to != BOOK (i,j,to) )
testch.c:GLOBAL MOVE Move_history[100] = {0};
testch.c:    Move_history[Number_half_moves-1].from = move.from;
testch.c:    Move_history[Number_half_moves-1].to = move.to;
$
```

이전 결과를 살펴보면 exec.c, makemove.c, test.c라는 세 개 파일이 Move_history 변수를 사용함을 알 수 있다.

그리고 grep에 -l 옵션을 추가하면 파일에서 일치하는 라인이 아닌 지정된 패턴을 포함하는 파일 목록을 얻는다.

```
$ grep -l 'Move_history' *.c        Move_history를 포함한 파일들을 출력한다
exec.c
makemove.c
testch.c
$
```

grep은 한 라인에 파일을 하나씩 편리하게 출력하기 때문에 grep -l의 출력을 파이프를 사용해 wc로 보내 특정 패턴을 포함한 파일 수를 계산할 수 있다.

```
$ grep -l 'Move_history' *.c | wc -l
      3
$
```

이전 커맨드는 정확히 세 개의 C 프로그램 파일이 Move_history 변수를 참조한다는 것을 보여준다. 이제 주의를 기울여 grep에 -l 옵션을 사용하지 않고 해당 출력을 파이프를 사용해 wc -l로 보내면 무엇을 얻을 수 있을까?

-n 옵션

grep에 -n 옵션을 사용하면, 지정된 패턴과 일치하는 파일의 각 라인 앞에 해당 라인 번호가 표시된다. 이전 예시에서 testch.c 파일은 Move_history 변수를 참조한 세 개 파일 중 하나임을 알았다. 다음은 변수를 참조하는 파일의 정확한 라인을 찾아내는 방법을 보여준다.

```
$ grep -n 'Move_history' testch.c        일치하면 맨 앞에 라인 번호를 표시한다
13:GLOBAL MOVE Move_history[100] = {0};
197:    Move_history[Number_half_moves-1].from = move.from;
198:    Move_history[Number_half_moves-1].to = move.to;
$
```

보다시피 Move_history는 testch.c의 13, 197, 198라인에 사용된다.

유닉스 전문가에게 grep은 유연성과 세련된 패턴 매칭 때문에 가장 보편적으로 사용되는 프로그램이며, 공부할 가치가 있는 유틸리티 중 하나다.

sort

유닉스에서 가장 기본적인 sort 커맨드는 정말 이해하기 쉽다. 입력을 라인으로 받고 알파벳순으로 정렬한 후 결과를 출력으로 표시한다.

```
$ sort names
Charlie
```

```
Emanuel
Fred
Lucy
Ralph
Tony
Tony
$
```

기본적으로 sort는 지정된 입력 파일의 각 라인을 얻고 오름차순으로 해당 라인을 정렬한다.

특수 문자는 문자의 내부 인코딩에 따라 정렬된다. 예를 들어 공백 문자는 내부적으로 숫자 32로 표시되고 큰따옴표는 숫자 34로 표시된다. 즉, 정렬될 때 공백 문자는 큰따옴표 앞으로 정렬된다. 특히 다른 언어와 로케일을 사용하는 경우 정렬 순서가 다를 수 있으므로, sort가 영어와 숫자 입력 시 예상대로 수행될 것이라 확신할지라도 외국어 문자, 구두점, 기타 특수 문자의 순서가 항상 예상되는 것은 아니다.

sort는 정렬 수행 시 더 많은 유연성을 제공하는 많은 옵션을 갖는다. 여기서 sort의 일부 옵션을 설명한다.

-u 옵션

sort의 -u 옵션은 출력에서 중복 라인을 제거한다.

```
$ sort -u names
Charlie
Emanuel
Fred
Lucy
Ralph
Tony
$
```

여기서 Tony가 포함된 중복 라인이 출력에서 제거됐음을 알 수 있다. 유닉스를 예전부터 알던 많은 사람들은 별도의 프로그램인 uniq를 사용해 동일 작업을 완수한다. 그래서 시스템 셸 스크립트를 읽으면 sort | uniq와 같은 커맨드를 볼 수 있을 것이다. sort | uniq는 sort -u로 바꿀 수 있다!

-r 옵션

정렬 순서를 반대로 하려면 -r 옵션을 사용한다.

```
$ sort -r names          정렬을 반대로 한다
Tony
Tony
Ralph
Lucy
Fred
Emanuel
Charlie
$
```

-o 옵션

기본적으로 sort는 정렬된 데이터를 표준 출력에 기록한다. 파일로 변환하려면 출력 리디렉션을 사용할 수 있다.

```
$ sort names > sorted_names
$
```

대안으로 -o 옵션을 사용해 출력 파일을 지정할 수 있다. -o 바로 뒤에 출력 파일의 이름을 간단히 위치시킨다.

```
$ sort names -o sorted_names
$
```

이전 커맨드는 names를 정렬하고 sorted_names에 결과를 기록한다.

-o 옵션의 가치는 무엇인가? 자주 특정 파일의 라인을 정렬하고 원본 대신 정렬된 데이터를 가지길 원한다.

```
$ sort names > names
$
```

위 커맨드의 경우 의도대로 작동하지 않을 것이다. 즉, 해당 커맨드는 결국 names 파일을 지운다! 그러나 -o 옵션을 사용하면 입력 파일과 동일한 이름의 출력 파일로 지정할

수 있다.

```
$ sort names -o names
$ cat names
Charlie
Emanuel
Fred
Lucy
Ralph
Tony
Tony
$
```

> **팁**
>
> 필터나 프로세스에서 원본 입력 파일을 교체하는지에 유의하고 데이터를 덮어 쓰기 전에 예상대로 작동하는
> 지 확인해야 한다. 유닉스는 많은 것을 잘 처리하지만 손실 데이터 또는 손실 파일을 복구하는 unremove와
> 같은 커맨드는 존재하지 않는다.

-n 옵션

다음과 같이 (x, y) 데이터 포인트 쌍(튜플)을 포함하는 파일이 있다고 가정한다.

```
$ cat data
5       27
2       12
3       33
23      2
-5      11
15      6
14      -9
$
```

그리고 해당 데이터를 plotdata라고 하는 플로팅 프로그램에 전달하길 원한다고 가정한
다. 하지만 plotdata 프로그램은 유입 데이터 쌍을 오름차순으로 정렬한 x 값(각 라인의
첫 번째 값)이 필요하다.

sort의 -n 옵션은 라인의 첫 번째 필드를 숫자로 간주하고 데이터를 산술적으로 정렬하도록 지정한다. 다음 결과와 -n 옵션 없이 사용된 sort 결과를 비교한다.

```
$ sort data
-5      11
14      -9
15      6
2       12
23      2
3       33
5       27
$ sort -n data          숫자순으로 정렬한다
-5      11
2       12
3       33
5       27
14      -9
15      6
23      2
$
```

필드 건너뛰기

y 값(각 라인의 두 번째 숫자)으로 데이터 파일을 정렬해야 한다면 -n 옵션 대신 다음 옵션을 사용해 두 번째 필드로 sort를 하도록 지정할 수 있다.

-k2n

-k2는 각 라인의 첫 번째 필드를 건너뛰고 두 번째 필드를 정렬한다. 마찬가지로, -k5n은 각 라인의 다섯 번째 필드에서 숫자순으로 데이터를 정렬함을 의미한다.

```
$ sort -k2n data          두 번째 필드로 정렬한다
14      -9
23      2
15      6
-5      11
2       12
5       27
```

```
3      33
$
```

필드는 기본적으로 공백 또는 탭 문자로 구분된다. 다른 구분자를 사용하려면 -t 옵션을 사용해야 한다.

-t 옵션

앞에서 설명한 것처럼 필드를 건너뛰면 sort는 필드가 공백이나 탭 문자로 구분된 것으로 간주한다. -t 옵션은 다르게 지정할 수 있다. 이 경우에 -t 다음의 문자가 구분자로 사용된다.

이전 암호 파일 샘플을 다시 고려한다.

```
$ cat /etc/passwd
root:*:0:0:The super User:/:/usr/bin/ksh
steve:*:203:100::/users/steve:/usr/bin/ksh
bin:*:3:3:The owner of system files:/:
cron:*:l:l:Cron Daemon for periodic tasks:/:
george:*:75:75::/users/george:/usr/lib/rsh
pat:*:300:300::/users/pat:/usr/bin/ksh
uucp:nc823ciSiLiZM:5:5::/usr/spool/uucppublic:/usr/lib/uucp/uucico
asg:*:6:6:The Owner of Assignable Devices:/:
sysinfo:*:10:10:Access to System Information:/:/usr/bin/sh
mail:*:301:301::/usr/mail:
$
```

해당 파일을 사용자 이름(각 라인의 첫 번째 필드)별로 정렬하려면 다음 커맨드를 실행할 수 있다.

sort /etc/passwd

이전 커맨드 대신 사용자 ID^{user ID}로 알려진 콜론으로 구분된 세 번째 필드로 파일을 숫자순으로 정렬하길 원할 것이다. 따라서 세 번째 필드(-k3)로 시작하고 콜론 문자를 필드 구분자(-t:)로 지정한다.

```
$ sort -k3n -t: /etc/passwd        사용자 ID로 정렬한다
root:*:0:0:The Super User:/:/usr/bin/ksh
```

```
cron:*:1:1:Cron Daemon for periodic tasks:/:
bin:*:3:3:The owner of system files:/:
uucp:*:5:5::/usr/spool/uucppublic:/usr/lib/uucp/uucico
asg:*:6:6:The Owner of Assignable Devices:/:
sysinfo:*:10:10:Access to System Information:/:/usr/bin/sh
george:*:75:75::/users/george:/usr/lib/rsh
steve:*:203:100::/users/steve:/usr/bin/ksh
pat:*:300:300::/users/pat:/usr/bin/ksh
mail:*:301:301::/usr/mail: .
$
```

여기서 각 라인의 세 번째 필드를 굵게 표시해서 사용자 ID별로 파일이 올바르게 정렬됐
는지 쉽게 확인할 수 있다.

기타 옵션

sort의 다른 옵션들을 보면, 특정 필드의 문자를 건너뛰는 기능, 정렬을 종료하기 위해
필드를 지정할 수 있는 기능, 정렬된 입력 파일을 병합하는 기능, '사전 순서'로 정렬할
수 있는 기능(문자, 숫자, 공백만 비교에 사용된다.)이 있다. 해당 옵션에 대한 자세한 내용은
유닉스 사용 설명서^{Unix User's Manual}의 sort 부분을 살펴보길 바란다.

uniq

uniq 커맨드는 파일에서 중복 라인을 찾거나 제거해야 할 때 유용하다. 커맨드의 기본 형
식은 다음과 같다.

```
uniq in_file out_file
```

이 형식에서 uniq는 in_file을 out_file로 복사하고 프로세스의 모든 중복을 삭제한다.
uniq의 중복 라인에 대한 정의는 정확히 일치하는 연속 라인을 의미한다.

out_file을 지정하지 않으면 해당 결과는 표준 출력에 기록된다. in_file도 지정되지 않
으면 uniq는 필터 역할을 하고 표준 입력에서 해당 입력을 읽는다.

다음은 uniq의 동작 방식을 보여주는 예시다. 다음과 같은 내용을 포함한 names라는 파
일이 있다고 가정한다.

```
$ cat names
Charlie
Tony
Emanuel
Lucy
Ralph
Fred
Tony
$
```

Tony라는 이름이 파일에 두 번 나타나는 것을 볼 수 있다. uniq를 사용해 중복 항목을 제거할 수 있다.

```
$ uniq names        중복을 제거한 라인을 출력한다
Charlie
Tony
Emanuel
Lucy
Ralph
Fred
Tony
$
```

앗! Tony는 파일에서 연속적으로 나타나지 않았기 때문에 이전 출력에서 두 개가 나타난다. 따라서 uniq의 중복 정의가 만족스럽지 않다. 3장의 앞부분에서 언급했듯이, sort는 종종 서로 인접한 중복 라인을 얻는 데 사용되기 때문에 해당 상황을 해결할 수 있다. 정렬 결과는 uniq를 통해 실행된다.

```
$ sort names | uniq
Charlie
Emanuel
Fred
Lucy
Ralph
Tony
$
```

sort는 두 개의 Tony 라인을 함께 이동시키고 그다음에 uniq는 중복 라인을 필터링한다
(단, sort의 -u 옵션을 사용하면 정렬 기능이 정확히 수행된다).

-d 옵션

여러분은 자주 파일에서 중복 내용을 찾는 데 관심이 있을 수 있다. uniq에 -d 옵션을 사
용하면 uniq는 중복 라인만 out_file(또는 표준 출력)에 쓰도록 알리는 목적으로 사용할
수 있다. 해당 라인은 몇 번이나 연속적으로 나타나더라도 단 한 번만 저장된다.

```
$ sort names | uniq -d        중복 라인을 출력한다
Tony
$
```

좀 더 실제적인 예시로 /etc/passwd 파일로 돌아가보자. 해당 파일은 시스템의 모든 사
용자 정보를 포함한다. 해당 파일에서 사용자를 추가하고 제거하는 과정에서 우연히 동
일한 사용자 이름이 실수로 하나 이상 입력됐다고 생각할 수 있다. 먼저 /etc/passwd를
정렬하고 이전에 진행했던 것처럼 결과에 uniq -d로 파이프 처리해서 중복 내용을 쉽게
찾을 수 있다.

```
$ sort /etc/passwd | uniq -d      /etc/passwd에서 중복 내용을 찾는다
$
```

이전 커맨드 결과를 살펴보면 /etc/passwd의 모든 라인 중에 중복 라인은 없다. 그러나
사용자 이름 필드에 대한 중복 내용을 찾으려면 각 라인의 첫 번째 필드만 보고 싶을 것
이다(/etc/passwd의 각 라인을 콜론으로 구분할 때 선행 필드가 사용자 이름임을 상기한다). 해
당 작업을 uniq 옵션을 사용해 직접 수행할 수 없지만, cut을 사용해 패스워드 파일의 각
라인에서 사용자 이름을 추출한 다음 uniq로 보낸다.

```
$ sort /etc/passwd | cut -f1 -d: | uniq -d      중복 이름을 찾는다
cem
harry
$
```

cem과 harry가 /etc/passwd에 여럿 존재하는지 밝혀졌다. 특정 내용에 대한 자세한 정
보가 필요하면 /etc/passwd에서 grep을 사용할 수 있다.

```
$ grep -n 'cem' /etc/passwd
20:cem:*:91:91::/users/cem:
166:cem:*:91:91::/users/cem:
$ grep -n 'harry' /etc/passwd
29:harry:*:103:103:Harry Johnson:/users/harry:
79:harry:*:90:90:Harry Johnson:/users/harry:
$
```

grep에 -n 옵션을 사용해 중복 내용이 있는 라인 넘버를 찾는다. cem의 경우 두 개의 항목은 20라인과 166라인에 있다. harry의 경우, 두 개의 항목은 29라인과 79라인에 있다.

기타 옵션

uniq의 -c 옵션은 스크립트에서 대단히 유용할 수 있는 발생 횟수를 추가한다.

```
$ sort names | uniq -c          라인 중복 개수를 계산한다
   1 Charlie
   1 Emanuel
   1 Fred
   1 Lucy
   1 Ralph
   2 Tony
$
```

uniq -c의 일반적인 사용법 중 하나는 데이터 파일에서 가장 일반적인 단어를 알아내는 것이다. 이는 다음과 같은 커맨드로 쉽게 알아낼 수 있다.

```
tr '[A-Z]' '[a-z]' datafile | sort | uniq -c | head
```

더 자세히 설명할 필요가 없는 두 개의 다른 옵션은 uniq에 라인의 처음 문자/필드를 무시하도록 알린다. 더 자세한 내용은 man uniq 커맨드를 사용해 uniq를 설명한 man 페이지를 참조한다.

셸 프로그램을 작성할 때 유용한 awk와 펄[Perl] 프로그램에 대해 언급하지 않았다. 해당 프로그램들은 크고 복잡한 프로그래밍 환경이다. 하지만 awk를 설명한 책으로는 아호[Aho] 외 여러 저자들이 저술한 『Awk—A Pattern Scanning and Processing Language』와 오라일리 미디어[O'Reilly & Associates]가 출간한 『Unix Programmer's Manual, Volume II』

가 있다. 그리고 펄을 설명한 책으로는 오라일리 미디어가 출간한 『Learning Perl and Programming Perl』이 있다. 이 책들은 두 언어에 대한 훌륭한 자습서 및 참조 자료를 제공한다.

함께 가는 여행

2장, '셸이란?'에서 다룬 내용을 기반으로 다음과 같이 입력할 때마다 결과가 어떻게 나올지 이제 알 것이다.

```
who | wc -l
```

여러분은 실제 셸에서 프로그래밍하고 있다. 셸이 커맨드라인을 해석하고, 파이프 기호를 인식하고, 첫 번째 커맨드의 출력을 두 번째 커맨드의 입력에 연결하고, 두 커맨드의 실행을 시작하기 때문이다.

4장에서 여러분만의 커맨드를 작성하는 방법과 셸 변수^{variable}를 사용하는 방법을 배운다.

커맨드 파일

셸 프로그램은 다음과 같이 직접 입력할 수 있다.

```
$ who | wc -l
```

또는 파일에 입력할 수 있고 파일을 셸에서 실행할 수 있다. 예를 들어, 하루 동안 여러 번 로그인한 사용자 수를 알아야 한다고 가정한다. 해당 정보를 원할 때마다 이전 파이프라인을 입력하는 것은 번거롭지 않지만, 예시처럼 파이프라인을 입력해 파일로 저장해보자.

우리가 nu(사용자 수, number of users의 앞자를 따서 nu라 지칭) 파일을 호출하면, 해당 결과 내용은 이전에 보여준 파이프라인이 될 것이다.

```
$ cat nu
who | wc -l
$
```

nu 파일에 포함된 커맨드를 실행하려면 셸에 커맨드 이름으로 nu를 입력해야 한다.

```
$ nu
sh: nu: cannot execute
$
```

앗! 언급해야 할 한 가지를 잊었다. 커맨드라인에서 스크립트를 실행하기 전에 파일의 권한을 실행executable할 수 있도록 변경해야 하며, 변경 모드 커맨드인 chmod로 파일 권한을 변경할 수 있다. nu 파일에 실행 권한을 추가하려면 다음을 입력한다.

```
chmod +x file
```

+x는 file이 실행 가능한 파일로 변경됨을 알린다. 커맨드라인에서 해당 파일이 직접 호출되기 전에 해당 파일을 읽을 수 있고 실행 가능케 해야 한다.

```
$ ls -l nu
-rw-rw-r--     1 steve     steve       12 Jul 10 11:42 nu
$ chmod +x nu                          nu 파일을 실행 가능하게 변경한다
$ ls -l nu
-rwxrwxr-x     1 steve     steve       12 Jul 10 11:42 nu
$
```

이제 nu 파일을 실행 가능하게 변경했기 때문에 해당 파일을 다시 실행한다.

```
$ nu
      8
$
```

이번에 nu 파일이 실행됐다.

> **경고**
>
> 권한 이슈를 해결했지만 'Command not found' 에러가 계속 발생한다면 nu 커맨드 앞에 ./를 추가해 ./nu 커맨드를 실행함으로써 셸이 일반적인 시스템 위치뿐 아니라 현재 디렉터리에서도 해당 커맨드를 찾도록 한다. 오랫동안 해당 커맨드를 사용하려면 PATH의 끝에 .을 붙인다(일반적으로 .profile 파일).

특정 파일에 어떤 커맨드를 넣고 해당 파일을 실행 가능하게 한 다음, 셸에 이름을 입력해 간단히 내용을 실행할 수 있다. 이렇게 간단하고 강력하다. 커맨드라인에서 작업하면서 알게 된 모든 내용은 셸 스크립트 작성에도 적용된다.

I/O 리디렉션 및 파이프와 같은 표준 셸 메커니즘은 사용자 자신의 프로그램에서도 사용될 수 있다.

```
$ nu > tally
$ cat tally
     8
$
```

sys.caps라는 제안서를 작성 중이고 해당 제안서를 출력할 때마다 다음 커맨드들이 연속적으로 필요하다고 가정한다.

```
tbl sys.caps | nroff -mm -Tlp | lp
```

해당 연속 커맨드를 파일에 저장했기 때문에 입력 내용을 저장하지 않아도 된다. 해당 파일을 run이라 부른다. 해당 파일을 실행 가능하게 하고 제안서의 새로운 복사본을 출력할 때마다 run이란 이름을 입력하기만 하면 된다.

```
$ cat run
tbl sys.caps | nroff -mm -Tlp | lp
$ chmod +x run
$ run
request id is laser1-15 (standard input)
$
```

(예시에서 request id 메시지는 lp 커맨드에서 나온다.)

다음 예시에서는 날짜, 시간, 로그인 사용자 수, 현재 작업 디렉터리를 출력하는 stats라는 셸 프로그램을 작성한다고 가정한다. 해당 정보를 얻는 데 필요한 세 개의 커맨드는 date, who | wc -l, pwd다.

```
$ cat stats
date
who | wc -l
pwd
```

```
$ chmod +x stats
$ stats                          stats를 실행한다
Wed Jul 10 11:55:50 EDT 2002
     13
/users/steve/documents/proposals
$
```

더 좋은 결과를 출력하기 위해 stats에 일부 echo 커맨드를 추가할 수 있다.

```
$ cat stats
echo The current date and time is:
date
echo
echo The number of users on the system is:
who | wc -l
echo
echo Your current working directory is:
pwd
$ stats                          stats를 실행한다
The current date and time is:
Wed Jul 10 12:00:27 EDT 2002

The number of users on the system is:
     13

Your current working directory is:
/users/steve/documents/proposals
$
```

매개변수가 없는 echo는 빈 라인을 생성한다는 점을 상기한다. 곧 다음과 같이 메시지와 커맨드 출력을 같은 라인에 표시하는 방법을 알게 될 것이다.

```
The current date and time is: Wed Jul 10 12:00:27 EDT 2002
```

주석

셸 프로그래밍 언어는 주석 없이 완료되지 않는다. 주석은 프로그램 실행에 영향을 미치지 않으면서 프로그램 내부에 의견 또는 주석을 추가하는 방법이다.

셸 특수 문자 #을 만날 때마다 #부터 시작해 라인 끝까지 나타나는 문자는 무시된다. #이 라인을 시작하면 라인 전체가 주석으로 처리된다. 유효한 주석의 예시는 다음과 같다.

```
# 해당 라인은 전체가 주석이다
who | wc -l            # 사용자 수를 계산한다
#
#   올바른 매개변수가 제공됐는지 확인한다
#
```

주석은 커맨드가 분명하지 않거나 왜 커맨드가 거기에 있는지 또는 커맨드가 무엇을 하는지 잊어버릴 만한 커맨드나 커맨드의 순서를 문서화하는 데 유용하다. 주석을 신중하게 사용하면 프로그램을 지원하는 사용자 등이 셸 프로그램을 쉽게 디버그하고 유지 관리할 수 있다.

stats 프로그램으로 돌아가 읽기 쉽도록 일부 주석과 빈 라인을 추가한다.

```
$ cat stats
#
# stats -- 사용자가 로그인했던 날짜, 로그인 인원, 현재 작업 디렉터리를 출력한다
#

echo The current date and time is:
date

echo
echo The number of users on the system is:
who | wc -l

echo
echo Your current working directory is:
pwd
$
```

이전 예시에서 추가된 공백 라인은 프로그램 공간 측면에서 비용이 거의 들지 않으며 프로그램의 가독성 측면에서 장점을 추가한다. 셸은 공백 라인을 가볍게 무시한다.

변수

사실상 모든 프로그래밍 언어와 마찬가지로 셸을 사용해 값을 변수에 저장할 수 있다. 셸 변수는 영문자 또는 밑줄(_) 문자로 시작하고 0개 이상의 영숫자 또는 밑줄 문자가 따라온다.

> **노트**
>
> 따라서 셸 변수 이름의 정규 표현식은 [A-Za-z_][a-zA-Z0-9_]*가 될 것이다. 맞는가?

셸 변수에 값을 저장하려면 변수^{variable}의 이름을 쓴다. 바로 뒤에는 등호 기호 =이 따라오고 변수에 저장하고 싶은 값^{value}이 바로 따라온다.

variable=value

예를 들어 셸 변수 count에 값 1을 할당하려면 다음과 같이 작성한다.

count=1

/users/steve/bin 값을 셸 변수 my_bin에 할당하려면 다음과 같이 작성한다.

my_bin=/users/steve/bin

살펴봐야 할 중요한 부분은 다음과 같다.

첫째, 공백은 등호 기호의 양쪽에 허용되지 않는다. 특히 다른 프로그래밍 언어로 작업하고 운영자 주위에 공백을 넣는 습관이 있다면 이를 명심해야 한다. 셸 언어에서는 공백을 등호 기호 양쪽에 넣을 수 없다.

둘째, 다른 프로그래밍 언어와 달리 셸은 데이터 타입^{data type}에 대한 개념이 없다. 셸 변수에 값을 할당할 때마다 셸은 해당 값을 문자열로 해석한다. 따라서 변수 수 count에 1을 대입하면 셸은 count 변수에 문자 1을 단순히 저장하므로 변수에 정수 값이 저장됐다고 가정하지 않는다.

C, 펄Perl, 스위프트Swift, 루비Ruby처럼 모든 변수를 선언해야 하는 언어에서 프로그래밍하는 데 익숙하다면 다른 조정이 필요하다. 셸은 데이터 타입 개념이 없으므로 변수가 사용되기 전에 선언되지 않는다. 변수를 사용하려 할 때 값이 단순히 할당된다.

셸은 특수 내장 오퍼레이션으로 유효한 숫자인 문자열을 포함하는 셸 변수에 대한 정수 오퍼레이션을 지원하지만, 그 경우에도 변수가 계속 유효한 숫자인지 확인하기 위해 계속 평가된다.

셸은 인터프리터 언어이므로 터미널에서 변수에 값을 직접 할당할 수 있다.

```
$ count=1                    문자 1을 count에 할당한다
$ my_bin=/users/steve/bin    /users/steve/bin을 my_bin에 할당한다
$
```

이제 변수에 값을 할당하는 방법을 알았으니 변수를 어디에 사용하는 것이 좋을까?

변수의 값 출력하기

표준 입력에서 입력받은 문자열과 같은 값을 출력하기 위해 이미 사용했던 echo 커맨드는 셸 변수에 저장된 값을 표시하기 위해 사용된다. 셸 변수의 값을 출력하려면 다음과 같이 작성한다.

```
echo $variable
```

$ 문자는 셸에 대한 한 개 이상의 영숫자로 된 특수 문자다. 변수 이름이 $ 다음에 오는 경우, 셸은 그 시점에서 변수에 저장된 값이 대체되는 것으로 간주한다. 따라서 다음과 같이 입력할 때 셸은 $count에 저장된 값으로 대체된다. 그다음에 echo 커맨드를 실행한다.

```
echo $count
```

셸은 $count를 $count에 저장된 값으로 대체한 후 echo 커맨드를 실행한다.

```
$ echo $count
1
$
```

셸은 커맨드를 실행하기 전에 변수 대체를 수행하는 것을 기억한다(그림 4.1 참조).

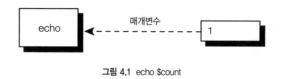

그림 4.1 echo $count

한 번에 한 개 이상의 변수 값을 대체할 수 있다.

```
$ echo $my_bin
/users/steve/bin
$ echo $my_bin $count
/users/steve/bin 1
$
```

두 번째 예시에서 셸은 my_bin 값과 count 값을 대체한 다음 echo 커맨드를 실행한다(그림 4.2 참조).

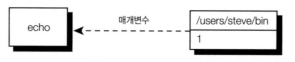

그림 4.2 echo $my_bin $count

변수는 모든 커맨드라인의 어느 위치에서나 사용될 수 있고 다음 예시에서 볼 수 있듯이 특정 커맨드가 호출되기 전에 셸에 의해 변수로 대체된다.

```
$ ls $my_bin
mon
nu
testx
$ pwd                          어느 디렉터리에 있는가?
/users/steve/documents/memos
$ cd $my_bin                   나의 bin 디렉터리로 변경한다
$ pwd
/users/steve/bin
$ number=99
$ echo There are $number bottles of beer on the wall
There are 99 bottles of beer on the wall
$
```

더 많은 예시를 소개한다.

```
$ command=sort
$ $command names
Charlie
Emanuel
Fred
Lucy
Ralph
Tony
Tony
$ command=wc
$ option=-l
$ file=names
$ $command $option $file
      7 names
$
```

따라서 커맨드 이름조차 변수로 저장할 수 있다. 셸은 실행할 프로그램의 이름과 매개변수를 판별하기 전에 대체를 수행할 수 있다.

$command $option $file

그리고 모든 대체가 요청돼 실제로 다음과 같이 커맨드를 호출한다.

wc -l names

그다음 셸은 wc를 실행해 두 개의 매개변수 -l과 names를 전달한다.

다음 예시처럼 변수를 다른 변수에 할당할 수도 있다.

```
$ value1=10
$ value2=value1
$ echo $value2
value1                              이것을 원하지는 않았다
$ value2=$value1
$ echo $value2
10                                  바로 이것이다
$
```

변수에 저장된 값을 사용하려 할 때마다 항상 변수 이름 앞에 달러 기호를 붙여야 한다는 것을 기억한다.

정의되지 않은 변수는 널 값을 가진다

값이 할당되지 않은 변수의 값을 출력하려 하면 무슨 일이 벌어질지 예상하는가? 시도해보자.

```
$ echo $nosuch              nosuch에 값을 할당하지 않는다
$
```

에러 메시지가 표시되지 않는다. echo 커맨드는 어떤 값을 출력했는가? 더 정확하게 알기 위해 다음 예시를 살펴본다.

```
$ echo :$nosuch:            콜론으로 nosuch 값을 둘러싼다
::
$
```

따라서 셸은 지정되지 않은 nosuch 값을 대체하지 않는다.

값이 없는 변수는 정의되지 않고 널^{null} 값을 포함하는 것이라 말할 수 있다. 값을 저장하지 않는 변수의 기본적인 내용이다. 셸이 변수 대체를 수행할 때 널인 값은 커맨드라인에서 효과적으로 제거된다(변수 값이 널인 경우 의미가 있다).

```
$ wc   $nosuch -l $nosuch $nosuch names
      7 names
$
```

셸은 변수 nosuch에 널 값을 대체하는 커맨드라인을 살펴본다. 해당 작업이 완료되면 해당 라인은 다음을 실행한 것처럼 동일하게 출력된다.

```
wc -l names
```

이는 이전 커맨드가 왜 동작하는지 설명한다.

때로는 변수의 값을 널 값으로 초기화하고 싶을 수 있다. 이는 단순히 변수에 값을 지정하지 않고 수행할 수 있다.

dataflag=

실제 사용하는 대안으로서 = 뒤에 두 개의 따옴표 쌍을 나열할 수 있다.

dataflag=""
dataflag=''

그래서 위와 같은 두 경우에 `dataflag`를 널 값으로 할당하는 동일한 효과를 가짐으로써 나중에 실수나 오타로 인식할 수 있는 첫 번째 인스턴스가 아니라 마치 고의적인 것처럼 보이는 추가적인 장점을 갖는다.

다음 할당문의 경우

dataflag=" "

`dataflag`에 단일 공백 문자를 할당하기 때문에 이전 세 문자와 동일하지 않다. `dataflag` 는 문자를 할당하지 않은 것과는 다르다.

파일 이름 대체와 변수

여기 퍼즐이 있다. 다음과 같이 입력한다면

x=*

셸이 문자 `*`를 변수 x에 저장하는 것일까? 아니면 현재 디렉터리의 모든 파일 이름을 변수 x에 저장하는 것일까? 셸에서 시도해 확인한다.

```
$ ls                              현재 디렉터리에 어떤 파일이 존재하는가?
addresses
intro
lotsaspaces
names
nu
numbers
phonebook
stat
$ x=*
$ echo $x
```

```
addresses intro lotsaSpaces names nu numbers phonebook stat
$
```

간단한 예시에서 배울 내용이 많다. 다음을 실행한 경우

x=*

변수 x에는 파일 목록이 저장된다.

셸에서 다음을 실행했을 때 대체를 수행했는가?

echo $x

변수에 값을 할당할 때 셸은 파일 이름 대체를 수행하지 않는다. 따라서 다음 할당식의 경우

x=*

단일 문자 *를 x에 할당한다. 이는 echo 커맨드의 실행 결과처럼, echo 커맨드를 실행할 때 셸이 파일 이름 대체를 수행했음을 의미한다.

실제로 다음 커맨드가 실행될 때 정확한 실행 순서를 설명한다.

echo $x

1. 셸은 x 값으로 *를 대체해 라인을 살펴봤다.
2. 셸은 라인을 다시 살펴보고 *를 발견한 후 현재 디렉터리의 모든 파일 이름을 대체했다.
3. 셸은 echo의 실행을 시작하고 파일 목록을 매개변수로 전달했다(그림 4.3 참조).

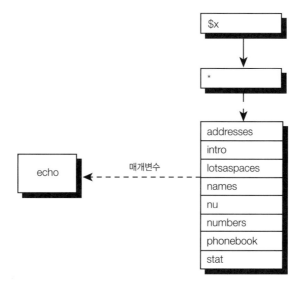

그림 4.3 echo $x

실행 평가 순서가 중요하다. 셸은 변수 대체를 수행하고 파일 이름 대체를 수행한 다음, 커맨드라인을 매개변수로 해서 구문 분석을 진행하는 것을 기억한다.

${variable} 구문

filename 변수에 저장된 파일의 이름을 가지고 있다고 가정하자. 해당 변수에 저장된 파일을 이전의 해당 변수 이름에 X가 추가된 새 파일 이름으로 변경하려 한다면, 다음과 같이 실행할 것이다.

```
mv $filename $filenameX
```

하지만 셸이 해당 커맨드라인을 분석할 때, 변수 filename 값과 변수 filenameX의 값으로 대체된다. 셸은 filenameX가 모두 유효한 문자로 구성됐기 때문에 변수의 전체 이름이라고 생각한다.

해당 문제를 방지하려면 다음과 같이 전체 이름(선행 달러 기호 제외)을 중괄호로 묶어 변수의 범위에 대한 한계를 정해야 한다.

```
${filename}X
```

다음 커맨드처럼 실행하면 모호함이 제거되고 mv 커맨드는 의도한 대로 작동한다.

```
mv $filename ${filename}X
```

중괄호는 변수 이름의 마지막 문자 다음에 영문자 및 숫자, 밑줄이 올 경우에만 필요하다는 것을 기억한다.

또한 중괄호 표기법에서 하위 집합을 추출할 수 있고, 현재 변수에 할당되지 않은 경우에 변수에 값을 할당할 수 있는 기능 외에도 다수가 존재한다. 관련 기능을 4장에서 설명한다.

내장 정수 연산

모든 최신 유닉스 및 리눅스의 다양한 배포판(맥 OS X의 커맨드 셸 포함)에 포함된 POSIX 표준 셸은 산술 확장arithmetic expansion이라고 하는 셸 변수에 정수 계산을 수행하는 메커니즘을 제공한다. 일부 구형 셸은 해당 기능을 지원하지 않는다.

산술 확장의 형식은 다음과 같다.

```
$((expression))
```

여기서 expression은 셸 변수와 연산자를 사용하는 산술 표현식이다. 유효한 셸 변수는 숫자 값을 포함하는 변수다(선행 및 후행 공백이 허용). 유효한 연산자는 C 프로그래밍 언어에서 가져온 것이며 부록 A, '셸 요약'에서 확인할 수 있다.

> **$(( )) 연산자**
>
> +, -, *, /, %, **와 같은 기본 문법에 +=, -=, *=, /=, 변수++, 변수-- 등을 포함한 더 복잡한 표기법으로 대단히 광범위한 연산자 목록이 있다.
>
> 그럼 무엇이 좋을까? 다른 숫자 기반으로 작업할 수 있을 뿐 아니라 하나의 숫자 기반에서 다른 숫자 베이스로 변환할 수 있다. 예를 들어, 100(8진수)과 101010101010101010(2진수)이 10진수로 변환할 때 값은 다음과 같다.
>
> ```
> $ echo $((8#100))
> 64
> $ echo $((2#101010101010101010))
> 174762
> ```

표현식을 계산한 결과는 커맨드라인에서 대체된다.

```
echo $((i+1))
```

예를 들어 위 표현식은 셸 변수 i의 값에 1을 더하고 결과를 출력한다. 산술 확장에 나타날 수 있는 유일하면서 유효한 요소가 연산자, 숫자, 변수라는 것을 셸이 알고 있기 때문에 변수 i 앞에 달러 기호가 먼저 존재할 필요가 없다. 변수를 정의하지 않았거나 NULL 문자열이 포함되면 값을 0으로 가정한다. 따라서 변수 a에 아직 값을 할당하지 않은 경우에도 정수 표현식에서 사용할 수 있다.

```
$ echo $a                    변수에 값을 할당하지 않는다
$ echo $(( a = a + 1 ))      a = 0 + 1과 동일하다
$ 1
$ echo $a
1                            이제 1을 포함한다
$
```

할당은 유효한 연산자며 할당된 값은 이전 예시의 두 번째 echo 커맨드로 대체된다.

그룹핑을 강제하기 위해 표현식 안에서 괄호를 자유롭게 사용할 수 있다.

```
echo $((i = (i + 10) * j))
```

echo 또는 기타 커맨드 없이 할당하려면 산술 연산을 확장하기 전에 할당을 옮길 수 있다.

그래서 다음과 같이 변수 i에 5를 곱해 결과를 다시 i에 할당한다.

```
i=$(( i * 5 ))
```

공백은 이중 괄호 안의 선택 사항이지만 할당이 바깥쪽에 있을 때는 허용되지 않는다.

$i에 5를 곱하는 더 간결한 방법은 다른 문장에서 나타나는 다음과 같은 일반적인 표기법이다.

```
$(( i *= 5 ))
```

값에 1을 더하려면 다음 표기법으로 더 간결해질 수 있다.

```
$(( i++ ))
```

마지막으로 i가 0보다 크고 100보다 작거나 같은지 확인하기 위해 다음과 같이 작성할 수 있다.

result=$((i >= 0 && i <= 100))

표현식이 참이면 1(true) 값을 result에 할당하고 표현식이 거짓이면 0(false) 값을 result에 할당한다.

```
$ i=$(( 100 * 200 / 10 ))
$ j=$(( i < 1000 ))              i<1000이면 j에 0을 설정하고, 아니면 1을 설정한다
$ echo $i $j
2000 0                          i는 2000이고 j는 0이다
$
```

커맨드 작성과 변수 사용에 대한 소개를 마친다. 5장에서는 셸의 다양한 따옴표 메커니즘을 상세히 설명한다.

따옴표

5장에서는 셸 프로그래밍 언어의 고유한 특징인 따옴표 부호를 해석하는 방식에 대해 설명한다. 셸은 다음과 같은 네 가지 유형의 따옴표 문자를 알아본다.

- 작은따옴표 문자 '
- 큰따옴표 문자 "
- 역슬래시 문자 \
- 역따옴표 문자 `

이전 목록의 처음 두 따옴표와 마지막 문자는 쌍으로 이뤄져야 하지만 역슬래시 문자는 필요에 따라 커맨드에서 여러 번 사용할 수 있다. 각 따옴표와 셸은 다른 의미를 가진다. 이에 대한 내용은 5장의 별도 절에서 다룰 것이다.

작은따옴표

셸에서 따옴표를 사용해야 하는 데는 여러 가지 이유가 있다. 가장 일반적인 방법 중 하나는 공백을 포함하는 문자를 단일 엘리먼트로 유지하는 것이다.

다음은 이름과 전화번호가 포함된 phonebook이라는 파일이다.

```
$ cat phonebook
Alice Chebba     973-555-2015
Barbara Swingle 201-555-9257
Liz Stachiw      212-555-2298
```

```
Susan Goldberg   201-555-7776
Susan Topple     212-555-4932
Tony Iannino     973-555-1295
$
```

phonebook 파일에서 누군가를 찾으려면 grep을 사용할 수 있다.

```
$ grep Alice phonebook
Alice Chebba    973-555-2015
$
```

Susan을 검색할 때 어떤 일이 벌어지는지 살펴본다.

```
$ grep Susan phonebook
Susan Goldberg  201-555-7776
Susan Topple    212-555-4932
$
```

데이터 파일에 두 명의 Susan이 있어서 두 라인만 출력한다. 하지만 Susan Goldberg 정보만 원한다고 가정해보자. 해당 문제를 해결하기 위한 한 가지 방법은 이름을 더 자세히 제공하는 것이다. 예를 들어 성도 지정할 수도 있다.

```
$ grep Susan Goldberg phonebook
grep: can't open Goldberg
Susan Goldberg  201-555-7776
Susan Topple    212-555-4932
$
```

그러나 보다시피 이전 커맨드는 작동하지 않는다.

이유는? 셸은 커맨드 매개변수를 구분하기 위해 공백 문자를 사용하기 때문에 이전 커맨드라인은 Susan, Goldberg, phonebook 등 세 인수를 받는 grep을 결과로 얻는다(그림 5.1 참조).

그림 5.1 grep Susan Goldberg phonebook

grep이 실행되면 첫 번째 매개변수를 검색 패턴으로, 나머지 매개변수는 검색할 파일의 이름으로 해석한다. 이 경우, grep은 Goldberg과 phonebook 파일에서 Susan을 찾는 것으로 생각한다. Goldberg 파일을 열려 하고 해당 파일을 찾을 수 없다면 에러 메시지를 표시한다.

```
grep: can't open Goldberg
```

이어서 다음 파일인 phonebook 파일로 이동해 해당 파일을 열고 Susan 패턴을 검색한 후 일치하는 두 라인을 출력한다. 실제로 논리적이다.

문제는 실제로 프로그램에 공백 문자를 포함하는 매개변수를 어떻게 전달하느냐다.

해결책은 다음과 같다. 작은따옴표 안에 전체 매개변수를 묶는다.

grep 'Susan Goldberg' phonebook

셸은 시작하는 작은따옴표를 보면 해당 따옴표부터 닫고 있는 작은따옴표까지 모든 특수 문자를 무시한다.

```
$ grep 'Susan Goldberg' phonebook
Susan Goldberg    201-555-7776
$
```

셸은 첫 번째 문자 '를 만나고 닫는 문자 '를 발견할 때까지 모든 특수 문자의 해석을 중지했다. 따라서 셸은 일반적으로 두 개의 독립된 매개변수로 구분된 Susan과 Goldberg 사이의 공백을 무시한다. 그다음에 셸은 커맨드라인을 두 개의 매개변수로 나눠 첫 번째 매개변수를 Susan Goldberg(공백 문자를 포함)로, 두 번째 매개변수를 phonebook으로 분석한다. 그리고 grep을 호출해 두 개의 해당 매개변수를 전달한다(그림 5.2 참조).

그림 5.2 grep 'Susan Goldberg' phonebook

grep은 첫 번째 매개변수 Susan Goldberg를 내장된 공백을 포함한 패턴으로 해석하고 해당 패턴을 두 번째 매개변수인 phonebook이라는 지정된 파일에서 검색했다. 셸은 따옴표를 제거하고 프로그램에 따옴표를 전달하지 않는다.

따옴표 사이에 많은 공백 문자가 포함된다 하더라도 셸은 모든 문자를 유지한다.

```
$ echo  one            two        three     four
one two three four
$ echo 'one            two        three     four'
one                two        three     four
$
```

첫 번째 경우, 셸은 라인에서 여러 공백 문자를 제거하고(인용 부호가 없다!) echo에 네 개의 매개변수 one, two, three, four를 전달한다(그림 5.3 참조).

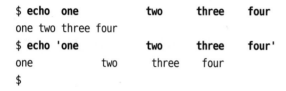

그림 5.3 echo one   two   three four

두 번째 경우, 여러 공백은 유지되고 셸은 echo를 실행할 때 작은따옴표로 묶인 전체 문자열을 단일 매개변수로 처리한다(그림 5.4 참조).

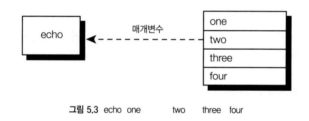

그림 5.4 echo 'one   two   three four'

여기서 셸은 작은따옴표 안에 나타나는 모든 특수 문자를 무시한다는 점이 중요하다. 다음 예시에서 동작 방식을 설명한다.

```
$ file=/users/steve/bin/progl
$ echo $file
/users/steve/bin/progl
$ echo '$file'                    $는 해석되지 않는다
```

```
$file
$ echo *
addresses intro lotsaspaces names nu numbers phonebook stat
$ echo '*'
*
$ echo '< > | ; ( ) { } >> " &'
< > | ; ( ) { } >> " &
$
```

작은따옴표로 묶이면 Enter 키조차도 커맨드 매개변수의 일부로 유지된다.

```
$ echo 'How are you today,
> John'
How are you today,
John
$
```

첫 번째 라인을 구문 분석한 후, 셸은 따옴표가 일치하지 않는다는 것을 알기 때문에 사용자(>가 사용됨)가 닫는 따옴표를 입력하도록 프롬프트를 표시한다. >는 보조 프롬프트 문자고 사용자가 여러 라인으로 구성된 커맨드의 입력을 기다릴 때마다 출력된다.

셸 변수에 공백이나 특수 문자를 포함하는 값을 할당할 때는 미묘한 차이가 있다. 다음 예시를 살펴본다.

```
$ message='I must say, this sure is fun'
$ echo $message
I must say, this sure is fun
$ text='* means all files in the directory'
$ echo $text
names nu numbers phonebook stat means all files in the directory
$
```

첫 번째 문장에 저장될 값에 공백이 포함됐기 때문에 따옴표가 필요하다.

변수 text가 포함된 두 번째 문장은 셸이 변수 이름을 대체한 후 파일 이름을 대체하는 작업을 수행한다는 것을 강조한다. 즉 echo가 실행되기 전, 변수가 확장된 후에 *는 현재 디렉터리의 모든 파일 이름으로 대체됐다. 짜증이 난다!

이런 종류의 문제를 어떻게 해결할까? 이럴 때는 큰따옴표를 사용한다.

큰따옴표 ▉▉▉▉▉▉▉▉▉▉▉▉▉▉▉

큰따옴표는 큰따옴표 내의 내용을 덜 보호한다는 점만 제외하고 작은따옴표와 유사하게 작동한다. 작은따옴표는 작은따옴표 내의 모든 문자를 무시하지만, 큰따옴표는 큰따옴표 내에 있는 대부분의 문자를 무시한다. 특별히 큰따옴표 안에서 다음 세 문자는 무시되지 않는다.

- 달러 기호

- 역따옴표

- 역슬래시

사실 달러 기호가 무시되지 않는다는 말은 변수 이름 대체가 큰따옴표 안에 있는 셸에 의해 수행된다는 것을 의미한다.

```
$ filelist=*
$ echo $filelist
addresses intro lotsaspaces names nu numbers phonebook stat
$ echo '$filelist'
$filelist
$ echo "$filelist"
*
$
```

여기서 따옴표가 없는 것, 작은따옴표, 큰따옴표 사이의 주요 차이점을 볼 수 있다. 첫 번째 경우에 셸은 별표를 보고 현재 디렉터리의 모든 파일 이름을 대체한다. 두 번째 경우에 셸은 작은따옴표로 묶인 문자를 완전히 홀로 남겨두고 결과적으로 $filelist를 출력한다. 마지막 경우에 큰따옴표는 변수 이름 대체가 여전히 큰따옴표 안에서 수행돼야 함을 셸에 알린다. 따라서 셸은 $filelist를 *로 대체한다. 그러나 파일 이름 대체는 큰따옴표 안에서 수행되지 않기 때문에 *는 출력될 값으로 echo에 안전하게 전달된다.

변수의 값을 대체하고 싶지만, 셸이 대체된 문자를 특별히 해석하지 않게 하려면 변수를 큰따옴표로 묶는다.

다음은 큰따옴표를 사용한 경우와 따옴표가 없는 경우의 차이를 보여주는 또 다른 예시다.

```
$ address="39 East 12th Street
> New York, N. Y. 10003"
$ echo $address
39 East 12th Street New York, N. Y. 10003
$ echo "$address"
39 East 12th Street
New York, N. Y. 10003
$
```

이전 예시에서 address에 할당된 값이 작은따옴표에 묶여 있는지 또는 큰따옴표에 묶여 있는지에 대한 차이도 전혀 없다. 셸은 두 번째 커맨드 프롬프트를 출력하며 닫는 따옴표를 얻으려고 기다리고 있다.

address에 두 라인 주소를 할당한 후 echo로 변수 값을 출력한다. 변수를 따옴표로 묶지 않으면 주소가 한 라인으로 출력된다. 그 이유는 다음에서 설명하는 발생 원인과 같다.

다음 예시의 경우

```
echo one          two        three    four
```

다음 결과를 출력한다.

```
one two three four
```

---

1 일반적인 워드 프로세서에서 생성하는 ", ", ', '와 같은 문자를 말한다. – 옮긴이

셸은 커맨드라인에서 공백, 탭, 새로운 라인(공백 문자)을 제거한 후 요청 커맨드에 제공하기 전에 매개변수로 분리한다.

echo $address

따라서 셸은 위 호출의 경우 포함된 개행 문자를 제거한다. 이외에도 공백이나 탭과 같은 매개변수 구분자도 처리한다. 그런 다음 셸은 출력하기 위해 아홉 개의 매개변수를 echo 에 전달한다. echo는 개행 문자를 결코 보지 못하고, 셸은 먼저 개행 문자에 영향을 준다 (그림 5.5 참조).

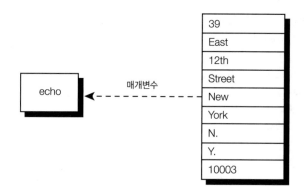

그림 5.5 echo $address

다음 커맨드의 경우

echo "$address"

셸은 address의 값을 이전처럼 대체하지만 큰따옴표는 셸에 포함된 공백 문자를 남겨두라고 알린다. 따라서 이 경우 셸은 echo에 개행 문자가 포함된 단일 매개변수를 전달한다. 그다음 echo는 단일 매개변수를 출력한다. 그림 5.6은 \n이 표시된 개행 문자를 포함하는 내용을 보여준다.

그림 5.6 echo "$address"

조금 이상할 수 있지만, 셸에서 작은따옴표를 감추기 위해 큰따옴표를 사용할 수 있고 그 반대로도 사용할 수 있다.

```
$ x="' Hello,' he said"
$ echo $x
'Hello,' he said
$ article=' "Keeping the Logins from Lagging," Bell Labs Record'
$ echo $article
"Keeping the Logins from Lagging," Bell Labs Record
$
```

역슬래시

기능적으로 역슬래시(접두어로 사용됨)는 아주 일부의 예외를 제외하고 하나의 문자 앞에 둔 하나의 따옴표다. 역슬래시는 바로 뒤에 오는 문자를 이스케이프escape 처리한다. 일반적인 형식은 다음과 같다.

```
\c
```

여기서 c는 실제 전달할 문자다. 해당 문자에 일반적으로 사용되는 특별한 의미는 제거된다. 다음은 해당 예시다.

```
$ echo >
syntax error: 'newline or ;' unexpected
$ echo \>
>
$
```

첫 번째 예시를 보면 셸은 >를 보고 echo 출력을 파일로 리디렉션하려 한다고 생각하기 때문에 파일 이름이 그다음에 있을 것이라 기대한다. 실제로는 파일 이름이 주어지지 않아서 셸은 에러 메시지를 출력한다.

두 번째 예시를 보면 역슬래시가 >의 특수 의미를 이스케이프 처리하고 echo에 출력할 문자를 전달한다.

```
$ x=*
$ echo \$x
$x
$
```

이 경우 셸은 역슬래시 다음에 나오는 $를 무시하므로 결과적으로 변수 대체를 수행하지 않는다.

역슬래시는 다음에 나오는 문자의 특별한 의미를 제거하기 때문에 해당 문자가 다른 역슬래시인 경우 어떻게 될지 예상할 수 있을까? 역슬래시의 특별한 의미를 제거한다.

```
$ echo \\
\
$
```

이 작업을 수행하기 위해 작은따옴표를 사용할 수도 있다.

```
$ echo '\'
\
$
```

역슬래시를 사용해 여러 라인에 걸쳐 커맨드 실행하기

이 절의 시작 부분에서 언급했듯이 \c는 본질적으로 'c'와 같다. 이 규칙의 한 가지 예외는 역슬래시가 라인의 마지막 문자로 사용되는 경우다.

```
$ lines=one'
> 'two                    하나의 따옴표는 개행 문자를 무시한다
$ echo "$lines"
one
two
$ lines=one\                하나의 따옴표 대신 역슬래시를 사용한다
> two
$ echo "$lines"
onetwo
$
```

역슬래시가 입력 라인의 마지막 문자라면, 셸은 역슬래시를 라인의 연속 문자로 처리한다. 역슬래시는 다음에 나오는 개행 문자를 제거하고 개행 문자를 매개변수 분리자로 취급하지 않는다(마치 개행 문자를 입력하지 않은 것처럼). 해당 구문은 여러 라인에 긴 커맨드를 입력하는 데 자주 사용된다.

예를 들어, 다음은 완전히 유효하다.

```
Longinput="The shell treats a backslash that's the \
last character of a line of input as a line \
continuation. It removes the newline too."
```

큰따옴표 내의 역슬래시

이전에 셸이 역슬래시를 큰따옴표 안에서 해석하는 세 개의 문자 중 하나임을 언급했다. 즉, 큰따옴표 안에 역슬래시를 사용하면 큰따옴표(즉, 기타 역슬래시, 달러 기호, 역따옴표, 개행 문자, 기타 큰따옴표)로 해석되는 문자의 의미를 제거할 수 있다. 역슬래시가 큰따옴표 안에서 다른 문자 앞에 오는 경우, 역슬래시는 셸에 의해 무시되고 프로그램에 전달된다.

```
$ echo "\$x"
$x
$ echo "\ is the backslash character"
\ is the backslash character
$ x=5
$ echo "The value of x is \"$x\""
The value of x is "5"
$
```

첫 번째 예시에서 역슬래시가 달러 기호 앞에 위치함으로써 셸은 달러 기호를 무시하고 역슬래시를 제거하고 그 결과를 echo에 전달한다. 두 번째 예시에서 역슬래시가 공백 앞에 위치함으로써 셸은 역슬래시를 무시하고 이를 echo 커맨드에 전달한다. 마지막 예시는 큰따옴표 문자열 안에 큰따옴표를 묶기 위해 사용되는 역슬래시를 보여준다.

큰따옴표를 사용하는 연습으로 터미널에서 다음 라인을 표시한다고 가정한다.

```
<<< echo $x >>> displays the value of x, which is $x
```

라인의 출력 의도는 $x의 두 번째 인스턴스에서 x 값을 대체하는 것이지만 첫 번째 인스턴스는 대체하지 않을 것이다. 먼저 x에 특정 값을 할당해본다.

```
$ x=1
$
```

이제 어떠한 따옴표를 사용하지 않고 라인을 표시한다.

```
$ echo <<< echo $x >>> displays the value of x, which is $x
syntax error: '<' unexpected
$
```

<는 셸에 대한 입력 리디렉션을 알리기 때문에 그다음에 파일 이름이 없어서 결과에 에러 메시지가 출력된다.

작은따옴표 안에 전체 문자열을 넣으면 x의 값은 끝까지 대체되지 않는다. 큰따옴표 안에 전체 문자열을 넣으면 $x의 두 항목이 대체된다. 까다롭다!

원하는 대로 모두 작동할 수 있도록 문자열을 적절하게 따옴표로 묶을 수 있는 두 가지 방법이 존재한다.

```
$ echo "<<< echo \$x >>> displays the value of x, which is $x"
<<< echo $x >>> displays the value of x, which is 1
$ echo '<<< echo $x >>> displays the value of x, which is' $x
<<< echo $x >>> displays the value of x, which is 1
$
```

첫 번째 경우에 모든 문자열이 큰따옴표로 묶이고 역슬래시는 $x의 첫 번째 인스턴스에서 셸이 변수를 대체하지 못하도록 사용된다. 두 번째 경우에 마지막 $x 전까지의 모든 것을 작은따옴표로 묶지만 대체돼야 하는 변수는 따옴표 없이 추가된다.

하지만 후자의 해결책은 조금 위험하다. 변수 x가 파일 이름 대체 또는 공백 문자를 포함하면 해석될 것이다. echo를 작성하기에 더 안전한 방법은 다음과 같다.

```
echo '<<< echo $x >>> displays the value of x, which is' "$x"
```

커맨드 대체 ▆▆▆▆▆▆▆▆▆▆▆▆▆▆▆▆

커맨드 대체^{command substitution}는 지정된 커맨드를 커맨드라인의 임의의 지점에서 해당 커맨드의 출력으로 바꾸는 셸의 기능을 의미한다. 셸에서 커맨드 대체를 수행하는 두 가지 방법, 즉 커맨드를 역따옴표로 묶거나 $(...) 구문으로 둘러싸는 방법이 있다.

역따옴표

역따옴표('백 틱^{back tick}'이라고도 함)는 이전에 설명한 유형의 따옴표와 달리 셸의 문자를 보호하지 않을 뿐만 아니라 출력과 함께 역따옴표로 묶여진 커맨드를 바꾸도록 셸에게 알린다. 역따옴표를 사용하는 일반적인 형식은 다음과 같다.

`` `command` ``

여기서 command는 실행될 커맨드의 이름이고 해당 커맨드의 출력은 그 지점에 추가된다.

> **노트**
>
> 커맨드 대체를 위해 역따옴표를 사용하는 방식은 더 이상 선호되지 않는다. 하지만 해당 구문을 여전히 사용하는 오래된 셸 스크립트가 많기 때문에 여기서 다룬다. 더 새롭고 좋은 $(...) 구문을 지원하지 않는 셸을 사용하는 구형 유닉스 시스템으로 이식 가능한 셸 프로그램을 작성해야 할 경우를 대비해 역따옴표에 대해서도 알아야 한다.

다음 예시를 살펴본다.

```
$ echo The date and time is: `date`
The date and time is: Wed Aug 28 14:28:43 EDT 2002
$
```

셸이 커맨드라인을 처음으로 확인할 때, 셸은 역따옴표를 발견하고 그다음에 있을 커맨드를 기대한다. 이런 경우 셸은 date 커맨드를 찾아서 date를 실행하고 커맨드라인의 `date` 순서를 date의 출력으로 바꾼다. 그 후 셸은 결과 커맨드라인을 일반적인 방식의 매개변수로 나누고 나눠진 매개변수를 echo 커맨드로 전달한다.

```
$ echo Your current working directory is `pwd`
Your current working directory is /users/steve/shell/ch6
$
```

여기서 셸은 pwd를 실행하고 커맨드라인에 출력을 추가하고 echo를 실행한다. 다음 절에서 설명할 내용으로 역따옴표 부호는 $(...) 구문을 사용하는 모든 장소에서 사용할 수 있으며, 물론 이 절의 예시에서 보여준 것과 반대로 사용할 수도 있다.

$(...) 구문

현대의 모든 유닉스, 리눅스, 기타 POSIX 호환 셸은 커맨드 대체를 위해 더 새롭고 선호되는 $(...) 구문을 지원한다. 일반적인 형식은 다음과 같다.

$(command)

역따옴표와 마찬가지로 command는 커맨드라인에서 표준 출력을 대체할 커맨드의 이름이다. 다음 예시를 보자.

```
$ echo The date and time is: $(date)
The date and time is: Wed Aug 28 14:28:43 EDT 2002
$
```

해당 구문은 두 가지 이유 때문에 역따옴표보다 좋다. 첫 번째, 사용 중인 서체가 작은따옴표와 역따옴표를 시각적으로 구별하지 못하면 앞뒤 따옴표의 조합을 사용하는 복잡한 커맨드를 읽기가 특히 어려울 수 있다. 두 번째, $(...) 구문은 커맨드 대체 안에서 커맨드 대체를 허용하는 중첩을 쉽게 적용할 수 있다. 중첩이 역따옴표로 수행될 수도 있지만 까다롭다. 이 절의 후반부에서 중첩된 커맨드라인의 예를 소개한다.

여기서 한 가지 중요한 사실을 강조해보자. 여러분은 괄호 사이에 하나의 커맨드를 호출하는 것에만 국한되지 않는다. 여러 커맨드를 세미콜론으로 구분해 실행할 수 있으며, 더 일반적으로 커맨드 파이프라인을 사용할 수도 있다.

다음은 로그인 사용자 수를 출력하는 nu 프로그램의 수정된 버전이다.

```
$ cat nu
echo There are $(who | wc -1) users logged in

$ nu                        nu를 실행한다
There are 13 users logged in
$
```

작은따옴표는 모든 내용을 보호하기 때문에 다음 출력처럼 명확해야 한다.

```
$ echo '$(who | wc -l) tells how many users are logged in'
$(who | wc -l) tells how many users are logged in
$
```

그러나 커맨드 대체는 큰따옴표로 해석된다.

```
$ echo "You have $(ls | wc -l) files in your directory"
You have        7 files in your directory
$
```

셸은 괄호로 묶인 커맨드를 실행해야 하는 책임이 있음을 기억한다. echo 커맨드가 확인하는 유일한 내용은 셸에 의해 추가된 출력이다.

> **노트**
>
> 이전 예시에서 wc 커맨드로 생성된 선행 공백이 프로그래머에게 거슬릴 수 있다. 해당 공백을 제거하기 위해 sed를 사용하는 방법을 사용해볼 수 있을까?

셸 프로그램을 작성하고 현재 날짜와 시간을 now라는 변수에 지정하려 한다고 가정한다.

다음과 같이 커맨드 대체를 사용할 수 있다.

```
$ now=$(date)               date를 실행하고 해당 결과를 now에 저장한다
$ echo $now                 now에 할당된 것을 본다
Wed Aug 28 14:47:26 EDT 2002
$
```

다음 커맨드를 실행할 때

```
now=$(date)
```

셸은 date의 모든 결과가 now에 할당됨을 안다. 따라서 일반적인 관행으로서 $(date)를 큰따옴표로 묶지 않아도 된다.

한 라인 이상의 출력을 생성하는 커맨드는 변수 안에 저장할 수 있다.

```
$ filelist=$(ls)
$ echo $filelist
```

```
addresses intro lotsaspaces names nu numbers phonebook stat
$
```

무슨 일이 발생했는가? ls의 개행 문자가 filelist 변수 안에 저장돼 있더라도 파일 목록이 수평으로 출력되면서 끝났다. 셸이 echo 커맨드라인을 처리할 때 filelist의 값을 대체하면서 출력 시점에 개행 문자가 무시된다. 변수 주위에 큰따옴표를 사용하면 셸은 개행 문자를 유지한다.

```
$ echo "$filelist"
addresses
intro
lotsaspaces
names
nu
numbers
phonebook
stat
$
```

셸 스크립트 세상으로 나아간다. 셸 스크립트가 파일 리디렉션과 함께 어떻게 작동하는지 살펴보자. 예를 들어 파일의 내용을 변수에 저장하려면 편리한 cat 커맨드를 다음과 같이 사용할 수 있다.

```
$ namelist=$(cat names)
$ echo "$namelist"
Charlie
Emanuel
Fred
Lucy
Ralph
Tony
Tony
$
```

파일 memo의 내용을 names 파일에 나열된 모든 사람에게 우편으로 보내려면 다음을 수행할 수 있다.

```
$ mail $(cat names) < memo
$
```

여기서 셸은 cat 커맨드를 커맨드라인에서의 출력으로 대체하기 때문에 다음과 같이 보일 것이다.

```
mail Charlie Emanuel Fred Lucy Ralph Tony Tony < memo
```

그다음에 셸은 mail을 실행해 파일 memo의 표준 입력을 리디렉션하고 지정된 일곱 명의 수신자에게 전달한다.

Tony는 names 파일에 두 번이나 출력됐기 때문에 동일한 메일을 두 번 받을 수 있다. 모든 사람이 메일을 한 번만 수신하도록 하기 위해 cat보다는 sort에 -u 옵션(중복 라인 제거)을 사용함으로써 파일의 중복 항목을 제거할 수 있다.

```
$ mail $(sort -u names) < memo
$
```

셸은 커맨드의 결과를 대체한 후 파일 이름 대체를 수행한다. 커맨드를 큰따옴표로 묶음으로써 출력 시 셸이 파일 이름 대체를 수행하지 못하도록 한다.

커맨드 대체는 종종 셸 변수에 저장된 값을 변경하는 데 사용된다. 예를 들어 셸 변수 name에 누군가의 이름이 포함돼 있고 해당 변수의 모든 문자를 대문자로 변환하려면, echo를 사용해 해당 변수를 tr의 입력으로 보낼 수 있고 변환을 수행한 다음 변환 결과를 변수에 다시 할당한다.

```
$ name="Ralph Kramden"
$ name=$(echo $name | tr '[a-z]' '[A-Z]')          대문자로 변환한다
$ echo $name
RALPH KRAMDEN
$
```

파이프라인에서 echo를 사용해 데이터를 다음 커맨드의 표준 입력으로 쓰는 기술은 간단하지만 강력하기 때문에 셸 프로그램에서 자주 사용된다.

다음 예시는 filename이라는 변수에 저장된 값에서 첫 번째 문자를 추출할 수 있는 cut을 사용하는 방법을 보여준다.

```
$ filename=/users/steve/memos
$ firstchar=$(echo $filename | cut -c1)
$ echo $firstchar
/
$
```

sed는 종종 변수에 저장된 값을 '편집'하는 데 사용된다. sed는 여기서 변수 file에 지정된 파일의 각 라인 마지막 문자를 추출하기 위해 사용된다.

```
$ file=exec.o
$ lastchar=$(echo $file | sed 's/.*\(.\)$/\1/')
$ echo $lastchar
o
$
```

sed 커맨드는 라인의 모든 문자를 마지막 문자로 바꾼다(괄호 안에 패턴을 둘러싸면 괄호 안의 패턴 값이 레지스터 1에 저장되고 \1은 레지스터 1을 참조한다). sed 대체 결과는 변수 lastchar에 저장되며, sed 커맨드에 작은따옴표를 사용하면 셸이 역슬래시를 해석하지 못한다 점에 주목해야 한다(질문: 큰따옴표도 효과가 있을까?).

마지막으로 커맨드 대체는 중첩될 수 있다. 변수에 첫 번째 문자가 나타날 때마다 다른 것으로 변경하려 한다고 가정한다. 이전 예시에서 firstchar=$(echo $filename | cut -c1)은 filename에서 첫 번째 문자를 가져오지만, filename에 있는 문자를 변경하기 위해 어떻게 첫 번째 문자를 사용할 수 있는가? 두 단계 처리 방법은 다음과 같다.

```
$ filename=/users/steve/memos
$ firstchar=$(echo $filename | cut -c1)
$ filename=$(echo $filename | tr "$firstchar" "^")     /를 ^로 변경한다
$ echo $filename
^users^steve^memos
$
```

그러나 하나의 중첩된 커맨드 대체로 동일 작업을 수행할 수 있다.

```
$ filename=/users/steve/memos
$ filename=$(echo $filename | tr "$(echo $filename | cut -c1)" "^")
$ echo $filename
^users^steve^memos
$
```

해당 예시를 이해하기 어렵다면 이전 예시와 비교한다. 이전 예시의 `firstchar` 변수가 중첩된 커맨드 대체로 대체되는 방법에 주목한다. 따라서 두 예시는 동일하다.

expr 커맨드

표준 셸은 내장 정수 연산을 지원하지만 오래된 셸은 내장 정수 연산 기능이 없다. 이 경우에는 대신 수학 공식 해결자인 expr을 사용할 수 있다.

```
$ expr 1 + 2
3
$
```

작업하기는 쉽지만 expr은 등식을 구문 분석하는 데 그다지 좋지 않으므로 expr에 주어진 각 연산자와 피연산자를 올바르게 이해할 수 있도록 공백으로 구분해야 한다. 관련 내용 예시는 다음과 같다.

```
$ expr 1+2
1+2
$
```

expr은 일반 산술 연산자인 +(덧셈), -(뺄셈), /(나눗셈), *(곱셈), %(모듈러 연산(나머지))를 인식한다.

```
$ expr 10 + 20 / 2
20
$
```

곱셈, 나눗셈, 모듈러 연산은 표준 수학에서와 마찬가지로 덧셈, 뺄셈보다 우선순위가 높다. 따라서 이전 예시에서는 덧셈 전에 나눗셈이 수행됐다.

하지만 다음 예시는 어떤가?

```
$ expr 17 * 6
expr: syntax error
$
```

셸은 *를 보고 디렉터리에 있는 모든 파일의 이름을 대체했으며 expr은 해석 방법을 알지 못했다! 특히 곱셈의 경우 expr에 주어진 표현식은 셸의 간섭을 피하기 위해 따옴표로 묶어야 하지만, 이전 예시는 하나의 매개변수로 사용하지 않았다.

```
$ expr "17 * 6"
17 * 6
$
```

expr은 각 연산자와 피연산자를 구분된 매개변수로 봐야 한다는 것을 기억해야 한다. 이전 예시는 전체 표현식을 하나의 매개변수로 보내기 때문에 원하는 결과를 얻지 못한다. 다음은 역슬래시에 대한 작업이다.

```
$ expr 17 \* 6
102
$
```

물론 expr에 대한 하나 이상의 매개변수는 셸이 먼저 대입을 처리하기 때문에 셸 변수에 저장된 값이 될 수 있다.

```
$ i=1
$ expr $i + 1
2
$
```

이는 셸 변수에 연산을 수행하는 이전 방법이고 셸 내장 $(...) 구문보다 효율적이지 않다. 변수의 값을 증가시키거나 수정하는 경우, 커맨드 대체 메커니즘을 사용해 expr의 출력을 변수에 다시 할당할 수 있다.

```
$ i=1
$ i=$(expr $i + 1)          i에 1을 더한다
$ echo $i
2
$
```

오래된 셸 프로그램에서는 이전에 설명한 역따옴표와 함께 expr이 사용되는 경우가 더 많다.

```
$ i=`expr $i + 1`              i에 1을 더한다
$ echo $i
3
$
```

셸의 내장 연산과 마찬가지로 expr은 정수 연산만 계산하며, 부동 소수점 계산이 필요한 경우 awk 또는 bc를 사용할 수 있다. 차이점은? 17은 정수고, 13.747은 부동 소수점(즉, 소수점이 있는 숫자) 값이다.

또한 expr은 다른 연산자를 가진다. 가장 자주 사용되는 연산자 중 하나는 : 연산자다. 해당 연산자는 첫 번째 피연산자의 문자를 두 번째 피연산자로 지정된 정규 표현식과 일치시키는 데 사용된다. 기본적으로 일치하는 문자 수를 리턴한다.

예를 들어, 다음과 같은 expr 커맨드에서

expr "$file" : ".*"

해당 정규 표현식 .*는 문자열의 모든 문자와 일치하기 때문에 해당 export 커맨드는 변수 file에 저장된 문자 수를 리턴한다. expr과 강력한 콜론 구문에 대한 자세한 내용은 유닉스 사용 설명서 또는 시스템의 expr 매뉴얼 페이지를 참조한다.

부록 A의 표 A.5에서는 셸이 처리할 수 있는 따옴표를 요약했다.

매개변수 전달하기

셸 프로그램은 전달된 인수를 처리하는 방법을 배우고 나면 훨씬 유용하다. 6장에서는 커맨드라인에 입력된 매개변수를 얻는 셸 프로그램을 어떻게 작성하는지 배운다. tbl, nroff, lp를 이용해 sys.caps 파일을 실행하기 위해 4장에서 작성한 한 라인짜리 프로그램을 생각해보자.

```
$ cat run
tbl sys.caps | nroff -mm –Tlp | lp
$
```

run의 동일한 커맨드 순서를 가진 채 sys.caps 외의 다른 파일을 실행해야 한다고 가정해보자. 각 파일에 대한 별도의 run 버전을 만들 수 있다. 또는 run 프로그램을 수정해 커맨드라인에서 실행할 파일의 이름을 지정할 수 있다.

예를 들어 다음과 같이 run을 변경해서 파일 new.hire를 커맨드로 입력할 수 있다.

```
run new.hire
```

또한 다음과 같이 sys.caps 파일을 지정할 수 있다.

```
run sys.caps
```

셸 프로그램을 실행할 때마다 셸은 자동으로 첫 번째 인수를 특수 셸 변수 1에, 두 번째 인수를 변수 2에 저장한다(편의상 $가 변수 이름이 아닌 변수 참조 표기법의 일부임에도 불구하고 $1, $2 등으로 참조할 것이다). 해당 특수 변수(공식적으로 말하면 커맨드라인에서 값의 위치를 기반으로 하는 위치 매개변수$^{positional\ parameter}$)는 셸이 정상적으로 커맨드라인을 처리(즉,

I/O 리디렉션, 변수 대체, 파일 이름 대체 등)한 후에 할당된다.

파일의 이름을 매개변수로 받도록 run 프로그램을 수정하려면 sys.caps 파일을 참조하는 대신 커맨드라인에서 입력한 첫 번째 매개변수를 참조하도록 변경한다.

```
$ cat run
tbl $1 | nroff -mm -Tlp | lp
$
$ run new.hire                       첫 번째 매개변수를 new.hire로 실행한다
request id is laserl-24 (standard input)
$
```

run 프로그램을 실행할 때마다 커맨드라인에서 뒤에 오는 단어가 첫 번째 위치 매개변수 안에 저장되고 셸은 해당 변수를 프로그램에 전달한다. 첫 번째 예시에서 new.hire는 첫 번째 위치 매개변수에 저장된다.

위치 매개변수의 대체는 다른 변수 유형의 대체와 동일하므로 다음 커맨드를 보면

tbl $1

셸은 $1을 프로그램에 제공된 첫 번째 매개변수인 new.hire를 첫 번째 인수로 바꾼다.

또 다른 예시로 ison이라는 다음 프로그램을 사용하면 지정된 사용자가 로그인했는지 알 수 있다.

```
$ cat ison
who | grep $1
$ who                        로그인 사용자를 확인한다
root      console Jul 7 08:37
barney    tty03 Jul 8 12:28
fred      tty04 Jul 8 13:40
joanne    tty07 Jul 8 09:35
tony      tty19 Jul 8 08:30
lulu      tty23 Jul 8 09:55
$ ison tony
tony      tty19 Jul 8 08:30
$ ison pat
$                            pat은 로그인하지 않았다
```

$# 변수

위치 변수에 추가적으로 특수한 셸 변수 $#이 커맨드라인에 입력된 매개변수 개수로 설정된다. 이에 대해서는 7장에서 다룰 예정이며, 사용자가 지정한 정확한 매개변수 개수를 알기 위해 해당 변수는 프로그램에 의해 테스트된다.

args라 하는 다음 프로그램은 셸 프로그램에 매개변수를 전달하는 방식을 잘 이해할 수 있도록 작성됐다. 각 예시의 결과를 살펴보고 제대로 이해했는지 확인하길 바란다.

```
$ cat args                      프로그램을 살펴본다
echo $# arguments passed
echo arg 1 = :$1: arg 2 = :$2: arg 3 = :$3:
$ args a b c                    args에 매개변수를 추가해 실행한다
3 arguments passed
arg 1 = :a: arg 2 = :b: arg 3 = :c:
$ args a b                      두 개의 매개변수로 args를 실행한다
2 arguments passed
arg 1 = :a: arg 2 = :b: arg 3 = ::       할당되지 않은 매개변수는 null이다
$ args                          매개변수가 없이 실행한다
0 arguments passed
arg 1 =:: arg 2 =:: arg 3 = ::
$ args "a b c"                  따옴표를 사용한다
1 arguments passed
arg 1 = :a b c: arg 2 = :: arg 3 = ::
$ ls x*                         x로 시작하는 파일이 무엇인지 확인한다
xact
xtra
$ args x*                       파일 이름 대체를 실행한다
2 arguments passed
arg 1 = :xact: arg 2 = :xtra: arg 3 = ::
$ my_bin=/users/steve/bin
$ args $my_bin                  그리고 변수 대체를 사용한다
1 arguments passed
arg 1 = :/users/steve/bin: arg 2 = :: arg 3 = ::
$ args $(cat names)             names의 내용을 전달한다
7 arguments passed
arg 1 = :Charlie: arg 2 = :Emanuel: arg3 = :Fred:
$
```

보다시피 셸이 셸 프로그램을 실행 중일 때도 정상적인 커맨드라인을 처리한다. 즉, 프로그램에 매개변수를 지정할 때 파일 이름 대체 및 변수 대체와 같은 정상적인 기능을 활용할 수 있다.

$* 변수

특수 변수 $*는 프로그램에 전달된 모든 매개변수를 참조한다. 이는 종종 불확실하거나 가변적인 매개변수 개수를 얻는 프로그램에서 유용하다. 추후 더 실제적인 예시를 보게 될 것이다. 다음은 $*의 사용법을 보여주는 프로그램이다.

```
$ cat args2
echo $# arguments passed
echo they are :$*:
$ args2 a b c
3 arguments passed
they are :a b c:
$ args2 one          two
2 arguments passed
they are :one two:
$ args2
0 arguments passed
they are ::
$ args2 *
8 arguments passed
they are :args args2 names nu phonebook stat xact xtra:
$
```

전화번호부에서 특정 인물을 찾는 프로그램

다음은 이전 예시의 phonebook 파일이다.

```
$ cat phonebook
Alice Chebba     973-555-2015
Barbara Swingle 201-555-9257
Liz Stachiw     212-555-2298
Susan Goldberg  201-555-7776
```

```
Susan Topple     212-555-4932
Tony Iannino     973-555-1295
$
```

grep을 사용해 파일에서 특정 사람을 찾는 방법을 이미 알고 있다.

```
$ grep Cheb phonebook
Alice Chebba     973-555-2015
$
```

그리고 특정 사람의 이름으로 사람을 찾아보고 싶다면, 매개변수를 함께 전달하기 위해 매개변수 주위에 따옴표를 써야 한다는 것을 알고 있다.

```
$ grep "Susan T" phonebook
Susan Topple     212-555-4932
$
```

특정 인물을 찾는 데 사용할 수 있는 셸 프로그램을 작성하는 것이 좋을 듯하다. 프로그램 lu를 호출하고 탐색할 사람의 이름을 매개변수로 사용하도록 한다.

```
$ cat lu
#
# 전화번호부에서 특정 인물을 찾는다
#

grep $1 phonebook
$
```

다음은 lu에 대한 예시다.

```
$ lu Alice
Alice Chebba     973-555-2015
$ lu Susan
Susan Goldberg  201-555-7776
Susan Topple     212-555-4932
$ lu "Susan T"
grep: can't open T
phonebook:Susan Goldberg  201-555-7776
```

```
phonebook:Susan Topple      212-555-4932
$
```

이전 예시에서 큰따옴표로 Susan T를 묶었는데, 무슨 일이 발생했는가? lu 프로그램의 grep 호출을 다시 살펴본다.

```
grep $1 phonebook
```

문제가 보이는가? Susan T를 큰따옴표로 묶으면 하나의 매개변수로 lu에 전달되지만, 셸은 프로그램에서 grep의 커맨드라인에 있는 해당 값을 $1으로 대체하면서 grep에 두 개의 매개변수로 전달된다.

lu 프로그램에서 $1을 큰따옴표로 묶어 해당 문제를 해결할 수 있다.

```
$ cat lu
#
# 전화번호부에서 특정 인물을 찾는다 -- 버전 2
#

grep "$1" phonebook
$
```

작은따옴표가 이 경우에는 작동되지 않는다. 왜 그럴까?

이제 다시 해당 프로그램을 호출한다.

```
$ lu Tony
Tony Iannino   973-555-1295          Tony는 잘 동작한다
$ lu "Susan T"                        이제 Susan T로 다시 실행한다
Susan Topple   212-555-4932
$
```

전화번호부에 특정 인물을 추가하는 프로그램

phonebook 파일과 함께 동작하는 프로그램의 개발을 계속한다. 특히 phonebook 파일이 너무 작기 때문에 어느 시점에는 파일에 특정 파일을 추가하고 싶을 것이다. 그래서 추가할 사람의 이름과 전화번호 등 두 가지 매개변수를 받는 add 프로그램을 작성한다.

add 프로그램은 탭 문자로 구분된 이름과 번호를 phonebook 파일의 끝에 간단히 추가한다.

```
$ cat add
#
# 전화번호부에 특정 인물을 추가하기
#

echo "$1         $2" >> phonebook
$
```

말할 수는 없지만 이전 echo 커맨드에서 $2와 $1을 구분하는 탭 문자가 있다. 해당 탭은 셸에서 자라지 않고 반향되도록 따옴표로 묶어야 한다.

프로그램을 사용해본다.

```
$ add 'Stromboli Pizza' 973-555-9478
$ lu Pizza                              새로 추가된 항목을 찾을 수 있는지 확인한다
Stromboli Pizza 973-555-9478            지금까지는 잘 찾는다
$ cat phonebook                         무슨 일이 발생했는지 살펴본다
Alice Chebba    973-555-2015
Barbara Swingle 201-555-9257
Liz Stachiw     212-555-2298
Susan Goldberg  201-555-7776
Susan Topple    212-555-4932
Tony Iannino    973-555-1295
Stromboli Pizza 973-555-9478
$
```

셸은 add에 하나의 매개변수로 전달하기 위해 Stromboli Pizza를 따옴표로 묶었다(따옴표로 묶지 않으면 어떻게 됐을까?). add의 실행이 완료된 후 새 항목을 찾을 수 있는지 확인하기 위해 lu를 실행했다. 수정된 phonebook 파일이 어떻게 보이는지 확인하기 위해 cat 커맨드를 실행했다. 새 항목이 의도한 대로 끝에 추가됐다.

아쉽게도 새로운 파일은 더 이상 정렬된 상태가 아니다. 이는 lu 프로그램의 작동에는 영향을 미치지 않지만, 그럼에도 불구하고 멋진 기능이다. 해결책이 있을까? sort 커맨드를 사용해 프로그램에 정렬을 추가해보자.

```
$ cat add
#
# 전화번호부 파일에 특정 인물을 추가한다 -- 버전 2
#

echo "$1          $2" >> phonebook
sort -o phonebook phonebook
$
```

sort의 -o 옵션은 정렬된 출력이 저장되는 위치를 지정하며 입력 파일과 동일할 수 있음을 상기한다.

```
$ add 'Billy Bach' 201-555-7618
$ cat phonebook
Alice Chebba    973-555-2015
Barbara Swingle 201-555-9257
Billy Bach      201-555-7618
Liz Stachiw     212-555-2298
Stromboli Pizza 973-555-9478
Susan Goldberg  201-555-7776
Susan Topple    212-555-4932
Tony Iannino    973-555-1295
$
```

새 항목이 추가될 때마다 phonebook 파일이 다시 정렬돼 여러 라인의 일치가 항상 알파벳순으로 정렬된다.

전화번호부에서 특정 인물을 삭제하는 프로그램

전화번호부에서 특정 인물을 찾아보거나 추가하는 프로그램에서 특정 인물을 삭제하는 프로그램이 없다면 이상하다. 해당 프로그램을 rem이라 부르고 커맨드 매개변수로 삭제될 사람의 이름을 지정한다.

rem 프로그램 개발에 대한 전략은 무엇인가? 본질적으로 지정한 이름을 포함하는 특정 파일에서 라인을 제거하고 싶을 것이다. 바로 역 패턴 매치reverse pattern match다. grep의 -v 옵션은 패턴과 일치하지 않는 파일의 모든 라인을 출력(바로 원하는 것)하기 때문에 여기에서 사용할 수 있다.

```
$ cat rem
#
# 전화번호부에서 특정 인물을 삭제하기
#

grep -v "$1" phonebook > /tmp/phonebook
mv /tmp/phonebook phonebook
$
```

이전 grep 구문은 일치하지 않는 모든 라인을 /tmp/phonebook 파일에 저장한다(팁: /tmp는 유닉스 시스템에서 임시 파일로 지정된 디렉터리며 일반적으로 시스템이 다시 시작될 때마다 지워진다). grep 커맨드가 실행된 후 오래된 phonebook 파일이 /tmp의 새로운 파일로 교체된다.

```
$ rem 'Stromboli Pizza'              Stromboli Pizza 항목을 삭제한다
$ cat phonebook
Alice Chebba      973-555-2015
Barbara Swingle   201-555-9257
Billy Bach        201-555-7618
Liz Stachiw       212-555-2298
Susan Goldberg    201-555-7776
Susan Topple      212-555-4932
Tony Iannino      973-555-1295
$ rem Susan
$ cat phonebook
Alice Chebba      973-555-2015
Barbara Swingle   201-555-9257
Billy Bach        201-555-7618
Liz Stachiw       212-555-2298
Tony Iannino      973-555-1295
$
```

첫 번째 경우에 Stromboli Pizza는 잘 삭제됐다. 그러나 두 번째 경우에는 두 라인이 모두 Susan 패턴과 일치하기 때문에 두 라인이 모두 삭제됐다. 좋지 않다! add 프로그램을 사용해 전화번호부에 다시 추가한다.

```
$ add 'Susan Goldberg' 201-555-7776
$ add 'Susan Topple' 212-555-4932
$
```

add 프로그램은 일치하는 항목이 한 개 이상 존재하는지 확인할 수 있다(참고로 7장에서 add의 테스트 방법을 배울 것이다). 예를 들어, 프로그램은 여러 항목을 무턱대고 삭제하는 것보다 두 개 이상의 일치하는 항목이 발견됐다는 것을 사용자에게 알릴 수 있다(이런 동작은 매우 유용하다. 빈 문자열을 grep의 패턴으로 전달하면 대부분의 패턴 결과가 일치해서 전화번호부 전체를 사실상 삭제할 수 있기 때문에 테스트 방법은 매우 유용하다).

덧붙여 말하자면 일치하는 항목을 삭제하기 위해 sed를 사용할 수도 있다. 이 경우 grep은 동일한 결과를 얻기 위해 다음과 같이 대체될 수 있다.

```
sed "/$1/d" phonebook > /tmp/phonebook
```

$1 값이 대체될 수 있도록 sed 커맨드의 매개변수를 큰따옴표로 묶어야 한다. 동시에 셸은 다음과 같은 커맨드라인을 보지 못한다.

```
sed /Stromboli Pizza/d phonebook > /tmp/phonebook
```

그리고 두 개의 매개변수보다는 세 개의 매개변수를 sed에 전달한다.

${n}

프로그램에 아홉 개 이상의 매개변수가 주어지면 $10, $11 등으로 10번째 이상의 매개변수에 접근할 수 없다. 다음과 같이 10번째 매개변수에 접근하려 하면

```
$10
```

셸은 실제로 $1의 값 다음에 0을 추가한 후 대체한다. 대신, 다음과 같은 형식을 반드시 사용해야 한다.

```
${n}
```

10번째 매개변수에 직접 접근하려면 다음과 같이 작성해야 한다.

```
${10}
```

프로그램에서 11번째, 12번째 등의 매개변수도 동일하게 작성해야 한다.

shift 커맨드 ▊▊▊▊▊▊▊▊▊▊▊▊▊▊▊▊▊▊▊▊▊▊▊

shift 커맨드를 사용하면 위치 매개변수를 효과적으로 왼쪽으로 시프트[left-shift]할 수 있다. 다음과 같이 커맨드를 실행하면

shift

이전에 저장된 $2의 값은 $1에 할당되고, 이전에 저장된 $3의 값은 $2에 할당된다. 이전 $1의 값은 복구할 수 없게 된다.

해당 커맨드를 실행하면 $#(매개변수 개수)도 자동으로 1씩 감소된다.

```
$ cat tshift                시프트의 동작을 확인하는 프로그램
echo $# $*
shift
echo $# $*
shift
echo $# $*
shift
echo $# $*
shift
echo $# $*
shift
echo $# $*
$ tshift a b c d e
5 a b c d e
4 b c d e
3 c d e
2 d e
1 e
0
$
```

시프트할 변수가 없을 때(즉, $#이 이미 0일 때), 시프트하려 하면 셸은 에러 메시지를 표시한다(에러 메시지는 셸마다 다르다).

prog: shift: bad number

여기서 prog는 문제가 되는 시프트를 실행한 프로그램의 이름이다.

다음과 같이 shift 커맨드 이후에 카운트를 작성해 한 번에 여러 번 이상 위치를 이동할 수 있다.

```
shift 3
```

이전 커맨드는 세 개의 shift를 각각 실행한 것과 동일한 효과를 낸다.

```
shift
shift
shift
```

다양한 매개변수 개수를 처리할 때 shift 커맨드가 유용하다. 8장에서 루프에 대해 다룰 때 shift 커맨드를 사용할 예정이다. 이제 위치 매개변수에 shift 커맨드를 사용하면 위치 매개변수가 차례로 이동할 수 있다는 점을 기억한다.

7

결정, 결정

7장에서는 거의 모든 프로그래밍 언어에 존재하는 구문인 조건문 if를 소개한다. if를 통해 조건을 확인한 다음 테스트 결과에 따라 프로그램 실행 흐름을 변경할 수 있다.

if 커맨드의 일반적인 형식은 다음과 같다.

```
if command_t
then
        command
        command
        ...
Fi
```

여기서 command_t는 실행되고 종료 상태^{exit status}를 확인한다. 종료 상태가 0이면 then과 fi 사이에 오는 커맨드가 실행된다. 그렇지 않으면 건너뛴다.

종료 상태

조건 테스트의 작동 방식을 이해하려면 유닉스가 종료 상태라고 불리는 방식으로 작동하는 방법을 알아야 한다. 모든 프로그램이 실행을 완료할 때마다 셸에 종료 상태 코드를 리턴한다. 종료 상태는 프로그램이 성공적으로 실행됐는지 또는 실패했는지를 나타내는 숫자 값이다. 관례상 종료 상태 0은 프로그램이 성공했음을 나타내고, 0이 아닌 종료 상태는 실패했음을 나타내며 해당 값마다 다양한 종류의 실패를 나타낸다.

프로그램에 전달된 유효하지 않은 매개변수 또는 프로그램에서 감지한 에러 조건 때문에 프로그램 실행이 실패할 수 있다. 예를 들어, cp 커맨드가 복사를 실패(예를 들어, 소스 파일을 찾을 수 없거나 대상 파일을 만들 수 없는 경우)하거나 매개변수가 올바르게 지정되지 않으면 0이 아닌(실패) 종료 상태를 반환한다(예를 들어, 잘못된 매개변수 개수 또는 두 개 이상의 매개변수와 마지막 매개변수는 디렉터리가 아니다).

0이 아닌 값은 무엇을 의미하는가? 간단히 말해 0이 아닌 정수 값이다. 또한 대부분의 커맨드 매뉴얼 페이지는 가능한 종료 상태 값을 나열한다. 따라서 파일 복사 커맨드의 가능한 에러 조건은 파일을 찾을 수 없다면 1, 파일을 읽을 수 없으면 2, 대상 디렉터리에 저장할 수 없으면 3, 파일을 복사하다가 일반적인 에러가 발생하면 4, 파일을 복사하는 일반적인 에러가 발생하면 5, 성공하면 0이다.

grep의 경우 지정된 파일 중 적어도 하나의 파일에서 지정된 패턴을 찾으면 0이라는 종료 상태(성공)를 반환한다. 패턴을 찾을 수 없거나 지정된 소스 파일을 열지 못하는 것처럼 에러가 발생하면 0이 아닌 값이 반환된다.

파이프라인에서 종료 상태는 파이프의 마지막 커맨드를 반영한다.

```
who | grep fred
```

그래서 해당 커맨드의 grep 종료 상태는 셸에서 전체 파이프라인의 종료 상태로 사용된다. 이 경우 종료 상태 0(성공)은 fred가 who의 출력에서 발견됐는지(즉, who 커맨드가 실행된 시점에 fred가 로그인했음을 나타냄)를 의미한다.

$? 변수

셸 변수 $?는 자동으로 셸에 의해 실행된 마지막 커맨드의 종료 상태로 자동 설정된다. 당연히 echo를 사용해 터미널에서 값을 표시할 수 있다.

```
$ cp phonebook phone2
$ echo $?
0                       복사가 성공했음을 알린다
$ cp nosuch backup
cp: cannot access nosuch
$ echo $?
2                       복사가 실패했음을 알린다
$ who                   로그인 사용자가 누구인지 확인한다
```

```
root     console Jul 8 10:06
wilma    tty03    Jul 8 12:36
barney   tty04    Jul 8 14:57
betty    tty15    Jul 8 15:03
$ who | grep barney
barney   tty04    Jul 8 14:57
$ echo $?                  마지막 커맨드의 종료 상태를 출력한다(grep)
0                          grep이 성공했음을 알린다
$ who | grep fred
$ echo $?
1                          grep이 실패했음을 알린다
$ echo $?
0                          마지막 echo의 종료 상태다
$
```

일부 커맨드에 대한 '실패'의 숫자 결과는 유닉스 버전마다 다를 수 있지만 성공은 항상 종료 상태 0으로 표시된다.

on이라는 셸 프로그램을 작성해 특정 사용자가 시스템에 로그인했는지 여부를 알려주도록 한다. 확인할 사용자의 이름이 커맨드라인의 프로그램으로 전달된다. 사용자가 로그인 중이라면 해당 커맨드 효과에 대한 메시지를 출력한다. 그렇지 않으면 아무 내용도 출력하지 않을 것이다. on 프로그램을 설명한다.

```
$ cat on
#
# 특정 사용자가 로그인했는지 확인한다
#

user="$1"

if who | grep "$user"
then
    echo "$user is logged on"
fi
$
```

커맨드라인에 입력된 첫 번째 매개변수는 셸 변수에 저장된다. 그다음 if 커맨드가 다음 파이프라인을 실행한다.

```
who | grep "$user"
```

그리고 grep에서 리턴한 종료 상태를 확인한다. 종료 상태가 0(성공)이면 grep은 who의 결과에서 user를 찾았다. 이 경우 다음 echo 커맨드가 실행된다. 종료 상태가 0이 아니라면(실패), 특정 사용자가 로그인하지 않은 것이고 echo 커맨드를 건너뛴다.

echo 커맨드는 심미학적인 이유로 왼쪽 여백에 들여쓰기를 진행한다. 이 경우, then과 fi 사이에는 하나의 커맨드만 포함된다. 많은 커맨드가 포함되고 중첩이 점점 깊어질수록 들여쓰기는 프로그램의 가독성에 중요한 영향을 미칠 수 있다. 나중에 예시가 이 지점을 설명하는 데 도움이 된다.

다음은 on의 사용 예시다.

```
$ who
root      console Jul 8 10:37
barney    tty03   Jul 8 12:38
fred      tty04   Jul 8 13:40
joanne    tty07   Jul 8 09:35
tony      tty19   Jul 8 08:30
lulu      tty23   Jul 8 09:55
$ on tony                          tony가 로그인했음을 안다
tony      tty19   Jul 8 08:30      결과 값이 어디에서 왔는가?
tony is logged on
$ on steve                         steve가 로그인하지 않음을 안다
$ on ann                           ann으로 시도한다
joanne    tty07   Jul 8 09:35
ann is logged on
$
```

그러나 작성된 프로그램에 몇 가지 문제가 있다. 특정 사용자가 로그인하면 who 출력에서 grep 호출을 사용해 해당 라인을 표시한다. 이는 그리 나쁜 것은 아니지만 프로그램 요구 사항은 'logged on' 메시지만 정보로 표시하고 다른 것은 표시하지 않는 것이다.

해당 출력 라인은 조건 테스트 때문에 표시된 것이다.

```
who | grep "$user"
```

grep은 위 파이프라인의 종료 상태를 리턴할 뿐만 아니라 사용자가 정말 관심이 없더라도 일치하는 라인을 표준 출력으로 저장한다(grep의 정상 기능). 커맨드 결과를 보고 싶지 않기 때문에 종료 코드를 확인해 시스템의 '쓰레기통'인 /dev/null로 리디렉션해 grep의 출력을 처리할 수 있다. /dev/null 파일은 누구나 읽을 수 있고 저장할 수 있는(그리고 파일의 끝을 즉시 얻을 수 있는) 시스템의 특수 파일이다. 해당 파일에 뭔가를 쓰려 한다면, 마치 거대한 블랙홀인 것처럼 바로 사라진다.

```
who | grep "$user" > /dev/null
```

해당 커맨드는 불필요한 출력 문제를 해결할 것이다.

on과 관련된 두 번째 문제는 프로그램이 매개변수 ann과 함께 실행될 때 나타난다. ann이 로그인돼 있지 않더라도 grep은 사용자 joanne의 문자 ann을 찾는다. 필요한 것은 제한적인 패턴이다. 3장에서는 정규 표현식을 다뤘다. who는 결과의 첫 번째 열에 각 사용자 이름을 출력하기 때문에 패턴 앞에 문자 ^을 사용해 라인의 시작과 일치하도록 패턴을 고정시킬 수 있다.

```
who | grep "^$user" > /dev/null
```

하지만 아직 충분하지 않다. bob과 같은 패턴을 검색하면 grep은 여전히 다음과 같은 라인과 일치한다.

```
bobby    tty07  Jul 8 09:35
```

또한 진행해야 할 작업은 패턴의 오른쪽을 고정시키는 것이다. who가 하나 이상의 공백이 있는 각 사용자 이름을 종료하는지 알면, 수정된 패턴은 다음과 같을 것이다.

```
"^$user "
```

이제 지정된 user의 라인과 일치한다. 두 번째 문제를 해결했다!

on의 새로 개선된 버전을 사용한다.

```
$ cat on
#
# 특정 사용자가 로그인했는지 확인한다 - 버전 2
#
```

```
user="$1"

if who | grep "^$user " > /dev/null
then
        echo "$user is logged on"
fi
$ who                            누가 지금 로그인하고 있는가?
root      console Jul 8 10:37
barney    tty03   Jul 8 12:38
fred      tty04   Jul 8 13:40
joanne    tty07   Jul 8 09:35
tony      tty19   Jul 8 08:30
lulu      tty23   Jul 8 09:55
$ on lulu
lulu is logged on
$ on ann                         ann으로 다시 확인한다
$ on                             매개변수를 전달하지 않으면 무슨 일이 발생하는가?
$
```

매개변수를 지정하지 않으면, user는 널null이 된다. 그러면 grep은 공백으로 시작하는 라인에 대해 who의 출력을 살펴볼 것이다(왜?). 아무것도 찾지 못하므로 커맨드 프롬프트가 리턴될 것이다. 다음 절에서 매개변수 개수를 정확히 프로그램에 제공했는지 확인하고 매개변수 개수가 정확하지 않으면 조치를 취할 것이다.

test 커맨드

이전 예시 프로그램에서 파이프라인을 사용해 if문을 확인했지만 test라 불리는 내장된 셸 커맨드는 하나 이상의 조건을 테스트하는 데 훨씬 더 일반적으로 사용된다. 일반적인 형식은 다음과 같다.

```
test expression
```

여기서 expression은 테스트할 조건을 나타낸다. test는 expression을 평가하고 결과가 true면 종료 상태를 0으로 리턴하고 결과가 false면 0이 아닌 종료 상태를 리턴한다.

문자열 연산자

예를 들어 셸 변수 name에 julio 문자가 포함되면 다음 커맨드는 종료 상태 0을 리턴한다.

```
test "$name" = julio
```

= 연산자는 두 값이 동일한지 테스트할 때 사용된다. 이 경우 셸 변수 name의 내용이 문자 julio와 동일한지 테스트한다. 동일하면 test는 종료 상태 0을 리턴하고 동일하지 않으면 0이 아닌 종료 상태를 리턴한다.

test는 모든 피연산자($name과 julio)와 연산자(=)를 별도의 매개변수로 봐야 하고, 이는 하나 이상의 공백 문자로 구분돼야 함을 의미한다.

if 커맨드로 돌아가 "Would you like to play a game?"이라는 메시지를 echo로 출력한다. name이 julio라면 다음과 같이 if 커맨드를 작성한다.

```
if test "$name" = julio
then
        echo "Would you like to play a game?"
fi
```

if 커맨드가 실행되면 if 다음에 오는 커맨드가 실행되고 종료 상태가 평가된다. test 커맨드는 $name(물론 대체된 값), =, julio.test라는 세 개의 인수를 전달받은 후 첫 번째 매개변수가 세 번째 매개변수와 동일한지 평가하며, 동일하면 종료 상태 0을 리턴하고 0이 아닌 종료 상태를 리턴한다.

test에 의해 리턴된 종료 상태는 if문에 의해 테스트된다. 0이면 then과 fi 사이의 커맨드가 실행된다. 이 경우 단일 echo 커맨드가 실행된다. 종료 상태가 0이 아니면 echo 커맨드를 건너뛴다.

위에서 설명한 것처럼 변수를 대체하도록 test에 대한 매개변수로 쓰이는 셸 변수를 큰따옴표 안에 두는 것은 좋은 프로그래밍 습관이다. test는 매개변수의 값이 널이라 할지라도 해당 매개변수를 볼 수 있다. 예를 들어, 다음 예시를 살펴본다.

```
$ name=                        이름을 널로 설정한다
$ test $name = julio
sh: test: argument expected
$
```

name이 널이기 때문에 test: =과 julio라는 두 개의 매개변수만 test에 전달됐다. 커맨드라인의 매개변수를 구문 분석하기 전에 셸이 name 값을 대체했다. 실제로 $name이 셸로 대체된 후에는 다음과 같이 입력한 것처럼 보인다.

test = julio

test가 실행될 때 다음 두 개의 매개변수만 보여서(그림 7.1 참조) 에러 메시지가 표시된다.

그림 7.1 name이 null일 때 test $name = julio

변수 주위에 큰따옴표를 사용하고 매개변수가 널일 때 따옴표가 '자리 표시자placeholder'로 사용되기 때문에 test로 매개변수를 확인할 수 있다.

```
$ test "$name" = julio
$ echo $?                          종료 상태를 출력한다
1
$
```

name이 널인 경우에도 셸은 여전히 test의 세 개 매개변수를 전달한다. 첫 번째 매개변수는 널이다(그림 7.2 참조).

그림 7.2 name이 null일 때 test "$name" = julio

다른 연산자를 사용해 문자열을 테스트할 수 있다. 표 7.1에 요약된 것처럼 문자열을 테스트할 수 있는 연산자가 있다.

표 7.1 test 문자열 연산자

연산자	만약 ~라면 true(종료 상태 0)를 리턴한다.
string1 = string2	string1이 string2와 같다면
string1 != string2	string1이 string2와 같지 않다면
string	string이 널이 아니면
−n string	string이 널이 아니면(그리고 test가 string을 볼 수 있어야 한다.)
−z string	string이 널이면(그리고 test가 string을 볼 수 있어야 한다.)

= 연산자가 어떻게 사용되는지 살펴봤다. != 연산자는 두 문자열이 동일하지 않은지 확인하는 것을 제외하면 = 연산자와 동일하다. 즉, 두 문자열이 같지 않으면 test의 종료 상태는 0이 아니고, 두 문자열이 같으면 종료 상태는 0이다.

비슷한 세 개의 예시를 살펴보자.

```
$ day="monday"
$ test "$day" = monday
$ echo $?
0                          True다
$
```

test 커맨드는 day 값이 monday 문자와 같기 때문에 종료 상태 0을 리턴한다. 이제 다음을 살펴본다.

```
$ day="monday "
$ test "$day" = monday
$ echo $?
1                          false다
$
```

이전 예시에서 day에 monday를 할당했다(바로 따라오는 공백 문자를 포함). 따라서 이전 테스트가 수행했을 때, test는 "monday" 문자와 "monday " 문자가 다르기 때문에 false를 리턴한다.

두 값을 같게 하기 위해 변수 참조 주변의 큰따옴표를 건너뛴 후 후미 공백 문자를 삭제하면 test는 더 이상 공백 문자를 보지 못할 것이다.

```
$ day="monday"
$ test $day = monday
$ echo $?
0                    true다
$
```

이는 test에 대한 매개변수인 셸 변수에 항상 따옴표를 사용하는 것에 대한 규칙을 위반하는 것처럼 보이지만, 변수가 널이 아니라면(그리고 공백 문자로만 구성되지 않은 경우) 따옴표를 생략해도 괜찮다.

셸 변수가 표 7.1에 나열된 세 번째 연산자와 함께 널 값을 가지고 있는지 확인할 수 있다.

```
test "$day"
```

day가 널이 아니면 true를, 널이라면 false를 리턴한다. test는 이 경우에 매개변수가 있는지 여부를 신경 쓰지 않기 때문에 여기서는 따옴표가 필요 없다. 그럼에도 불구하고 변수가 모두 공백 문자로 구성돼 있다면 매개변수를 사용하지 않는 것이 좋고, 매개변수가 따옴표로 묶여 있지 않으면 셸은 매개변수를 제거할 것이다.

```
$ blanks="      "
$ test $blanks          널이 아닌가?
$ echo $?
1                       False다. 즉 널이다
$ test "$blanks"        지금은?
$ echo $?
0                       True다. 즉 널이 아니다
$
```

첫 번째 경우, blanks에 네 개의 공백이 있기 때문에 셸은 test에 매개변수로 전달하지 않았다. 두 번째 경우, test가 널이 아닌 네 개의 공백 문자로 이뤄진 하나의 매개변수를 가졌다.

공백과 따옴표를 잘 사용하지 못하면 셸 프로그래밍을 할 때 빈번한 에러를 만나게 될 것이다. 따라서 장차 많은 프로그래밍 문제를 해결하기 위해 해당 원칙을 실제로 이해하는 것이 좋다.

문자열이 널인지 여부를 테스트하는 다른 방법이 존재하는데, 이는 표 7.1에서 이전에 나열된 마지막 두 연산자 중 하나를 사용하는 것이다. -n 연산자는 다음에 오는 매개변수가 널이 아니면 종료 상태를 0으로 리턴한다. -n 연산자는 매개변수의 길이가 0인 경우에 대한 테스트로 생각할 수 있다.

-z 연산자는 다음에 오는 매개변수를 확인해 매수변수가 널인지 여부를 확인하고 종료 상태 0을 리턴한다. -z 연산자는 매개변수의 길이가 0인지 여부를 확인하는 테스트로 생각할 수 있다.

그래서 다음 커맨드는 day에 적어도 하나의 문자가 포함돼 있으면 종료 상태 0을 리턴한다.

```
test -n "$day"
```

다음 커맨드는 dataflag에 문자가 없으면 종료 상태 0을 리턴한다.

```
test -z "$dataflag"
```

즉, -n과 -z는 서로 반대며 명확하고 읽기 쉬운 조건문을 쉽게 작성하기 위해 존재한다.

이전에 언급한 두 연산자 모두 매개변수가 다음에 나올 것으로 예상되기 때문에 매개변수를 큰따옴표로 묶는 습관을 갖는다.

```
$ nullvar=
$ nonnullvar=abc
$ test -n "$nullvar"          nullvar는 0이 아닌 길이를 갖는가?
$ echo $?
1                              아니다
$ test -n "$nonnullvar"       그리고 nonnullvar는 어떠한가?
$ echo $?
0                              맞다
$ test -z "$nullvar"          nullvar의 길이는 0인가?
$ echo $?
0                              맞다
$ test -z "$nonnullvar"       그리고 nonnullvar는 어떠한가?
$ echo $?
1                              아니다
$
```

test는 또한 매개변수를 까다롭게 대할 수 있다. 예를 들어, 셸 변수 symbol이 등호를 포함할 때 길이가 0인지 확인하려 하면 어떤 일이 발생하는지 살펴본다.

```
$ echo $symbol
=
$ test -z "$symbol"
sh: test: argument expected
$
```

= 연산자는 -z 연산자보다 우선순위가 높기 때문에 test는 해당 커맨드를 동등 기능으로 처리하려 하고 = 뒤에 매개변수가 올 것으로 예상한다. 이런 종류의 문제를 피하기 위해 많은 셸 프로그래머는 다음과 같은 test 커맨드를 작성한다.

```
test X"$symbol" = X
```

symbol이 널인 경우는 true, 그렇지 않은 경우는 false가 된다. symbol 앞에 X가 있으면 test는 symbol에 저장된 문자를 연산자로 해석하지 않는다.

test에 대한 대체 형식

셸 프로그래머가 자주 사용하는 test 커맨드는 커맨드의 대체 형식인 [를 사용할 수 있어서 프로그램을 훨씬 더 깔끔하게 만들 수 있다. 해당 형식은 셸 스크립트에서 if문과 기타 조건 test문의 가독성을 향상시킨다.

test 커맨드의 일반적인 형식을 다음과 같이 상기해볼 수 있다.

```
test expression
```

이는 다음과 같은 대체 형식으로 표현될 수도 있다.

```
[ expression ]
```

[는 실제로 커맨드의 이름이다(커맨드 이름이 반드시 영숫자여야 한다고 말했는가?). [는 동일한 test 커맨드 실행의 시작이다. 하지만 [를 사용하면 expression의 끝에 닫는]도 시작한다. 공백은 [뒤와] 앞에 와야 한다.

다음 예시처럼 대체 형식으로 이전 예시에 표시된 test 커맨드를 재작성할 수 있다.

```
$ [ -z "$nonnullvar" ]
$ echo $?
1
$
```

if 커맨드에서 사용될 때 대체 형식은 다음과 같다.

```
if [ "$name" = julio ]
then
        echo "Would you like to play a game?"
fi
```

if 커맨드를 어떻게 사용할지는 여러분에게 달려 있다. 대부분 [...] 형식을 선호하는데, 해당 형식은 셸 프로그래밍을 다른 인기 있는 프로그래밍 언어와 훨씬 유사한 구문으로 구성해줄 수 있으므로 이 책의 나머지 부분에서 계속 사용할 것이다.

정수 연산자

test에는 정수를 비교할 수 있는 많은 연산자가 존재한다. 표 7.2는 해당 연산자를 요약해 보여준다.

표 7.2 test 정수 연산자

연산자	만약 ~라면 true(종료 상태 0)를 리턴한다.
int_1 −eq int_2	int_1이 int_2와 같으면
int_1 −ge int_2	int_1이 int_2보다 크거나 같으면
int_1 −gt int_2	int_1이 int_2보다 크다면
int_1 −le int_2	int_1이 int_2보다 작거나 같다면
int_1 −lt int_2	int_1이 int_2보다 작다면
int_1 −ne int_2	int_1이 int_2보다 같지 않다면

예를 들어, 연산자 -eq는 두 정수가 같은지 확인한다. 따라서 count라는 셸 변수가 있고 count의 값이 0인지 확인하려면 다음과 같이 작성한다.

```
[ "$count" -eq 0 ]
```

다른 정수 연산자도 비슷하게 동작한다.

```
[ "$choice" -lt 5 ]
```

그래서 위 커맨드는 변수 choice가 5보다 작은지 확인한다.

```
[ "$index" -ne "$max" ]
```

위 커맨드는 index의 값이 max의 값과 같지 않은지 확인한다.

```
[ "$#" -ne 0 ]
```

마침내 위 커맨드는 커맨드에 전달된 매개변수의 수가 0이 아닌지를 확인한다.

정수 연산자를 사용할 때 셸 자체가 아닌 test 커맨드가 변수의 값을 정수로 해석하기 때문에 셸 변수의 타입과 관계없이 해당 비교가 작동한다는 점에 유의해야 한다.

test의 문자열 연산자와 정수 연산자 간의 차이점을 몇 가지 예시를 통해 자세히 살펴본다.

```
$ x1="005"
$ x2="  10"
$ [ "$x1" = 5 ]            문자열 비교
$ echo $?
1                         false다
$ [ "$x1" -eq 5 ]         정수 비교
$ echo $?
0                         true다
$ [ "$x2" = 10 ]          문자열 비교
$ echo $?
1                         false다
$ [ "$x2" -eq 10 ]        정수 비교
$ echo $?
0                         true다
$
```

다음과 같은 첫 번째 테스트는 문자열 비교 연산자 =을 사용해 두 문자열이 동일한지 확인한다.

```
[  "$x1" = 5  ]
```

첫 번째 문자열은 세 개의 문자 005로 구성되고, 두 번째 문자는 단일 문자 5로 구성되기 때문에 두 문자는 동일하지 않다.

두 번째 테스트에서 정수 비교 연산자 -eq가 사용된다. 두 값을 정수(숫자)로 처리하면서 005는 5와 같게 되며, test 종료 상태 값으로 검증됐다.

세 번째와 네 번째 테스트는 비슷하지만, 두 테스트의 경우 변수 x2에 저장된 선행 공백이 문자열 연산자와 정수 연산자 테스트에 어떤 영향을 주는지 확인할 수 있다.

파일 연산자

거의 모든 셸 프로그램은 하나 이상의 파일을 처리할 수 있다. 이런 이유로 test가 제공하는 다양한 연산자를 통해 파일에 다양한 질문을 할 수 있다. 해당 연산자 각각은 본질적으로 단항적^{unary}이다. 즉 단일 매개변수가 따라 나오리라 기대한다. 모든 경우에 두 번째 매개변수는 파일의 이름이다(그리고 적절하게 디렉터리 이름을 포함한다).

표 7.3은 공통 파일 연산자를 나열한다.

표 7.3 주로 사용되는 test 파일 연산자

연산자	만약 ~라면 true(종료 상태 0)를 리턴한다
-d file	file이 디렉터리라면
-e file	file이 존재한다면
-f file	file이 정상적인 파일이라면
-r file	프로세스가 file을 읽을 수 있다면
-s file	file의 길이가 0이 아니면
-w file	프로세스가 file을 저장할 수 있다면
-x file	file이 실행 중이라면
-L file	file이 심볼릭 링크라면

다음 커맨드의 경우

```
[-f / users / steve / phonebook]
```

/users/steve/phonebook 파일이 존재하는지, 일반 파일(즉, 디렉터리 또는 특수 파일이 아님)인지를 확인한다.

다음 커맨드의 경우

```
[ -r /users/steve/phonebook ]
```

지정된 파일이 존재하고 또한 읽을 수 있는지 확인한다.

다음 커맨드의 경우

```
[ -s /users/steve/phonebook ]
```

지정된 파일의 길이가 0이 아닌지(즉, 빈 파일이 아닌지) 확인한다. 이는 에러 로그 파일을 작성하고 나중에 에러가 저장됐는지 여부를 확인하려는 경우에 유용하다.

```
if [ -s $ERRFILE ]
then
        echo "Errors found:"
        cat $ERRFILE
fi
```

이전에 설명한 연산자와 더 많은 test 연산자를 함께 사용하면 더 복잡한 조건문을 지정할 수 있다.

논리 부정 연산자 !

단항 논리 부정 연산자 !는 표현식의 평가 결과를 무효화하기 위해 다른 모든 test 앞에 놓일 수 있다.

예를 들어, 다음 커맨드의 경우

```
[ ! -r /users/steve/phonebook ]
```

/users/steve/phonebook을 읽을 수 없다면 종료 상태 0(true)을 리턴한다. 그리고 다음 커맨드의 경우

```
[ ! -f "$mailfile" ]
```

$mailfile에 의해 지정된 파일이 존재하지 않거나 일반 파일이 아닌 경우 true를 리턴한다. 마지막으로 다음 커맨드의 경우

```
[ ! "$x1" = "$x2" ]
```

$x1이 $x2와 같지 않다면 true를 리턴하고, 다음과 같은 명확한 조건문(이전 커맨드는 더 혼란스럽다.)과 동일하다.

```
[ "$x1" != "$x2" ]
```

논리 AND 연산자 -a

연산자 -a는 두 표현식의 논리 AND를 수행하고 조인된 두 표현식이 모두 참인 경우에만 true를 리턴한다.

그래서 다음 커맨드의 경우

```
[-f "$ mailfile"-a -r "$ mailfile"]
```

$mailfile에 지정된 파일이 일반 파일이고 파일을 읽을 수 있다면 true를 리턴한다(표현식의 가독성을 높이기 위해 -a 연산자 주위에 여분의 공간이 있고 표현식의 실행에 명확하게 아무런 영향을 주지 않는다).

다음 커맨드는 변수 개수가 0보다 크고 10보다 작다면 true를 리턴한다.

```
[ "$count" -ge 0   -a   "$count" -lt 10 ]
```

-a 연산자는 정수 비교 연산자보다 우선순위가 낮다. 즉 이전 표현식은 예상대로 다음과 같이 평가된다.

```
("$count" -ge 0) -a ("$count" -lt 10)
```

경우에 따라 다음 문장처럼 false가 되면 test는 곧바로 AND 표현식의 평가 중지를 아는 것이 중요하다.

```
[ ! -f "$file" -a $(who > $file) ]
```

위 커맨드는 ! -f(존재하지 않음) 테스트가 실패한다면 who 호출을 포함하는 서브셸은 실행되지 않는다. test는 and(-a) 표현식을 이미 알고 있기 때문이다. 미묘하지만 조건 표현식 테스트를 실행하기 전에 모든 것이 실행된다는 가정하에 조건부 표현식에 너무 많이 표현식을 넣으려 하다가는 셸 프로그래머가 실수할 수 있다.

괄호

test 표현식에서 괄호를 사용해 필요에 따라 평가 순서를 변경할 수 있다. 그래서 괄호는 셸에 특별한 의미를 지니고 있기 때문에 괄호 자체가 따옴표로 처리됐는지 확인한다. 그래서 이전 예시를 test 커맨드로 해석한다면 다음과 같이 작성할 수 있다.

```
[ \( "$count" -ge 0 \) -a \( "$count" -lt 10 \) ]
```

일반적으로 test는 조건문의 모든 요소를 별도의 매개변수로 간주하기 때문에 공백을 괄호 주변에 감싸야 한다.

논리 OR 연산자 -o

-o 연산자는 -a 연산자와 유사하지만 두 표현식의 논리 OR을 구성한다. 즉, 첫 번째 표현식이 true거나 두 번째 표현식이 true거나 두 표현식이 모두 true인 경우 해당 표현식의 평가는 참이다.

```
[ -n "$mailopt" -o -r $HOME/mailfile ]
```

mailopt 변수가 널이 아니거나 $HOME/mailfile 파일을 읽을 수 있다면 해당 커맨드는 true가 된다.

-o 연산자는 -a 연산자보다 우선순위가 낮다. 즉 다음과 같은 표현식은 같은 의미를 가진다.

```
"$a" -eq 0   -o   "$b" -eq 2 -a "$c" -eq 10
```

이전 표현식은 다음과 같이 평가한다.

```
"$a" -eq 0  -o  ("$b" -eq 2  -a  "$c" -eq 10)
```

필요하다면 괄호를 사용해 자연스럽게 순서를 변경할 수 있다.

```
\( "$a" -eq 0  -o  "$b" -eq 2 \) -a "$c" -eq 10
```

우선순위는 복잡한 조건문에서 매우 중요하기 때문에 많은 셸 프로그래머는 if문을 차례대로 중첩하는 반면, 일부 셸 프로그래머는 해석 순서를 명확히 하기 위해 명시적인 괄호를 사용한다. 분명 왼쪽에서 오른쪽으로 해석하는 것은 위험하다!

어떤 종류의 조건문을 사용하지 않고는 간단한 셸 프로그램조차 작성하기가 거의 불가능하기 때문에 이 책 전체에서 test 커맨드를 많이 사용할 것이다. 부록 A의 표 A.11에 사용 가능한 모든 test 연산자가 존재한다.

else 구문

다음과 같이 일반 형식으로 if 커맨드에 else라는 구문을 추가할 수 있다.

```
if command
then
        command
        command
        . . .
else
        command
        command
. . .
fi
```

이전 예시의 경우 command가 실행되고 종료 상태가 평가된다. 종료 상태가 true(0)면 코드 블록(then과 else 사이의 모든 문장)이 실행되고 else 블록은 무시된다. 종료 상태가 false(0이 아닌 값)면 then 코드 블록은 무시되고 else 코드 블록(else와 fi 사이의 모든 문장)은 실행된다. 어떠한 경우에도 오직 한 커맨드 집합만 실행된다. 종료 상태가 0이면 첫 번째 커맨드 집합이, 종료 상태가 0이 아니면 두 번째 커맨드 집합만 실행된다.

이전 예시는 좀 더 간결하게 설명될 수 있다.

```
if condition then statements-if-true else statements-if-false fi
```

이제 on의 수정된 버전을 작성한다. 요청한 사용자가 로그인하지 않으면 커맨드의 출력은 전혀 없도록 하는 프로그램을 사용자에게 소개한다.

다음은 on 프로그램의 버전 3다.

```
$ cat on
#
# 특정 사용자가 로그인했는지 확인한다 - 버전 3
#

user="$1"

if who | grep "^$user " > /dev/null
then
        echo "$user is logged on"
else
        echo "$user is not logged on"
fi
$
```

on에 첫 번째 매개변수로 지정된 사용자가 로그인한다면, grep은 성공하고 user is logged on이라는 메시지가 출력될 것이다. grep이 성공하지 않으면, user is logged on이라는 메시지가 출력될 것이다.

```
$ who                                          누가 로그인했는가?
root      console Jul 8 10:37
barney    tty03   Jul 8 12:38
fred      tty04   Jul 8 13:40
joanne    tty07   Jul 8 09:35
tony      tty19   Jul 8 08:30
lulu      tty23   Jul 8 09:55
$ on pat
pat is not logged on
$ on tony
tony is logged on
$
```

프로토타입을 빠르게 오랜 시간 동안 사용할 유용한 프로그램으로 바꾸려면 매개변수의 개수가 프로그램에 제대로 전달되는지 확인하는 것이 좋다. 사용자가 잘못된 매개변수 개수를 지정하면 사용 방법과 함께 적절한 에러 메시지를 다음과 같이 출력한다.

```
$ cat on
#
# 특정 사용자가 로그인했는지 확인한다 - 버전 4
#

#
# 매개변수 개수가 제대로 전달됐는지 확인한다
#
if [ "$#" -ne 1 ]
then
        echo "Incorrect number of arguments"
        echo "Usage: on user"
else
        user="$1"

        if who | grep "^$user " > /dev/null
        then
                echo "$user is logged on"
        else
                echo "$user is not logged on"
        fi
fi
$
```

이전 예시는 많은 변화처럼 보이지만, 이전의 모든 코드를 else-fi 쌍으로 감싸는 것 외에 매개변수 개수가 올바로 제공됐는지 평가하기 위한 if 커맨드다. $#이 필요한 매개변수 개수와 같지 않으면 프로그램은 두 개의 에러 메시지를 출력한다. 그렇지 않으면 else 절이 실행된 후에 커맨드가 실행된다. 두 개의 if 커맨드가 사용돼서 두 개의 fi 커맨드를 사용했다는 것에 주목한다.

보다시피 들여쓰기는 프로그램을 읽고 이해하기가 쉽게 만들어준다. 여러분의 프로그램에서 들여쓰기 규칙을 설정하고 따르도록 한다면, 프로그램이 점점 더 복잡해지면서 들여쓰기 규칙에 대해 언젠가는 감사하게 될 것이다.

이전 버전의 프로그램과 비교해서 사용자 경험이 세련돼졌다.

```
$ on                              매개변수가 없다
Incorrect number of arguments
Usage:  on user
$ on priscilla                    한 개의 매개변수
priscilla is not logged on
$ on jo anne                      두 개의 매개변수
Incorrect number of arguments
Usage:  on user
$
```

exit 커맨드

exit라는 내장 셸 커맨드를 사용해 셸 프로그램의 실행을 즉시 종료할 수 있다. 해당 커맨드의 일반적인 형식은 다음과 같다.

```
exit n
```

여기서 n은 리턴하려는 종료 상태를 의미한다. 아무것도 지정하지 않으면, 종료 상태는 종료 전에 실행된 마지막 커맨드의 종료 상태다(즉, 실제로는 exit $?다).

터미널에서 exit 커맨드를 직접 실행하면 로그인 셸의 실행을 종료하는 효과가 있기 때문에 시스템에서 해당 사용자를 로그오프한다.

rem 프로그램 다시 살펴보기

exit는 셸 프로그램의 실행을 종료하는 편리한 방법으로 자주 사용된다. 예를 들어, phonebook 파일에서 항목을 제거하는 rem 프로그램을 다시 한 번 살펴본다.

```
$ cat rem
#
# 전화번호부에서 특정 사용자를 삭제한다
#

grep -v "$1" phonebook > /tmp/phonebook
```

```
mv /tmp/phonebook phonebook
$
```

해당 프로그램은 예기치 않은 상황이 발생할 경우 문제를 일으킬 가능성이 있어서 잠재적으로 전체 phonebook 파일을 손상시키거나 삭제할 수도 있다.

예를 들어, 다음과 같이 입력했다고 가정하자.

```
rem Susan Topple
```

매개변수 간에는 따옴표가 없기 때문에 셸은 rem에 두 개의 매개변수를 전달한다. 그리고 우선 사용자가 지정한 굉장히 많은 매개변수가 있었다고 확인할 필요 없이 rem 프로그램은 $1으로 지정된 Susan 항목을 모두 제거한다.

그 결과로 잠재적으로 프로그램이 파괴적으로 될지 주의해야 하고, 사용자가 의도한 동작이 프로그램에서 취할 동작과 일치하는지 항상 확인하는 것이 최선이다.

rem에서 수행할 수 있는 첫 번째 검사 중 하나는 on 프로그램에서 이전에 수행한 것처럼 정확한 매개변수 개수를 사용하는 것이다. 이어서 매개변수 개수가 올바르지 않다면 exit 커맨드를 사용해 프로그램을 종료한다.

```
$ cat rem
#
# 전화번호부에서 특정 사용자를 삭제한다 -- 버전 2
#

if [ "$#" -ne 1 ]
then
        echo "Incorrect number of arguments."
        echo "Usage: rem name"
        exit 1
fi

grep -v "$1" phonebook > /tmp/phonebook
mv /tmp/phonebook phonebook
$ rem Susan Goldberg                        rem을 실행한다
Incorrect number of arguments.
Usage: rem name
$
```

일부 프로그램은 조건문에서 매개변수 개수를 확인하고 싶을 때 실패를 알리기 위해 exit 커맨드를 사용해 종료 상태 1을 리턴한다. 이전 예시에서 exit 대신 if-else로 어떻게 사용할 수 있을까?

exit 또는 if-else의 사용 여부는 여러분에게 달려 있다. 특히 프로그램의 초반에 프로그램이 끝나려면 때때로 exit는 프로그램에서 빨리 빠져나갈 수 있는 편리한 방법이 될 것이다. 또한 깊은 중첩 조건이 필요하지 않다는 추가적인 장점이 있다.

elif 구문

프로그램이 복잡해짐에 따라 다음과 같이 if문을 중첩해 작성하는 경우가 있을 수 있다.

```
if command₁
then
      command
      command
      ...
else
      if command₂
      then
            command
            command
            ...
      else
            ...
            if commandₙ
            then
                  command
                  command
                  ...
            else
                  command
                  command
                  ...
            fi
            ...
      fi
fi
```

두 개 이상의 선택 사항에 대한 결정을 내려야 할 때 이런 유형의 커맨드들이 유용할 수 있다. 이런 경우 다중 선택이 일어나 이전 조건 중 하나라도 충족되지 않으면 마지막 else 절이 실행된다.

상대적으로 간단한 예시로서, 시간을 기준으로 Good morning, Good afternoon, Good evening을 친절히 출력하는 greetings라는 프로그램을 작성한다. 해당 예시는 자정부터 정오까지는 오전morning, 정오부터 오후 6시까지는 오후afternoon, 오후 6시부터 자정까지는 저녁evening으로 고려한다.

예시 프로그램을 작성하려면 몇 시인지 알아야 한다. date는 몇 시인지 알려주기 때문에 구현할 프로그램의 목적에 맞다. date 커맨드의 출력을 다시 한 번 살펴본다.

```
$ date
Wed Aug 29 10:42:01 EDT 2002
$
```

date의 출력 형식은 고정돼 있으므로 출력의 12번째 문자 위치부터 19번째 문자 위치까지에 시간이 나타나기 때문에 시간을 얻을 수 있다. 실제로는 12번째와 13번째 문자 위치의 시간 값만 필요하다.

```
$ date | cut -c12-13
10
$
```

이제 greetings 프로그램을 작성하는 작업은 간단하다.

```
$ cat greetings
#
# 인사를 출력하는 프로그램
#

hour=$(date | cut -c12-13)

if [ "$hour" -ge 0 -a "$hour" -le 11 ]
then
        echo "Good morning"
else
        if [ "$hour" -ge 12 -a "$hour" -le 17 ]
```

```
        then
                echo "Good afternoon"
        else
                echo "Good evening"
        fi
fi
$
```

hour가 0시(자정) 이상이고 11시보다 같거나 작으면(11:59:59까지라면) Good morning
이 출력된다. hour가 12시(정오)보다 크거나 같고 17시보다 같거나 작으면(오후 5:59:59
까지라면) Good afternoon이 출력된다. 위의 조건 중 어느 것도 만족하지 않으면 Good
evening이 출력된다.

```
$ greetings
Good morning
$
```

그러나 프로그램을 다시 살펴보면 greetings에 사용되는 중첩 if 커맨드들이 다소 번거
롭다는 것을 알 수 있다. 이런 종류의 if-then-else 커맨드들을 간소화하기 위해 셸은 중
첩 수준을 증가시키지 않는다는 것을 제외하고 else if condition과 다소 유사한 역할을
하는 특별한 elif 엘리먼트도 지원한다. 일반적인 형식은 다음과 같다.

```
if command₁
then
        command
        command
        ...
elif command₂
then
        command
        command
        ...
else
        command
        command
        ...
fi
```

command$_1$, command$_2$, ..., command$_n$이 차례대로 실행되고 해당 커맨드의 종료 상태가 확인된다. 해당 커맨드가 종료 상태 0(true)을 리턴하면 then 이후에 나열된 커맨드는 다른 elif, else, fi가 나오기 전까지 실행된다. 조건식이 모두 true가 아니면 else 뒤에 나열된 커맨드가 실행된다.

이제 다음과 같이 새로운 형식을 사용해 greetings 프로그램을 다시 작성할 수 있다.

```
$ cat greetings
#
# 인사를 출력하는 프로그램 -- 버전 2
#

hour=$(date | cut -c12-13)

if [ "$hour" -ge 0 -a "$hour" -le 11 ]
then
        echo "Good morning"
elif [ "$hour" -ge 12 -a "$hour" -le 17 ]
then
        echo "Good afternoon"
else
        echo "Good evening"
fi
$
```

확실하게 개선했다. 이전 프로그램은 읽기가 쉽고 점진적으로 들여쓰기가 증가하기 때문에 오른쪽 여백을 벗어나는 경향이 없다.

덧붙여서 date 커맨드 자체는 풍부하고 복잡한 출력 형식을 갖고 있으므로 원하는 정보나 값을 얻을 수 있기 때문에 date | cut처럼 파이프로 사용하는 것을 보는 경우는 매우 드물다. 예를 들어, 현재 시간을 0-23 형식으로 출력하려면 + 접두사를 사용해 %H를 사용한다.

```
$ date +%H
10
$
```

연습으로 현재 시간을 식별하기 위해 더 능률적인 방법을 사용하려면 greetings를 변경 해야 한다.

rem의 다른 버전

전화번호부 삭제 프로그램인 rem으로 돌아간다. 이전에 특정 작업에 대한 유효성을 확 인하지 않는다면 사용자가 원하는 것 이상으로 더 많은 전화번호를 맹목적으로 삭제할 수 있다고 언급했었다.

해당 문제를 해결하는 한 가지 방법은 제거를 수행하기 전에 사용자가 지정한 패턴과 일 치하는 항목 수를 확인하는 것이다. 하나 이상의 일치 항목이 있다면 메시지를 출력하고 프로그램 실행을 종료한다. 그러나 일치하는 항목 개수를 어떻게 알 수 있을까?

가장 쉬운 한 가지 방법은 phonebook 파일에 grep을 수행하고 wc로 일치하는 결과 항 목 개수를 계산하는 것이다. 일치 항목 개수가 1보다 크면 적절한 메시지를 출력할 수 있 다. 해당 로직은 다음과 같이 작성될 수 있다.

```
$ cat rem
#
# 전화번호부에서 특정 인물을 삭제한다 -- 버전 3
#

if [ "$#" -ne 1 ]
then
        echo "Incorrect number of arguments."
        echo "Usage: rem name"
        exit 1
fi

name=$1

#
# 일치하는 항목 개수를 찾는다
#

matches=$(grep "$name" phonebook | wc -1)

#
```

```
# 일치하는 항목이 1보다 크면 메시지를 출력하고
# 일치한 내용이 하나라면 전화번호부에서 해당 항목을 삭제한다
#

if [ "$matches" -gt 1 ]
then
        echo "More than one match; please qualify further"
elif [ "$matches" -eq 1 ]
then
        grep -v "$name" phonebook > /tmp/phonebook
        mv /tmp/phonebook phonebook
else
        echo "I couldn't find $name in the phone book"
fi
$
```

가독성을 높이기 위해 매개변수의 개수를 확인한 후에 위치 매개변수 $1은 변수 name에 할당된다.

변수에 여러 커맨드의 결과를 할당하는 것은 셸 프로그램에서 매우 일반적이다.

```
matches=$(grep "$name" phonebook | wc -l)
```

matches가 계산되면 if...elif...else 커맨드들을 단계적으로 실행하고 일치하는 항목 개수가 1보다 큰지 확인한다. 만약 일치하는 항목 개수가 1보다 크다면 'more than one match'가 출력된다. 그렇지 않으면 일치하는 항목 개수가 1인지 확인한다. 만약 일치하는 항목 개수가 1이라면 해당 항목은 전화번호부에서 제거된다. 일치하는 항목 개수가 1보다 크거나 1이 아니라면 일치하는 항목 개수는 0이어야 하고 사용자에게 이 사실을 알려주는 메시지가 표시된다.

grep 커맨드는 해당 프로그램에서 두 번 사용됨을 유의한다. 먼저 일치하는 개수를 확인하고 한 라인만 일치하는지 확인한 후 -v 옵션을 사용해 일치하는 항목을 삭제한다.

다음은 rem에 대한 몇 가지 실행 내용이다.

```
$ rem
Incorrect number of arguments.
Usage: rem name
```

```
$ rem Susan
More than one match; please qualify further
$ rem 'Susan Topple'
$ rem 'Susan Topple'
I couldn't find Susan Topple in the phone book        Susan Topple은 삭제됐다
$
```

이제 아주 견고한 rem 프로그램을 가지게 됐다. rem 프로그램은 정확한 매개변수 개수를 확인하고 매개변수 개수가 올바르면 적절한 사용법을 출력한다. 또한 정확히 하나의 항목이 phonebook 파일에서 제거됐는지 확인한다.

일반적인 유닉스 방식에서는 요청한 작업이 성공했을 때 출력을 하지 않는데, rem 프로그램에 출력이 없다는 점에 유의한다.

case 커맨드

case 커맨드를 사용하면 단일 값을 다른 값 집합 또는 표현식과 비교할 수 있고, 일치하면 하나 이상의 커맨드를 실행할 수 있다. case 커맨드의 일반적인 형식은 다음과 같다.

```
case value in
pattern₁)    command
                command
                ...
                command;;
pattern₂)    command
                command
                ...
                command;;
...
patternₙ)    command
                command
                ...
                command;;
esac
```

일치하는 단어가 발견될 때까지 단어 value를 $pattern_1$, $pattern_2$, ..., $pattern_n$ 값과 연속적으로 비교한다. 일치하는 항목을 발견하면 일치하는 값 다음에 나열된 커맨드가 이

중 세미콜론(;;)까지 실행된다. case 커맨드는 해당 특정 조건문에 대한 커맨드 지정이 완료됐음을 나타내는 'break'문을 제공한다. 이중 세미콜론에 도달하면 해당 case의 실행이 종료된다. 일치하는 것이 없으면 대소문자에 나열된 커맨드가 실행되지 않는다.

case문을 사용하는 예시로서 number라는 다음 프로그램은 한 자리 숫자를 얻은 후 해당 숫자를 영문으로 등가 변환한다.

```
$ cat number
#
# 숫자를 영문으로 변환한다
#

if [ "$#" -ne 1 ]
then
        echo "Usage: number digit"
        exit 1
fi

case "$1"
in
        0) echo zero;;
        1) echo one;;
        2) echo two;;
        3) echo three;;
        4) echo four;;
        5) echo five;;
        6) echo six;;
        7) echo seven;;
        8) echo eight;;
        9) echo nine;;
esac
$
```

이제 테스트해본다.

```
$ number 0
zero
$ number 3
three
```

```
$ number                    매개변수 없이 실행한다
Usage: number digit
$ number 17                 두 단위의 숫자를 실행한다
$
```

마지막 경우는 두 자리 이상의 숫자를 입력할 때 어떤 일이 발생하는지 보여준다. $1의
값이 case에 나열된 값 중 하나와 일치하지 않으므로 echo 커맨드가 실행되지 않는다.

특수 패턴 매칭 문자

case문은 문자를 연속으로 지정하는 대신 셸 표기법으로 복잡한 정규 표현식을 만들 수
있기 때문에 매우 강력하다. 즉, 파일 이름 대체와 마찬가지로 대소문자의 패턴을 지정하
는 데 동일한 특수 문자를 사용할 수 있다. 예를 들어 ?는 단일 문자를 지정할 때 사용할
수 있고, *는 0개 이상의 임의의 문자를 지정할 수 있으며, [...]는 대괄호로 묶은 단일
문자를 지정하기 위해 사용될 수 있다.

패턴 *는 모든 문자와 일치하기 때문에(echo *가 현재 디렉터리에 있는 모든 파일과 일치하는
것처럼), '모든 내용과 일치함' 또는 기본값으로 case의 마지막에 자주 사용된다. 따라서
case에 일치하는 내용이 전혀 없더라도 case의 마지막 부분이 실행됨을 보장한다.

이 점을 염두에 둔다면 여기에 패턴 *와 같은 case문을 가진 number 프로그램의 두 번
째 버전을 소개한다.

```
$ cat number
#
# 숫자를 영문으로 변환한다 -- 버전 2
#

if [ "$#" -ne 1 ]
then
        echo "Usage: number digit"
        exit 1
fi

case "$1"
in
        0) echo zero;;
        1) echo one;;
```

```
            2) echo two;;
            3) echo three;;
            4) echo four;;
            5) echo five;;
            6) echo six;;
            7) echo seven;;
            8) echo eight;;
            9) echo nine;;
            *) echo "Bad argument; please specify a single digit";;
esac
$ number 9
nine
$ number 99
Bad argument; please specify a single digit
$
```

매개변수로 주어진 단일 문자의 유형을 식별하고 출력하는 프로그램인 ctype을 살펴본
다. 인식되는 문자 유형은 숫자, 대문자, 소문자, 특수 문자(앞의 세 범주에는 없는 문자)다.
추가적으로 ctype 프로그램은 하나의 문자만 매개변수로 받는다고 가정한다.

```
$ cat ctype
#
# 하나의 매개변수를 받아 문자의 유형을 구별한다
#

if [ $# -ne 1 ]
then
        echo Usage: ctype char
        exit 1
fi

#
# 입력한 문자를 하나만 받는다
#

char="$1"
numchars=$(echo "$char" | wc -c)

if [ "$numchars" -ne 1 ]
```

```
then
        echo Please type a single character
        exit 1
fi

#
# 이제 문자를 구분한다
#

case "$char"
in
        [0-9]                   ) echo digit;;
        [a-z]                   ) echo lowercase letter;;
        [A-Z]                   ) echo uppercase letter;;
        *                       ) echo special character;;
esac
$
```

그러나 테스트로 몇 번 정도 실행할 때 뭔가 잘 동작하지 않는다.

```
$ ctype a
Please type a single character
$ ctype 7
Please type a single character
$
```

프로그램을 디버깅할 수 있는 -x 옵션

5라인이든 500라인이든 길이와 상관없이 프로그램을 개발하는 과정에서 버그를 만나는
일은 드물지 않다. 이 경우 프로그램의 문자 계산 부분이 제대로 작동하지 않는 것 같다.
하지만 셸 프로그램이 작동하는지 어떻게 알 수 있는가?

셸의 -x 옵션을 소개할 좋은 타이밍이다. 셸 프로그램을 디버그하거나 작동 방법에 대해
자세히 알아보려면 sh -x 다음에 정규 호출(이름과 매개변수)을 입력해 실행 순서를 추적
한다. 그러면 -x 옵션을 사용한 셸 프로그램을 실행하기 위해 새로운 셸이 시작된다.

해당 모드에서는 더하기 기호가 앞에 붙고 터미널에서 커맨드가 출력된다. 한번 해보자!

```
$ sh -x ctype a                     추적 실행
+ [ 1 -ne 1 ]                       $#이 한 개라면
+ char=a                            $1을 char로 할당한다
+ echo a
+ wc -c
+ numchars=        2                wc가 2를 리턴했는가????
+ [        2 -ne 1 ]                바로 테스트가 성공한 이유다
+ echo please type a single character
please type a single character
+ exit 1
$
```

추적 결과에 따르면 해당 커맨드가 실행되면서 wc가 2를 리턴했음을 알린다.

```
echo "$char" | wc -c
```

해당 커맨드에 단일 문자 a를 전달하는데 왜 2가 될까? 실제로 두 개의 문자가 wc에 전달된 사실이 밝혀졌다. 즉, 단일 문자 a와 echo가 각 라인 끝에 자동으로 출력하는 '보이지 않는' 개행 문자였다. 따라서 단일 문자를 1과 비교해 해당 문자를 테스트하지 말고 조건식에서 사용자 입력을 2와 비교해야 한다. 즉, 입력된 문자와 echo로 추가된 개행 문자를 포함시켜 비교해야 한다.

ctype 프로그램으로 돌아가 if 커맨드를 변경한다.

```
if [ "$numchars" -ne 1 ]
then
        echo Please type a single character
        exit 1
fi
```

이 코드를 다음 코드로 변경한다.

```
if [ "$numchars" -ne 2 ]
then
        echo Please type a single character
        exit 1
fi
```

그리고 다시 시도한다.

```
$ ctype a
lowercase letter
$ ctype abc
Please type a single character
$ ctype 9
digit
$ ctype K
uppercase letter
$ ctype :
special character
$ ctype
Usage: ctype char
$
```

이제는 정상적으로 작동하는 것 같다.

11장에서 해당 추적 기능을 프로그램 내부에서 자유롭게 켜거나 끌 수 있는 방법을 다룬다. 그러나 지금은 이제껏 작성한 다양한 스크립트에서 sh -x를 사용해볼 것을 추천한다.

ctype 프로그램을 종료하기 전에 여기서 wc를 사용하지 않고 case문과 함께 모든 가능한 조건을 처리하는 코드를 소개한다.

```
$ cat ctype
#
# 하나의 매개변수를 받아 문자의 유형을 구별한다 -- 버전 2
#

if [ $# -ne 1 ]
then
        echo Usage: ctype char
        exit 1
fi

#
# 입력한 문자를 하나만 받는다
#

char=$1
```

```
case "$char"
in
        [0-9] ) echo digit;;
        [a-z] ) echo lowercase letter;;
        [A-Z] ) echo uppercase letter;;
        ?     ) echo special character;;
        *     ) echo Please type a single character;;
esac
$
```

?는 모든 단일 문자와 일치하는데, 기억하는가? ? 패턴과 일치하면 해당 문자에 대해 이미 숫자, 소문자, 대문자에 대해 테스트했기 때문에 해당 문자는 특수 문자여야 한다. 마지막으로 해당 패턴과 일치하지 않으면 하나 이상의 문자가 입력된 것이기 때문에 * 패턴을 받는 case에서 적절한 에러 메시지를 출력한다.

```
$ ctype u
lowercase letter
$ ctype '>'
special character
$ ctype xx
Please type a single character
$
```

case 살펴보기

기호 |가 두 패턴 사이에서 사용될 때 논리 OR의 효과가 있다.

pat_1 | pat_2

즉 위 패턴은 pat_1 또는 pat_2 중 하나와 동일한지 명세한다.

예를 들어, 다음 패턴은 -l 또는 -list 값과 일치하고

-l | -list

다음 패턴은 dmd 또는 5620 또는 tty5620과 일치한다.

222

```
dmd    |   5620   |   tty5620
```

case문에 대해 알고 있으면, 여러 case를 사용해 좀 더 깔끔하고 효율적으로 재작성될 수 있는 다양한 프로그래밍 흐름 구문이 있다.

예를 들어, 7장의 앞부분에서는 greetings 프로그램에서 투박한 if-elif문보다는 case문을 사용하도록 해당 프로그램이 재작성될 수 있음을 확인했다. date에 +%H 옵션을 사용하면 표준 출력으로 두 자리 시간이 출력된다.

```
$ cat greetings
#
# 인사를 출력하는 프로그램 - case 버전
#

hour=$(date +%H)


case "$hour"
in
        0?   | 1[01] ) echo "Good morning";;
        1[2-7]       ) echo "Good afternoon";;
        *            ) echo "Good evening";;
esac
$
```

셸 변수 hour에 date 결과에서 얻은 두 자리 시간이 할당되고 case문이 실행된다. hour 값을 첫 번째 패턴과 비교한다.

0? | 1[01]

위 패턴은 0으로 시작되는 특정 문자(자정부터 오전 9시까지)로 시작하는 값 또는 1로 시작하고 0 또는 1(10시 또는 11시)이 뒤에 오는 값과 일치하는 값이다.

1[2-7]

위와 같이 두 번째 패턴은 1로 시작하고 다음에 2에서 7 사이의 숫자(정오부터 오후 5시까지) 중 하나가 오는 값과 일치한다.

마지막 패턴 *(모든 내용과 일치함)는 첫 번째 패턴과 두 번째 패턴을 제외한 나머지(오후 6시에서 11시)와 일치한다.

```
$ date
Wed Aug 28 15:45:12 EDT 2002
$ greetings
Good afternoon
$
```

널 커맨드 :

모든 일치하는 case문에 결과 커맨드가 필요하고 모든 if-then 조건문에는 결과 커맨드가 필요하다. 그러나 종종 어떤 결과를 실행하지 않길 원할 수 있다. 즉 셸에서 결과를 '먹기'를 원할 수 있다. 어떻게 결과를 실행하지 않도록 할 수 있을까? 셸에 내장된 널^{null} 커맨드로 결과를 실행하지 않을 수 있다. 해당 커맨드의 형식은 간단하다.

그리고 추측한 것처럼 널 커맨드의 목적은 아무것도 하지 않는 것이다.

대부분의 경우 널 커맨드는 특정 커맨드가 나타나는 요구 사항, 특히 if문에서 요구 사항을 충족시키는 데 사용된다. 변수 system에 저장된 값이 /users/steve/mail/systems 파일에 있는지 확인하고 파일이 존재하지 않으면 에러 메시지를 발생시킨 후 프로그램에서 종료하려 한다고 가정해본다. 그래서 다음과 같은 코드를 작성함으로써 시작한다.

```
if grep "^$system" /users/steve/mail/systems > /dev/null
then
```

하지만 시스템에서 해당 파일이 존재하는지를 확인하고 grep이 성공하면 특별한 작업을 하고 싶지 않기 때문에 then 이후에 작성한 내용은 알고 싶지 않다. 셸은 then 이후에 특정 커맨드를 작성해야 하고 해당 위치에 널 커맨드를 사용한다.

```
if grep "^$system" /users/steve/mail/systems > /dev/null
then
        :
else
        echo "$system is not a valid system"
        exit 1
fi
```

조건문 확인 시 아무 문제가 없다면 아무것도 수행되지 않는다. 문제가 발생하면 에러 메시지가 출력되고 프로그램은 종료된다.

공정하게 처리하기 위해 해당 예시는 grep문을 재구성한 예시로 되돌릴 수 있지만(test의 '!' 매개변수를 기억한다.), 때로는 부정적인 조건문보다 긍정적인 조건문으로 확인하는 것이 더 쉽다. 어느 경우든 몇 주 또는 몇 달 후에 코드가 읽힐 수 있도록 주석을 잘 다는 것이 좋다.

&&와 || 구문

셸은 이전 커맨드의 성공 여부에 따라 해당 커맨드를 실행할 수 있게 해주는 두 가지 특별한 구문이 있다. 해당 커맨드가 if 커맨드와 비슷하다고 생각하면 좋다. 해당 커맨드는 일종의 if의 축약형 구문이다.

다음과 같은 커맨드를 사용한다면

command$_1$ && command$_2$

셸은 command$_1$ 커맨드가 실행되고 해당 커맨드의 종료 상태가 0(성공)이면 command$_2$라는 커맨드가 실행되는 것을 보길 원한다. command$_1$이 0이 아닌 종료 상태(실패)를 리턴하면 command$_2$는 호출되지 않지만 무시된다.

예를 들어, 다음과 같은 커맨드를 실행한다면

```
sort bigdata > /tmp/sortout && mv /tmp/sortout bigdata
```

sort가 성공한 후에만 mv 커맨드가 실행된다. 해당 커맨드는 다음 커맨드와 동일하다.

```
if sort bigdata > /tmp/sortout
then
        mv /tmp/sortout bigdata
fi
```

다음 커맨드의 경우

```
[ -z "$EDITOR" ] && EDITOR=/bin/ed
```

변수 EDITOR의 값을 확인하고 해당 변수가 널이면 /bin/ed가 할당된다.

|| 구문은 첫 번째 커맨드의 종료 상태가 0이 아닌 경우에만 두 번째 커맨드가 실행된다
는 점을 제외하면 && 커맨드와 비슷하게 작동한다. 그래서 다음 커맨드처럼 작성하면

```
grep "$name" phonebook || echo "Couldn't find $name"
```

echo 커맨드는 grep이 실패한 경우에만 실행된다(즉, phonebook의 $name을 찾을 수 없거나
phonebook 파일을 열 수 없는 경우). 해당 예시와 동일한 if 커맨드는 다음과 같을 것이다.

```
if grep "$name" phonebook
then
        :
else
        echo "Couldn't find $name"
fi
```

&&와 || 구문의 왼쪽 또는 오른쪽에 복잡한 커맨드를 사용할 수 있다. 왼쪽의 커맨드에서
확인한 종료 상태는 파이프라인의 마지막 커맨드다. 그러므로 다음 커맨드에서 grep이
실패하면 echo가 실행된다.

```
who | grep "^$name " > /dev/null || echo "$name's not logged on"
```

grep이 실패하면 echo를 실행한다.

&&와 || 구문은 동일한 커맨드라인에서 결합될 수도 있다.

```
who | grep "^$name " > /dev/null && echo "$name's not logged on" \
   || echo "$name is logged on"
```

(\는 라인의 끝에서 사용될 때 셸에 한 라인으로 연속해서 표시하고 있음을 알린다는 것을 상기해
보자.) grep이 성공한 경우 실행되는 첫 번째 echo는 실행된다. grep이 실패한 경우 echo
는 실패한다.

이전에 소개한 시스템 셸 프로그램의 예시로 &&와 || 구문을 사용한 것처럼 if 커맨드에
서도 해당 구문이 자주 사용된다(호출된 모든 커맨드를 이해하지 못하더라도 염려할 필요는
없다).

```
if validsys "$sys" && timeok
then
        sendmail "$user@$sys" < $message
fi
```

validsys가 종료 상태 0을 리턴하면 timeok는 실행되고 timeok의 종료 상태는 if에 대해 확인된다. 종료 상태가 0이면 sendmail이 실행된다. 그러나 validsys가 0이 아닌 종료 상태를 반환하면 timeok가 실행되지 않고 if에 의해 실패된 종료 상태를 확인하기 때문에 sendmail이 실행되지 않는 것으로 종료된다.

이전 경우의 && 연산자를 사용하면 논리 AND가 된다. 두 프로그램 모두 sendmail 프로그램을 실행하려면 종료 상태 0을 리턴해야 한다. 사실 이전 if 조건식을 다음과 같이 작성할 수 있다.

```
validsys "$sys" && timeok && sendmail "$user@$sys" < $message
```

비교해볼 때, if에서 ||를 사용하면 효과는 논리 OR과 같다.

```
if endofmonth || specialrequest
then
        sendreports
fi
```

endofmonth가 종료 상태 0을 리턴하면 sendreports는 실행된다. endofmonth의 종료 상태가 0이 아니면 specialrequest는 실행되고 specialrequest의 종료 상태가 0을 리턴하면 sendreports가 실행된다. 실제로 endofmonth 또는 specialrequest가 종료 상태 0을 리턴하면 sendreports가 실행된다.

8장에서는 프로그램에서 복잡한 흐름을 제어하는 루프의 작성 방법을 다룰 것이다. 하지만 해당 방법을 다루기 전에 if, case, &&, || 표기법의 사용을 연습해보길 바란다.

루프

8장에서는 프로그램 루프를 설정하는 방법을 배운다. 해당 루프를 사용하면 지정된 횟수만큼, 또는 특정 종료 조건이 충족될 때까지 여러 커맨드를 실행할 수 있다.

셸 프로그래밍의 세 가지 내장 루프 커맨드는 다음과 같다.

- for
- while
- until

8장에서는 각각의 루프 커맨드를 별도 절에서 다룬다.

for 커맨드

for 커맨드는 지정된 횟수만큼 하나 이상의 커맨드를 실행하는 데 사용된다. 기본 형식은 다음과 같다.

```
for var in word₁ word₂ ... wordₙ
do
        command
        command
        ...
done
```

228

do와 done 사이에 있는 커맨드는 루프의 본문으로 알려져 있고 in 뒤에 나열된 항목만큼 실행된다. 루프가 실행되면 첫 번째 단어인 word$_1$이 var 변수에 할당되고 루프의 본문이 실행된다. 그다음 목록의 두 번째 단어인 word$_2$가 var에 할당되고 루프의 본문이 다시 실행된다.

루프 절차는 리스트의 마지막 단어인 word$_n$이 var에 할당돼 루프 본문의 커맨드가 실행될 때까지 리스트의 연속적인 단어들이 var에 할당되고 루프 본문이 실행된다. 이 시점에서는 리스트에 단어가 남아있지 않고 for 커맨드의 실행이 완료된다. 그다음 done 이후의 커맨드가 계속 실행된다.

in 다음에 n개의 단어가 나열된 상태라면 루프 본문은 총 n번 실행된 후에 루프가 종료된다.

다음은 세 번 실행되는 루프다.

```
for i in 1 2 3
do
        echo $i
done
```

이를 실행하려면 다른 셸 커맨드와 마찬가지로 터미널에 직접 입력한다.

```
$ for i in 1 2 3
> do
>         echo $i
> done
1
2
3
$
```

셸이 for 커맨드를 완료할 때까지 done을 입력하길 기다리는 동안 보조 커맨드 프롬프트를 계속 표시한다. 사용자가 done을 입력하면 셸은 루프를 실행한다. in 뒤에 세 개의 항목(1, 2, 3)이 나열되기 때문에 루프의 본문(한 개의 echo 커맨드)은 총 세 번 실행된다.

루프를 처음 실행할 때 리스트의 첫 번째 값인 1은 변수 i에 할당된다. 그런 다음 루프 본문이 실행된다. 그러면 터미널에 i 값이 출력된다. 그런 다음 리스트의 다음 단어 2가 i에 할당되고 echo 커맨드가 다시 실행돼 터미널에 2가 출력된다. 리스트의 세 번째 단어인 3은 루프를 통해 세 번째로 i에 할당되고 echo 커맨드가 실행된다. 그 결과 터미널에 3이 출력된다. 이 시점에서는 더 이상 단어가 리스트에 없으므로 for 커맨드의 실행이 완료되고 셸은 커맨드 프롬프트를 표시해 커맨드가 완료됐음을 알려준다.

이제 6장으로 돌아가 tbl, nroff, lp를 통해 파일을 실행할 수 있는 실행 프로그램을 생각해본다.

```
$ cat run
tbl $1 | nroff -mm -Tlp | lp
$
```

memo1부터 memo4 파일을 실행하고 싶다면 터미널에 다음을 입력한다.

```
$ for file in memo1 memo2 memo3 memo4
> do
>         run $file
> done
request id is laser1-33 (standard input)
request id is laser1-34 (standard input)
request id is laser1-35 (standard input)
request id is laser1-36 (standard input)
$
```

memo1, memo2, memo3, memo4라는 네 개 값이 차례대로 file 변수에 할당되고 run 프로그램은 매개변수로 변수 file을 받아 실행된다. 네 개의 커맨드가 입력된 것처럼 실행된다.

```
$ run memo1
request id is laser1-33 (standard input)
$ run memo2
request id is laser1-34 (standard input)
$ run memo3
request id is laser1-35 (standard input)
$ run memo4
request id is laser1-36 (standard input)
$
```

셸은 for문에 있는 단어 목록에서 파일 이름 대체를 허용하기 때문에 이전 루프도 다음과 같이 작성할 수 있다.

```
for file in memo[1-4]
do
        run $file
done
```

run 프로그램을 사용해 현재 디렉터리의 모든 파일을 출력하려면 다음을 입력한다.

```
for file in *
do
        run $file
done
```

좀 더 정교한 작업을 수행하기 위해 filelist에는 run을 통해 실행하려는 파일 목록이 들어있다. 다음과 같이 입력할 수 있다.

```
files=$(cat filelist)
```

```
for file in $files
do
        run $file
done
```

각 파일을 실행하거나 더 간결하게 위해 다음과 같이 입력할 수 있다.

```
for file in $(cat filelist)
do
        run $file
done
```

이 문제를 해결할 수 있는 더 좋은 방법은 실제로 run 프로그램 자체를 향상시키는 것이다. for문이 작업job에 이상적이라는 사실이 밝혀졌다.

```
$ cat run
#
# nroff를 통해 파일을 처리 - 버전 2
#
for file in $*
do
```

```
        tbl $file | nroff -rom -Tlp | lp
done
$
```

특수 셸 변수 $*는 커맨드라인에 입력된 모든 매개변수를 나타낸다. 새로운 버전의 run 을 다음과 같이 실행하면

```
run memo1 memo2 memo3 memo4
```

for의 리스트에 있는 $*는 memo1, memo2, memo3, memo4라는 네 개의 매개변수로 대체된다. 물론 다음과 같이 입력해 동일한 결과를 얻을 수 있다.

```
run memo[1-4]
```

$@ 변수

$*의 사촌인 $@의 작동 방식을 자세히 살펴본다. 먼저 args라는 프로그램을 작성해 커맨드라인에서 입력된 모든 매개변수를 한 라인에 하나씩 표시한다.

```
$ cat args
echo Number of arguments passed is $#

for arg in $*
do
        echo $arg
done
$
```

이제 args를 실행한다.

```
$ args a b c
Number of arguments passed is 3
a
b
c
$ args 'a b' c
Number of arguments passed is 2
```

```
a
b
c
$
```

두 번째 예시를 자세히 살펴보면 'a b'가 args에 하나의 매개변수로 전달됐지만 for 루프 내부에서는 두 개의 값으로 분할됐다. 이는 셸이 for 커맨드의 $*를 a b c로 대체해서 따옴표가 손실됐기 때문이다. 따라서 루프는 세 번 실행됐다.

셸은 $* 값을 $1, $2, ...로 대체하지만 특수한 셸 변수 "$@"을 사용하면 "$1", "$2", ...로 값이 전달된다. 주요 차이점은 $@ 주변의 큰따옴표다. 큰따옴표가 없으면 변수는 $*처럼 작동한다.

args 프로그램으로 돌아가서 따옴표가 없는 $*를 "$@"으로 대체한다.

```
$ cat args
echo Number of arguments passed is $#

for arg in "$@"
do
        echo $arg
done
$
```

이제 args 프로그램을 실행해본다.

```
$ args a b c
Number of arguments passed is 3
a
b
c
$ args 'a b' c
Number of arguments passed is 2
a b
c
$ args                    매개변수 없이 실행해본다
Number of arguments passed is 0
$
```

마지막 실행 예시에서 매개변수가 프로그램에 전달되지 않으므로 변수 "$@"은 아무것도 대체되지 않았다. 최종 결과는 루프의 본문이 전혀 실행되지 않았다는 것이다.

리스트 없는 for

for 커맨드를 작성할 때 셸은 특수 표기법을 인식한다. in 엘리먼트와 in에서 사용하는 리스트를 생략하면 다음과 같다.

```
for var
do
        command
        command
        . . .
done
```

셸은 커맨드라인에 입력된 모든 매개변수를 자동으로 순서대로 처리한다.

```
for var in "$@"
do
        command
        command
        . . .
done
```

이를 염두에 두자. 다음은 args 프로그램의 세 번째이자 마지막 버전이다.

```
$ cat args
echo Number of arguments passed is $#

for arg
do
        echo $arg
done
$ args a b c
Number of arguments passed is 3
a
b
c
```

```
$ args 'a b' c
Number of arguments passed is 2
a b
c
$
```

while 커맨드

루프 커맨드의 두 번째 유형은 while문이다. while 커맨드의 형식은 다음과 같다.

```
while command_t
do
        command
        command
        ...
done
```

셸이 command$_t$를 실행하고 해당 커맨드의 종료 상태를 확인한다. 종료 상태가 0이면 do와 done 사이의 커맨드는 한 번만 실행된다. 그다음에 셸은 command$_t$를 다시 실행하고 종료 상태를 테스트한다. 종료 상태가 0인 경우 do와 done 사이의 커맨드가 다시 실행된다. 이 작업은 command$_t$의 종료 상태가 0이 아닐 때까지 계속된다. 이 시점에서 루프 실행이 종료된다. 그다음 done 이후의 커맨드가 실행된다.

command$_t$가 처음 실행될 때 0이 아닌 종료 상태를 리턴하면 do와 done 사이의 커맨드가 실행되지 않음에 유의한다.

간단히 5로 계산되는 twhile이라는 프로그램이 존재한다.

```
$ cat twhile
i=1

while [ "$i" -le 5 ]
do
        echo $i
        i=$(( i + 1 ))
done
$ twhile                        twhile을 실행한다
```

```
1
2
3
4
5
$
```

변수 i는 처음에 값 1로 설정된다. 그다음 while 루프로 들어가서 코드 블록이 실행될 때 조건절 확인에 성공하면 while 코드 블록이 실행된다.

셸은 i가 5보다 작거나 같으면 실행을 계속한다. 루프 내부에서 i 값이 터미널에 표시되고 1씩 증가한다.

while 루프는 종종 shift 커맨드와 함께 사용돼 커맨드라인의 알지 못하는 매개변수를 처리한다.

한 라인에 하나씩 각 커맨드라인 매개변수를 출력하는 prargs라는 다음 프로그램을 살펴본다.

```
$ cat prargs
#
# 한 라인에 커맨드라인 매개변수를 출력한다
#

while [ "$#" -ne 0 ]
do
      echo "$1"
      shift
done
$ prargs a b c
a
b
c
$ prargs 'a b' c
a b
c
$ prargs *
addresses
intro
lotsaspaces
```

```
names
nu
numbers
phonebook
stat
$ prargs          매개변수가 없다
$
```

매개변수의 개수가 0이 아니라면 $1 값이 출력되고 변수를 시프트(즉, $2를 $1으로, $3를 $2로 시프트한다.)하기 위해 shift가 호출되고 $#의 개수를 감소시킨다. 마지막 매개변수가 출력되고 시프트되면 $#은 0이 되고 while의 실행은 종료된다.

prargs에 어떠한 매개변수도 전달하지 않으면 루프 조건식에서 $#이 0이기 때문에 echo와 shift는 결코 실행되지 않는다.

until 커맨드

while 커맨드는 확인하는 표현식이 계속 true(0) 종료 상태를 리턴하는 한 계속 실행된다. until 커맨드는 반대다. 테스트 표현식이 0이 아닌 종료 상태를 리턴할 때까지 코드 블록을 계속 실행하고 0 상태가 생성되면 중지한다.

until의 일반적인 형식은 다음과 같다.

```
until command_t
do
        command
        command
        ...
done
```

while 커맨드처럼 command_t의 종료 상태가 0이고 처음 실행된다면 do와 done 사이의 커맨드는 처음 실행되지 않는다.

while과 until 커맨드는 아주 비슷하지만 until 커맨드는 특정 이벤트가 발생할 때까지 기다리는 프로그램을 작성하는 데 유용하다. 예를 들어, 그녀에게 중요한 것을 제공해야 하기 때문에 sandy가 로그인했는지 여부를 확인하려 한다고 가정한다. 여러분은 sandy에게 이메일을 보낼 수는 있지만, 보통 그녀가 그날 밤 늦게까지 자신의 이메일을 읽지 않는다는 것을 알고 있다. 7장의 on 프로그램을 사용해 sandy가 로그인했는지 확인할 수 있다.

```
$ on sandy
sandy is not logged on
$
```

간단하지만 한 번 실행되고 완료되기 때문에 비효율적이다. on 프로그램을 하루 종일(다소 지루하게) 주기적으로 실행할 수 있다. 또한 더 나은 방법으로, 로그인할 때까지 지속적으로 확인하는 프로그램을 작성할 수 있다.

waitfor 프로그램에 모니터링할 사용자의 이름을 단일 매개변수로 받아 실행한다. waitfor 프로그램이 계속해서 로그인 사용자를 확인하는 대신 매분마다 한 번만 로그인 사용자를 확인하려 한다. 이렇게 하려면 sleep이라는 커맨드를 사용해야 하는데, 해당 커맨드는 지정된 시간(초) 동안 프로그램의 실행을 일시 중단한다.

다음 커맨드의 경우

```
sleep n
```

n초 동안 프로그램 실행을 일시 중지한다. n초 간격이 끝날 때는 중지된 waitfor 프로그램이 sleep 바로 뒤에 오는 커맨드의 실행을 다시 진행한다.

```
$ cat waitfor
#
# 특정 사용자가 로그인할 때까지 기다린다
#

if [ "$#" -ne 1 ]
then
        echo "Usage: waitfor user"
        exit 1
fi

user="$1"

#
# 사용자가 로그인하는지 매분마다 확인한다
```

```
#
until who | grep "^$user " > /dev/null
do
        sleep 60
done

#
# 이 지점에 도달할 때는 사용자가 로그인한 것이다
#
echo "$user has logged on"
$
```

셸 프로그램은 정확히 하나의 매개변수를 제공했는지 확인한 후 user에 $1을 할당한다.
grep의 종료 상태가 0이 될 때까지, 즉 특정 사용자가 로그인해야 실행될 until 루프에
들어가게 된다. 사용자가 로그인하지 않는 한 루프 본문(sleep 커맨드)은 실행되다가 60초
동안 실행이 일시 중단된다. 매분의 끝에, until이 재실행되고 프로세스가 반복된 후에
파이프라인이 출력된다.

모니터링 중인 사용자가 로그인했음을 알리는 until 루프를 나가게 되면 터미널에 메시
지가 표시된 후 스크립트가 종료된다.

```
$ waitfor sandy              시간이 지난다
sandy has logged on
$
```

물론 여기에 소개한 waitfor 프로그램의 실행은 sandy가 로그인할 때까지 터미널을 묶어
놓기 때문에 그다지 실용적이지 않다. 더 나은 방법은 터미널에서 다른 작업을 할 수 있
도록 백그라운드background로 waitfor를 실행하는 것이다.

```
$ waitfor sandy &            백그라운드로 waitfor 프로그램을 실행한다
[1] 4392                     잡(job) 번호와 프로세스 id
$ nroff newmemo              다른 작업을 한다
    ...
sandy has logged on          이후에 sandy가 로그인한다
```

이제 다른 작업을 수행할 수 있고 sandy가 로그인하거나 시스템을 로그오프할 때까지
waitfor 프로그램은 백그라운드에서 계속 실행될 것이다.

> **노트**
>
> 기본적으로 사용자가 시스템에서 로그오프하면 모든 프로세스는 자동으로 종료된다.
>
> 로그오프한 후 프로그램이 계속 실행되게 하려면 nohup 커맨드를 사용해 cron 또는 at으로 프로그램 실행을 스케줄링할 수 있다. 자세한 내용은 유닉스 사용 설명서를 참조한다.

waitfor는 로그인 사용자를 분당 한 번만 확인하기 때문에 실행되는 동안 많은 시스템 리소스를 소모하지 않는다(백그라운드에서 프로그램을 실행할 때 중요한 고려 사항이다).

불행히도 지정된 사용자가 로그인하다가 한 라인의 알림 메시지를 놓칠 수 있다. vi와 같은 화면 편집기로 파일을 편집하는 경우 알림 메시지가 출력되면 화면을 혼란에 빠뜨릴 수 있고 여전히 읽을 수는 없게 된다.

여러분에게 메일을 전송하는 것이 더 나은 대안이 될 수 있다. 또한 선택할 수 있는 옵션을 프로그램에 추가해 사용자들이 선호하는 것을 선택하도록 할 수 있다. 사용자들이 이를 선택하면 메시지가 우편 발송됨을 나타낸다. 사용자들이 선택하지 않으면 메시지는 터미널에 출력된다.

다음 waitfor 버전에서 사용자가 선택할 수 있게 -m 옵션을 추가했다.

```
$ cat waitfor
#
# 특정 사용자가 로그인할 때까지 기다린다 -- 버전 2
#

if [ "$1" = -m ]
then
        mailopt=TRUE
        shift
else
        mailopt=FALSE
fi

if [ "$#" -eq 0  -o  "$#" -gt 1 ]
then
        echo "Usage: waitfor [-m] user"
        echo"    -m means to be informed by mail"
        exit 1
fi
```

```
user="$1"

#
# 사용자가 로그인하는지 매분마다 확인한다
#

until who | grep "^$user " > /dev/null
do
        sleep 60
done

#
# 이 지점에 도달할 때는 사용자가 로그인한 것이다
#

if [ "$mailopt" = FALSE ]
then
        echo "$user has logged on"
else
        echo "$user has logged on" | mail steve
fi
$
```

첫 번째 테스트에서 -m 옵션을 지정했는지 확인한다. -m 옵션을 지정했다면 mailopt에 true 값이 할당되고 첫 번째 매개변수를 옮기기 위해 shift를 실행한다(모니터링할 사용자의 이름을 $1으로 이동시키고 $#의 개수를 감소시킨다). -m 옵션을 지정하지 않았다면 mailopt는 false로 설정된다.

이전 버전을 실행할 때와 다른 점은 코드의 주요 블록을 제외하고는 이메일 또는 echo문으로 알림을 출력할지 여부를 알기 위해 mailopt 변수를 사용했다는 것이다.

```
$ waitfor sandy -m
Usage: waitfor [-m] user
        -m means to be informed by mail
$ waitfor -m sandy &
[1] 5435
$ vi newmemo                    작업을 계속한다
  ...
```

```
you have mail
$ mail
From steve Wed Aug 28 17:44:46 EDT 2002
sandy has logged on

?d
$
```

물론 -m 옵션을 첫 번째 매개변수 또는 두 번째 매개변수로 받아들일 수 있도록 waitfor를 작성할 수 있었지만, 이는 전통적인 유닉스 문법으로 작동하는 방식이 아니다. 모든 옵션은 커맨드라인에서 다른 유형의 매개변수보다 선행돼야 한다.

또한 이전 버전의 waitfor는 다음과 같이 실행될 수 있다.

```
$ waitfor sandy | mail steve &
[1] 5522
$
```

이전 프로그램은 -m 옵션을 추가하는 것처럼 동일한 결과를 얻을 수 있지만, 그다지 우아하지는 않다.

이전 프로그램은 지금 작성된 로직대로 steve에게 항상 메일을 보내지만, 누군가 다른 사람이 이전 프로그램을 실행하길 원한다면 특별히 유용하지 않을 것이다. 더 좋은 방법은 프로그램을 실행하는 사용자를 결정하고 나서 -m 옵션을 지정해 메일을 보내는 것이다. 그런데 어떻게 해야 할까? 한 가지 방법은 am i 옵션으로 who 커맨드를 실행하고 돌아올 사용자 이름을 얻는 것이다. 그런 다음 cut을 사용해 who 출력에서 사용자 이름을 추출하고 해당 이름을 메일의 수신자로 사용할 수 있다.

이 모든 작업은 다음과 같이 waitfor의 if 커맨드 마지막 부분에서 변경할 수 있다.

```
if [ "$#" -eq 1 ]
then
        echo "$user has logged on"
else
        runner=$(who am i | cut -cl-8)
        echo "$user has logged on" | mail $recipient
fi
```

이제 누구나 프로그램을 실행할 수 있고 메일 알림은 올바른 수신자에게 전송된다.

루프 더 살펴보기

루프에서 나가기

때로는 프로그램 로직이 루프문에서 바로 나갈 수 있도록 알릴 수 있다. 프로그램이 아니라 루프에서 나가려면 break 커맨드를 사용한다.

```
break
```

break가 실행되면 제어가 즉시 루프 바깥으로 이동하고 정상적으로 실행된다.

무한 루프를 사용하는 일반적인 방법 중 하나는 break가 멈추게 할 때까지 코드 블록의 동일한 커맨드를 계속 실행하도록 하는 것이다.

이런 상황에서 true 커맨드는 종료 상태 0을 리턴하는 데 사용될 수 있다. false 커맨드는 반대 상황에서도 사용될 수 있고 0이 아닌 종료 상태를 리턴한다.

다음 코드를 작성한다면

```
while true
do
      ...
done
```

true는 항상 종료 상태 0을 리턴하기 때문에 while 루프는 영원히 실행된다.

false는 항상 0이 아닌 종료 상태를 리턴하기 때문에 다음 루프는 영원히 실행될 것이다.

```
until false
do
      ...
done
```

따라서 이런 종류의 무한 루프를 종료하고자 break 커맨드는 종종 일반적으로 에러 조건 또는 처리의 종료를 알기 위해 사용된다.

```
while true
do
        cmd=$(getcmd)

        if [ "$cmd" = quit ]
        then
                break
        else
                processcmd "$cmd"
        fi
done
```

여기서 while 루프는 cmd가 quit와 같은 동안에 getcmd와 processcmd 프로그램을 계속 실행한다. 이 시점에서 break 커맨드가 실행돼 루프가 종료된다.

break 커맨드가 다음 형식으로 사용된다면

break n

n개의 내부 루프를 즉시 다음과 같이 빠져나온다.

```
for file
do
     ...
     while [ "$count" -lt 10 ]
     do
          ...
          if [ -n "$error" ]
          then
                break 2
          fi
          ...
     done
     ...
done
```

error가 널이 아니면 while과 for 루프가 종료된다.

루프에서 나머지 커맨드 건너뛰기

continue 커맨드는 break와 유사하지만 루프를 종료하지 않고 루프의 현재 반복에서 남은 커맨드만 건너뛴다. 프로그램은 루프의 다음 이터레이션^{iteration}으로 즉시 이동하고 정상적으로 계속 실행된다. break처럼 옵션으로 숫자가 continue 뒤에 따라올 수 있다.

```
continue n
```

n개의 내부 루프 커맨드를 건너뛴 후에 프로그램은 정상적으로 계속 실행된다.

```
for file
do
        if [ ! -e "$file" ]
        then
                echo "$file not found!"
                continue
        fi

        #
        # 파일을 처리한다
        #

        ...
done
```

file의 각 값을 검사해 파일이 존재하는지 확인한다. 파일이 존재하지 않으면 특정 메시지를 출력하고 for 루프 내의 파일 처리를 건너뛴다. 그리고 리스트의 다음 값으로 실행이 계속된다.

이전 예시는 다음 코드와 동일하다.

```
for file
do
        if [ ! -e "$file" ]
        then
                echo "$file not found!"
        else
                #
                # 파일을 처리한다
```

```
                #
                ...
        fi
done
```

백그라운드로 루프 실행하기

전체 루프의 done문 이후에 &를 붙여 간단히 사용함으로써 백그라운드로 실행할 수 있다.

```
$ for file in memo[1-4]
> do
>          run $file
> done &                        루프를 백그라운드로 실행한다
[1] 9932
$
request id is laser1-85 (standard input)
request id is laser1-87 (standard input)
request id is laser1-88 (standard input)
request id is laser1-92 (standard input)
```

셸은 루프를 자신의 작은 프로그램처럼 취급하기 때문에 해당 예시와 다음 예시는 위의 경우처럼 작동한다. 그래서 done, fi, esac과 같은 블록을 닫는 문장 뒤에 나타나는 모든 것은 리디렉션을 가질 수 있고, & 또는 심지어 파이프라인과 같은 형식으로 백그라운드로 실행될 수 있다.

루프에서의 I/O 리디렉션

루프에서 I/O 리디렉션도 수행할 수 있다. 루프로 리디렉션된 입력은 표준 입력에서 데이터를 읽는 루프의 모든 커맨드에 적용된다. 루프에서 파일로 리디렉션된 출력은 표준 출력에 저장하는 루프의 모든 커맨드에 적용된다. 그리고 이 모든 작업은 루프를 닫는 done문에서 발생한다.

```
$ for i in 1 2 3 4
> do
>          echo $i
> done > loopout                루프의 결과를 loopout에 리디렉션한다
```

```
$ cat loopout
1
2
3
4
$
```

셸 프로그램의 다른 문장들이 지정된 원본에서 명시적으로 읽거나 지정된 대상으로 출력을 보낼 수 있는 것처럼 개별 문장은 블록 리디렉션을 무시할 수 있다.

터미널에서 가져와 입력으로 강제하거나 출력을 강제하기 위해 터미널로 보내려면 /dev/tty를 사용한다. /dev/tty는 맥, 리눅스, 유닉스 시스템에 상관없이 항상 터미널 프로그램을 참조한다.

다음 루프에서는 명시적으로 터미널로 리디렉션되는 echo 커맨드의 출력을 제외하고 모든 출력이 output 파일로 리디렉션된다.

```
for file
do
       echo "Processing file $file" > /dev/tty
       ...
done > output
```

또한 done 다음에 2>와 파일을 붙이면 표준 에러 출력을 루프에서 리디렉션할 수 있다.

```
while [ "$endofdata" -ne TRUE ]
do
          ...
done 2> errors
```

여기서 표준 에러로 기록하는 루프의 모든 커맨드 출력이 errors 파일로 리디렉션된다.

2> 형식의 변형은 스크립트가 출력이 파일이나 파이프로 리디렉션되는 경우에도 에러 메시지를 터미널에 보내기 위해 일반적으로 사용된다.

```
echo "Error: no file" 1>&2
```

기본적으로 echo는 echo 출력을 표준 출력(파일 디스크립터[file descriptor] 1)으로 보내는 반면, 파일 디스크립터 2는 표준 에러고 기본적으로 파일 리디렉션이나 파이프로 리디렉션되

지 않는다. 따라서 위의 표기법은 echo의 에러 메시지가 "file #1" 결과를 "file #2", 즉
표준 에러로 리디렉션해야 한다는 것을 의미한다. 다음과 같은 코드로 테스트할 수 있다.

```
for i in "once"
do
  echo "Standard output message"
  echo "Error message" 1>&2
done > /dev/null
```

직접 코드를 실행해보고 무슨 일이 발생하는지 확인한다.

루프 안팎으로 데이터를 파이프로 연결하기

루프의 커맨드 출력이 파이프로 연결될 수 있고(루프 커맨드의 종료 전에 다른 커맨드는 파
이프 기호를 가질 수 있다.) 루프의 출력이 다른 커맨드에 파이프로 연결될 수도 있다. 다음
은 wc로 파이프로 연결된 for 커맨드의 출력 예시다.

```
$ for i in 1 2 3 4
> do
>        echo $i
> done | wc -l
     4
$
```

한 라인으로 루프 실행하기

커맨드라인에서 직접 루프를 자주 입력한다면 다음과 같이 간단한 표기법을 사용해 한
라인으로 전체 커맨드를 입력할 수 있다. 리스트의 마지막 엘리먼트 뒤에, 루프의 각 커
맨드 뒤에 세미콜론을 추가한다(do 뒤에는 세미콜론을 추가하지 않는다).

다음은 간단한 표기법을 사용한 루프 예시다.

```
for i in 1 2 3 4
do
        echo $i
done
```

이는 다음과 같이 작성될 수도 있다.

```
for i in 1 2 3 4; do echo $i; done
```

이런 방식으로 커맨드라인에 직접 입력할 수 있다.

```
$ for i in 1 2 3 4; do echo $i; done
1
2
3
4
$
```

동일한 규칙이 while과 until 루프에도 적용된다.

if 커맨드는 유사한 형식을 사용해 같은 라인에 입력될 수도 있다.

```
$ if [ 1 = 1 ]; then echo yes; fi
yes
$ if [ 1 = 2 ]; then echo yes; else echo no; fi
no
$
```

then과 else 뒤에 세미콜론을 사용하지 않는 데 주목한다.

많은 셸 프로그래머는 다음과 같이 if문의 구조화된 하이브리드 구조를 사용한다.

```
if [ condition ] ; then
    command
fi
```

세미콜론을 간단하게 사용하면 셸 프로그램의 가독성을 높일 수 있고 코드 형식의 일부로 고려할 만하다.

getopts 커맨드

waitfor 프로그램에 점검을 수행하는 빈도(초)를 지정하는 -t 옵션을 추가해 waitfor 프로그램을 더 확장한다. 이제 waitfor는 -m 및 -t 옵션을 모두 사용한다. 해당 옵션은 모니터링 중인 사용자의 이름 앞에 나타나는 한 커맨드라인의 순서에 관계없이 지정할 수 있다. 따라서 유효한 waitfor 커맨드라인은 다음과 같다.

```
waitfor ann
waitfor -m ann
waitfor -t 600 ann
waitfor -m -t 600 ann
waitfor -t 600 -m ann
```

그리고 유효하지 않은 커맨드라인은 다음과 같다.

```
waitfor                          사용자 이름이 없다
waitfor -t600 ann                -t 다음에 공백이 필요하다
waitfor ann -m                   옵션이 먼저 나타나야 한다
waitfor -t ann                   -t 다음에 숫자 매개변수가 없다
```

커맨드라인에서 이런 종류의 유연성을 허용하는 코드를 작성하기 시작하면 곧 복잡해질 수 있음을 알게 된다!

그래도 초조해지지 말자. 셸은 getopts라는 내장 커맨드를 제공하므로 커맨드라인 매개변수를 쉽게 처리할 수 있다. 커맨드의 일반적인 형식은 다음과 같다.

```
getopts options variable
```

바로 getopts의 options 문자열을 살펴본다. 이전처럼 문자만 받는 옵션을 지정할 수 있고 필수 매개변수에는 콜론을 사용할 수 있다. 예를 들어 "ab:c"는 -a와 -c가 허용되고 -b는 추가 매개변수가 필요함을 의미한다.

그러나 getopts 커맨드는 사용자가 지정한 각 옵션에 필요한 모든 조치를 처리하기가 쉽기 때문에 루프 내에서 실행될 수 있도록 설계됐다. 루프를 통과할 때마다 getopts는 다음 커맨드라인의 매개변수를 검사하고 매개변수가 마이너스 부호로 시작하는지 확인해 유효한 옵션인지 파악한다. 이후 options로 지정된 문자가 다음에 나온다. 이 경우 getopts는 일치하는 옵션 문자를 지정된 variable에 저장하고 종료 상태 0을 리턴한다.

일부 라인에서 나의 의도를 알게 될 것이다.

마이너스 기호 다음에 오는 문자가 options에 나열돼 있지 않으면 getopts는 종료 상태를 0으로 리턴하기 전에 variable에 물음표를 저장한다. 또한 사용자가 지정한 잘못된 매개변수에 대한 표준 에러를 에러 메시지로 기록한다.

커맨드라인에 매개변수가 더 이상 없거나 현재 매개변수가 마이너스 부호로 시작하지 않으면 getopts는 0이 아닌 종료 상태를 리턴해 스크립트가 다음 매개변수를 처리하도록 한다. ls -C /bin 커맨드를 생각해보자. -C는 getopts가 구문을 분석하고 처리하는 플래그고 /bin은 모든 시작 매개변수가 처리된 후 처리될 ls 커맨드 자체에 대한 매개변수다.

해당 커맨드가 정말 혼란스럽게 보인다면 너무 걱정할 필요는 없다. 사실 getopts는 매우 복잡하므로 getopts의 동작 방법을 살펴볼 수 있도록 예시를 살펴본다. 작성 중인 스크립트에서 getopts를 사용해 -a, -i, -r 옵션을 인식하려 한다고 가정한다. getopts 호출은 다음과 같을 것이다.

getopts "air" option

이전 커맨드의 첫 번째 매개변수 air는 허용 가능한 세 개의 커맨드 플래그(-a, -i, -r)를 지정하고, option은 getopts가 일치 값을 저장하는 데 사용될 변수의 이름이다.

또한 getopts 커맨드를 사용하면 커맨드라인에서 옵션을 그룹핑할 수 있다. 이는 하나의 마이너스 기호에 하나 이상의 연속 옵션을 사용해서 이뤄질 수 있다. 예를 들어 foo 커맨드는 다음과 같이 실행될 수 있다.

foo -a -r -i

또는 다음과 같이

foo -ari

그룹핑 기능을 간단하게 사용할 수 있다.

그러나 getopts는 지금까지 설명했던 것보다 훨씬 강력하다! 예를 들어, 옵션에 추가 매개변수가 필요한 경우도 처리할 수 있다. 예를 들어, 매개변수가 필요한 waitfor 커맨드에 새로운 -t 옵션을 추가할 수 있다.

사용자 지정 옵션 다음에 있는 매개변수를 제대로 구문 분석하려면 getopts는 옵션에서 매개변수를 분리하는 최소한 하나 이상의 공백이 있는 커맨드를 호출해야 한다. 이 경우 옵션은 함께 그룹핑될 수 없다.

getopts에 옵션에서 필요한 매개변수가 있음을 알리려면 getopts 커맨드라인에서 옵션 문자 다음에 콜론을 추가한다. 따라서 waitfor 프로그램은 -m 옵션과 -t 옵션을 모두 허용할 수 있고, -t 옵션은 필수 매개변수를 추가로 받을 수 있도록 다음과 같이 getopts를 호출해야 한다.

```
getopts mt: option
```

매개변수를 필수로 받는 getopts 옵션을 사용할 때 해당 매개변수를 받지 못하면 변수 안에 물음표를 저장하고 표준 에러에 에러 메시지를 출력한다. 그렇지 않으면 OPTARG라는 특수 변수 안에서 변수와 사용자 지정 매개변수에 문자를 저장한다.

getopts에 대한 마지막 참고 사항이다. OPTIND라는 또 다른 특수 변수는 처음에 1로 설정되고 처리할 다음 커맨드라인의 매개변수 개수를 반영해 getopts가 반환될 때마다 변경된다.

이를 명확히 하기 위해 다음에 getopts 커맨드를 사용해 커맨드라인 매개변수를 처리하는 waitfor 프로그램의 세 번째 버전을 소개한다. 또한 waitfor 프로그램에 이전에 언급된 변경 사항을 통합해 프로그램을 실행하는 사용자에게 메일을 보낼 수 있도록 한다.

```
$ cat waitfor
#
# 특정 사용자가 로그인할 때까지 기다린다 -- 버전 3
#

# 기본값을 설정한다

mailopt=FALSE
interval=60

# 커맨드 옵션을 처리한다

while getopts mt: option
do
        case "$option"
```

```
                in
                        m) mailopt=TRUE;;
                        t) interval=$OPTARG;;
                        \?) echo "Usage: waitfor [-m] [-t n] user"
                            echo "   -m means to be informed by mail"
                            echo "   -t means check every n secs."
                            exit 1;;
                esac
done

# 사용자 이름이 지정됐는지 확인한다

if [ "$OPTIND" -gt "$#" ]
then
        echo "Missing user name!"
        exit 2
fi

shiftcount=$((OPTIND - 1))
shift $shiftcount
user=$1

#
# 사용자가 로그인하는지 매분마다 확인한다
#

until who | grep "^$user " > /dev/null
do
        sleep $interval
done

#
# 이 지점에 도달할 때는 사용자가 로그인한 것이다
#

if [ "$mailopt" = FALSE]
then
        echo "$user has logged on"
else
        runner=$(who am i | cut -cl-8)
```

```
        echo "$user has logged on" | mail $runner
fi
```

```
$ waitfor -m
Missing user name!
$ waitfor -x fred                              잘못된 옵션
waitfor: illegal option -- x
Usage: waitfor [-m] [-t n] user
    -m means to be informed by mail
    -t means check every n secs.
$ waitfor -m -t 600 ann &                      10분마다 ann이 로그인하는지 확인한다
[1] 5792
$
```

마지막 라인을 더 자세히 살펴본다. 다음 라인이 실행되면

```
waitfor -m -t 600 ann &
```

while 루프 내에서 getopts가 호출돼 option 변수에 문자 m을 저장하고 OPTIND를 2로 설정하고 종료 상태 0을 리턴한다.

case 커맨드는 option에 저장된 내용을 판별한다. 문자 m과 일치하면 '메일 보내기' 옵션이 선택됐음을 의미하기 때문에 mailopt는 true로 설정된다(case 내의 ?는 따옴표로 묶여 있다. 따옴표는 셸에서 문자를 패턴 매칭하는 특별한 의미를 제거하기 위해 사용됐다).

getopts가 두 번째로 실행될 때 getopts는 option 내 문자 t를 저장하고, OPTARG에 커맨드라인의 다음 매개변수(600)를 저장하고, OPTIND를 3으로 설정하고, 종료 상태 0을 리턴한다. 그다음 case 커맨드는 option 내부에 저장된 문자 t를 찾는다. 그리고 해당 case 커맨드와 관련된 코드는 OPTARG에 저장된 600의 값을 변수 interval에 복사한다.

getopts가 세 번째로 실행될 때 getopts는 0이 아닌 종료 상태를 리턴해 사용자가 지정한 커맨드 옵션의 끝에 도달했음을 알린다.

프로그램은 OPTIND의 값을 $#과 비교해 커맨드라인에 사용자 이름이 입력됐는지 확인한다. OPTIND가 $#보다 크면 매개변수가 더 이상 남아있지 않고, 사용자는 사용자 이름 매개변수를 잊어버린 것이다. OPTIND가 $#보다 크지 않으면 shift 커맨드를 사용해 사용자 이름 매개변수를 $1으로 이동시킨다. 실제로 시프트할 매개변수 개수는 OPTIND의 값보다

1이 작다.

waitfor 프로그램의 나머지 부분은 이전과 동일하다. 유일한 변경 사항은 interval 변수를 사용해 sleep 시간을 초 단위로 지정하는 것이다.

getopts 사용법이 좀 어렵더라도, 걱정할 필요는 없다. 다음 셸 프로그램에서 계속 getopts를 보여주므로 점점 익숙해지면서 이해하게 될 것이다. 여러 커맨드의 옵션을 일일이 구문 분석하는 것은 매우 비효율적이기 때문에 고급 셸 프로그래밍에 대해서도 공부할 가치가 있다.

9

데이터를 읽고 출력하기

9장에서는 터미널에서 read 커맨드를 사용해 파일을 읽는 방법과 printf 커맨드를 사용해 형식화된 데이터를 표준 출력으로 전달하는 방법을 소개한다.

read 커맨드

read 커맨드의 일반적인 형식은 다음과 같다.

read variables

read 커맨드가 실행되면 셸은 표준 입력에서 한 라인을 읽는다. 이후 첫 번째 단어를 variables에 나열된 첫 번째 변수에 할당하고 두 번째 단어를 variables에 나열된 두 번째 변수에 할당한다. 이런 식으로 계속 할당된다. 해당 라인에 나열된 변수보다 더 많은 단어가 있으면 초과된 단어가 마지막 변수에 할당된다. 예를 들어, 다음 커맨드의 경우

read x y

표준 입력에서 라인을 읽고 나서 변수 x에 첫 번째 단어를 저장한 후 변수 y에 라인의 나머지를 저장한다. 다음 커맨드의 경우

read text

셸 변수 text에 전체 라인을 읽고 저장한다.

파일을 복사하는 프로그램

cp 커맨드를 단순화한 셸 프로그램을 작성하고 해당 프로그램에서 read 커맨드를 사용하려 한다. 해당 프로그램을 mycp라 부른다. mycp는 소스 파일과 대상 파일이라는 두 매개변수를 얻는다. 대상 파일이 이미 존재하면 해당 프로그램에서 사용자에게 경고하고 복사를 계속 진행할지 묻는다. 그에 대한 대답이 'yes'면 진행하지만 'yes'가 아니면 프로그램이 종료된다.

```
$ cat mycp
#
# 파일을 복사한다
#

if [ "$#" -ne 2 ] ; then
        echo "Usage: mycp from to"
        exit 1
fi

from="$1"
to="$2"

#
# 대상 파일이 이미 존재하는지 확인한다
#

if [ -e "$to" ] ; then
        echo "$to already exists; overwrite (yes/no)?"
        read answer

        if [ "$answer" != yes ] ; then
                echo "Copy not performed"
                exit 0
        fi
fi

#
# 대상 파일이 존재하지 않거나 'yes'라고 입력한 경우
#
```

```
cp $from $to        # 파일 복사를 진행한다
$
```

이제 프로그램에 간단하게 확인한다.

```
$ ls -C                     무슨 파일인가? -C는 다중 열 출력을 강제한다
Addresses      intro      lotsaspaces      mycp
names          nu         numbers          phonebook
stat
$ mycp                      매개변수가 없다
Usage: mycp from to
$ mycp names names2         names를 복사한다
$ ls -l names*              잘 동작했는가?
-rw-r--r--  1 steve    steve      43 Jul  20 11:12 names
-rw-r--r--  1 steve    steve      43 Jul  21 14:16 names2
$ mycp names numbers        이미 파일이 존재하면 덮어 쓴다
numbers already exists; overwrite (yes/no)?
no
Copy not performed
$
```

파일이 이미 존재하면 yes/no 응답을 프롬프트로 보여주는 echo 커맨드가 실행된다. 다음 read 커맨드는 셸에서 사용자가 응답을 입력할 때까지 기다린다. 이는 셸은 데이터를 기다리는 사용자에게 프롬프트를 표시하지 않음을 보여준다. 프로그램에 유용한 프롬프트를 추가할지 결정하는 것은 프로그래머에게 달려 있다.

입력된 데이터는 answer 변수에 저장되고 복사 프로세스를 진행해야 할지 결정하기 위해 해당 변수를 문자 yes와 비교한다. 다음 테스트의 경우

```
[ "$answer" != yes]
```

answer 변수에 큰따옴표가 있는 것은 사용자가 아무런 데이터도 입력하지 않고 Enter 키를 누르는 경우를 위해 필요하다. 이 경우 셸은 answer에 널 값을 저장하고 따옴표가 없다면 테스트에서 에러 메시지를 출력한다.

또한 then문을 if문과 같은 라인으로 이동하기 위해 세미콜론을 사용한다. 8장에서 언급했듯이 이것은 일반적인 셸 프로그래머 표기법이다.

문자를 이스케이프 처리하는 특별한 echo

mycp를 사용할 때 조금 불편한 점은 echo 커맨드를 실행한 후 사용자가 입력한 응답이 다음 라인에 표시된다는 것이다. 이는 echo 커맨드가 마지막 매개변수 다음에 종료하는 개행 문자를 자동으로 추가하기 때문에 발생한다.

다행스럽게도 echo에 주어진 마지막 두 문자가 특수 이스케이프 문자 \c를 사용한 경우에는 개행 문자가 추가되지 않는다. 이것은 마지막 인자를 표시한 후에 echo가 개행 문자를 생략하도록 지시한다. mycp의 echo 커맨드를 다음과 같이 변경하면

```
echo "$to already exists; overwrite (yes/no)? \c"
```

같은 라인의 메시지 바로 뒤에 사용자의 입력을 받을 수 있다. \c는 셸이 아닌 echo가 해석한다. 즉, 역슬래시가 처리될 수 있도록 따옴표로 묶어야 함을 잘 기억해야 한다.

> **노트**
>
> 일부 리눅스와 맥 OS X 시스템의 셸은 이전 예시의 echo 이스케이프 문자를 해석하지 못할 수 있다.
>
> ```
> newfile.txt already exists; overwrite (yes/no)? \c
> ```
>
> 테스트할 때 셸이 위의 커맨드처럼 작동할 경우 echo의 특정 호출을 별도의 프로그램인 /bin/echo로 변경하면 제대로 작동할 것이다. 모든 다른 echo문은 물론 일반적인 echo 커맨드로 계속 사용할 수 있다.

echo 커맨드는 다른 특수 문자를 해석할 수도 있다(예상대로 작동하지 않는 경우 노트를 참조한다). 특수 문자는 특수 문자 앞에 각각 역슬래시가 있어야 하고 표 9.1에 요약돼 있다.

표 9.1 echo 이스케이프 문자

문자	출력
\b	백스페이스
\c	새로운 라인을 종료하지 않는 라인
\f	폼피드
\n	새로운 라인
\r	캐리지 리턴
\t	탭 문자
\\	역슬래시 문자
\0nnn	해당 문자의 ascii 값은 nnn이고 nnn은 8진수로 한 자리부터 세 자리를 의미한다.

mycp를 개선한 버전

현재 디렉터리에 prog1이라는 프로그램이 있고 해당 프로그램을 bin 디렉터리로 복사하려 한다고 가정한다. 일반 cp 프로그램을 사용하면 기존 파일 이름으로 복사하기 위해 대상 디렉터리를 지정할 수 있다. 그러나 mycp 프로그램을 다시 보고 다음과 같이 실행하면 어떻게 될지 살펴본다.

```
mycp prog1 bin
```

bin에 대한 -e 테스트가 성공한다(-e는 파일의 존재를 확인하기 때문). mycp는 'already exists' 메시지를 표시하고 yes/no 응답을 기다린다. 특히 사용자가 yes를 입력하면 위험한 실수를 한 것이다!

두 번째 매개변수가 디렉터리인 경우 mycp는 from 파일이 지정된 디렉터리 내에 있는지 확인해야 한다.

mycp의 다음 버전은 해당 확인 작업을 수행하고 \c를 포함한 수정된 echo 커맨드를 사용해 개행 문자를 보이지 않도록 한다.

```
$ cat mycp
#
# 파일을 복사한다 -- 버전 2
#

if [ "$#" -ne 2 ] ; then
        echo "Usage: mycp from to"
        exit 1
fi

from="$1"
to="$2"

#
# 대상 파일이 디렉터리인지 확인한다
#

if [ -d "$to" ] ; then
        to="$to/$(basename $from)"
fi
```

```
#
# 대상 파일이 이미 존재하는지 확인한다
#

if [ -e "$to" ] ; then
        echo "$to already exists; overwrite (yes/no)? \c"
        read answer

        if [ "$answer" != yes ] ; then
                echo "Copy not performed"
                exit 0
        fi
fi
#
# 대상 파일이 존재하지 않거나 'yes'라고 입력한 경우
#

cp $from $to        # 복사를 진행한다
$
```

대상 파일이 디렉터리인 경우 프로그램은 $to/$(basename $from)과 같은 디렉터리 이름을 포함해 대상 파일 이름을 정확하게 식별하기 위해 to 변수를 변경한다. 이렇게 함으로써 일반 파일 $to의 존재 여부에 대한 후속 확인 작업이 디렉터리 자체가 아닌 디렉터리의 파일에서 수행될 것이다.

basename 커맨드는 모든 디렉터리 구성 요소가 제거된 매개변수의 기본 파일 이름을 제공한다(예: basename /usr/bin/troff는 troff를 생성하고 basename troff도 troff를 생성한다). 추가 단계는 복사가 이뤄지고 파일이 제대로 만들어지도록 보장한다(예를 들어 mycp /tmp/data bin을 입력했을 때 bin이 디렉터리라면 /tmp/data를 bin/data로 복사하고 싶은 것이지 bin/tmp/data로 복사하고 싶은 것은 아닐 것이다).

다음은 간단한 관련 예시다. \c 이스케이프 문자의 효과를 주목한다.

```
$ ls                 현재 디렉터리를 확인한다
bin
prog1
$ ls bin             bin 디렉터리를 살펴본다
```

```
lu
nu
prog1
$ mycp prog1 prog2      간단한 경우
$ mycp prog1 bin        bin 디렉터리로 복사한다
bin/prog1 already exists; overwrite (yes/no)? yes
$
```

mycp의 최종 버전

mycp를 마지막으로 수정한 내용은 다양한 매개변수를 허용함으로써 프로그램을 표준 리눅스의 cp 커맨드와 동일하게 만드는 것이다. 표준 커맨드에서 많은 파일 이름이 디렉터리의 이름 앞에 올 수 있다는 것을 상기한다.

```
cp prog1 prog2 greetings bin
```

비슷한 형식의 여러 파일을 허용할 수 있도록 mycp를 수정하려면 다음 방법을 사용할 수 있다.

1. 커맨드라인에서 마지막 매개변수만 제외한 나머지 매개변수를 언어 셸 변수 filelist에 저장한다.

2. to 변수의 마지막 매개변수를 저장한다.

3. $to가 디렉터리가 아니라면, 정확히 매개변수가 두 개인지 확인한다.

4. $to가 디렉터리라면, $filelist의 모든 파일이 대상 디렉터리에 이미 존재하는지 확인한다. 그렇지 않으면 copylist 변수에 파일 이름을 추가한다. 파일이 존재하는 경우 파일을 겹쳐 써야 하는지 사용자에게 확인한다. 대답이 'yes'라면 파일 이름을 copylist에 추가한다.

5. copylist가 널이 아니면, 파일을 $to에 복사한다.

해당 알고리즘이 조금 모호한 것처럼 보인다면, 프로그램과 자세한 설명이 해당 알고리즘의 모호함을 깔끔히 정리해줄 것이다. 수정된 커맨드 사용 메시지를 주목한다.

```
$ cat mycp
#
# 파일을 복사한다 -- 마지막 버전
#

numargs=$#                      # 나중에 사용하기 위해 매개변수 개수를 저장한다
filelist=
copylist=

#
# 매개변수를 처리한다. 마지막 엘리먼트를 제외하고 나머지 엘리먼트를 filelist에 모두 저장한다
#

while [ "$#" -gt 1 ] ; do
        filelist="$filelist $1"
        shift
done

to="$1"

#
# 매개변수가 두 개 이하 또는
# 매개변수가 두 개 이상이고 마지막 매개변수가 디렉터리가 아니면
# 에러 메시지를 출력한다
#

if [ "$numargs" -lt 2  -o  "$numargs" -gt 2  -a  ! -d "$to" ] ; then
    echo "Usage: mycp file1 file2"
    echo "       mycp file(s) dir"
    exit 1
fi

#
# filelist의 모든 파일을 차례대로 나열한다
#

for from in $filelist ; do
    #
    # 대상 파일이 디렉터리인지 확인한다
    #
```

```
    if [ -d "$to" ] ; then
        tofile="$to/$(basename $from)"
    else
        tofile="$to"
    fi

    #
    # 파일이 존재하지 않거나 사용자가 파일을 덮어 쓰려면 copylist에 파일을 추가한다
    #

    if [ -e "$tofile" ] ; then
       echo "$tofile already exists; overwrite (yes/no)? \c"
       read answer

       if [ "$answer" = yes ] ; then
            copylist="$copylist $from"
       fi
    else
       copylist="$copylist $from"
    fi
done

#
# 지금 복사한다 -- 먼저 복사할 파일이 있는지 확인한다
#
if [ -n "$copylist" ] ; then
        cp $copylist $to        # 복사를 진행한다
fi
$
```

코드 자체를 살펴보기 전에 예시 출력을 살펴본다.

```
$ ls -C                              어떤 파일이 있는지 살펴본다
bin        lu        names        prog1
prog2
$ ls bin                             그리고 bin 디렉터리에 어떤 파일이 있는가?
lu
nu
prog1
```

```
$ mycp                                매개변수가 없다
Usage: mycp file1 file2
       mycp file(s) dir
$ mycp names prog1 prog2              마지막 매개변수는 디렉터리가 아니다
Usage: mycp file1 file2
       mycp file(s) dir
$ mycp names prog1 prog2 lu bin       적법한 사용이다
bin/prog1 already exists; overwrite (yes/no)? yes
bin/lu already exists; overwrite (yes/no)? no
$ ls -l bin                           무슨 일이 생겼는지 확인한다
total 5
-rw-r--r--   1 steve   steve   543 Jul 19 14:10 lu
-rw-r--r--   1 steve   steve   949 Jul 21 17:11 names
-rw-r--r--   1 steve   steve    38 Jul 19 09:55 nu
-rw-r--r--   1 steve   steve   498 Jul 21 17:11 prog1
-rw-r--r--   1 steve   steve   498 Jul 21 17:11 prog2
$
```

마지막에서 사용자의 요청에 따라 prog1을 덮어 쓰고 lu는 덮어 쓰지 않는다.

프로그램이 실행하면 numargs 변수에 매개변수의 개수를 저장한다. 이는 매개변수 변수가 나중에 shift 커맨드로 프로그램에서 변경되기 때문에 수행된다.

다음으로 매개변수의 개수가 1보다 크면 루프에 들어가 실행된다. 해당 루프의 목적은 라인의 마지막 매개변수를 얻는 것이다. 마지막 매개변수를 얻는 작업을 진행하는 동안 루프는 다른 매개변수를 셸 변수 filelist에 저장했고 궁극적으로 복사할 모든 파일의 목록을 포함할 것이다.

```
filelist="$filelist $1"
```

해당 문장은 filelist의 이전 값을 얻은 후 공백과 $1 값을 추가한 결과를 다시 filelist에 저장한다. 그다음 shift 커맨드를 실행해 모든 매개변수를 하나씩 '이동move'한다. 결국 $#은 1과 같을 것이고 루프는 종료될 것이다.

이 시점에서 filelist는 공백으로 구분된 복사할 모든 파일을 포함하고 $1에는 마지막 매개변수를 포함한다. 해당 매개변수는 대상 파일 이름 또는 대상 디렉터리가 될 것이다.

이것이 어떻게 작동하는지 보려면 다음 커맨드가 실행될 때 while 루프의 실행을 생각해 보자.

```
mycp names prog1 prog2 lu bin
```

그림 9.1은 루프의 각 반복을 통해 변수의 값이 어떻게 변경되는지 보여준다. 첫 번째 라인에는 루프가 입력되기 전의 변수 상태를 표시한다.

$#	$1	$2	$3	$4	$5	filelist
5	names	prog1	prog2	lu	bin	null
4	prog1	prog2	lu	bin		names
3	prog2	lu	bin			names prog1
2	lu	bin				names prog1 prog2
1	bin					names prog1 prog2 lu

그림 9.1 커맨드라인 매개변수를 처리하기

루프가 종료된 후 $1에 포함된 마지막 매개변수는 변수 to에 저장된다. 다음으로 커맨드라인에 최소한 두 개의 매개변수가 입력됐는지 확인하고, 매개변수가 두 개 이상 입력된 경우 마지막 매개변수가 디렉터리인지 확인하는 테스트가 수행된다. 두 조건 중 하나라도 충족되지 않으면, 사용 정보가 사용자에게 표시되고 프로그램은 상태 1로 종료된다.

그다음 for 루프는 리스트의 각 파일을 검사해 대상 디렉터리에 해당 파일이 이미 있는지 확인한다. 해당 파일이 존재하면 이전처럼 사용자에게 프롬프트를 출력한다. 사용자가 파일을 덮어 쓰려고 하거나 파일이 없는 경우 파일은 셸 변수 copylist에 추가된다. 여기에 사용된 기술은 filelist 내부에 매개변수를 누적할 때 사용한 것과 동일하다.

for 루프가 종료되면 copylist에 복사할 모든 파일 목록이 포함된다. 극단적인 경우에 사용자가 파일을 덮어 쓰지 않기로 결정하고 지정된 모든 파일이 대상 디렉터리에 이미 존재하는 경우 copylist는 널이 될 수 있다. 따라서 copylist가 널이 아닌지 확인하기 위해 테스트가 수행되고, copylist가 널이 아니라면 복사가 진행된다.

mycp의 최종 버전 로직을 살펴보기 위해 시간을 투자하길 바란다. 지금까지 이 책에서 배웠던 많은 기능을 보여준다. 9장 마지막 부분의 일부 연습 문제는 mycp 프로그램에 대한 이해도를 높이는 데 도움을 줄 것이다.

메뉴로 구동되는 전화번호부 프로그램

read 커맨드에 대한 한 가지 유용한 점은 메뉴로 구동되는 셸 프로그램을 작성할 수 있다는 것이다. 예를 들어 이전에 작성한 세 개의 전화번호부 프로그램인 add, lu, rem으로 돌아가서 다른 프로그램을 쉽게 사용하도록 해주는 래퍼^{wrapper} 프로그램을 생성한다. 다음에는 rolo라는 래퍼 프로그램을 생성할 계획이다(혹시 Rolodex가 무엇인지 기억하는가? 'rolo'는 Rolodex의 단축어다).

rolo가 호출될 때 rolo는 사용자에게 선택할 리스트를 출력한 다음, 필요한 매개변수를 묻는 프롬프트를 표시한 후 선택에 따라 프로그램을 적절히 실행한다.

```
$ cat rolo
#
# rolo - 전화번호부에서 사람을 찾고 추가하고 삭제하는 rolodex 프로그램이다
#


#
# 메뉴를 표시한다
#

echo '
        Would you like to:

                1. Look someone up
                2. Add someone to the phone book
                3. Remove someone from the phone book

        Please select one of the above (1-3): \c'

#
# 사용자의 입력을 읽고 처리한다
#

read choice
echo ""
case "$choice"
in
        1) echo "Enter name to look up: \c"
           read name
```

```
        lu "$name";;
    2) echo "Enter name to be added: \c"
       read name
       echo "Enter number: \c"
       read number
       add "$name" "$number";;
    3) echo "Enter name to be removed: \c"
       read name
       rem "$name";;
    *) echo "Bad choice";;
esac
$
```

따옴표가 형식화와 내장된 개행 문자를 유지할 수 있어서 하나의 echo 커맨드에 여러 라인으로 구성된 메뉴를 출력할 수 있다. 그다음 read는 사용자의 선택 내용을 가져와 choice 변수에 저장한다.

case문은 사용자의 선택 내용을 파악한다. 1을 선택했다면 사용자는 전화번호부에서 누군가를 찾으려 하길 원한다. 이 경우 사용자가 원하는 이름을 입력하라는 메시지가 표시되고 지정된 매개변수와 함께 lu 프로그램이 호출된다. 또한 다음 커맨드의 경우

```
lu "$name"
```

name 주변에 큰따옴표를 두는 이유는 사용자가 입력한 두 개 이상의 단어를 하나의 매개변수로 lu에 전달하기 위함이다.

사용자가 메뉴 항목 2 또는 3을 선택하면 비슷하게 나타날 것이다.

lu, rem, add 프로그램은 이전 장에서 소개했었다.

다음은 rolo를 실행하는 일부 예시다.

```
$ rolo

    Would you like to:

        1.   Look someone up
        2.   Add someone to the phone book
        3.   Remove someone from the phone book
```

```
Please select one of the above (1-3): 2
Enter name to be added: El Coyote
Enter number: 212-567-3232
$ rolo                        다시 실행한다

    Would you like to:

            1. Look someone up
            2. Add someone to the phone book
            3. Remove someone from the phone book

Please select one of the above (1-3): 1

Enter name to look up: Coyote
El Coyote        212-567-3232
$ rolo                        다시 실행한다

    Would you like to:

            1. Look someone up
            2. Add someone to the phone book
            3. Remove someone from the phone book

    Please select one of the above (1-3): 4
Bad choice
$
```

사용자가 유효하지 않은 선택을 하면 프로그램은 Bad choice를 출력한 다음 종료된다. 좀 더 친숙한 접근법은 사용자가 적절한 선택을 할 때까지 반복하고 사용자에게 다시 묻는 것이다. 이는 사용자가 유효한 선택을 할 때까지 실행될 until 루프 내에 전체 프로그램을 포함시켜서 수행할 수 있다.

rolo를 변경한 또 다른 내용은 가장 많이 사용할 것 같은 기능을 추가하는 것이다. 가장 일반적인 작업은 누군가를 찾는 내용이므로 사용자는 rolo를 입력하고 1을 선택한 다음 원하는 이름을 입력하는 것을 피하는 경향이 있다. 대신 다음과 같이 직접 입력하기만 하는 경우라면 쉬울 것이다.

```
lu name
```

이를 기반으로 rolo에 유용한 커맨드라인 매개변수를 전달해 rolo를 효율적으로 사용하도록 하자. 기본적으로 매개변수가 지정되면 rolo는 조회가 요청된 것으로 가정하고 lu를 직접 호출해 모든 매개변수를 전달한다. 사용자가 빠른 검색을 수행하려는 경우 rolo 다음에 이름을 입력할 수 있다. 전체 메뉴 인터페이스를 원한다면 rolo만 입력하는 대안도 제공된다.

rolo의 버전 2에 이전 두 가지 변경 사항(유효한 내용을 선택하고 빠른 조회를 수행할 때까지 반복)이 추가된다.

```
$ cat rolo
#
# rolo - 전화번호부에서 사람을 찾고 추가하고 삭제하는 rolodex 프로그램이다
#

#
# 매개변수가 있다면 검색한다
#

if [ "$#" -ne 0 ] ; then
        lu "$@"
        exit
fi

validchoice=""          # 널로 설정한다

#
# 올바른 선택을 할 때까지 루프가 동작한다
#

until [ -n "$validchoice" ]
do
        #
        # 메뉴를 표시한다
        #

        echo '

        Would you like to:
```

```
            1. Look someone up
            2. Add someone to the phone book
            3. Remove someone from the phone book

        Please select one of the above (1-3): \c'

        #
        # 사용자의 입력을 읽고 처리한다
        #
        read choice
        echo

        case "$choice"
        in
            1) echo "Enter name to look up: \c"
                    read name
                    lu "$name"
                    validchoice=TRUE;;
            2) echo "Enter name to be added: \c"
                    read name
                    echo "Enter number: \c"
                    read number
                    add "$name" "$number"
                    validchoice=TRUE;;
            3) echo "Enter name to be removed: \c"
                    read name
                    rem "$name"
                    validchoice=TRUE;;
            *) echo "Bad choice";;
        esac
done
$
```

$\#$이 0이 아니면 lu는 커맨드라인에 입력된 매개변수를 직접 호출한 다음 프로그램을 종료한다. $\#$이 0이라면, 변수 validchoice가 널이 되지 않을 때까지 until 루프가 실행된다. 1, 2, 3 선택에 대한 case 내에서

validchoice=TRUE

위의 커맨드가 실행될 때 값이 할당되는 유일한 방법임을 기억한다. 그렇지 않으면 프로
그램은 루프에서 계속 동작할 것이다.

```
$ rolo Bill                          빠른 검색
Billy Bach       201-331-7618
$ rolo                               이번에는 메뉴를 실행한다
      Would you like to:

            1. Look someone up
            2. Add someone to the phone book
            3. Remove someone from the phone book

Please select one of the above (1-3): 4
Bad choice


      Would you like to:

            1. Look someone up
            2. Add someone to the phone book
            3. Remove someone from the phone book

      Please select one of the above (1-3): 0
Bad choice


      Would you like to:

            1. Look someone up
            2. Add someone to the phone book
            3. Remove someone from the phone book

      Please select one of the above (1-3): 1

Enter name to look up: Tony
Tony Iannino     973-386-1295
$
```

$$ 변수와 임시 파일

시스템에 두 명 이상의 사용자가 동시에 rolo 프로그램을 사용하면 잠재적인 문제가 발생할 수 있다. rem 프로그램을 살펴보고 프로그램을 발견할 수 있는지 확인한다. 해당 문제는 전화번호부 파일의 새로운 버전을 만드는 데 사용되는 임시 파일 /tmp/phonebook에서 발생한다.

rem 프로그램의 특정 문장은 다음과 같다.

```
grep -v "$name" phonebook > /tmp/phonebook
mv /tmp/phonebook phonebook
```

하지만 여기에 문제가 있다. 한 명 이상의 사용자가 동시에 전화번호부 항목을 제거하기 위해 rolo를 사용하면, 동일한 임시 파일이 한 번 이상 동시에 사용돼 전화번호부 파일이 엉망이 될 가능성이 있다. 이런 일이 일어날 가능성은 희박하지만 아예 발생할 수 없다고 말할 수 없기에 문제가 될 수 있다.

해당 코드가 야기하는 두 가지 중요한 개념이 있다. 첫 번째는 프로세서 안팎으로 개별 프로그램을 스와핑swapping함으로써 실제로 컴퓨터의 멀티태스킹 구현 방법과 관련이 있다. 결과는 실행 중 여러 커맨드를 통해 중간에 프로그램이 스왑 아웃swap out[1]될 수 있는 특정 시점이 된다. 이제 이전 코드에서 문제를 확인할 수 있다. 두 문장이기 때문에 한 프로그램은 두 문장 사이에서 제대로 놓치고 있다. 다른 프로그램의 인스턴스가 정확히 두 라인의 코드를 실행하려 할 때 무슨 일이 발생하는가? 두 번째 프로그램이 첫 번째 프로그램의 grep invocation의 결과를 덮어 쓴다. 어느 사용자에게도 좋지 않다!

두 번째로는 경쟁 조건race condition으로서 하나 이상의 프로그램을 동시에 호출하면 문제가 발생할 수 있다. 대부분 임시 파일과 관련이 있지만 하위 프로세스 및 잠금 파일에서도 발생할 수 있으므로 이 책의 뒷부분에서 설명할 것이다.

지금 당장 한 명 이상의 사용자가 실행할 수 있는 셸 프로그램을 작성할 때 각 사용자의 임시 파일이 고유한지 알고 있어야 한다.

한 가지 해결 방법은 /tmp 대신 사용자의 홈 디렉터리에 임시 파일을 만드는 것이다. 다른 방법은 프로그램이 매번 호출될 때마다 고유하고 다른 임시 파일 이름을 선택하는 것이다. 이를 수행하는 깔끔한 방법은 특정 호출의 고유 프로세스 ID(PID)를 파일 이름에

---

1 프로세스에 있는 메모리 정보를 보조 기억 장치에 저장하는 방식을 의미한다. - 옮긴이

포함시키는 것이다. 이것은 $$라는 특수 셸 변수를 참조해 쉽게 실행할 수 있다.

```
$ echo $$
4668
$ ps
  PID  TTY TIME COMMAND
 4668 co  0:09 sh
 6470 co  0:03 ps
$
```

셸이 커맨드라인을 대체하면, $$는 로그인 셸 자체의 프로세스 ID 번호가 된다. 시스템의 각 프로세스에는 고유 프로세스 ID가 주어지기 때문에 파일 이름에 $$ 값을 사용하면 동일한 이름을 사용하는 다른 프로세스의 가능성을 제거한다. 이전에 언급한 문제를 해결하려면 rem의 두 라인을 개선된 순서로 변경한다.

```
grep -v "$name" phonebook > /tmp/phonebook$$
mv /tmp/phonebook$$ phonebook
```

잠재적인 경쟁 조건을 회피하는 코드다. rolo를 사용하는 각 사용자는 경쟁 조건을 다른 프로세스로 실행함으로써 각 인스턴스에 사용된 임시 파일이 달라진다. 문제는 해결됐다.

read의 종료 상태

read는 파일의 끝end-of-file 조건을 만나지 않으면 종료 상태 0을 리턴한다. 터미널에서 데이터를 받고 있다면, 이는 사용자가 Ctrl+d를 눌렀다는 것을 의미한다. 파일에서 데이터를 받고 있다면 파일에서 읽을 데이터가 더 이상 없다는 의미다.

이와 같이 작업함으로써 파일이나 터미널에서 데이터의 라인을 읽는 루프를 쉽게 작성할 수 있다.

다음 프로그램인 addi는 함께 추가된 숫자 쌍을 포함하는 라인을 읽는다. 숫자의 합을 표준 출력에 기록한다.

```
$ cat addi
#
# 표준 입력에 숫자 쌍을 더한다
#
```

```
while read n1 n2
do
        echo $(( $n1 + $n2))
done
$
```

read 커맨드가 종료 상태 0을 리턴하는 한 while 루프가 실행된다. 즉 읽을 데이터가 있는 한 while 루프가 실행됨을 의미한다. 루프 내에 라인에서 읽은 두 개의 값(아마도 정수일 것이며, 어떠한 에러 검사를 수행하지 않는다.)을 더하고 해당 결과는 echo에 의해 표준 출력으로 출력된다.

```
$ addi
10 25
35
-5 12
7
123 3
126
Ctrl+d
$
```

파일에서 addi의 표준 입력이 리디렉션될 수 있고 표준 출력을 다른 파일(물론 파이프)로 할 수 있다.

```
$ cat data
1234 7960
593 -595
395 304
3234 999
-394 -493
$ addi < data > sums
$ cat sums
9194
-2
699
4233
-887
$
```

number라는 다음 프로그램은 표준 유닉스 nl 커맨드의 간소화된 버전이다. nl 커맨드는 하나 이상의 파일을 매개변수로 받아들이고 각 라인 앞에 라인 번호를 출력한다. 매개변 수가 제공되지 않으면 대신 표준 입력을 읽는다.

```
$ cat number
#
# 매개변수로 파일을 받거나 파일이 없다면
# 표준 입력을 받아 라인 번호를 출력한다
#

lineno=1

cat $* |
while read line
do
        echo "$lineno: $line"
        lineno=$((lineno + 1))
done
$
```

라인 번호인 lineno 변수는 처음에 1로 설정된다. 그리고 number와 함께 입력된 매개변 수는 cat에 전달돼 표준 출력으로 모두 기록된다. 매개변수가 없다면 $*는 널이 되고 cat 은 매개변수를 전달하지 않는다. 그러면 표준 입력에서 읽게 된다. cat의 출력은 while 루프로 파이프 처리된다.

read가 읽는 각 라인은 터미널에 출력되고 lineno의 현재 값으로 위치하며 lineno의 값 은 1씩 증가된다.

```
$ number phonebook
1: Alice Chebba      973-555-2015
2: Barbara Swingle   201-555-9257
3: Billy Bach        201-555-7618
4: El Coyote         212-555-3232
5: Liz Stachiw       212-555-2298
6: Susan Goldberg    201-555-7776
7: Teri Zak          201-555-6000
8: Tony Iannino      973-555-1295
$ who | number                     표준 입력에서 실행한다
```

```
1: root      console   Jul 25 07:55
2: pat       tty03     Jul 25 09:26
3: steve     tty04     Jul 25 10:58
4: george    tty13     Jul 25 08:05
$
```

number는 역슬래시 또는 선행 공백 문자가 포함돼 있는 라인에서는 잘 작동하지 않는다. 다음 예제는 해당 내용을 보여준다.

```
$ number
        Here are some backslashes: \ \*
1: Here are some backslashes: *
$
```

라인을 읽으면서 선행 공백 문자가 제거된다. 셸이 라인을 읽을 때 역슬래시 문자를 해석한다. read의 -r 옵션을 사용해 역슬래시 문자를 해석하지 않도록 할 수 있다.

```
while read line
```

number에서 위 커맨드를 다음 커맨드로 변경한다면

```
while read -r line
```

결과가 잘 보일 것이다.

```
$ number
        Here are some backslashes: \ \*
1: Here are some backslashes: \ \*
$
```

11장에서는 선행 공백 문자를 그대로 두는 방법과 입력 데이터의 구문 분석을 제어하는 방법을 다룰 예정이다.

printf 커맨드

echo는 단순한 메시지를 표시하기에 충분하지만 때로는 형식화된 내용을 출력하고 싶을 수 있다. 예를 들어 데이터 열을 일렬로 나열하고 싶을 경우가 있다. 유닉스 시스템은 이러한 작업을 위해 printf 커맨드를 제공한다. C 또는 C++ 프로그래밍 언어에 익숙한 사람들은 같은 이름을 가진 함수 때문에 많은 유사성을 느낄 것이다.

printf 커맨드의 일반적인 형식은 다음과 같다.

```
printf "format" arg1 arg2 ...
```

여기서 format은 다음 값이 출력될 방법을 자세히 설명하는 문자열이다. 형식 문자열은 단일 매개변수며 특수 문자와 공백을 포함할 가능성이 있으므로 항상 따옴표로 묶는 것이 좋다.

퍼센트 기호(%)가 없는 문자는 표준 출력에 직접 기록된다. 그리고 printf는 가장 간단하게 echo처럼 작동한다(다음과 같이 개행 문자 대신 \n을 사용해 각 라인을 끝내는 것을 기억하는 한 그렇다).

```
$ printf "Hello world!\n"
Hello world!
$
```

퍼센트 기호가 먼저 오는 문자를 형식 명세format specification라 하며 관련 매개변수를 어떻게 출력해야 할지 printf에 알린다. 형식의 각 퍼센트 기호마다 단일 명세를 표시하는 특수 명세 %%를 제외하고 관련 매개변수가 있어야 한다.

printf에 대한 간단한 예제로 시작한다.

```
$ printf "This is a number: %d\n" 10
This is a number: 10
$
```

printf는 echo와 같은 출력 결과에 개행 문자를 자동으로 추가하지 않지만 동일한 이스케이프(9장 앞부분의 표 9.1 참조)를 이해하기 때문에 형식 문자열의 끝에 \n을 추가하면 출력될 개행 문자가 나타나고 그다음 라인에는 예상대로 커맨드 프롬프트가 나타난다.

또한 이전 내용은 echo를 사용해 간단히 처리할 수 있는 예시지만 printf가 변환 명세 (%d)를 어떻게 해석하는지 설명한다. 형식 문자열을 분석하고 퍼센트 기호가 나타날 때까지 문자열의 각 문자를 출력한다. 그리고 d를 읽고 %d를 printf에 주어진 다음 매개변수로 대체하려고 시도한다. 해당 매개변수는 정수여야 한다. 매개변수(10)를 표준 출력으로 보내면 printf는 형식 문자열 분석을 계속 진행하고 \n을 만나면 새로운 라인을 출력한다.

표 9.2는 다양한 형식 명세 문자를 요약한다.

표 9.2 printf의 형식 명세자

글자	출력에 사용될 문자
%d	정수
%u	부호 없는 정수
%o	8진수 정수
%x	a부터 f까지 표현하는 16진수 정수
%X	A부터 F까지 표현하는 16진수 정수
%c	단일 문자
%s	리터럴 문자
%b	역슬래시 이스케이프 문자를 포함한 문자열
%%	퍼센트 기호

처음 다섯 개의 변환 명세자는 정수를 표시할 때 모두 사용된다. %d는 부호 있는 정수를 표시하고 %u는 부호 없는 정수를 표시한다. %u는 음수를 양수로 표현하기 위해 사용될 수도 있다. 기본적으로 정수는 앞에 0 또는 0x가 없는 8진수 또는 16진수로 표시된 정수로 출력되지만, 필요하다면 해당 절의 뒷부분에서 설명한 대로 0 또는 0x가 나오도록 수정할 수 있다.

%s 또는 %b를 사용해 문자열을 출력할 수 있다. %s는 역슬래시 이스케이프 문자를 처리하지 않고 문자열을 그대로 출력하기 위해 사용된다. %b는 문자열 매개변수의 역슬래시 이스케이프 문자를 강제로 해석하기 위해 사용된다.

다음은 일부 printf 예시다.

```
$ printf "The octal value for %d is %o\n" 20 20
The octal value for 20 is 24
$ printf "The hexadecimal value for %d is %x\n" 30 30
The hexadecimal value for 30 is 1e
$ printf "The unsigned value for %d is %u\n" -1000 -1000
The unsigned value for -1000 is 4294966296
$ printf "This string contains a backslash escape: %s\n" "test\nstring"
This string contains a backslash escape: test\nstring
$ printf "This string contains an interpreted backslash escape: %b\n" "test\
nstring"
This string contains an interpreted backslash escape: test string
$ printf "A string: %s and a character: %c\n" hello A
A string: hello and a character: A
$
```

마지막 printf에서 %c는 단일 문자를 출력하기 위해 사용된다. 해당 매개변수가 한 문자
보다 길면 첫 번째 문자만 출력된다.

```
$ printf "Just the first character: %c\n" abc
a
$
```

변환 명세의 일반적인 형식은 다음과 같다.

```
%[flags][width][.precision]type
```

표 9.2에서 본 것처럼 type은 변환 명세자다. 보다시피 퍼센트 기호와 type만 필요하다.
다른 매개변수는 제어자modifier라고 불리며 선택적이다. flags의 유효한 문자는 -, +, #,
공백 문자다.

-는 출력되는 값을 왼쪽으로 맞춘다. width 제어자를 다룰 때 -는 더 의미가 있다.

+는 printf가 정수 앞에 + 또는 - 기호를 붙인다(기본적으로 음의 정수만 부호가 출력된다).

#을 printf에서 사용할 경우, 8진수 정수를 사용할 때는 0이 앞에 오고 16진수 정수를
사용할 때는 0x 또는 0X가 앞에 오도록 각각 %#x 또는 %#X로 지정한다.

공백 문자는 정렬을 목적으로 printf가 양의 정수는 공백을 선행하게 하고 음의 정수는
-로 선행하게 한다.

이어서 일부 예시를 소개한다. 형식 문자열을 사용할 때는 세심한 주의를 기울여야 한다!

```
$ printf "%+d\n%+d\n%+d\n" 10 -10 20
+10
-10
+20
$ printf "% d\n% d\n% d\n" 10 -10 20
 10
-10
 20
$ printf "%#o %#x\n" 100 200
0144 0xc8
$
```

보다시피 + 또는 공백을 flag 제어자로 사용하면 양수와 음수 값이 잘 정렬된다.

width 제어자는 매개변수를 출력하기 위한 최소 필드 너비를 지정하는 양수다. 매개변수는 - 플래그가 사용되지 않으면 해당 필드에서 오른쪽으로 정렬된다.

```
$ printf "%20s%20s\n" string1 string2
             string1             string2
$ printf "%-20s%-20s\n" string1 string2
string1             string2
$ printf "%5d%5d%5d\n" 1 10 100
    1   10  100
$ printf "%5d%5d%5d\n" -1 -10 -100
   -1  -10 -100
$ printf "%-5d%-5d%-5d\n" 1 10 100
1    10   100
$
```

width 제어자는 텍스트나 숫자 열을 정렬하기 위해 유용할 수 있다(팁: 숫자에 붙은 기호와 0, 0x, 0X 문자로 시작하는 기호는 매개변수 너비의 일부로 계산된다). width는 필드의 최소 크기를 지정하지만 매개변수의 너비가 width를 초과하면 출력할 내용이 넘치거나 전혀 출력되지 않을 수 있다.

확인할 수 있는 방법은 다음과 같다.

```
    printf "%-15.15s\n" "this is more than 15 chars long"
```

이전 커맨드를 실행할 때 시스템에서 어떤 일이 발생하는가?

.precision 제어자는 %d, %u, %o, %x, %X를 출력할 때 최소 자릿수를 지정하는 양수다. 결과를 확인하면 값 왼쪽에 제로 패딩zero padding[1]이 돼 있다.

```
$ printf "%.5d %.4X\n" 10 27
00010 001B
$
```

문자열의 경우 .precision 제어자는 문자열에서 출력할 수 있는 최대 문자 수를 지정한다. 문자열이 precision 문자보다 길면 오른쪽 부분이 잘린다. 여러 라인에 걸쳐 텍스트를 출력할 수 있지만 개별 값이 지정된 필드보다 넓은 경우에는 일부 데이터가 누락될 수 있기 때문에 현실에 맞게 잘 적용하는 것이 중요하다.

```
$ printf "%.6s\n" "Ann Smith"
Ann Sm
$
```

width를 .precision과 결합해 필드 너비와 제로 패딩(숫자의 경우) 또는 잘림(문자열의 경우)을 지정할 수 있다.

```
$ printf ":%#10.5x:%5.4x:%5.4d\n" 1 10 100
:   0x00001: 000a: 0100
$ printf ":%9.5s:\n" abcdefg
:    abcde:
$ printf ":%-9.5s:\n" abcdefg
:abcde    :
$
```

마지막으로 이 모두가 혼란스럽지 않은 경우 width 또는 precision에 숫자 대신 *를 사용한다면, 출력될 값의 이전 매개변수는 숫자여야 하고 해당 매개변수는 너비 또는 정밀도로서 사용될 것이다. width와 precision을 대신해 *가 사용된다면, 두 개의 정수 매개변수는 출력되는 값 이전에 있어야 하고 너비와 정밀도에 사용된다.

1　숫자 앞에 0을 추가해 자릿수를 맞추는 방법을 의미한다. – 옮긴이

```
$ printf "%*s%*.*s\n" 12 "test one" 10 2 "test two"
    test one        te
$ printf "%12s%10.2s\n" "test one" "test two"
    test one        te
$
```

예시를 보다시피 두 printf의 결과는 동일하다. 첫 번째 printf에서 첫 번째 문자열의 너비는 12고 두 번째 문자열의 너비는 10이며 두 번째 문자열의 정밀도는 2다. 두 번째 printf에서 해당 숫자는 형식 명세의 일부로 지정된다.

printf의 형식 명세는 분명 복잡하지만, 상대적으로 구조화되지 않은 echo 출력 대신 자신의 셸 프로그램에서 원하는 대로 정확히 변환할 수 있는 기능과 성능이 유용할 수 있다. printf는 더 자세히 공부할 만한 가치가 있는 커맨드이므로 세련된 프로그램을 개발할 때 printf의 사용 방법을 잘 알게 될 것이다.

표 9.3은 다양한 형식 지정자를 요약한 것이다.

표 9.3 printf 형식 지정자

지정자	의미
플래그	
−	왼쪽으로 맞춘다.
+	정수 앞에 + 또는 −를 붙인다.
(공백)	양의 정수 앞에 공백 문자를 붙인다.
#	8진수 정수 앞에 0, 16진수 정수 앞에 0x 또는 0X를 붙인다.
폭	필드의 최소 너비. *는 다음 매개변수를 너비로 사용함을 의미한다.
정밀도	정수를 표시할 때의 최소 자릿수고 문자열에 표시할 최대 문자 개수다. *는 다음 매개변수를 정밀도로 사용함을 의미한다.

printf를 계속 살펴본다. 다음은 printf를 사용해 파일에서 두 개의 숫자 열을 정렬하는 간단한 예시다.

```
$ cat align
#
# 두 개의 숫자 열을 정렬한다
# (부호를 포함한 12자리의 숫자까지 동작한다)
```

```
cat $* |
while read number1 number2
do
      printf "%12d %12d\n" $number1 $number2
done
$ cat data
1234 7960
593 -595
395 304
3234 999
-394 -493
$ align data
        1234        7960
         593        -595
         395         304
        3234         999
        -394        -493
$
```

11장, 13장, 14장에서 printf의 다른 용도에 대한 더 많은 예시를 볼 수 있다.

사용자 환경

여러분이 쓰는 시스템은 빛이 나는 새로운 맥 OS X 터미널 응용프로그램일 수 있고 깨끗한 리눅스일 수 있으며 백 오피스의 유닉스 서버일 수도 있다. 또한 여러분이 시스템에 로그인할 때 효과적으로 셸 프로그램 사본을 얻을 수 있다. 해당 로그인 셸은 사용자 환경, 즉 시스템의 다른 사용자와 구별되는 구성을 유지한다. 사용자 환경은 로그인한 순간부터 로그오프한 순간까지 유지된다. 10장에서는 셸의 사용자 환경을 다루고 프로그램 작성과 실행에 관련된 내용을 설명한다.

지역 변수

컴퓨터에 vartest라는 프로그램을 입력한다.

```
$ cat vartest
echo :$x:
$
```

vartest는 콜론으로 둘러싸인 변수 x의 값을 출력하는 단일 echo 커맨드로 구성된다.

터미널에서 변수 x에 원하는 값을 할당한다.

```
$ x=100
```

이제 vartest가 실행될 때 무엇이 표시될 것이라고 생각하는가?

답은 다음과 같다.

```
$ vartest
::
$
```

vartest는 x의 값을 알지 못한다. 따라서 vartest의 기본값은 널이다. 로그인 셸에서 값 100이 할당된 변수 x를 지역 변수local variable라 한다. 지역 변수라는 이름을 가진 이유는 곧 분명해질 것이다.

다음은 vartest2라는 다른 예시다.

```
$ cat vartest2
x=50
echo :$x:
$ x=100
$ vartest2                    vartest2를 실행한다
:50:
$
```

스크립트에서 x 값을 100에서 50으로 변경했기 때문에 질문은 다음과 같다. 스크립트가 완료된 후 x의 값은 무엇인가?

```
$ echo $x
100
$
```

vartest2가 이전에 대화형 셸에서 100으로 설정된 x의 값을 변경하지 않았다는 것을 알 수 있다.

서브셸

vartest와 vartest2에서 이상하게 보이는 동작은 로그인 셸에서 서브셸subshell이 실행했기 때문이다. 서브셸은 원하는 프로그램을 실행할 수 있는 본질적으로 완전히 새로운 셸이다.

로그인 셸에서 vartest를 실행하면 vartest 프로그램을 실행하는 새로운 셸이 시작된다. 새로운 셸이 실행될 때마다 자체 환경 변수들과 함께 자체 환경에서 실행된다. 서브셸은 로그인 셸(부모 셸)에 의해 값이 할당된 지역 변수를 알 수 없다. 게다가 서브셸은

vartest2에서 볼 수 있듯이 부모 셸에서 변수의 값을 변경할 수 없다.

다음에서 진행 과정을 살펴본다면 셸 프로그램에서 변수의 범위^{scoping}라 불리는 과정을 좀 더 이해할 수 있을 것이다. vartest2를 실행하기 전에 셸에 값 100이 할당된 x라는 변수가 있다. 그림 10.1에 묘사돼 있다.

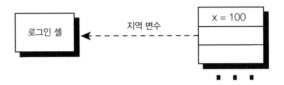

그림 10.1 x=100인 로그인 셸

vartest2를 호출할 때, 셸은 서브셸을 실행한 후 비어있는 변수 목록을 제공한다(그림 10.2 참조).

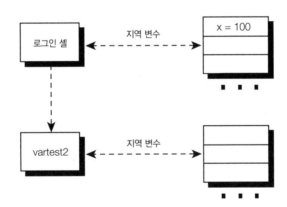

그림 10.2 로그인 셸은 vartest2를 실행한다.

vartest2의 x에 50을 지정하는 첫 번째 커맨드가 실행된 후 서브셸 환경의 내부 변수 x는 값 50(그림 10.3 참조)이 되지만 부모 셸의 x 값이 변경되지 않는다.

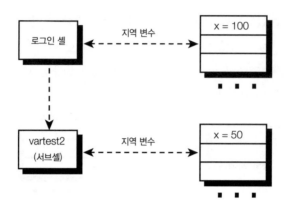

그림 10.3 vartest2는 x=50을 실행한다.

vartest2의 실행이 종료될 때 서브셸은 사라진다. 이때 vartest2 프로그램이 할당한 변수도 함께 사라진다.

이는 보이는 것보다 문제가 적다. 로그인 셸 환경, 서브셸 환경, 셸 프로그램이 매우 다르다는 것을 이해해야 한다.

export 변수

변수 값을 서브셸에 알려주는 방법이 있다. export 커맨드를 사용해 변수를 내보내는 것이다. export 커맨드의 형식은 간단하다.

export variables

여기서 variables는 export 변수 이름의 목록이다. export 커맨드 다음에 실행되는 서브셸의 경우 export 변수의 값은 서브셸에 전달될 것이다.

다음은 내부 변수와 export 변수의 차이를 보여줄 수 있는 vartest3 프로그램이다.

```
$ cat vartest3
echo x = $x
echo y = $y
$
```

로그인 셸의 변수 x와 변수 y에 값을 할당한 다음 vartest3를 실행한다.

```
$ x=100
$ y=10
$ vartest3
x =
y =
$
```

x와 y는 모두 지역 변수이기 때문에 x와 y 값은 vartest3를 실행하는 서브셸로 전달되지 않는다. 예상과 같다.

하지만 이제 export 커맨드에 변수 y를 적용하기 위해 vartest3 프로그램을 다시 실행한다.

```
$ export y              서브셸에 y를 알린다
$ vartest3
x =
y = 10
$
```

이번에 vartest3는 export 변수이기 때문에 y를 알았다.

개념적으로 서브셸이 실행될 때마다 export 변수가 서브셸에 '복사'되지만 지역 변수는 서브셸에 복사되지 않는다(그림 10.4 참조).

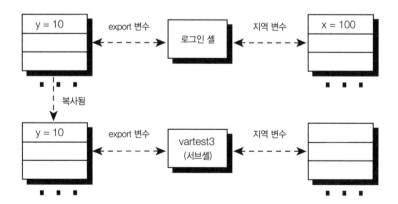

그림 10.4 vartest3의 실행

이제 다른 질문을 할 시간이다. 서브셸이 export 변수의 값을 변경하면 어떻게 될까? 즉, 서브셸이 종료된 후에 부모 셸이 변경된 export 변수를 알까?

여기에 해당 질문에 답할 수 있는 vartest4라는 프로그램이 있다.

```
$ cat vartest4
x=50
y=5
$
```

x와 y의 값을 변경하지 않았다고 가정하고 y는 이전 예시부터 계속 내보내진 상태다.

```
$ vartest4
$ echo $x $y
100 10
$
```

서브셸은 지역 변수 x 값(놀랄 일이 아니다!) 또는 export 변수 y의 값을 변경할 수 없어서 서브셸이 실행될 때 인스턴스화된 y의 내부 서브셸 사본을 단지 변경했을 뿐이다(그림 10.5 참조). 내부 변수와 마찬가지로 서브셸이 사라지면 export 변수의 값도 사라진다. 사실 export 변수가 서브셸에 사용되면 지역 변수가 된다.

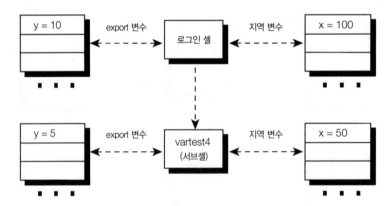

그림 10.5 vartest4의 실행

해당 그림은 이전 문장이 사실인 이유다. 서브셸 내에서 부모 셸의 변수 값을 변경할 수 있는 방법이 없다.

다른 셸 프로그램(예: lu 프로그램을 호출하는 rolo 프로그램)을 호출하는 셸 프로그램의 경우, 서브셸의 export 변수가 새로운 서브셸에 복사되는 프로세스가 반복된다. 해당 export 변수는 로그인 셸에서 내보내거나 서브셸에서 새로 내보낼 수 있다.

export 변수를 사용하면 해당 변수를 실행될 모든 서브셸로 차례로 내보낸다.

vartest4의 수정된 버전을 살펴보자.

```
$ cat vartest4
x=50
y=5
z=1
export z
vartest5
$
```

다음은 vartest5다.

```
$ cat vartest5
echo x = $x
echo y = $y
echo z = $z
$
```

vartest4가 실행되면 export 변수 y가 서브셸의 환경으로 복사된다. vartest4는 x 값을 50으로 설정하고 y 값을 5로 변경하며 z 값을 1로 설정한다. 그리고 vartest4는 모든 후속 서브셸에서 접근할 수 있는 z 값을 내보낸다.

vartest5는 서브셸이며 vartest5가 실행될 때 셸은 vartest4에서 내보낸 변수인 y와 z를 환경으로 복사한다.

해당 내용을 vartest4 결과로 설명한다.

```
$ vartest4
x =
y = 5
z = 1
$
```

그림 10.6에서 전체 프로세스를 설명한다.

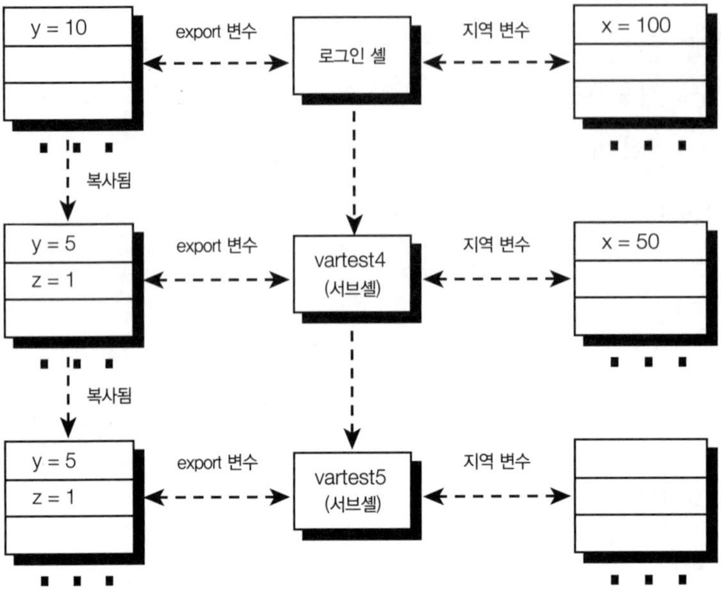

그림 10.6 서브셸 실행

지역 변수와 export 변수의 작동 방식을 요약하면 다음과 같다.

1. export 변수가 아닌 모든 변수는 서브셸에 존재하지 않는 내부 변수다.

2. export 변수와 export 변수의 값은 서브셸 환경으로 복사돼 서브셸에서 접근할 수 있고 변경할 수 있다. 하지만 해당 변경 사항은 부모 셸의 변수에 영향을 주지 않는다.

3. export 변수는 직접 생성된 서브셸뿐만 아니라 서브셸이 생성한 서브셸에 대해서도 동일한 특성을 유지한다.

4. 변수에 값이 할당되기 전후에 언제든지 변수를 내보낼 수 있지만 내보낼 때 변수의 값을 얻는다. 후속 변경 사항은 추적되지 않는다.

export -p

export -p를 실행하면 셸에서 export 변수와 export 변수의 값을 목록으로 출력한다.

```
$ export -p
export LOGNAME=steve
export PATH=/bin:/usr/bin:.
export TIMEOUT=600
export TZ=EST5EDT
export y=10
$
```

보다시피 일반적인 로그인 셸에 실제로 많은 export 변수가 있다. 맥에서는 export -p가 22개의 변수 목록을 생성한다. 해당 예시에서 y는 이전 export 실험과 로그인해 로그인 셸이 시작되면서 설정된 다른 export 변수와 함께 표시된다.

그러나 이 중 모두 대문자로 이뤄진 변수는 무엇인가? 더 자세히 살펴보자.

PS1과 PS2

셸이 커맨드 프롬프트로 사용하는 문자는 환경 변수 PS1에 저장된다. PS1 값은 원하는 값으로 바꿀 수 있고, PS1 값을 변경하자마자 셸은 새로운 값을 사용한다.

```
$ echo :$PS1:
:$ :
$ PS1="==> "
==> pwd
/users/steve
==> PS1="I await your next command, master: "
I await your next command, master: date
Wed Sep 18 14:46:28 EDT 2002
I await your next command, master: PS1="$ "
$                          원래대로 돌아간다
```

커맨드 프롬프트에 한 라인 이상 입력해야 할 때 사용되는 보조 커맨드 프롬프트의 기본 값이 >고 PS2 변수에 저장돼 있다.

PS2 변수 역시 원하는 대로 변경할 수 있다.

```
$ echo :$PS2:
:> :
$ PS2="======> "
$ for x in 1 2 3
======> do
======> echo $x
======> done
1
2
3
$
```

일단 시스템에서 로그오프[log off]하면 다른 셸 변수를 변경하는 것처럼 모든 변경 내용은 사라진다. PS1을 변경하면 셸은 나머지 로그인 세션에 대해 새 값을 사용한다. 그러나 새로운 PS1 값을 .profile 파일에 추가해 저장하지 않으면 다음에 로그인할 때는 이전 커맨드 프롬프트가 나타난다(10장의 후반부에서 설명한다).

> **팁**
> PS1 프롬프트는 커맨드 수, 현재 디렉터리, 시간 등을 생성하는 특수한 문자가 포함된 언어를 가진다. bash 또는 sh의 man 페이지에 있는 'Prompting' 섹션을 읽으면 더 자세히 알 수 있다.

HOME

사용자가 시스템에 로그인할 때마다 홈 디렉터리에 위치하게 된다. HOME이라는 특수한 셸 변수는 로그인할 때 자동으로 홈 디렉터리로 설정된다.

```
$ echo $HOME
/users/steve
$
```

HOME 변수는 프로그램에서 홈 디렉터리를 식별하기 위해 사용될 수 있고 이런 목적으로 유닉스의 다른 프로그램에서 널리 사용된다. 매개변수 없이 cd를 입력하면 cd 커맨드는 홈 디렉터리를 원하는 대상 디렉터리로 이해한다.

```
$ pwd                                  내가 어느 디렉터리에 있는가?
/usr/src/lib/libc/port/stdio
$ cd
$ pwd
/users/steve                           제 집보다 좋은 곳은 없다
$
```

HOME 변수를 원하는 대로 변경할 수는 있지만, 그렇게 하면 의존하는 모든 프로그램에 영향을 미칠 수 있다.

```
$ HOME=/users/steve/book               HOME 변수를 변경한다
$ pwd
/users/steve
$ cd
$ pwd                                  어떤 일이 발생했는지 본다
/users/steve/book
$
```

HOME을 바꿀 수 있지만, 많은 작업들이 불안해지지 않도록 빨리 준비하지 않았다면 HOME을 변경하지 말아야 한다.

PATH

9장의 rolo 프로그램으로 돌아가보자.

```
$ rolo Liz
Liz Stachiw      212-775-2298
$
```

깔끔하고 체계적으로 유지하기 위해 rolo 프로그램을 다음과 같이 steve의 /bin 하위 디렉터리에 생성한다.

```
$ pwd
/users/steve/bin
$
```

HOME 디렉터리를 시스템의 다른 곳으로 변경한다.

```
$ cd                          홈 디렉터리로 이동한다
$
```

그리고 전화번호부에서 Liz를 찾는다.

```
$ rolo Liz
sh: rolo: not found
$
```

잘 동작하지 않는다. 어떻게 된 것일까?

사용자가 프로그램의 이름을 입력할 때마다 셸은 요청된 프로그램을 찾을 때까지 디렉터리 목록을 검색한다. 디렉터리 목록을 발견하면 프로그램이 시작된다. 사용자 커맨드를 검색할 디렉터리 목록은 PATH라는 셸 변수에 저장되며 로그인할 때 자동으로 설정된다. 언제라도 PATH에 무엇이 설정됐는지 확인하려면 echo를 사용한다.

```
$ echo $PATH
/bin:/usr/bin:.
$
```

PATH는 다소 다른 가치를 지니는 것 같지만 걱정하지 않아도 된다. 단지 시스템 구성의 변형일 뿐이다. 디렉터리는 콜론(:)으로 구분되고 셸은 왼쪽에서 오른쪽으로 차례대로 요청한 커맨드나 프로그램을 찾는다는 점에 특히 유의해야 한다.

이전 예시에서 PATH에는 세 개의 디렉터리인 /bin, /usr/bin, .(.은 현재 디렉터리를 나타낸다.)이 나열됐다. 따라서 프로그램의 이름을 입력할 때마다 셸은 일치하는 실행 파일을 찾을 때까지 PATH에 나열된 디렉터리를 검색한다. rolo를 입력하면 셸은 가장 먼저 /bin/rolo를 찾은 후에 /usr/bin/rolo를 찾고, 마지막으로 ./rolo를 현재 디렉터리에서 찾는다. 셸에서 일치하는 프로그램을 찾으면 해당 프로그램을 실행하지만, 셸이 PATH에 지정된 디렉터리에서 rolo를 찾지 못하면 'not found' 에러가 발생된다.

현재 디렉터리를 찾기 전에 PATH의 시작 부분에 마침표를 추가한다.

```
.:/bin:/usr/bin
```

경고! 보안상의 이유로 시스템 디렉터리 이전에 현재 디렉터리가 검색되는 것은 좋지 않다.

이것은 트로이 목마^{Trojan horse} 공격을 회피하기 위함이다. 누군가가 특정 디렉터리에 su와 같은 커맨드(관리자 비밀번호를 묻는 프롬프트를 표시해 루트 또는 슈퍼 유저 상태로 전환할 수 있는 커맨드)를 작성한 다음, 다른 사용자가 해당 디렉터리로 이동할 때까지 기다린다고 상상해보자. PATH에서 현재 디렉터리를 가장 먼저 검색하도록 지정된 경우라면 수정된 버전의 su가 실행될 것이다. 문제는 수정된 버전의 su가 암호를 묻는 메시지를 보내고 악의적인 사용자에게 전자 메일로 보낸 후, 해당 메일을 삭제한 다음 문제없는 에러 메시지를 출력하는 것이다. 해당 프로그램이 다시 실행돼 암호를 다시 입력하면 모든 항목이 올바르게 작동하고 사용자가 아무것도 인식하지 못한 채로 관리자 계정이 손상될 것이다.

교활하지 않은가?

현재 디렉터리를 지정하기 위해 마침표(.)를 사용하는 것은 선택 사항이지만 시각적인 기호로 사용되면 유용할 수 있다. 예를 들어, 다음 설정의 경우

```
:/bin:/usr/bin
```

이전 설정과 동일하다. 하지만 본문 전반에 걸쳐 명확하게 하기 위해 마침표로 현재 디렉터리를 지정한다.

지금 트로이 목마가 걱정되는가? 걱정할 필요는 없다. 실행하려는 프로그램에 명시적 경로를 지정해 PATH에 지정된 검색을 항상 회피할 수 있다. 예를 들어, 다음 커맨드를 실행하면

```
/bin/date
```

셸은 /bin에 직접 이동해 날짜를 실행한다.

```
../bin/lu
```

또는

```
./rolo
```

커맨드를 실행한다면 PATH는 무시된다.

마지막 경우는 현재 디렉터리에서 프로그램 rolo를 실행한다는 의미다. 프로그래머는 PATH에서 마침표(.)를 생략할 수 있기 때문에 마지막 경우가 셸 프로그램을 개발하는 동안 일반적으로 사용된다.

이제 HOME 디렉터리에서 rolo를 실행할 수 없는 이유를 알 수 있다. PATH에 /users/steve/bin이 포함돼 있지 않아서 셸이 rolo를 찾을 수 없었다. 바로 수정할 부분은 PATH에 해당 디렉터리를 단지 추가하는 것이다.

```
$ PATH=/bin:/usr/bin:/users/steve/bin:.
$
```

이제 파일시스템의 어느 디렉터리에 있더라도 /users/steve/bin에 있는 모든 프로그램을 실행할 수 있다.

```
$ pwd                              어느 디렉터리에 있는가?
/users/steve
$ rolo Liz
grep: can't open phonebook
$
```

이럴 수가. 셸은 rolo를 찾아 올바르게 실행하지만, grep 커맨드는 phonebook 데이터 파일을 찾을 수 없다.

rolo 프로그램을 더 자세히 살펴보면 grep 에러 메시지가 lu에서 발생해야 함을 알 수 있다. 현재의 lu는 다음과 같다.

```
$ cat /users/steve/bin/lu
#
# 전화번호부에서 누군가를 찾는다 - 버전 3
#
if [ "$#" -ne 1 ]
then
        echo "Incorrect number of arguments"
        echo "Usage: lu name"
        exit 1
fi

grep "$name" phonebook
$
```

grep은 현재 디렉터리인 /users/steve에서 phonebook 파일을 열려고 하지만 프로그램이 실행되는 위치는 프로그램 및 데이터 파일이 있는 디렉터리와 아무 관련이 없다.

PATH는 모든 유형의 파일이 아닌 커맨드라인에서 호출된 프로그램을 검색할 디렉터리만 지정한다. 따라서 lu가 phonebook을 좀 더 유용하게 사용하기 위해 phonebook의 위치가 정확해야 한다.

해당 문제를 해결하는 방법은 여러 가지며, rem과 add 프로그램에도 동일한 문제가 있다. 문제를 해결할 한 가지 방법은 grep을 호출하기 전에 lu 프로그램의 디렉터리를 /users/steve/bin으로 변경하는 것이다.

이렇게 하면 grep은 새로운 현재 디렉터리에 있기 때문에 phonebook을 찾을 수 있다.

```
    ...
cd /users/steve/bin
grep "$1" phonebook
```

이 방법은 특정 디렉터리에서 여러 파일을 사용해 많은 작업을 수행할 때 유용하다. 가장 먼저 cd를 사용해 /users/steve/bin 디렉터리로 옮긴 후 필요한 모든 파일을 직접 참조할 수 있다.

두 번째 방법은 더 일반적인 접근 방법으로서 grep 커맨드에 phonebook에 대한 전체 경로를 나열하는 것이다.

```
    ...
grep "$1" /users/steve/bin/phonebook
```

다른 사용자에게 rolo 프로그램(그리고 관련 lu, add, rem 도우미 프로그램)을 사용할 수 있게 한다고 가정한다. 다른 사용자에게 각 사용자별 사본을 줄 수는 있지만, 시스템에 여러 사본이 일부 존재할 것이다. 만약 전화번호부를 변경하면 어떤 일이 발생할까? 또한 모든 사본을 변경할 것인가? 따분하다.

더 좋은 해결책은 rolo의 단일 복사본을 가지고 있으면서 다른 사용자가 접근할 수 있게 하는 것이다.

문제는 이 시점에서 분명해야 한다. phonebook의 모든 참조를 여러분의 전화번호부를 명시적으로 참조할 수 있도록 변경하면 다른 모든 사람도 여러분의 전화번호부를 사용하게 될 것이다. 문제를 해결하는 더 좋은 방법은 모든 사람이 자신의 홈 디렉터리에

phonebook 파일을 가지고 $HOME/phonebook이라는 파일을 참조하게 하는 것이다.

매우 일반적인 셸 프로그래밍 규칙을 사용하기 위해 rolo에 PHONEBOOK이라는 변수를 정의하고 해당 변수를 다중 사용자 친화적인 값인 $HOME/phonebook으로 설정한다. 해당 변수를 내보내면 lu, rem, add(rolo를 통해 서브셸로 실행한다.)는 PHONEBOOK 값을 사용해 개별 사용자 버전의 파일을 참조할 수 있다.

해당 접근법의 한 가지 장점은 phonebook 파일의 위치를 변경하는 경우 rolo에서 하나의 변수를 변경하는 것이다. 따라서 다른 세 개의 프로그램은 아무런 문제없이 계속 작동할 것이다.

이를 염두에 둔다면 수정된 lu, add, rem 프로그램이 포함된 새로운 rolo 프로그램은 다음과 같다.

```
$ cd /users/steve/bin
$ cat rolo
#
# rolo - 전화번호부에서 사람을 찾고 추가하고 삭제하는 rolodex 프로그램이다
#


#
# PHONEBOOK이 전화번호부 파일을 가리키도록 설정하고
# 다른 프로그램에서 알 수 있도록 해당 변수를 내보낸다
#

PHONEBOOK=$HOME/phonebook
export PHONEBOOK

if [ ! -f "$PHONEBOOK" ] ; then
        echo "No phone book file in $HOME!"
        exit 1
fi

#
# 매개변수가 있다면 검색한다
#

if [ "$#" -ne 0 ] ; then
        lu "$@"
        exit
```

```
fi
validchoice=""              # 널로 설정한다

#
# 유효한 옵션이 선택될 때까지 루프를 반복한다
#

until [ -n "$validchoice" ]
do
        #
        # 메뉴를 표시한다
        #

        echo '
        Would you like to:

        1. Look someone up
        2. Add someone to the phone book
        3. Remove someone from the phone book

Please select one of the above (1-3): \c'

        #
        # 사용자의 입력을 읽고 처리한다
        #

        read choice
        echo

        case "$choice"
        in
                1) echo "Enter name to look up: \c"
                   read name
                   lu "$name"
                   validchoice=TRUE;;
                2) echo "Enter name to be added: \c"
                   read name
                   echo "Enter number: \c"
                   read number
                   add "$name" "$number"
```

```
                    validchoice=TRUE;;
             3) echo "Enter name to be removed: \c"
                read name
                rem "$name"
                validchoice=TRUE;;
             *) echo "Bad choice";;
          esac
done
$ cat add
#
# 전화번호부 파일에 누군가를 추가할 수 있는 프로그램
#

if [ "$#"_ -ne 2 ] ;then
       echo "Incorrect number of arguments"
       echo "Usage: add name number"
       exit 1
fi

echo "$1        $2" >> $PHONEBOOK
sort -o $PHONEBOOK $PHONEBOOK
$ cat lu
#
# 전화번호부 파일에서 누군가를 검색한다
#

if [ "$#" -ne 1 ] ; then
       echo "Incorrect number of arguments"
       echo "Usage: lu name"
       exit 1
fi

name=$1
grep "$name" $PHONEBOOK

if [ $? -ne 0 ] ; then
       echo "I couldn't find $name in the phone book"
fi
$ cat rem
#
```

```
# 전화번호부에서 누군가를 삭제한다
#

if [ "$#" -ne 1 ] ; then
        echo "Incorrect number of arguments"
        echo "Usage: rem name"
        exit 1
fi

name=$1

#
# 일치하는 항목 개수를 찾는다
#

matches=$(grep "$name" $PHONEBOOK | wc -1)

#
# 일치하는 항목이 1보다 크면 메시지를 출력하고
# 일치한 내용이 하나라면 전화번호부에서 해당 항목을 삭제한다
#

if [ "$matches" -gt 1 ] ; then
        echo "More than one match; please qualify further"
elif [ "$matches" -eq 1 ] ; then
        grep -v "$name" $PHONEBOOK > /tmp/phonebook$$
        mv /tmp/phonebook$$ $PHONEBOOK
else
        echo "I couldn't find $name in the phone book"
fi
$
```

수정 사항을 하나 더 추가했음에 주목한다. 사용자 편의성을 높이기 위해 lu의 끝에 테스
트를 추가한 후 grep이 성공했는지 여부를 확인하고, 검색 결과가 없다면 실패 메시지가
출력된다.

이제 rolo 프로그램을 테스트한다.

```
$ cd                                    홈 디렉터리로 이동한다
$ rolo Liz                              빨리 검색한다
No phonebook file in /users/steve!      전화번호부의 파일 이동을 잊었다
$ mv /users/steve/bin/phonebook .
$ rolo Liz                              다시 실행한다
Liz Stachiw      212-775-2298
$ rolo                                  메뉴 선택으로 실행한다
        Would you like to:

            1. Look someone up
            2. Add someone to the phone book
            3. Remove someone from the phone book

        Please select one of the above (1-3): 2

Enter name to be added: Teri Zak
Enter number: 201-393-6000
$ rolo Teri
Teri Zak          201-393-6000
$
```

rolo, lu, add는 잘 작동한다. rem도 잘 동작하는지 확인해야 한다.

lu, rem, standalone을 계속 실행하려면 먼저 PHONEBOOK을 정의하고 해당 PHONEBOOK을 내보내는 것이 좋다.

```
$ PHONEBOOK=$HOME/phonebook
$ export PHONEBOOK
$ lu Harmon
I couldn't find Harmon in the phone book
$
```

lu 프로그램을 독립 실행형으로 실행하려 한다면 PHONEBOOK이 올바른 값으로 설정됐는지 확인하기 위해 개별 프로그램에서 확인하는 것이 바람직하다.

현재 디렉터리 ▬▬▬▬▬▬▬▬▬▬▬▬▬▬▬▬▬▬▬▬

현재 디렉터리도 셸 환경의 일부다. cdtest라는 작은 셸 프로그램을 살펴본다.

```
$ cat cdtest
cd /users/steve/bin
pwd
$
```

cdtest 프로그램은 cd를 사용해 /users/steve/bin으로 이동한 다음 pwd를 호출해 변경 사항이 적용됐는지 확인한다. cdtest를 실행한다.

```
$ pwd                          어느 디렉터리에 있는지 확인한다
/users/steve
$ cdtest
/users/steve/bin
$
```

이제 중요한 질문이다. pwd 호출 결과가 /users/steve인가, 아니면 /users/steve/bin인가?

```
$ pwd
/users/steve
$
```

cdtest의 cd가 현재 디렉터리에 아무런 영향을 미치지 않는 것으로 나타났다. 현재 디렉터리는 환경의 일부이기 때문에 cd는 서브셸에서 실행될 때 서브셸의 디렉터리에만 영향을 준다. 서브셸에서 부모 셸의 현재 디렉터리를 변경할 수 있는 방법은 없다.

cd를 호출해 현재 디렉터리가 변경되고 PWD 변수가 새 현재 디렉터리의 전체 경로 이름으로 설정된다. 결과적으로 다음 커맨드의 경우

echo $PWD

pwd 커맨드의 결과와 동일하다.

```
$ pwd
/users/steve
$ echo $PWD
/users/steve
```

```
$ cd bin
$ echo $PWD
/users/steve/bin
$
```

cd는 OLDPWD를 이전의 현재 디렉터리의 전체 경로 이름으로 지정할 수 있는데, 이는 특정 상황에서도 유용할 수 있다.

CDPATH

CDPATH 변수는 PATH 변수처럼 작동한다. cd 커맨드를 실행할 때마다 셸이 검색할 디렉터리 목록을 지정한다. 지정된 디렉터리가 전체 경로 이름으로 주어지지 않고 CDPATH가 널이 아닌 경우에만 해당 검색이 수행된다. 다음과 같이 실행하면

cd /users/steve

셸은 디렉터리를 직접 /users/steve로 변경하지만 다음 커맨드를 실행하면

cd memos

셸은 memos 디렉터리를 찾기 위해 CDPATH 변수를 살펴본다. 그리고 CDPATH가 다음과 같다면

```
$ echo $CDPATH
.:/users/steve:/users/steve/docs
$
```

셸은 먼저 현재 디렉터리에서 memos 디렉터리를 찾는다. 찾지 못하면 /users/steve에서 memos 디렉터리를 찾는다. 그리고 마지막 시도로 /users/steve/docs에서 memos 디렉터리를 찾는다. 찾는 디렉터리가 현재 디렉터리와 관련이 없는 경우 cd 커맨드는 디렉터리의 전체 경로를 출력해 사용자의 디렉터리 위치를 알려준다.

```
$ cd /users/steve
$ cd memos
/users/steve/docs/memos
$ cd bin
/users/steve/bin
```

```
$ pwd
/users/steve/bin
$
```

PATH 변수와 마찬가지로 현재 디렉터리를 지정하기 위한 마침표를 사용하는 것은 선택 사항이다. 그래서 다음 커맨드는 그다음 커맨드와 동일하다.

:/users/steve:/users/steve/docs

.:/users/steve:/users/steve/docs

CDPATH 변수를 신중하게 사용한다면, 특히 디렉터리 계층이 매우 깊고 자주 이동한다면 (또는 다른 디렉터리 계층 구조로 자주 이동한다면) 입력을 특히 많이 줄일 수 있다.

PATH와는 달리 현재 디렉터리를 CDPATH 목록의 맨 앞에 두는 것이 좋을 수 있다. 이렇게 하면 CDPATH를 가장 자연스럽게 사용할 수 있다. 현재 디렉터리를 먼저 나열하지 않으면 예상치 못한 디렉터리에서 종료될 수 있다!

그리고 한 가지 더 이야기한다면 로그인할 때 CDPATH가 설정되지 않는다. 따라서 특정 이름을 검색하려면 셸이 사용할 디렉터리 순서를 명시적으로 설정해야 한다.

서브셸의 추가 정보

서브셸은 부모 셸의 변수 값이나 현재 디렉터리를 변경할 수 없음을 알고 있다. 로그인할 때마다 사용하려는 일부 변수의 값을 설정하는 프로그램을 작성한다고 가정한다. 예를 들어 vars라는 이름의 다음 파일을 보자.

```
$ cat vars
BOOK=/users/steve/book
UUPUB=/usr/spool/uucppublic
DOCS=/users/steve/docs/memos
DB=/usr2/data
$
```

vars를 호출하면 서브셸에서 vars가 실행되기 때문에 vars의 실행이 종료된 후에는 변수에 지정된 값이 사라진다.

```
$ vars
$ echo $BOOK

$
```

놀랍지 않을 것이다.

. 커맨드

이런 딜레마를 해결하기 위해 .('점' 또는 '마침표'로 발음)이라는 내장 셸 커맨드가 있다. 해당 커맨드의 형식은 다음과 같다.

```
. file
```

해당 커맨드는 현재 셸에서 file의 내용을 실행하는 것이 목적이다. 즉 file 커맨드는 서브셸 내에서 실행되지 않고 현재 셸에서 입력된 것처럼 실행된다. 셸은 다른 프로그램을 실행할 때처럼 file을 찾기 위해 PATH 변수를 사용한다.

```
$ . vars                    현재 셸에서 vars를 실행한다
$ echo $BOOK
/users/steve/book           잘 동작한다!
$
```

프로그램을 실행하기 위해 서브셸이 생성되지 않기 때문에 값을 할당한 모든 변수는 프로그램이 완료된 후에도 유지된다.

db라는 프로그램이 있고 다음 커맨드를 가진다.

```
$ cat db
DATA=/usr2/data
RPTS=$DATA/rpts
BIN=$DATA/bin

cd $DATA
$
```

'점' 커맨드로 db를 실행하면 흥미로운 일이 벌어진다.

```
$ pwd
/users/steve
$ . db
$
```

이번에 셸 프로그램은 현재 셸에서 DATA, RPTS, BIN의 세 변수를 정의하고 $DATA 디렉터리로 이동한다.

```
$ pwd
/usr2/data
$
```

여러 프로젝트에서 작업하는 경우 필요한 환경을 사용자 정의한 후 db와 같은 프로그램을 만들어 할 수 있다. 해당 프로그램에서 변수, 프롬프트 변경 등에 대한 정의를 포함할 수도 있다. 예를 들어 PS1 프롬프트를 DB로 변경해 데이터베이스 변수가 설정됐음을 알릴 수 있다. 데이터베이스와 CDPATH에 관련된 프로그램이 있는 특정 디렉터리를 포함하도록 PATH를 변경할 수 있으므로 해당 디렉터리를 cd 커맨드로 쉽게 접근할 수 있다.

반면에 이러한 종류의 변경 작업을 수행하면 작업을 완료한 후 현재 셸에 변경된 변수가 저장되기 때문에 현재 셸이 아닌 서브셸에서 db를 실행하고 싶을 것이다.

가장 좋은 해결 방법은 변경된 모든 변수와 환경 설정을 사용해 서브셸 내부에서 새로운 셸을 시작하는 것이다. 이어서 작업을 완료하면 Ctrl+d를 눌러 새로운 셸을 '로그아웃log out'할 수 있다.

db의 새 버전으로 어떻게 작동하는지 살펴본다.

```
$ cat db
#
# 데이터베이스와 관련된 변수를 설정하고 내보낸다
#

HOME=/usr2/data
BIN=$HOME/bin
RPTS=$HOME/rpts
DATA=$HOME/rawdata
```

```
PATH=$PATH$BIN
CDPATH=:$HOME:$RPTS

PS1="DB: "

export HOME BIN RPTS DATA PATH CDPATH PS1

#
# 새로운 셸을 시작한다
#

/bin/sh
$
```

HOME 디렉터리는 /usr2/data로 설정되고 변수 BIN, RPTS, DATA는 해당 HOME을 기반으로 정의된다(디렉터리 구조를 다른 곳으로 이동해야 할 경우를 대비하는 좋은 아이디어다. 프로그램에서 HOME 변수만 변경하면 된다).

다음에 PATH가 데이터베이스 bin 디렉터리를 포함하도록 수정되고 CDPATH 변수가 현재 디렉터리, HOME 디렉터리, RPTS 디렉터리(아마도 하위 디렉터리를 포함)를 검색하도록 설정된다.

해당 변수를 내보낸 후에는 표준 셸인 /bin/sh가 호출된다. 이 시점부터 새로운 셸은 사용자가 exit를 입력하거나 Ctrl+d를 누를 때까지 사용자가 입력한 커맨드를 처리한다. 종료 시 제어는 db로 돌아가고 db는 다시 로그인 셸로 제어를 리턴한다.

```
$ db                              db를 실행한다
DB: echo $HOME
/usr2/data
DB: cd rpts                       CDPATH에 접근한다
/usr2/data/rpts                   잘 동작한다
DB: ps                            어느 프로세스가 실행 중인지 살펴본다
PID TTY TIME COMMAND
123 13  0:40 sh                   사용자의 로그인 셸
761 13  0:01 sh                   db를 실행 중인 서브셸
765 13  0:01 sh                   db에서 실행한 새로운 셸
769 13  0:03 ps
DB:  exit                         이제 종료한다
```

```
$ echo $HOME
/users/steve                                          원래 HOME으로 돌아간다
$
```

그림 10.7에서는 db의 실행을 설명한다(간단히 설명하기 위해 export 변수만 표시했고 환경 변수는 모두 표시하지 않았다).

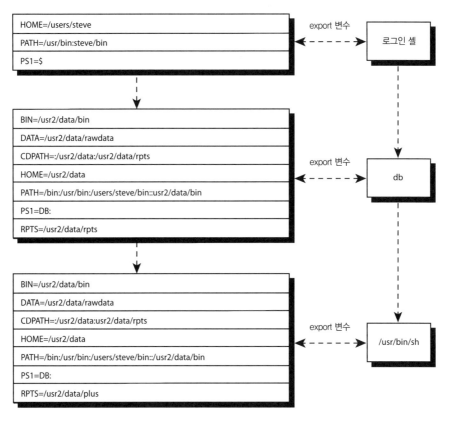

그림 10.7 db 실행

exec 커맨드

db 프로그램 내에서 셸 프로세스가 종료하면 프로그램에서 /bin/sh 다음에 다른 커맨드 가 없기 때문에 모든 작업은 완료된다. 서브셸을 종료하기 위해 db를 사용하는 대신 exec 커맨드를 사용해 현재 프로그램(db)을 새로운 프로그램(/bin/sh)으로 바꿀 수 있다.

exec의 일반적인 형식은 다음과 같다.

```
exec program
```

exec 프로그램은 현재 프로그램을 대체할 수 있기 때문에 하나의 프로세스가 줄어들면서 시스템을 빠르게 실행할 수 있다. 유닉스 시스템이 프로세스를 실행하는 방법 때문에 exec 프로그램의 시작 시간도 빠르다.

db 프로그램에서 exec를 사용하려면 마지막 라인을 다음과 같이 변경한다.

```
exec /bin/sh
```

해당 커맨드가 실행되면 db가 /bin/sh로 바뀐다. 즉 해당 커맨드 이후에 어떠한 커맨드도 결코 실행되지 않을 것이기 때문에 exec 다음의 커맨드는 무의미하다는 것을 의미한다.

exec는 또한 표준 입력을 닫고 읽을 파일로 다시 열 수 있다. 예를 들어 표준 입력을 infile로 변경하려면 exec 커맨드를 다음 형식으로 사용한다.

```
exec < infile
```

이후에 표준 입력에서 데이터를 읽는 모든 커맨드는 infile에서 읽는다.

표준 출력의 리디렉션도 비슷하게 수행된다.

```
exec > report
```

위 커맨드는 표준 출력에 작성된 모든 후속 출력을 report 파일로 리디렉션한다. 이전 두 예시에서 exec는 새로운 프로그램의 실행을 시작하기 위해 사용되지 않고 표준 입력 또는 표준 출력을 재할당하기 위해 사용된다.

표준 입력을 재할당하기 위해 exec를 사용하고, 나중에 다른 곳으로 재할당하려면 exec를 다시 호출하면 된다. 표준 입력을 터미널에 다시 재할당하려면 다음을 작성한다.

```
exec < /dev/tty
```

동일한 개념이 표준 출력의 재할당에도 적용된다.

(...)와 { ...; } 구문

종종 여러 커맨드를 함께 그룹핑하고 싶을 수 있다. 예를 들어, plotdata 프로그램 다음에 sort를 백그라운드로 실행하고 싶을 수 있다. 파이프로 연결되지 않고 커맨드를 차례로 하나씩 사용하려는 경우다.

여러 커맨드를 괄호나 중괄호로 묶어 그룹핑할 수 있다. 처음 구성은 커맨드를 서브셀에서 실행할 수 있도록 하고, 다음 구성은 현재 셀에서 실행하게 한다.

다음은 그룹핑으로 처리하는 작동 원리를 보여주는 일부 예시다.

```
$ x=50
$ (x=100)                    서브셀에서 실행한다
$ echo $x
50                           변경되지 않았다
$ { x=100; }                 현재 셀에서 실행한다
$ echo $x
100
$ pwd                        현재 어느 디렉터리에 있나?
/users/steve
$ (cd bin; ls)               bin으로 변경하고 ls를 실행한다
add
greetings
lu
number
phonebook
rem
rolo
$ pwd
/users/steve                 변경이 없다
$ { cd bin; }                현재 셀을 변경한다
$ pwd
/users/steve/bin
$
```

중괄호로 묶인 커맨드가 모두 같은 라인에 있으면 공백이 왼쪽 중괄호 뒤에 반드시 있어야 하고 마지막 커맨드 다음에 세미콜론이 나타나야 한다. 이전 문장(예: {cd bin; })을 자세히 살펴본다.

314

괄호는 다르게 작동한다. 다음 예시의 경우

```
(cd bin; ls)
```

괄호는 현재 환경에 영향을 주지 않으며 커맨드를 실행할 때 유용하다.

여러 커맨드를 백그라운드로 실행하는 것처럼 다른 목적으로도 (...) 구문을 사용할 수 있다.

```
$ (sort 2016data -o 2016data; plotdata 2016data) &
[1]    3421
$
```

괄호는 sort 커맨드와 plotdata 커맨드를 그룹핑해서 실행 순서가 유지된 채로 백그라운드로 보낼 수 있다.

또한 입력과 출력이 (...)과 { ... } 구문 안으로 또는 (...)과 { ... } 구문 바깥으로 파이프 처리될 수 있고 I/O도 리디렉션 처리할 수 있기 때문에 셸 프로그래머에게 큰 도움이 된다.

다음 예시에서 점으로 시작하는 nroff 커맨드(.ls 2)는 nroff가 처리하기 전에 memo 파일의 시작 부분에 효과적으로 추가된다.

```
$ { echo ".ls 2"; cat memo; } | nroff -Tlp | lp
```

다음 커맨드의 경우

```
$ { prog1; prog2; prog3; } 2> errors
```

세 개 프로그램의 모든 표준 에러 메시지를 errors 파일에 수집되도록 한다.

마지막 예시로 8장의 waitfor 프로그램을 살펴본다. 해당 프로그램은 사용자가 시스템에 로그인한 사용자를 주기적으로 확인한다. 해당 프로그램이 자동으로 백그라운드에서 보낼 수 있다면 좋을 것이다. 이제 until 루프를 괄호로 묶고 괄호 안에 있는 커맨드를 모두 그룹핑해서 백그라운드로 보내는 방식을 살펴본다.

```
$ cat waitfor
#
# 특정 사용자가 로그인할 때까지 기다린다 -- 버전 4
```

```
#

# 기본값을 설정한다
mailopt=FALSE
interval=60

# 커맨드 옵션을 처리한다

while getopts mt: option
do
        case "$option"
        in
                        m)      mailopt=TRUE;;
                        t)      interval=$OPTARG;;
                        \?)     echo "Usage: mon [-m] [-t n] user"
                                echo" -m means to be informed by mail"
                                echo" -t means check every n secs."
                                exit 1;;
        esac
done

# 사용자 이름이 지정됐는지 확인한다

if [ "$OPTIND" -gt "$#" ] ; then
        echo "Missing user name!"
        exit 2
fi

shiftcount=$(( OPTIND - 1 ))
shift $shiftcount
user=$1

#
# 사용자가 로그인하는지 매분마다 확인한다
#

(
    #
    # 사용자가 로그인했는지 확인한다
    #
```

```
until who | grep "^$user " > /dev/null
do
        sleep $interval
done

#
# 이 지점에 도달할 때는 사용자가 로그인한 것이다
#

if [ "$mailopt" = FALSE] ; then
        echo "$user has logged on"
else
        runner=$(who am i | cut -cl-8)
        echo "$user has logged on" | mail $runner
fi
) &
$
```

전체 프로그램을 괄호로 묶을 수 있었지만 해당 프로그램을 백그라운드로 처리하기 전에 매개변수 검사와 구문 분석을 하기로 결정했다.

```
$ waitfor fred
$                                프롬프트가 다시 나타나 작업을 계속할 수 있다
  ...
fred has logged on
```

백그라운드로 셸 프로그램 내의 커맨드를 보내면 셸은 프로세스 ID를 출력하지 않는다.

서브셸에 변수를 전달할 수 있는 다른 방법

변수의 값을 서브셸에 보내고 싶다면 변수를 내보내는 것 외에 또 다른 방법이 있다. 커맨드라인에서 커맨드 앞에 하나 이상의 변수를 지정하는 것이다.

예를 들어, DBHOME 변수와 DBID 변수에 지정된 값을 dbrun의 환경에 두고 dbrun을 실행한다.

```
DBHOME=/uxn2/data DBID=452 dbrun
```

하지만 이들 변수는 dbrun을 실행하기 위해서만 작성됐기 때문에 현재 셸에 알려지지 않는다.

실제로 이전 커맨드는 다음 커맨드와 동일하게 동작한다.

```
(DBHOME=/uxn2/data; DBID=452; export DBHOME DBID; dbrun)
```

다음은 짧은 예시다.

```
$ cat foo1
echo :$x:
foo2
$ cat foo2
echo :$x:
$ foo1
::
::                              foo1 또는 foo2에서 x를 모른다
$ x=100 foo1                    이렇게 실행한다
:100:                           foo1은 x를 안다
:100:                           그리고 foo1의 서브셸인 foo2도 x를 안다
$ echo :$x:
::                              하지만 현재 셸은 x를 모른다
$
```

이렇게 정의된 변수는 서브셸에서 일반 export 변수처럼 작동하지만 코드가 실행된 후에 호출했던 셸에는 존재하지 않는다.

.PROFILE 파일

셸이 커맨드 프롬프트를 표시하기 전에 완성된 로그인 순서를 2장에서 다뤘고, 이제 첫 번째 커맨드를 입력할 준비가 됐다. 로그인 셸이 커맨드 프롬프트를 보여주기 전에 시스템에서 두 개의 특수 파일을 찾아 읽는다.

첫 번째로 읽는 파일은 시스템 관리자가 설정한 /etc/profile이다. 일반적으로 메일을 받는지('You have mail' 메시지가 어디서 왔는지 확인한다.), 기본 파일 생성 마스크(umask)를 설정하는지, 기본 PATH를 설정하는지 등을 비롯해 사용자가 로그인할 때마다 관리자가 알리고 싶은 내용을 보기 위해 사용된다.

무척 흥미롭게도, 자동으로 실행되는 두 번째 파일은 사용자 홈 디렉터리의 .profile이다. 대부분의 유닉스 시스템은 계정이 생성될 때 기본 .profile 파일을 설정하기 때문에 먼저 .profile 내부를 살펴본다.

```
$ cat $HOME/.profile
PATH="/bin:/usr/bin:/usr/lbin:.:"
export PATH
$
```

이는 PATH를 간단히 설정하고 내보내는 아주 적당한 .profile 예시다.

로그인할 때마다 실행되길 원하는 모든 커맨드를 포함할 수 있도록 .profile 파일을 변경할 수 있다. 해당 파일에 시작할 디렉터리를 지정할 수 있고, 누가 로그인돼 있는지 확인할 수 있으며, 선호하는 모든 시스템 앨리어스의 초기화를 지정할 수 있다. .profile에 /etc/profile 설정을 덮어 쓸 수 있도록 커맨드를 추가할 수도 있다.

.profile 내에서 현재 작업 디렉터리를 변경할 수 있다고 이미 말했기 때문에 다음 커맨드를 로그인하자마자 실행한 것처럼 실제로 로그인 셸에서 .profile 파일과 /etc/profile 파일을 실행할 수 있다는 것은 놀랄 만한 일이 아니다.

```
$ . /etc/profile
$ . .profile
$
```

또한 이는 .profile에서 변경된 환경이 셸에서 로그아웃할 때까지 유지됨을 의미한다.

대부분의 유닉스 사용자는 각자의 .profile을 사용해 커맨드라인 환경의 많은 부분을 변경한다. 예를 들어 각자의 bin을 포함하고, PATH와 CDPATH를 설정하고, 기본 커맨드 프롬프트와 보조 커맨드 프롬프트를 변경하고, stty 커맨드로 erase 문자를 백스페이스(Ctrl+h)로 변경하고, 7장에서 살펴본 greetings 프로그램을 사용해 친숙한 메시지를 출력할 수 있는 샘플 .profile을 다음과 같이 소개한다.

```
$ cat $HOME/.profile
PATH=/bin:/usr/bin:/usr/lbin:$HOME/bin:.:
CDPATH=.:$HOME:$HOME/misc:$HOME/documents

PS1="=> "
PS2="====> "
```

```
export PATH CDPATH PS1 PS2

stty echoe erase CTRL-h

echo
greetings
$
```

.profile의 내용으로 로그인 순서는 다음과 같다.

```
login: steve
Password:

Good morning                           greetings에서 출력한다
=>                                     새로운 PS1
```

TERM 변수

유닉스의 많은 프로그램은 커맨드라인 기반(예: ls와 echo)이지만, 터미널 설정과 기능을 자세히 알고 있어야 하는 수많은 풀스크린full-screen 커맨드(예: vi 편집기)가 존재한다. 해당 설정 정보를 보유하고 있는 환경 변수는 TERM이며 그렇게 걱정할 필요가 없다. 터미널이나 SSH 프로그램은 일반적으로 작업을 원활하게 하기 위해 최적의 값으로 자동 설정된다.

하지만 일부 오래된 사용자는 풀스크린 프로그램이 제대로 작동할 수 있도록 TERM에 ansi, vt100, xterm과 같은 특정 값을 지정하고 싶을 수 있다. 그런 경우에는 .profile에 값을 설정하는 것을 추천한다.

다음과 같은 간단한 코드 블록을 사용해 로그인하는 중에 TERM 값을 묻는 메시지를 출력할 수도 있다.

```
echo "What terminal are you using (xterm is the default)? \c"
read TERM
if [ -z "$TERM" ]
then
        TERM=xterm
```

```
fi
export TERM
```

입력된 터미널 유형에 따라 기능 키 또는 터미널 탭 설정과 같은 작업을 수행할 수도 있다. 항상 동일한 터미널 유형을 사용하더라도 .profile 파일에 TERM 변수를 설정해야 한다.

여기서 한 가지 중요한 사실은 맥 OS X 및 우분투 리눅스 사용자는 터미널 프로그램의 TERM 유형이 xterm-256color고 솔라리스 유닉스 사용자는 기본 TERM이 vt100임을 알 수 있다는 것이다. 많은 외부 telnet/SSH(터미널) 프로그램은 TERM 값으로 ansi를 사용한다.

TZ 변수

TZ 변수는 현재 표준 타임존^{time zone}을 결정하기 위해 date 커맨드와 일부 표준 C 라이브러리 함수에서 사용된다. 실제로 사용자는 인터넷을 통해 원격으로 로그인할 수 있기 때문에 시스템의 다른 사용자는 다른 타임존에 있을 수 있다. TZ의 가장 간단한 설정은 세 자리 이상의 알파벳 문자, 즉 표준 타임존 이름과 그리니치 표준시^{Greenwich Mean Time}라고도 하는 협정 세계시^{Coordinated Universal Time}에 도달하기 위해 현지 시간에서 추가해야 하는 시간을 지정하는 숫자를 포함한다. 해당 숫자는 양수(현지 타임존은 경도 0의 서쪽) 또는 음수(현지 타임존은 경도 0의 동쪽)일 수 있다. 예를 들어 미국 동부 표준시^{Eastern Standard Time}는 다음과 같이 지정할 수 있다.

```
TZ = EST5
```

date 커맨드는 타임존 정보를 기반으로 올바른 시간을 계산하고 필요에 따라 출력에 타임존 이름을 사용한다.

```
$ TZ=EST5 date
Wed Feb 17 15:24:09 EST 2016
$ TZ=xyz3 date
Wed Feb 17 17:46:28 xyz 2016
$
```

두 번째 타임존 이름에 숫자가 다음에 올 수 있는데, 타임존에 숫자를 지정하면 일광 절약 시간^{daylight saving time[1]}(DST)이 적용된다고 가정하며(일광 절약 시간제가 적용되는 시간이 자동으로 조정됨) 표준 시간보다 1시간 앞당겨지는 것으로 간주된다. 숫자가 일광 절약 시간 타임존 이름 바로 뒤에 오는 경우 해당 값은 앞에서 설명한 것처럼 협정 세계시에서 일광 절약 시간을 계산하는 데 사용된다.

대부분의 경우 EST5EDT 또는 MST7MDT로 지정된 타임존을 볼 것인데, 일부 지역에서는 지정할 수 있지만 실제로 DST로 전환하지 못할 수도 있다.

TZ 변수는 보통 /etc/profile 파일이나 .profile 파일에도 설정된다. 설정되지 않으면 기본적으로 구현된 표준 타임존(일반적으로 협정 세계 표준시)이 사용된다.

또한 대부분의 최신 리눅스 시스템에서는 지역을 지정해 다음과 같이 타임존을 설정할 수 있다.

```
TZ="America/Tijuana" date
```

해당 커맨드는 멕시코 티후아나의 현재 시간을 보여준다.

---

1 우리가 흔히 아는 서머 타임(summer time)을 의미하며, 표준시를 한 시간 빨리 돌리는 방식이다. 영국에서는 서머 타임이라는 용어를 사용하고 미국에서는 일광 절약 시간이라는 용어를 사용한다. - 옮긴이

매개변수 더 살펴보기

11장에서는 변수 및 매개변수를 자세히 다룬다. 기술적으로 매개변수에는 프로그램에 전달된 인수(위치 매개변수^{positional parameter}), $# 및 $?와 같은 특수한 셸 변수, 키워드 매개변수^{keyword parameter}라고도 알려진 일반 변수가 포함된다.

위치 매개변수에 값을 직접 할당할 수 없지만 set 커맨드를 사용하면 값을 재할당할 수 있다. 알다시피 단순히 다음과 같이 작성하면 변수에 값이 할당된다.

variable=value

값 할당 형식은 실제로 보이는 것보다 좀 더 일반적이다. 다음 형식을 사용해 여러 변수를 동시에 할당할 수 있기 때문이다.

variable=value variable=value ...

다음 예시를 살펴본다.

```
$ x=100 y=200 z=50
$ echo $x $y $z
100 200 50
$
```

매개변수 대체 ■■■■■■■■■■■■■■■■

가장 간단한 형식으로 매개변수의 값을 대체하려면 $i 또는 $9처럼 매개변수 앞에 달러 기호를 붙인다.

${parameter}

매개변수 이름 뒤에 나올 문자로 인해 충돌이 잠재적으로 발생할 수 있다면, 이름을 중괄 호로 묶을 수 있다.

```
mv $file ${file}x
```

해당 커맨드는 $file이 지정한 파일 이름 끝에 x를 추가한다. 다음과 같이 작성할 수는 없다.

```
mv $file $filex
```

이전 셸은 file에 문자 x를 추가하는 것이 아니라 두 번째 매개변수인 filex 변수의 값을 교체하려 한다.

6장에서 다룬 것처럼 10개 이상의 위치 매개변수에 접근하려면 ${11}과 같은 표기 형식을 사용해 중괄호 안에 숫자를 묶어야 한다.

그러나 변수 이름을 중괄호로 묶으면 꽤 많은 작업을 진행할 수 있다.

${parameter:-value}

해당 구조체가 널이 아니라면 parameter의 값을 사용하고, 널이면 value를 대체한다.

예를 들어, 다음 커맨드라인의 경우

```
echo Using editor ${EDITOR:-/bin/vi}
```

셸은 EDITOR의 값이 널이 아닌 경우 사용하고, 그렇지 않으면 /bin/vi 값을 사용한다. 다음 코드와 동일한 효과를 가진다.

```
if [ -n "$EDITOR" ]
then
```

```
        echo Using editor $EDITOR
else
        echo Using editor /bin/vi
fi
```

다음 커맨드의 경우

```
${EDITOR:-/bin/ed} /tmp/edfile
```

EDITOR 변수(아마도 텍스트 편집기)에 저장된 프로그램을 시작하거나 EDITOR가 널이면 /bin/ed를 시작한다.

여기서는 EDITOR 변수의 값을 변경하지 않기 때문에 이전 커맨드 이후에도 EDITOR가 널이라면 EDITOR의 값은 계속 널이 될 것이라는 점을 주목해야 한다.

다음은 관련 내용을 간단히 보여준다.

```
$ EDITOR=/bin/ed
$ echo ${EDITOR:-/bin/vi}
/bin/ed
$ EDITOR=                        널로 설정한다
$ echo ${EDITOR:-/bin/vi}
/bin/vi
$
```

${parameter:=value}

이 버전은 이전 버전과 비슷하지만 parameter가 널이라면 value를 사용할 뿐만 아니라 parameter에도 할당된다(구문에서 =임을 주목한다). 동일한 방식으로 위치 매개변수에 값을 지정할 수 없어서 parameter는 숫자가 될 수 없다.

해당 구문은 일반적으로 export 변수가 설정됐는지 확인하고 설정되지 않았다면 기본값을 지정하기 위해 사용된다.

```
${PHONEBOOK:=$HOME/phonebook}
```

PHONEBOOK에 이미 할당된 값이 있다면 그대로 두고, 할당된 값이 없다면 $HOME/phonebook으로 설정한다.

이전 예시는 대체가 수행된 후 셸이 결과를 실행하려 하기 때문에 단독 커맨드로는 사용할 수 없다.

```
$ PHONEBOOK=
$ ${PHONEBOOK:=$HOME/phonebook}
sh: /users/steve/phonebook: cannot execute
$
```

해당 구문을 독립적으로 실행할 수 있는 커맨드로 사용하려면 널^{null} 커맨드를 사용할 수 있다.

다음 커맨드를 작성하는 경우

```
: ${PHONEBOOK:=$HOME/phonebook}
```

셸은 여전히 대체(셸은 커맨드라인의 나머지 부분을 평가한다.)를 수행하지만 아무것도 실행하지 않는다(널 커맨드).

```
$ PHONEBOOK=
$ : ${PHONEBOOK:=$HOME/phonebook}
$ echo $PHONEBOOK                        PHONEBOOK이 할당됐는지 확인한다
/users/steve/phonebook
$ : ${PHONEBOOK:=foobar}                 PHONEBOOK은 변경되지 않는다
$ echo $PHONEBOOK
/users/steve/phonebook                   실제로 PHONEBOOK은 변경되지 않았다
$
```

하지만 일반적으로 조건절 또는 echo문에서 변수에 대한 첫 번째 참조를 할 때 := 표기법을 사용하는 셸 프로그램이 존재한다. 동일한 효과를 가질 수 있지만 널 커맨드는 사용하지 않는다.

${parameter:?value}

parameter가 널이 아니라면 셸은 parameter의 값을 대체한다. parameter가 널이라면 셸은 value를 표준 에러로 기록한 다음 종료한다(걱정하지 말라. 로그인 셸에서 완료되면 로그 오프되지 않는다). value를 생략하면 셸은 기본 에러 메시지를 출력한다.

```
prog: parameter: parameter null or not set
```

다음 예시를 살펴본다.

```
$ PHONEBOOK=
$ : ${PHONEBOOK:?"No PHONEBOOK file"}
No PHONEBOOK file
$ : ${PHONEBOOK:?}                    값을 주지 않는다
sh: PHONEBOOK: parameter null or not set
$
```

해당 구조를 사용하면 프로그램에서 필요한 변수를 모두 설정했는지, 널이 아닌지를 쉽게 확인할 수 있다.

```
: ${TOOLS:?}   ${EXPTOOLS:?}   ${TOOLBIN:?}
```

${parameter:+value}

parameter가 널이 아니면 value를 대체한다. 그렇지 않으면 아무것도 대체하지 않는다. 물론 해당 구문은 -의 반대다.

```
$ traceopt=T
$ echo options: ${traceopt:+"trace mode"}
options: trace mode
$ traceopt=
$ echo options: ${traceopt:+"trace mode"}
options:
$
```

해당 절에 있는 모든 구문의 value 부분은 값이 필요할 때만 실행되므로 커맨드 대체가 발생할 수 있다. 이 또한 조금 복잡할 수 있다. 다음을 살펴본다.

```
WORKDIR=${DBDIR:-$(pwd)}
```

여기서 DBDIR이 널이 아니면 WORKDIR에 DBDIR 값을 할당하고, DBDIR이 널이면 pwd 커맨드가 실행된 후 해당 pwd 커맨드의 결과가 WORKDIR에 할당된다. pwd는 DBDIR이 널일 때만 실행된다.

패턴 매칭 구조

POSIX 셸은 패턴^{pattern} 매칭을 수행하는 네 개의 매개변수 대체 구조를 지원한다. 일부 오래된 셸은 해당 기능을 지원하지 않지만, 최신 유닉스, 리눅스 또는 맥 시스템을 사용하고 있다면 해당 기능을 지원하지 않는 셸을 사용할 가능성은 거의 없다.

패턴 매칭 구문은 하나의 변수 이름(또는 매개변수 번호)과 하나의 패턴, 두 개의 매개변수를 받는다. 셸은 주어진 패턴과 일치하는 주어진 변수의 내용을 검색한다. 패턴이 일치하면 셸은 커맨드라인에서 패턴의 일치하는 부분을 삭제한 채 변수 값을 사용한다. 패턴이 일치하지 않으면 커맨드라인에서 변수의 전체 내용을 사용한다. 두 경우 모두 변수의 내용이 변경되지 않는다.

셸에서는 파일 이름 대체와 case 값에서 동일한 패턴 매칭 문자를 사용할 수 있으므로 '패턴'이라는 용어를 사용한다. *는 0개 이상의 문자와 일치, ?는 모든 하나의 문자와 일치, [...]는 지정된 집합의 모든 단일 문자와 일치, [! ...]는 지정된 집합에 없는 단일 문자와 일치함을 의미한다.

다음 구문을 사용하는 경우

${variable%pattern}

셸은 특정 pattern으로 끝나는지 확인하기 위해 내부 variable을 살펴본다. 패턴과 일치하면 variable의 내용이 사용되고 가장 짧게 일치하는 pattern을 오른쪽부터 제거한다.

다음 구문을 사용하는 경우

${variable%%pattern}

셸은 특정 pattern으로 끝나는지 확인하기 위해 variable 내부를 다시 살펴본다. 그러나 이번에는 가장 길게 일치하는 pattern을 오른쪽부터 제거한다. pattern에 *가 사용되는 경우에만 관련이 있다. 그렇지 않으면 %와 %%는 같은 방식으로 작동한다.

#은 비슷한 방식으로 패턴 매칭이 오른쪽이 아닌 왼쪽부터 시작되도록 한다. 그래서 다음 구조의 경우

${variable#pattern}

커맨드라인에서 variable의 값을 사용하고 왼쪽부터 패턴을 제거한다.

마지막으로 다음 구조의 경우

${variable##pattern}

pattern의 가장 긴 항목이 왼쪽에서 제거된다는 점을 제외하고는 # 형식과 유사하다.

네 가지 경우 모두 변수를 변경하지 않으며, 커맨드라인에서 사용되는 것만 영향을 준다. 또한 패턴 매칭이 고정[anchored]돼 있음을 알아야 한다. % 구문과 %% 구문의 경우 변수 값은 지정된 패턴으로 끝나야 한다. # 구문과 ## 구문의 경우 변수는 해당 변수로 시작해야 한다.

다음은 해당 구문이 작동하는 방법을 보여주는 일부 간단한 예시다.

```
$ var=testcase
$ echo $var
testcase
$ echo ${var%e}           오른쪽부터 e를 제거한다
testcas
$ echo $var               변수는 변경되지 않는다
testcase
$ echo ${var%s*e}         오른쪽부터 가장 작게 일치하는 부분을 삭제한다
testca
$ echo ${var%%s*e}        가장 길게 일치하는 부분을 삭제한다
te
$ echo ${var#?e}          왼쪽부터 가장 작게 일치하는 부분을 삭제한다
stcase
$ echo ${var#*s}          왼쪽부터 가장 작게 일치하는 부분을 삭제한다
tcase
$ echo ${var##*s}         왼쪽부터 가장 큰 부분을 삭제한다
e
$ echo ${var#test}        왼쪽부터 test를 삭제한다
case
$ echo ${var#teas}        일치하는 부분이 없다
testcase
$
```

해당 구조에 대한 많은 실용적인 용도가 있다. 예를 들어, 다음은 file 변수에 저장된 파일 이름이 두 문자 .o로 끝나는지 확인하는 테스트다.

```
if [ ${file%.o} != $file ] ; then
    # file ends in .o
        ...
fi
```

또 다른 예로 유닉스 시스템의 basename 커맨드처럼 작동하는 셸 프로그램이 있다.

```
$ cat mybasename
echo ${1##*/}
$
```

해당 프로그램은 매개변수를 마지막 슬래시(/)까지 제거한 후 나머지 문자를 출력한다.

```
$ mybasename /usr/spool/uucppublic
uucppublic
$ mybasename $HOME
steve
$ mybasename memos
memos
$
```

그러나 잠깐! 여기에는 더 많은 구문이 있다.

${#variable}

변수에 얼마나 많은 문자가 저장돼 있는지 알아야 할 때가 있을까? 바로 해당 구조가 이 질문에 답변한다.

```
$ text='The shell'
$ echo ${#text}
9
$
```

> **팁**
> 11장에서 설명한 각 매개변수 구문은 부록 A의 표 A.3에 요약돼 있다.

$0 변수

셸 프로그램을 실행할 때마다 셸은 특수 변수 $0에 프로그램의 이름을 자동으로 저장한다. 이는 파일시스템의 하드 링크를 통해 다양한 커맨드 이름으로 프로그램에 접근할 수있을 때를 비롯해 여러 상황에서 유용할 수 있다. 프로그램에 따라 어느 프로그램이 실행됐는지 알 수 있다.

$0는 프로그램에 하드코딩돼 있지 않고 실제 프로그램 파일 이름을 기반으로 하고 있기때문에 주로 에러 메시지를 출력하는 데 사용된다. 프로그램의 이름을 $0로 참조하도록하면 프로그램을 수정할 필요 없이 메시지의 내용이 자동으로 바뀐다.

```
$ cat lu
#
# 전화번호부에서 누군가를 찾는다
#

if [ "$#" -ne 1 ] ; then
        echo "Incorrect number of arguments"
        echo "Usage: $0 name"
        exit 1
fi

name=$1
grep "$name" $PHONEBOOK

if [ $? -ne 0 ] ; then
        echo "I couldn't find $name in the phone book"
fi
$ PHONEBOOK=$HOME/phonebook
$ export PHONEBOOK
$ lu Teri
Teri Zak        201-393-6000
$ lu Teri Zak
Incorrect number of arguments
Usage: lu name
$ mv lu lookup                      프로그램 이름을 변경한다
$ lookup Teri Zak                   이제 무슨 일이 발생하는지 살펴본다
Incorrect number of arguments
Usage: lookup name
$
```

일부 유닉스 시스템은 자동으로 $0를 디렉터리를 포함하는 전체 경로명으로 만들기 때문에 일부 에러와 사용법 메시지가 나타날 수 있다. 이 경우 $(basename $0)를 사용하거나 이전에 알게 된 커맨드를 사용해 경로 이름을 잘라낸다.

```
${0##*/}
```

set 커맨드

또한 셸의 set 커맨드는 두 가지 목적으로 사용된다. 다양한 셸 옵션을 설정하고 위치 매개변수 $1, $2 등을 할당하는 데 사용된다.

-x 옵션

7장에서는 셸 프로그램에서 문제를 해결하기 위해 sh -x ctype을 사용하는 부분을 잠깐 살펴봤지만 set 커맨드를 사용하면 프로그램의 특정 부분에 대한 추적 모드를 실제로 켜고 끌 수 있다.

프로그램에서 다음 문장은 추적 모드를 사용할 수 있게 한다.

```
set -x
```

즉, 이후에 실행될 커맨드는 파일 이름, 변수, 커맨드 대체뿐 아니라 I/O 리디렉션이 수행된 후 셸의 표준 에러로 출력된다는 것을 의미한다. 추적된 커맨드는 더하기 기호가 앞에 붙는다.

```
$ x=*
$ set -x                        커맨드 추적 옵션을 설정한다
$ echo $x
+ echo add greetings lu rem rolo
add greetings lu rem rolo
$ cmd=wc
+ cmd=wc
$ ls | $cmd -l
+ ls
+ wc -l
      5
$
```

+x 옵션을 사용해 set을 실행하면 언제든지 추적 모드를 끌 수 있다.

```
$ set +x
+ set +x
$ ls | wc -l
         5                    원래대로 돌아간다
$
```

추적 옵션은 서브셸로 전달되지 않는다. 그러나 sh -x 옵션에 프로그램 이름을 추가하고
실행하면 서브셸의 실행을 추적할 수 있다.

```
sh -x rolo
```

또는 프로그램 자체에 set -x 커맨드와 set + x 커맨드를 추가할 수 있다. 사실 프로그램
에 set -x와 set +x 커맨드를 원하는 만큼 추가해 추적 모드를 켜고 끌 수 있다.

매개변수가 없는 set

set에 매개변수를 제공하지 않으면 현재 환경에 존재하는 모든 변수(지역 변수 또는 export
변수)의 알파벳순 목록을 얻는다.

```
$ set                              모든 변수를 보여준다
CDPATH=:/users/steve:/usr/spool
EDITOR=/bin/vi
HOME=/users/steve
IFS=

LOGNAME=steve
MAIL=/usr/spool/mail/steve
MAILCHECK=600
PATH=/bin:/usr/bin:/users/steve/bin:.:
PHONEBOOK=/users/steve/phonebook
PS1=$
PS2=>
PWD=/users/steve/misc
SHELL=/usr/bin/sh
TERM=xterm
TMOUT=0
```

```
TZ=EST5EDT
cmd=wc
x=*
$
```

set을 사용해 위치 매개변수 재할당

위치 매개변수에 새로운 값을 지정하거나 재할당할 수 있는 방법이 없음을 기억할 것이다. 예를 들어 $1에 100을 재할당하려면 다음과 같이 논리적으로 작성될 수 있다.

```
1=100
```

하지만 이는 작동하지 않는다. 위치 매개변수는 셸 프로그램을 호출할 때 설정된다.

하지만 비열한 속임수가 하나 있다. 당신은 값을 변경하기 위해 set을 사용할 수 있다. 커맨드라인에서 set으로 사용할 단어가 매개변수로 제공되면 위치 매개변수 $1, $2, ...은 해당 단어로 지정된다. 위치 매개변수에 저장된 이전 값은 유실된다. 셸 프로그램에서 다음 커맨드의 경우

```
set a b c
```

$1에 a를, $2에 b를, $3에 c를 할당한다. 또한 $#은 새로운 매개변수 개수에 적절하게 3으로 설정된다.

다음은 좀 더 관련된 예시다.

```
$ set one two three four
$ echo $1:$2:$3:$4
one:two:three:four
$ echo $#                  $#은 4여야 한다
4
$ echo $*                  위치 매개변수의 현재 값은 무엇인가?
one two three four
$ for arg; do echo $arg; done
one
two
three
four
$
```

set을 실행하면 모든 것이 예상대로 작동한다. $#, $*, 리스트 없는 for 루프는 변경된 위치 매개변수 값을 모두 반영한다.

set은 종종 파일이나 터미널에서 읽은 데이터를 '구문 분석'하기 위해 해당 방식을 사용한다. 여기서는 커맨드라인에서 입력된 단어 수를 계산하는 words라는 프로그램을 소개한다.

```
$ cat words
#
# 커맨드라인에서 단어의 수를 계산한다
#

read line
set $line
echo $#
$ words                         실행한다
Here's a line for you to count.
7
$
```

프로그램은 사용자 입력을 읽어 셸 변수 line에 읽은 라인을 저장한 후 다음 커맨드를 실행한다.

```
set $line
```

이렇게 하면 line에 저장된 각 단어가 해당 위치 매개변수에 할당된다. 또한 $# 변수는 할당된 단어 수로 설정되지만, 라인의 단어 수이기도 하다.

-- 옵션

이전 예시는 잘 작동한다. 하지만 어떤 이유로 사용자가 - 기호를 처음에 입력한다면 무슨 일이 발생할까?

```
$ words
-1 + 5 = 4
words: -1: bad option(s)
$
```

다음과 같은 일이 발생했다. 라인을 읽고 나서 line에 해당 라인을 할당한다. 이후 다음 커맨드가 다음과 같이 실행된다.

```
set $line
```

셸이 대체를 수행한 후 커맨드는 다음과 같이 보였을 것이다.

```
set -1 + 5 = 4
```

set이 실행되면 -가 보일 것이고 잘못된 옵션(-1)이 선택됐다고 여겼다. 이는 에러 메시지에 대한 설명이다.

공백 문자로만 구성된 라인을 전달하거나 라인이 널이라면 words에 문제가 생길 것이다.

```
$ words
                    Enter 키를 입력한다
CDPATH=.:/users/steve:/usr/spool
EDITOR=/bin/vi
HOME=/users/steve
IFS=

LOGNAME=steve
MAIL=/usr/spool/mail/steve
MAILCHECK=600
PATH=/bin:/usr/bin:/users/steve/bin:.:
PHONEBOOK=/users/steve/phonebook
PS1=$
PS2=>
PWD=/users/steve/misc
SHELL=/usr/bin/sh
TERM=xterm
TMOUT=0
TZ=EST5EDT
cmd=wc
x=*
0
$
```

이전 커맨드에서, set 커맨드에 매개변수가 없기 때문에 셸의 모든 변수 목록을 출력한다.

이런 문제가 발생하지 않도록 하려면 set에 -- 옵션을 사용한다. -- 옵션을 사용하면 셸은 모든 후속 대시 또는 커맨드라인에서 옵션 형태로 주어지는 매개변수 형태의 단어를 해석하지 않는다. 또한 set에 매개변수를 제공하지 않으면(이전에 널 라인을 입력했을 때) 모든 변수가 출력되지 않도록 한다.

이를 반영해 words의 set 커맨드는 읽을 수 있도록 변경돼야 한다.

```
set -- $line
```

words 프로그램에 while 루프와 정수 연산을 추가해서 words 프로그램은 이제 표준 입력에서 전체 단어 수를 계산할 수 있도록 수정될 수 있고 기본적으로 wc -w 버전을 제공할 수 있다.

```
$ cat words
#
# 표준 입력에서 모든 단어의 수를 계산한다
#

count=0
while read line
do
        set -- $line
        count=$(( count + $# ))
done

echo $count
$
```

매 라인을 읽은 후 set 커맨드는 모든 위치 매개변수를 새로운 라인 정보에 할당해 $#을 라인의 단어 수에 재설정한다. -- 옵션은 라인이 -로 시작하거나 공백이거나 영숫자가 없는 경우도 포함된다.

그리고 $#의 값이 변수 count에 추가되고 다음 라인을 읽는다. EOF^end of file를 만나면 루프는 종료되고 count 값을 출력한다. 즉 읽은 단어의 총합이다.

```
$ words < /etc/passwd
```

```
567
$ wc -w < /etc/passwd          wc로 확인한다
567
$
```

특정 파일에 얼마나 많은 단어가 있는지 알아내는 방법이 조금 이상하지만, set 커맨드는 대부분의 유닉스 사용자가 알고 있는 것보다 좀 더 융통성이 있다.

다음은 디렉터리에 있는 파일 수를 빠르게 계산하는 방법이다.

```
$ set *
$ echo $#
8
$
```

이전 커맨드는 다음 커맨드보다 빠르다.

```
ls | wc -l
```

이는 이전 커맨드가 셸 내장 커맨드만 사용했기 때문이다. 일반적으로 셸 프로그램은 셸의 내장 커맨드를 많이 사용하려 하면 훨씬 빠르게 실행된다.

set의 다른 옵션

set은 옵션 앞에 -를 붙여 옵션을 활성화하고, +를 붙여 옵션을 비활성화하는 옵션을 받는다. 여기에 설명된 -x 옵션이 가장 많이 사용되고, 나머지는 부록 A의 표 A.9에서 요약했다.

IFS 변수

내부 필드 구분자internal field separator를 의미하는 IFS라는 특수한 셸 변수가 있다. 셸은 read 커맨드의 입력과 커맨드 대체(역따옴표 메커니즘)의 출력을 구문 분석할 때, 변수 대체를 수행할 때 변수의 값을 사용한다. IFS는 간단 명료하게 공백 구분자로 사용되는 문자들을 포함한다. 커맨드라인에 IFS를 입력한 경우, 셸은 이를 공백 문자(즉, 단어 구분자)처럼 취급한다.

지금 IFS에 무엇이 설정돼 있는지 살펴본다.

```
$ echo "$IFS"

$
```

IFS는 그다지 흥미롭지 않았다! IFS에 저장된 실제 문자를 확인하려면 echo 출력을 -b(바이트 출력) 옵션을 사용한 od(8진 덤프) 커맨드로 파이프 처리한다.

```
$ echo "$IFS" | od -b
0000000 040 011 012 012
0000004
$
```

숫자들 중 첫 번째 칼럼은 입력의 시작에서의 상대적인 오프셋이다. 다음 숫자는 od가 읽는 문자의 8진수 값이다. od가 읽는 첫 번째 숫자는 040이고 공백 문자에 대한 ASCII 값이다. 그다음은 011이고 탭 문자를 의미한다. 그다음은 012이고 개행 문자를 의미한다. 다음 문자는 echo에 의해 추가되는 또 다른 개행 문자다. IFS의 이러한 문자 집합은 놀랄 일이 아니다. 이 책을 통해 내가 이야기했던 공백 문자다.

여기서 흥미로운 점은 IFS를 원하는 문자 또는 문자들로 변경할 수 있다는 점이다. 라인에서 일반 공백 문자로 구분되지 않은 데이터의 필드를 구문 분석할 때 특별히 유용할 수 있다.

예를 들어, 셸은 일반적으로 read 커맨드로 읽은 라인의 시작 부분에서 선행 공백 문자를 제거한다. 하지만 read가 실행되기 전에 IFS를 개행 문자로 변경하면 셸이 공백 문자를 필드 구분자로 생각하지 않기 때문에 선행 공백은 유지된다.

```
$ read line                      오래된 방식으로 라인을 읽는다
          Here's a line
$ echo "$line"
Here's a line
$ IFS="
> "                              IFS를 개행 문자로 설정한다
$ read line                      다시 라인을 읽는다
          Here's a line
$ echo "$line"
```

```
        Here's a line        선행 공백이 유지된다
$
```

IFS를 개행 문자로 변경하기 위해 열린 따옴표를 입력한 후 Enter 키를 누르고 바로 다음 라인에 닫는 따옴표를 누른다. 추가 문자를 IFS에 저장할 수 없기 때문에 두 따옴표 안에는 어떠한 추가 문자를 입력할 수 없고 또한 셸이 사용할 수 없다.

이제 IFS를 더 눈에 띄는 콜론으로 변경한다.

```
$ IFS=:
$ read x y z
123:345:678
$ echo $x
123
$ echo $z
678
$ list="one:two:three"
$ for x in $list; do echo $x; done
one
two
three
$ var=a:b:c
$ echo "$var"
a:b:c
$
```

IFS가 콜론으로 변경됐기 때문에 라인을 읽었을 때 셸은 해당 라인을 세 단어 123, 345, 678로 나눠서 세 변수 x, y, z에 각각 저장했다. 그다음 예시에서 셸은 for 루프에서 list 값을 대체할 때 IFS를 사용했다. 마지막 예시는 변수를 할당할 때 셸이 IFS를 사용하지 않음을 보여준다.

종종 IFS의 변경은 set 커맨드와 함께 수행된다.

```
$ line="Micro Logic Corp.:Box 174:Hackensack, NJ 07602"
$ IFS=:
$ set $line
$ echo $#                    몇 개의 매개변수가 설정됐는가?
3
$ for field; do echo $field; done
```

```
Micro Logic Corp.
Box 174
Hackensack, NJ 07602
$
```

IFS는 매우 빠른 내장 셸 커맨드를 모두 사용하기 때문에 강력한 기술이다. 해당 기술은 13장에서 설명한 rolo 프로그램의 최종 버전에서 사용된다.

number2라는 다음 프로그램은 9장에서 설명한 라인 번호를 매기는 프로그램의 최종 버전이다. 해당 프로그램은 입력 라인을 표준 출력으로 보내며, 이전 프로그램 버전과 달리 각 라인의 선행 공백과 다른 공백 문자가 충실하게 저장되고 재현될 수 있도록 IFS를 수정한다. 라인 번호를 오른쪽으로 정렬하기 위해 printf를 사용하는 것에 주목한다.

```
$ cat number2
#
# 매개변수로 파일을 받거나 파일이 없다면
# 표준 입력을 받아 라인 번호를 출력한다( 마지막 버전)
#

# 입력된 선행 공백을 유지하기 위해 IFS를 수정한다

IFS='
'    # 따옴표 사이에 줄 바꿈이 표시된다
lineno=1

cat $* |
while read -r line
do
        printf "%5d:%s\n" $lineno "$line"
        lineno=$(( lineno + 1 ))
done
```

다음은 number 실행에 대한 예시다.

```
$ number2 words
    1:#
    2:# 커맨드라인에서 단어의 수를 계산한다
    3:#
    4:
```

```
 5:count=0
 6:while read line
 7:do
 8:  set -- $line
 9:  count=$(( count + $# ))
10:done
11:
12:echo $count
$
```

IFS는 셸이 해석하는 방식에 영향을 미치기 때문에 프로그램을 변경하려면 기존 값을 먼저 다른 변수(예: OIFS)에 저장하고 작업을 완료한 후 복원하는 것이 좋다.

readonly 커맨드

readonly 커맨드는 나중에 값을 변경할 수 없는 변수를 지정하기 위해 사용된다. 예를 들어, 다음은 PATH와 HOME 변수를 모두 읽기 전용으로 출력한다.

readonly PATH HOME

두 변수 중 하나에 값을 할당하려 하면 셸은 에러 메시지를 출력한다.

```
$ PATH=/bin:/usr/bin:.:
$ readonly PATH
$ PATH=$PATH:/users/steve/bin
sh: PATH: is read-only
$
```

여기서 PATH 변수가 읽기 전용으로 생성되면 해당 변수에 값을 할당하려 할 때 에러 메시지를 출력한다는 것을 알 수 있다.

읽기 전용 변수 목록을 얻으려면 매개변수 없이 readonly -p를 입력한다.

```
$ readonly -p
readonly PATH=/bin:/usr/bin:.:
$
```

읽기 전용 변수의 속성은 서브셸로 전달되지 않는다. 또한 셸에서 변수가 읽기 전용으로 만들어진 이후에는 '읽기 전용 취소'를 수행할 수 없다.

unset 커맨드

때로는 사용자 환경에서 변수 정의를 제거하길 원할 수 있다. 제거하고 싶다면 unset 다음에 변수 이름을 입력한다.

```
$ x=100
$ echo $x
100
$ unset x              환경에서 x를 제거한다
$ echo $x

$
```

읽기 전용 변수를 unset할 수 없다. 게다가 IFS, MAILCHECK, PATH, PS1, PS2 변수는 unset 할 수 없다.

미진한 부분 살펴보기

12장에서는 이전 장에서 설명하지 않았던 커맨드와 기능을 설명한다. 소개 순서에는 특별한 이유가 없으며, 셸 프로그래밍 기법과 기술에 대한 지식을 확장할 수 있다.

eval 커맨드

이 절에서는 좀 특이한 셸 커맨드 중 하나인 eval을 설명한다. 형식은 다음과 같다.

```
eval command-line
```

여기서 command-line은 사용자가 터미널에 입력하는 일반 커맨드라인이다. 하지만 command-line 앞에 eval을 붙이면 셸은 커맨드라인을 실행하기 전에 커맨드라인을 두 번 분석하므로 다른 목적으로 실행돼야 할 스크립트를 생성할 경우에 유용할 수 있다.

간단한 eval을 사용하는 경우는 효과가 없는 것처럼 보인다.

```
$ eval echo hello
hello
$
```

그러나 eval을 사용하지 않는 다음 예시를 살펴본다.

```
$ pipe="|"
$ ls $pipe wc -l
|: No such file or directory
wc: No such file or directory
```

```
-1: No such file or directory
$
```

셸이 pipe의 값과 후속 호출인 wc -l을 모두 커맨드 매개변수로 해석하기 때문에 이러한 에러가 발생한다. 셸은 변수 대체 전에 파이프와 I/O 방향 리디렉션을 처리하므로 pipe 내부의 파이프 기호를 제대로 해석하지 못한다.

하지만 커맨드 앞에 eval을 넣으면 원하는 결과를 얻을 수 있다.

```
$ eval ls $pipe wc -l
      16
$
```

셸이 커맨드라인을 처음으로 분석할 때는 |를 pipe 값으로 대체한다. 그다음 eval을 사용하면 커맨드라인을 다시 분석한다. 셸은 |를 파이프 기호로 인식하고 모든 것이 원하는 대로 진행된다.

eval 커맨드는 하나 이상의 변수 안에 커맨드라인을 생성하는 셸 프로그램에서 자주 사용된다. 셸에서 반드시 해석해야 하는 문자가 변수에 포함돼 있다면 eval이 필수적이다. 커맨드 종결자(;, |, &), I/O 리디렉션(<,>), 따옴표 문자는 셸에서 특수한 의미를 갖기 위해 커맨드라인에 직접 나타나야 하는 문자다.

다음 예시에서 전달된 마지막 매개변수를 출력하는 목적만 갖는 프로그램을 살펴본다. 9장의 mycp 프로그램을 생각해보면, mycp 프로그램은 매개변수가 하나만 남아있을 때까지 모든 매개변수를 시프트함으로써 작업을 수행했다.

eval을 사용하면 동일 결과를 얻을 수 있다.

```
$ cat last
eval echo \$$#
$ last one two three four
four
$ last *                        마지막 파일을 얻는다
zoo_report
$
```

셸은 처음으로 분석할 때

echo \$$#

역슬래시 바로 다음에 오는 $를 무시한다. 그 후 셸은 특수 매개변수 $#을 만나고 커맨드 라인에서 셸의 값을 대체한다.

이제 해당 커맨드는 다음과 같이 보인다.

echo $4

첫 번째 분석 이후 셸은 역슬래시를 제거한다. 셸이 해당 라인을 다시 분석하면 $4 값을 대체한 후 echo를 실행한다.

예를 들어, 숫자가 포함된 arg라는 변수가 있고 arg가 참조하는 위치 매개변수를 표시하려는 경우에 동일 기술을 사용할 수 있다.

다음과 같이 간단히 작성한다.

eval echo \$$arg

해당 접근법의 유일한 문제점은 10번째 이상의 위치 매개변수에 접근하려면 ${n} 표기가 필요하기 때문에 처음 아홉 번째까지의 위치 매개변수만 해당 방법으로 접근할 수 있다는 것이다. 그래서 두 번째 시도의 예시를 소개한다.

eval echo \${$arg}

또한 eval 커맨드는 변수에 대한 '포인터pointer'를 효과적으로 생성할 수 있다.

```
$ x=100
$ ptrx=x
$ eval echo \$$ptrx          ptrx를 역참조한다
100
$ eval $ptrx=50              ptrx가 가리키는 변수에 50을 저장한다
$ echo $x                    무슨 일이 발생했는지 보자
50
$
```

wait 커맨드

커맨드를 백그라운드로 실행하려 하면 해당 커맨드라인은 현재 셸과 독립적으로 실행된다(작업은 비동기적으로 실행된다). 그러나 일부 상황에서는 처리 전에 백그라운드 프로세스(현재 셸(부모 셸)에서 생성돼 백그라운드 프로세스를 자식 프로세스라고도 함)가 실행을 마칠 때까지 기다려야 할 수 있다. 예를 들어, 큰 sort를 백그라운드에서 처리하게 하고 정렬된 데이터에 접근하기 전에 정렬이 완료될 때까지 기다려야 한다.

wait 커맨드가 기다리는 작업을 수행한다. wait의 일반적인 형식은 다음과 같다.

```
wait process-id
```

여기서 process-id는 완료하길 원하는 프로세스의 프로세스 ID다. 프로세스 ID가 생략되면 셸은 모든 자식 프로세스가 실행을 완료할 때까지 기다린다. 현재 셸의 실행은 프로세스가 완료될 때까지 일시 중단된다.

터미널에서 wait 커맨드를 시도할 수 있다.

```
$ sort big-data > sorted_data &      백그라운드로 해당 커맨드를 보낸다
[1] 3423                             셸에서 작업 번호(job number)와 프로세스 ID가 출력된다
$ date                              다른 작업을 진행한다
Wed Oct  2 15:05:42 EDT 2002
$ wait 3423                         이제 정렬이 완료될 때까지 기다린다
$                                   정렬이 완료되면 커맨드 프롬프트가 나타난다
```

$! 변수

백그라운드에서 하나의 프로세스만 실행 중이라면 매개변수 없이 wait를 실행하는 것으로 충분하다. 그러나 둘 이상의 백그라운드 커맨드를 실행 중이고 가장 최근에 실행된 커맨드를 기다리고 싶다면 가장 최근 백그라운드 커맨드의 프로세스 ID를 특수 변수 $!로 접근할 수 있다. 그래서 다음 커맨드의 경우

```
wait $!
```

실행을 완료하기 위해 백그라운드로 보낸 마지막 프로세스를 기다린다. 일부 중간 변수가 관련돼 있으면 추후 접근할 수 있도록 프로세스 ID 값을 저장할 수도 있다.

```
prog1 &
pid1=$!
...
prog2 &
pid2=$!
...
wait $pid1          # prog1이 종료할 때까지 기다린다
...
wait $pid2          # prog2가 종료할 때까지 기다린다
```

> **팁**
> 실행했던 특정 프로세스가 여전히 동작 중인지 어떻게 알 수 있는가?
> ps 커맨드에 −p 플래그와 특정 프로세스의 ID를 사용하면 동작 중인지 알 수 있다.

trap 커맨드

셸 프로그램이 실행되는 중에 터미널에서 DELETE 또는 BREAK 키를 누르면 해당 프로그램이 종료되고 다음 커맨드를 입력하라는 메시지가 나타난다. 이는 셸 프로그램에서 항상 바람직한 것은 아니다. 예를 들어 정상적인 프로그램이 완료될 때는 임시 파일들이 정리되지만 이 경우에는 임시 파일 등이 남아있을 수 있다.

DELETE 키를 누르면 실행 중인 프로그램에 시그널signal을 보내고 시그널을 받은 프로그램은 프로세스를 즉시 종료하는 것과 같은 기본 동작에 의존할 수도 있지만 시그널을 수신할 때 수행해야 할 작업을 지정할 수 있다.

셸 프로그램에서 시그널을 처리하려면 trap 커맨드를 사용한다. trap 커맨드의 일반적 형식은 다음과 같다.

```
trap commands signals
```

여기서 commands는 signals로 지정된 시그널이 수신될 때마다 실행될 하나 이상의 커맨드다.

니모닉 이름Mnemonic name[1]과 번호는 여러 유형의 시그널에 할당되고 일반적으로 더 많이 사용되는 시그널은 표 12.1에 요약돼 있다. 더 완전한 목록은 부록 A의 trap 커맨드에 있다.

표 12.1 일반적으로 사용되는 시그널 번호

시그널 번호	니모닉 이름	생성된 이유
0	EXIT	셸에서 종료
1	HUP	단절(hangup)
2	INT	인터럽트(예: DELETE, Ctrl+c 키)
15	TERM	소프트웨어 종료 시그널(기본적으로 kill에서 전달)

trap 커맨드의 예시로 다음 커맨드는 일부 파일을 제거하고 누군가가 터미널에서 프로그램을 중단하려 시도할 때 종료하는 방법을 보여준다.

```
trap "rm $WORKDIR/work1$$ $WORKDIR/dataout$$; exit" INT
```

해당 trap이 실행돼 프로그램에서 SIGINT(시그널 번호 2)를 수신하면 두 파일 work1$$ 및 dataout$$가 자동으로 제거될 것이다. 해당 trap이 실행된 후 사용자가 프로그램 실행을 중단하면 두 개의 임시 파일이 파일시스템에 남아있지 않고 제거된다는 것을 확신할 수 있다. exit가 없다면 시그널을 프로그램에서 수신했을 때 중단된 시점부터 계속 실행되기 때문에 rm 뒤에 exit가 필요하다.

시그널 번호 1(SIGHUP 또는 줄여서 HUP)은 프로세스의 단절을 위해 생성됐다. 원래 이는 전화 연결과 관련이 있지만, 이제는 일반적으로 인터넷 연결이 끊어지는 것과 같이 예기치 않은 연결 종료를 의미한다. 이 경우 시그널 리스트에 SIGINT를 추가해 이전 trap을 수정하고 두 개의 지정된 파일을 삭제할 수도 있다.

```
trap "rm $WORKDIR/work1$$ $WORKDIR/dataout$$; exit''  INT HUP
```

이제 해당 파일은 라인과의 연결이 끊어지거나 사용자가 DELETE 키 또는 Ctrl+c를 사용해 처리를 중단하는 경우 제거된다.

---

1 사람이 기억하기 쉬운 형태로 조합된 단어를 의미한다. – 옮긴이

trap에 지정된 문자열(trap 핸들러라고도 함)은 하나 이상의 커맨드가 포함된 경우 따옴표로 묶어야 한다. 또한 trap 커맨드가 실행될 때 셸은 커맨드라인을 분석하고 나열된 시그널 중 하나가 수신될 때 다시 커맨드라인을 분석한다.

이전 예시에서 WORKDIR과 $$의 값은 trap 커맨드가 실행될 때 대체된다. 시그널이 수신된 시점에 해당 대체가 일어나길 원한다면 커맨드를 작은따옴표 안에 넣을 수 있다.

```
trap 'rm $WORKDIR/work1$$ $WORKDIR/dataout$$; exit'  INT HUP
```

trap 커맨드는 프로그램을 더욱 사용자 친화적으로 만드는 데 사용될 수 있다. 13장의 rolo 프로그램에 대한 추가 개정판에서는 프로그램이 **Ctrl+c** 인터럽트 시그널을 처리하고 프로그램을 완전히 종료하지 않은 채 사용자를 주 메뉴 화면으로 이동시킨다.

매개변수 없는 trap

매개변수 없이 trap을 실행하면 사용자가 정의했거나 수정했던 trap 핸들러가 출력된다.

```
$ trap 'echo logged off at $(date) >>$HOME/logoffs' EXIT
$ trap                              변경된 trap 나열하기
trap — 'echo logged off at $(date) >>$HOME/logoffs' EXIT
$ Ctrl+d                            로그오프
login: steve                        로그인
Password:
$ cat $HOME/logoffs                 무슨 일이 일어났는지 본다
logged off at Wed Oct  2 15:11:58 EDT 2002
$
```

셸이 종료할 때(셸은 시그널 0, EXIT를 수신한다.)마다 trap이 실행되도록 설정됐다. trap은 로그인 셸에서 설정됐기 때문에 로그오프할 때마다 trap 핸들러가 사용돼 $HOME/logoffs 파일에 로그오프 시간을 기록한다. trap을 정의할 때 셸이 date를 실행하지 못하도록 커맨드를 작은따옴표로 묶는다.

그다음에 trap 커맨드는 매개변수 없이 실행돼 시그널 0(EXIT)에 받을 수 있도록 새로운 작업을 나열한다. 그리고 steve가 다시 로그오프하고 로그인한 후 $HOME/logoffs 파일에 echo 커맨드가 실행됐고 trap이 작동했는지 확인한다.

시그널 무시하기

trap이 나열한 커맨드가 널이면, 지정된 시그널을 수신할 때 무시한다. 예를 들어, 다음 커맨드의 경우

```
trap "" SIGINT
```

인터럽트 시그널이 무시되도록 지정한다. 인터럽트를 원하지 않는 작업을 수행할 때 특정 시그널을 무시할 수 있다.

trap을 사용하면 시그널 번호, 단축 이름(INT), 전체 시그널 이름(SIGINT)별로 시그널을 지정할 수 있다. 읽을 수 있는 코드를 생성하기 위해 니모닉 이름을 사용할 수 있으며 물론 원하는 대로 선택할 수 있다.

이전 예시에서 시그널을 무시할 수 있도록 첫 번째 매개변수를 널 값으로 지정해야 하고 다음 코드와 동일하지 않으며 다른 의미를 가진다.

```
trap 2
```

시그널을 무시하면 모든 서브셸도 해당 시그널를 무시한다. 그러나 시그널 핸들러를 지정하면 모든 서브셸에서 해당 시그널을 수신할 경우 새로운 코드가 아니라 자동으로 기본 동작을 수행한다.

다음 커맨드를 실행한다고 가정한다.

```
trap "" 2
```

그리고 서브셸을 시작하면 다른 셸 프로그램을 서브셸로 실행한다. 인터럽트 시그널이 생성되면 기본적으로 모든 시그널을 무시하기 때문에 실행 중인 셸이나 서브셸에 영향을 미치지 않는다.

이전 trap 커맨드 대신 다음 커맨드를 실행하면

```
trap : 2
```

서브셸을 실행한다. 그다음에 현재 셸은 인터럽트를 수신할 때 아무것도 하지 않는 반면 (null 커맨드를 실행한다.), 서브셸은 종료된다(기본 동작).

trap을 재설정하기

특정 시그널을 수신할 때 수행할 기본 동작을 변경한 후 첫 번째 매개변수를 단순히 생략하면 trap으로 다시 되돌릴 수 있다. 그래서 다음 커맨드의 경우

```
trap HUP INT
```

SIGHUP 또는 SIGINT 시그널을 수신할 때 수행할 조치를 셸의 기본 동작으로 재설정한다. 또한 많은 셸 프로그램은 이와 같은 구조를 사용한다.

```
trap "/bin/rm -f $tempfile; exit" INT QUIT EXIT
```

종료할 때 임시 파일이 아직 작성되지 않았다면 rm 커맨드가 에러 메시지를 출력하지 않도록 한다. trap 핸들러는 임시 파일이 있으면 제거하고 임시 파일이 없으면 아무 작업도 수행하지 않는다.

I/O 추가 정보

입력 리디렉션, 출력 리디렉션, 추가된 출력 리디렉션을 각각 사용한 표준 구문 <, >, >>에 대해 알고 있다. 또한 단순히 > 대신 2>를 쓰면 모든 커맨드의 표준 에러를 리디렉션할 수 있다는 것도 알고 있다.

```
command 2> file
```

때로는 프로그램의 표준 에러에 명시적으로 기록하고 싶을 수 있다. 이전 커맨드를 조금 변형해 표준 출력을 표준 에러로 리디렉션할 수 있다.

```
command >&2
```

>& 표기법은 다음에 오는 파일 디스크립터file descriptor와 연관된 파일에 대해 출력 리디렉션을 지정한다. 파일 디스크립터 0은 표준 입력이고 1은 표준 출력이며 2는 표준 에러다. >와 & 사이에는 공백이 없어야 한다는 것을 기억해야 한다.

표준 에러에 메시지를 기록하려면 다음을 수행한다.

```
echo "Invalid number of arguments" >&2
```

프로그램의 표준 출력('stdout'이라고도 약칭함)과 표준 에러 출력('stderr')을 동일한 파일로 리디렉션할 수 있다. 파일 이름을 알고 있다면 다음과 같이 간단하다.

```
command > foo 2>> foo
```

다음 예시에서 foo에 모든 stdout과 stderr를 기록한다.

또한 동일한 효과를 얻기 위해 다음과 같이 사용할 수 있다.

```
command > foo 2>&1
```

표준 출력은 foo로 리디렉션되고 표준 에러는 표준 출력으로 리디렉션된다(이미 foo로 리디렉션된다). 셸이 커맨드라인에서 왼쪽에서 오른쪽으로 리디렉션을 평가하기 때문에 stderr 리디렉션이 커맨드라인에서 처음 나타난다면 다음 예시는 제대로 작동하지 않는다.

```
command 2>&1 > foo
```

해당 커맨드는 표준 에러를 먼저 표준 출력으로 보내고 표준 출력을 foo로 리디렉션하기 때문이다.

또한 exec 커맨드를 사용해 프로그램에서 표준 입력 또는 표준 출력을 동적으로 리디렉션할 수 있다.

```
exec < datafile
```

해당 커맨드는 datafile 파일에서 표준 입력을 리디렉션한다. 표준 입력에서 읽은 후 실행되는 후속 커맨드는 대신 datafile을 읽는다.

```
exec > /tmp/output
```

해당 커맨드는 표준 출력으로 동일한 작업을 수행한다. 그다음에 표준 출력에 기록하는 모든 커맨드는 명시적으로 다른 곳으로 리디렉션하지 않는 한 /tmp/output에 기록한다.

당연히 표준 에러도 재할당할 수 있다.

```
exec 2> /tmp/errors
```

표준 에러에 대한 모든 후속 출력은 /tmp/errors로 이동한다.

〈&-와 〉&-

>&-는 표준 출력을 닫는다. 파일 디스크립터가 앞에 오면 대신 관련 파일이 닫힌다. 그래서 다음 커맨드의 경우

```
ls >&-
```

ls가 실행되기 전에 셸이 표준 출력을 닫기 때문에 ls의 결과가 출력되지 않는다. 이는 크게 유용하지 않다.

인라인 입력 리디렉션

<< 문자가 다음과 같이 특정 커맨드의 뒤에 나온다면

```
command <<word
```

셸은 word를 포함한 라인을 찾을 때까지 command 입력으로 라인을 사용한다. 다음은 간단한 예시다.

```
$ wc -l <<ENDOFDATA        표준 입력으로 ENDOFDATA가 나타날 때까지 라인을 사용한다
> here's a line
> and another
> and yet another
> ENDOFDATA
      3
$
```

셸은 ENDOFDATA만 포함하는 라인을 만나기 전까지 셸에 입력된 모든 라인을 표준 입력 스트림으로 보낸다.

인라인in-line 입력 리디렉션(일부 프로그래머는 here document라고도 부른다.)은 셸 프로그램에서 사용되면 강력해진다. 프로그램에서 커맨드에 대한 표준 입력을 직접 지정해 별도의 파일에 기록할 필요가 없도록 하거나 echo를 사용해 커맨드의 표준 입력으로 얻을 수 있다.

다음은 셸 프로그램에서 인라인 입력 리디렉션 기능을 사용하는 일반적인 예시다.

```
$ cat mailmsg
mail $* <<END-OF-DATA

Attention:

Our monthly computer users group meeting
will take place on Friday, March 4, 2016 at
8pm in Room 1A-308. Please try to attend.

END-OF-DATA
$
```

해당 메시지를 users_list 파일에 저장된 그룹의 모든 구성원에게 보내려면 다음을 호출한다.

```
mailmsg $(cat users_list)
```

셸은 리디렉션된 입력 데이터에 대한 매개변수 대체를 수행하고, 역따옴표 커맨드를 실행하거나 역슬래시 문자를 인식한다.

here document 내 특수 문자는 일반적으로 무시되지만 라인에 달러 기호, 역따옴표 부호, 역슬래시가 포함되면 해석될 수 있다. 특수 문자를 무시하려면 앞에 역슬래시 문자를 사용한다. 대안으로 셸에서 모든 입력 라인을 완전히 그대로 두려 한다면 << 뒤에 나오는 다큐먼트 단어의 끝에 역슬래시를 붙인다.

이 둘 간의 차이점을 살펴본다.

```
$ cat <<FOOBAR
> $HOME
> *****
>       \$foobar
> `date`
> FOOBAR                    입력을 종료한다
/users/steve
*****
    $foobar
Wed Oct  2 15:23:15 EDT 2002
$
```

셸은 FOOBAR까지의 모든 라인을 cat에 대한 입력으로 제공하기 때문에 foobar 대신에 HOME의 값을 대체한다. 후자는 역슬래시가 있기 때문이다. 역따옴표는 셸에 의해 해석되므로 date 커맨드도 실행된다.

라인의 내용을 해석하는 셸에서 모든 문제를 회피하려면 문서 종료 단어 앞에 역슬래시를 사용한다.

```
$ cat <<\FOOBAR
> \\\\
> `date`
> $HOME
> FOOBAR
\\\\
`date`
$HOME
$
```

<< 뒤의 단어를 선택할 때는 주의해야 한다. 일반적으로 <<가 좀 특이하지만 실수가 이어질 확률은 무척 낮을 수 있다.

이제 <<를 알게 됐지만 요즘의 최신 셸에서 해석할 수 있는 또 다른 형태가 있다. << 뒤에 나오는 첫 문자가 대시(-)면 셸에서 입력된 모든 선행 탭 문자를 삭제한다. 이는 가독성을 높이기 위해 리디렉션된 텍스트를 시각적으로 들여쓰기 때문에 유용하지만, 일반 왼쪽 정렬 형식으로 출력하는 경우에도 유용하다.

```
$ cat <<-END
>           Indented lines
>           because tabs are cool
> END
Indented lines
because tabs are cool
$
```

셸 아카이브

인라인 입력 리디렉션 기능을 사용하는 가장 좋은 방법 중 하나는 셸 아카이브^{shell archive} 파일을 만드는 것이다. 셸 아카이브 기술을 이용해 하나 이상의 관련 셸 프로그램을 단일 파일에 넣고 표준 유닉스 메일 커맨드를 사용해 다른 사람에게 보낼 수 있다. 해당 아카이브를 수신하면 셸 프로그램으로 해당 아카이브를 '언팩^{unpack}'할 수 있다.

예를 들어 rolo에서 사용되는 lu, add, rem 프로그램의 아카이브 버전은 다음과 같다.

```
$ cat rolosubs
#
# rolo에서 사용되는 아카이브 프로그램
#

echo Extracting lu
cat >lu <<\THE-END-OF-DATA
#
# 전화번호부에서 특정 인물을 검색한다
#

if [ "$#" -ne 1 ]
then
        echo "Incorrect number of arguments"
        echo "Usage: lu name"
        exit 1
fi

name=$1
grep "$name" $PHONEBOOK

if [ $? -ne 0 ]
then
        echo "I couldn't find $name in the phone book"
fi
THE-END-OF-DATA

echo Extracting add
cat >add <<\THE-END-OF-DATA
#
# 전화번호부 파일에 특정 인물을 추가하는 프로그램
```

```
#

if [ "$#" -ne 2 ]
then
        echo "Incorrect number of arguments"
        echo "Usage: add name number"
        exit 1
fi

echo "$1     $2" >> $PHONEBOOK
sort -o $PHONEBOOK $PHONEBOOK
THE-END-OF-DATA

echo Extracting rem
cat >rem <<\THE-END-OF-DATA
#
# 전화번호부에서 특정 인물을 삭제하기
#

if [ "$#" -ne 1 ]
then
        echo "Incorrect number of arguments"
        echo "Usage: rem name"
        exit 1
fi

name=$1

#
# 일치하는 항목 수를 찾는다
#

matches=$(grep "$name" $PHONEBOOK | wc -1)

#
# 하나 이상 일치하면 메시지를 출력하고 일치하지 않으면 삭제한다
#

if [ "$matches" -gt 1 ]
then
```

```
        echo "More than one match; please qualify further"
elif [ "$matches" -eq 1 ]
then
        grep -v "$name" $PHONEBOOK > /tmp/phonebook
        mv /tmp/phonebook $PHONEBOOK
else
        echo "I couldn't find $name in the phone book"
fi
THE-END-OF-DATA
$
```

rolo도 셸 아카이브에 포함돼 있지만, 책의 지면 공간을 절약하기 위해 여기에 포함시키지 않았다.

해당 셸 아카이브는 lu, add, rem이라는 세 가지 프로그램에 대한 소스를 포함하고 이식 가능한 파일인 rolosubs를 제공하며 mail을 사용해 특정 인물에 아카이브를 전달할 수 있다.

```
$ mail tony@aisystems.com < rolosubs          아카이브를 메일로 전달한다
$ mail tony@aisystems.com                     tony에게 메시지를 보낸다
Tony,
    I mailed you a shell archive containing the programs
    lu, add, and rem. rolo itself will be sent along shortly.
Pat
Ctrl+d
$
```

tony가 본인 메일의 파일을 받으면 세 개의 프로그램을 추출한다. 그리고 해당 파일의 모든 이메일 헤더 라인을 먼저 제거한 후 셸에서 해당 파일을 실행할 수 있다.

```
$ sh rolosubs
Extracting lu
Extracting add
Extracting rem
$ ls lu add rem
add
lu
rem
$
```

해당 프로세스를 일반화하려면 간단한 셸 스크립트 프로그램인 shar를 사용해 이메일 형식으로 지정된 모든 스크립트를 포함한 셸 아카이브를 생성할 수 있다.

```
$ cat shar
#
# 여러 파일을 셸 아카이브로 생성하는 프로그램
#

echo "#"
echo "# To restore, type sh archive"
echo "#"

for file
do
    echo
    echo "echo Extracting $file"
    echo "cat >$file <<\THE-END-OF-DATA"
    cat $file
    echo "THE-END-OF-DATA"
done
```

shar 프로그램의 동작을 살펴볼 때 rolosubs 파일의 내용을 다르게 살펴보자. shar는 일반적인 출력 파일이 아닌 셸 프로그램을 실제로 만든다.

더 정교한 아카이브 프로그램을 사용하면 전체 디렉터리를 포함시킬 수 있고 다양한 기술을 사용해 전송 중에 데이터가 손실되지 않도록 할 수 있다.

또한 프로그램의 체크섬checksum을 생성하기 위해 sum과 cksum 커맨드를 사용할 수 있다. 해당 체크섬은 보내는 쪽에서 아카이브의 각 파일마다 생성될 수 있고, 셸 아카이브는 받는 쪽에서 언팩할 때 각 파일의 체크섬을 확인할 수 있다. 해당 체크섬이 일치하지 않으면 에러 메시지를 표시할 수 있고 사용자는 프로세스에 문제가 있음을 알린다.

함수

모든 최신 셸은 함수function을 지원한다. 함수는 셸 프로그램에서 원하는 대로 자주 참조되거나 재사용될 수 있는 길고 짧은 기능을 의미한다.

함수를 정의하려면 다음과 같은 일반 형식을 사용한다.

name () { command; ... command; }

여기서 name은 함수의 이름이고 괄호는 함수가 정의된다는 것을 나타내며 중괄호로 묶인 command들은 함수의 본문을 정의한다. 해당 커맨드는 함수가 실행될 때마다 실행된다.

한 라인에서 커맨드를 사용할 때 {와 첫 번째 커맨드 사이는 최소한 하나의 공백 문자로 구분돼야 하고, 마지막 커맨드와 } 사이는 세미콜론으로 구분돼야 한다. 로그인 사용자 수를 표시하는 nu라는 함수를 다음과 같이 정의한다.

nu () { who | wc -l; }

일반적인 커맨드를 실행하는 것과 같은 방법으로 셸에 이름을 입력해 함수를 실행한다.

```
$ nu
      22
$
```

함수는 셸 프로그래머에게 정말 유용하며 솔루션 개발 과정에서 지루함을 줄일 수 있다. 주요 기능 중 하나는 커맨드라인에서 함수 뒤에 나열된 매개변수가 다른 커맨드와 마찬가지로 함수의 $1, $2, ... 위치 매개변수에 지정된다는 것이다.

지정된 파일에서 tbl, nroff, lp를 실행하는 nrrun이라는 함수를 소개한다.

```
$ nrrun () { tbl $1 | nroff -mm -Tlp | lp; }
$ nrrun memo1                    memo1으로 실행한다
request id is laser1-33 (standard input)
$
```

함수는 해당 셸에서만 정의되기 때문에 서브셸에 전달할 수 없다. 함수가 현재 셸에서 실행되기 때문에 현재 디렉터리나 변수를 변경하면 이 책 초반에 다뤘던 . 커맨드로 실행한 것과 마찬가지로 함수의 실행이 완료된 후에 유효하다.

```
$ db () {
>       PATH=$PATH:/uxn2/data
>       PS1=DB:
>       cd /uxn2/data
```

```
>       }
$ db                              실행한다
DB:
```

많은 라인에 걸쳐 필요한 만큼 함수를 계속 정의할 수 있다. 셸은 }로 함수 정의를 완료할 때까지 보조 커맨드 프롬프트를 사용해 함수 내에서 커맨드를 계속 추가할 수 있다.

.profile 안에 일반적으로 사용되는 함수에 대한 정의를 넣을 수 있으므로 로그인할 때마다 사용할 수 있다. 대안으로 myfuncs라는 파일에 함수 정의를 그룹핑한 후 현재 셸에서 다음 파일을 실행할 수 있다.

```
. myfuncs
```

이제 알겠지만 현재 셸에서 myfuncs에 정의된 모든 함수를 사용할 수 있다.

mycd라는 함수는 현재 환경에서 실행된다는 사실을 이용한다. mycd 함수는 Korn 셸의 cd 커맨드를 모방한 것으로, 현재 디렉터리 경로의 일부를 대체할 수 있다(자세한 설명은 14장의 cd 설명을 참조한다).

```
$ cat myfuncs                         내부 구현을 살펴본다
#
# 새로운 cd 함수:
#       mycd old new   : 현재 디렉터리의 old를 new로 대체한다
#
mycd ( )
{
        if [ $# -le 1 ] ; then
                # 일반적인 경우 – 0 또는 1 매개변수
                cd $1
        elif [ $# -eq 2 ] ; then
                # 특별한 경우 – $2와 $1을 치환한다
                cd $(echo $PWD | sed "s|$1|$2|")
        else
                # cd는 매개변수를 두 개 이상 가질 수 없다
                echo mycd: bad argument count
                exit 1
        fi
}
```

```
$ . myfuncs              함수 정의 파일을 읽는다
$ pwd
/users/steve
$ mycd /users/pat        디렉터리를 변경한다
$ pwd                    잘 동작했나?
/users/pat
$ mycd pat tony          pat 디렉터리를 tony 디렉터리로 대체한다
$ pwd
/users/tony
$
```

셸이 프로그램을 찾기 위해 디스크를 검색하고 파일을 열어 메모리로 내용을 읽어들일 필요가 없기 때문에 함수는 동등한 셸 프로그램보다 빠르게 실행된다. 따라서 셸에서 개별 커맨드를 직접 실행할 수 있다.

함수의 또 다른 장점은 관련 셸 프로그램을 하나의 파일로 그룹핑하는 것이다. 예를 들어 10장의 add, lu, rem 프로그램을 이제 rolo 프로그램 파일 내의 개별 기능으로 정의할 수 있다. 해당 접근 방식의 템플릿은 다음과 같다.

```
$ cat rolo
#
# 함수 형태로 작성된 rolo 프로그램
#


#
# 전화번호부 파일에 특정 인물을 추가하는 함수
#

add ( ) {
        # 이 부분에 add 프로그램의 커맨드를 추가한다
}


#
# 전화번호부 파일에서 특정 인물을 검색하는 함수
#

lu ( ) {
        # 이 부분에 lu 프로그램의 커맨드를 추가한다
}
```

```
#
# 전화번호부에서 특정 인물을 삭제하는 함수
#

rem ( ) {
        # 이 부분에 rem 프로그램의 커맨드를 추가한다
}

#
# rolo - 전화번호부에서 사람들을 검색하고 삭제하고 검색하는 rolodex 프로그램
#

# 이 부분에 rolo 프로그램을 추가한다
$
```

add, lu, rem, rolo의 원본 프로그램 내부에 있는 커맨드는 어느 것도 변경되지 말아야
한다. rolo 안의 add, lu, rem은 각각 함수 머리 부분과 닫는 중괄호 사이에 두도록 함수
에 저장한다. 하지만 해당 프로그램을 함수로 정의하면 독립 실행형 커맨드로 접근할 수
없다.

함수 정의 제거

셸에서 함수의 정의를 제거하려면 unset 커맨드를 -f 옵션과 함께 사용한다. unset은 전
에 보지 않았는가? unset은 셸에서 변수의 정의를 제거하기 위해 사용하는 커맨드와 동
일하다.

```
$ unset -f nu
$ nu
sh: nu: not found
$
```

return 커맨드

함수 내에서 exit를 사용한다면 함수의 실행을 종료할 뿐 아니라 함수를 호출한 셸 프로그램도 종료된다. 커맨드라인으로 거슬러 올라가자. 대신 함수에서만 종료하려면 return 커맨드를 사용하며, return 커맨드의 형식은 다음과 같다.

return n

n 값은 함수의 리턴 상태로 사용된다. n이 생략됐다면 마지막으로 실행된 커맨드의 상태가 리턴 상태로 사용된다. 이는 함수에 return문을 포함하지 않으면 리턴됨을 의미한다. 리턴 상태는 종료 상태와 동일하다. 따라서 셸 변수 $?를 통해 리턴 상태 값에 접근할 수 있고 if, while, until 커맨드에서 테스트할 수 있다.

type 커맨드

실행할 커맨드의 이름을 입력할 때 커맨드가 함수인지, 셸 내장 함수인지, 표준 유닉스 커맨드인지, 또는 셸 별명인지 아는 것이 유용하다. 이럴 때 type 커맨드가 유용하다. type 커맨드에 하나 이상의 커맨드 이름을 매개변수로 사용하면 해당 커맨드가 무엇을 알고 있는지 알려준다. 다음은 type 관련 예시다.

```
$ nu () { who | wc -l; }
$ type pwd
pwd is a shell builtin
$ type ls
ls is aliased to `/bin/ls -F'
$ type cat
cat is /bin/cat
$ type nu
nu is a function
$
```

rolo 수정

13장에서는 추가 옵션으로 개선되고 더 일반적인 유형의 항목을 허용하는 rolo의 최종 개선 버전을 소개한다(이름과 번호는 제외한다). 13장의 여러 절을 통해 rolo의 개별 구성 요소를 다루고 rolo 프로그램 자체부터 시작한다. 13장의 끝에서는 샘플 출력을 표시한다.

데이터 형식에 대한 고려 사항

이 책의 앞부분에 보여준 초기 이름과 번호 기반의 rolo 프로그램은 편리하다. 하지만 더 유용한 프로그램은 이름과 번호 저장 기능 외에 더 많은 기능을 허용할 것이다. 예를 들어 주소와 이메일 주소도 저장하고 싶을 것이다. 새로운 rolo 프로그램은 전화번호부의 항목을 여러 라인으로 구성할 수 있다.

일반적인 항목은 다음과 같다.

```
Steve's Ice Cream
444 6th Avenue
New York City 10003
212-555-3021
```

해당 프로그램의 유연성을 높이기 위해 개별 항목에 원하는 대로 많은 라인을 포함시킬 수 있다. 전화번호부의 다른 항목은 다음과 같을 것이다.

```
YMCA
(201) 555-2344
```

368

전화번호부 파일의 항목을 논리적으로 분리하려면 각 항목의 개행 문자를 다른 문자로 바꿔 한 라인으로 묶는다. 임의로 일반 사용자 입력, 주소 등에는 거의 나타나지 않는 캐럿(^)을 선택했다. 캐럿을 선택한 결정에 대한 유일한 이유는 해당 문자가 입력 자체의 일부로 사용될 수 없기 때문이다.

해당 기법을 사용하면 첫 번째 항목이 다음과 같이 전화번호부 파일에 저장된다.

```
Steve's Ice Cream^444 6th Avenue^New York City 10003^212-555-3021^
```

두 번째 항목은 다음과 같다.

```
YMCA^(201) 555-2344^
```

이제 이전 형식으로 항목을 저장한다면 해당 항목으로 작업하기가 매우 쉬워진다. 문제와 해결 방법을 통해 생각한 것이 더 발전돼 큰 이익을 실제로 얻을 수 있다.

rolo

```
#
# rolo - 전화번호부에서 항목을 검색, 추가, 삭제, 변경할 수 있는
#             rolodex 프로그램
#

#
# PHONEBOOK에 전화번호부 파일을 지정하고
# PHONEBOOK을 export 변수로 설정해서 다른 프로그램들이 알게 한다
# PHONEBOOK이 잘 지정됐다면 그대로 둔다
#

: ${PHONEBOOK:=$HOME/phonebook}
export PHONEBOOK
if [ ! -e "$PHONEBOOK" ] ; then
      echo "$PHONEBOOK does not exist!"
      echo "Should I create it for you (y/n)? \c"
      read answer

      if [ "$answer" != y ] ; then
```

```
                exit 1
        fi

        > $PHONEBOOK || exit 1          # 전화번호부 파일의 생성에서 실패가 발생하면 종료한다
fi

#
# 매개변수가 주어진다면 검색한다
#

if [ "$#" -ne 0 ] ; then
        lu "$@"
        exit
fi

#
# 루프를 계속 수행하기 위해 인터럽트(DELETE 키)에 대한 trap을 설정한다
#

trap "continue" SIGINT

#
# 사용자가 'exit'를 선택할 때까지 루프는 계속 수행된다
#

while true
do
        #
        # 메뉴를 표시한다
        #

        echo '
        Would you like to:

                1. Look someone up
                2. Add someone to the phone book
                3. Remove someone from the phone book
                4. Change an entry in the phone book
                5. List all names and numbers in the phone book
                6. Exit this program
```

```
        Please select one of the above (1-6): \c'

        #
        # 사용자가 선택한 내용을 읽고 처리한다
        #

        read choice
        echo
        case "$choice"
        in
            1) echo "Enter name to look up: \c"
               read name

               if [ -z "$name" ] ; then
                       echo "Lookup ignored"
               else
                       lu "$name"
               fi;;
            2) add;;
            3) echo "Enter name to remove: \c"
               read name
               if [ -z "$name" ] ; then
                       echo "Removal ignored"
               else
                       rem "$name"
               fi;;
            4) echo "Enter name to change: \c"
               read name
               if [ -z "$name" ] ; then
                       echo "Change ignored"
               else
                       change "$name"
               fi;;
            5) listall;;
            6) exit 0;;
            *) echo "Bad choice\a";;
        esac
    done
```

새로운 코드의 시작 부분에 한 가지 개선점이 나타난다. 사용자가 이미 홈 디렉터리에 전화번호부 파일을 가지고 있어야 하는 대신 프로그램은 PHONEBOOK 변수가 설정됐는지 확인한다. PHONEBOOK 변수가 설정됐다면 전화번호부 파일의 이름이 포함돼 있다고 가정한다. PHONEBOOK 변수가 설정돼 있지 않다면 기본값으로 $HOME/phonebook으로 설정된다.

그리고 rolo 프로그램은 실제 파일이 존재하는지 확인하고 그렇지 않은 경우 사용자에게 파일을 만들지 묻는다. 상상할 수 있듯이, 이는 처음 사용자 경험을 크게 향상시킨다.

또한 rolo 프로그램 메뉴에 새로운 옵션이 여럿 추가됐다. 개별 항목이 좀 길 수 있기 때문에 이제 편집 옵션을 통해 사용자가 특정 항목을 변경할 수 있다. 이전에 항목을 변경하는 유일한 방법은 해당 항목을 제거하고 완전히 새로운 항목을 추가하는 것이었다.

또 다른 옵션은 전체 전화번호부를 출력한다. 해당 옵션을 사용하면 각 항목의 처음 라인과 마지막 라인(필드)이 표시된다. 이는 사용자가 첫 번째 라인에 이름을, 마지막 라인에 번호를 넣는 방식처럼 일부 규칙을 따르는 것으로 가정한다.

전체 메뉴를 선택하는 코드 블록을 이제 while 루프 안에 두면 사용자가 프로그램을 종료할 때까지 rolo는 계속 메뉴를 표시한다.

14장에서 그 내용을 다룰 예정인데, 루프에 들어가기 전에 trap 커맨드가 실행된다. 해당 트랩은 사용자가 인터럽트(SIGINT)를 생성한 경우 continue 커맨드를 실행하도록 지정한다. 사용자가 작업(예: 전체 전화번호부 나열 작업) 중에 Ctrl+c를 누르면 프로그램은 현재 작업을 중지하고 기본 메뉴를 다시 표시한다.

항목은 원하는 대로 많은 라인을 추가할 수 있기 때문에 add가 선택될 때 수행되는 작업도 변경됐다. rolo는 사용자에게 이름과 번호를 요구하는 대신 항목을 가져와 함수에서 커맨드 프롬프트를 보여주고 사용자의 데이터를 입력하면 알아낼 수 있도록 add 프로그램을 호출한다.

검색, 변경, 삭제 옵션의 경우 이름을 입력하라는 메시지가 표시된 상태에서 Enter 키를 누를 때 사용자가 널 값을 입력하지 않았는지 확인한다. 해당 방식을 사용하면, 첫 번째 매개변수가 널이면 널을 발생시키는 grep 정규 표현식 에러가 발생하지 않는다.

이제 rolo의 개별 프로그램을 살펴본다. 데이터 형식을 변경할 때 전체 설계에 어떻게 영향을 미치는지 특별한 주의를 기울여야 한다. 각각의 원본 프로그램은 새로운 입력 형식을 수용하고 사용자에게 더 친숙하도록 변경됐다.

add 프로그램

```
#
# 전화번호부 파일에서 특정 인물을 추가하는 프로그램
#

echo "Type in your new entry"
echo "When you're done, type just a single Enter on the line."

first=
entry=

while true
do
        echo ">> \c"
        read line

        if [ -n "$line" ] ; then
                entry="$entry$line^"

                if [ -z "$first" ] ; then
                        first=$line
                fi
        else
                break
        fi
done


echo "$entry" >> $PHONEBOOK
sort -o $PHONEBOOK $PHONEBOOK
echo
echo "$first has been added to the phone book"
```

add 프로그램은 전화번호부에 하나의 항목을 추가한다. 해당 프로그램은 사용자가 Enter 키를 입력해 하나의 라인을 입력할 때까지(즉, 완전히 공백 라인이 될 때까지) 라인을 받도록 계속 커맨드 프롬프트를 표시한다. 입력된 각 라인은 entry 변수에 추가되며, 논리적으로 필드를 구분하기 위해 특수 문자 ^을 사용해 변수 항목에 추가된다.

while 루프가 종료되면 새로운 항목은 전화번호부 파일의 끝에 추가되고 파일은 정렬된다.

lu 프로그램

```
#
# 전화번호부에서 특정 인물을 검색한다
#

name="$1"
grep -i "$name" $PHONEBOOK > /tmp/matches$$

if [ ! -s /tmp/matches$$ ] ; then
        echo "I can't find $name in the phone book"
else
        #
        # 일치하는 항목을 각각 출력한다
        #

        while read line
        do
                display "$line"
        done < /tmp/matches$$
fi

rm /tmp/matches$$
```

lu 프로그램은 전화번호부에서 항목을 조회하는 프로그램이다. 그러나 일치하는 항목이 /tmp/matches$$ 파일에 저장되기 때문에 일치하는 항목이 없는 상황이라도 사용자 환경을 개선할 수 있다.

/tmp/matches$$ 파일의 크기가 0이라면(test -s) 일치하는 항목이 없음을 의미한다. 해당 파일의 크기가 0이 아니라면 프로그램은 파일에서 일치하는 각 라인을 읽고 사용자에게 해당 라인을 표시하는 루프에 진입한다. display라는 새로운 프로그램은 ^으로 분리된 필드를 해석해 항목을 여러 라인의 출력 항목으로 변환하는 데 사용된다. 또한 rem과 change 프로그램에서 항목을 표시하기 위해 새로운 프로그램을 사용한다.

또한 스크립트에서 grep에 -i 플래그를 추가했다는 데 주목한다. grep에 -i 플래그를 사용하면 대소문자를 구분하지 않고 일치시킬 수 있기 때문에 'steve'를 검색하면 'Steve'와 일치한다. 이는 주요 유닉스 커맨드의 플래그에 대한 실무 지식이 스크립트를 좀 더 강력하면서 사용하기 쉽게 만들 수 있는 좋은 예시다.

display 프로그램

```
#
# 전화번호부에서 항목을 출력한다
#

echo
echo "-------------------------------------"

entry=$1
IFS="^"
set $entry

for line in "$1" "$2" "$3" "$4" "$5" "$6"
do
        printf "| %-34.34s |\n" $line
done
echo "|        o                  o       |"
echo "-------------------------------------"
echo
```

display 프로그램은 ^으로 구분된 항목을 매개변수로 받아 표시한다. 출력 결과를 더 예쁘고 재미있게 출력하려면 프로그램은 실제로 rolodex 카드를 출력한다. display의 일반적인 출력은 다음과 같다.

```
-------------------------------------
| Steve's Ice Cream                 |
| 444 6th Avenue                    |
| New York City  10003              |
| 212-555-3021                      |
|                                   |
```

```
|                                    |
|       o                   o        |
--------------------------------------
```

코드를 다시 보자. display가 라인을 건너뛰고 카드 상단을 표시한 후 IFS를 ^으로 변경하고 set 커맨드를 실행해 각 '라인'을 여러 위치 매개변수에 할당하는 부분에 주목한다.

예를 들어 entry가 다음과 같다면

```
Steve's Ice Cream^444 6th Avenue^New York City 10003^212-555-3021^
```

Steve's Ice Cream은 $1에, 444 6th Avenue는 $2에, New York City 10003은 $3에, 212-555-3021은 $4에 할당한다.

set으로 필드를 분할한 후 프로그램은 for 루프로 진입한다. 해당 버전의 코드에서는 항목에 얼마나 많은 라인이 포함돼 있는지 관계없이 데이터를 여섯 라인으로 출력한다. rolodex 카드의 일관성을 보장할 수 있고 원한다면 더 큰 크기의 카드를 쉽게 출력할 수 있다.

이전에 설명한 것처럼 Steve's Ice Cream에 set 커맨드가 실행되면 $5, $6는 널이어서 비어있는 두 라인을 카드의 하단에 둔다.

출력을 왼편과 오른편에 적당하게 정렬시키기 위해 printf 커맨드는 정확히 38자로 라인을 표시한다. 선행 | 다음에 공백이 오고 이어서 $line의 처음 34자가 오며 그다음에 공백과 |가 온다.

rem 프로그램

```
#
# 전화번호부에서 특정 인물을 삭제한다
#

name=$1

#
# 일치하는 항목을 얻은 다음 임시 파일에 저장한다
#
```

```
grep -i "$name" $PHONEBOOK > /tmp/matches$$
if [ ! -s /tmp/matches$$ ] ; then
        echo "I can't find $name in the phone book"
        exit 1
fi


#
# 한 번에 하나씩 일치하는 항목을 출력하고 삭제 여부를 묻는다
#

while read line
do
        display "$line"
        echo "Remove this entry (y/n)? \c"
        read answer < /dev/tty

        if [ "$answer" = y ] ; then
                break
        fi
done < /tmp/matches$$

rm /tmp/matches$$

if [ "$answer" = y ] ; then
        if grep -i -v "^$line$" $PHONEBOOK > /tmp/phonebook$$
        then
                mv /tmp/phonebook$$ $PHONEBOOK
                echo "Selected entry has been removed"
        elif [ ! -s $PHONEBOOK ] ; then
                echo "Note: You now have an empty phonebook."
        else
                echo "Entry not removed"
        fi
fi
```

rem 프로그램은 모두 일치하는 항목을 임시 파일로 수집한 다음 결과를 테스트한다. 파일 크기가 0이면 일치하는 항목을 찾을 수 없다는 에러 메시지가 표시된다. 파일 크기가 0이 아니면 일치하는 각 항목을 표시하고 삭제 여부를 사용자에게 묻는다.

사용자 경험의 관점에서 보면, 이런 유형의 코딩은 일치 내용이 하나임에도 상관없이 사용자가 삭제하려는 항목과 프로그램에서 삭제할 항목이 일치함을 사용자에게 알려준다.

사용자가 커맨드 프롬프트에 y로 응답하면 break 커맨드가 루프를 종료한다. 그리고 루프 외부에서 프로그램은 루프가 어떻게 종료됐는지 알기 위해 answer 값을 확인한다. answer 값이 y와 같지 않으면 사용자는 모든 이유를 불문하고 항목을 삭제하지 않을 것이다. answer 값이 y와 같으면 프로그램은 지정된 패턴과 일치하지 않는 모든 라인을 grep 처리한 후 사용자의 삭제 요청을 처리한다. grep을 사용해 해당 라인의 시작과 끝을 의미하는 정규 표현식에 맞는 전체 라인만 일치시키는 것에 주목한다.

또한 사용자가 전화번호부에서 마지막 항목을 삭제할 때 스크립트에서는 상황을 인식하고(파일이 존재하고 파일의 크기가 0이 아닌지 확인한다.) 유용한 메시지를 출력한다. 에러는 아니지만 grep -v 호출을 실행하면서 발생하는 에러 메시지가 출력되지 않도록 한다.

change 프로그램

```
#
# 전화번호부에서 항목을 변경한다
#

name=$1

#
# 일치하는 항목을 얻은 다음 임시 파일에 저장한다
#

grep -i "$name" $PHONEBOOK > /tmp/matches$$
if [ ! -s /tmp/matches$$ ] ; then
      echo "I can't find $name in the phone book"
      exit 1
fi

#
# 한 번에 하나씩 일치하는 항목을 출력하고 변경 여부를 묻는다
#
```

```
while read line
do
        display "$line"
        echo "Change this entry (y/n)? \c"
        read answer < /dev/tty

        if [ "$answer" = y ] ; then
                break
        fi
done < /tmp/matches$$

rm /tmp/matches$$

if [ "$answer" != y ] ; then
        exit
fi

#
# 변경할 항목에 대해 편집기를 시작한다
#

echo "$line\c" | tr '^' '\012' > /tmp/ed$$

echo "Enter changes with ${EDITOR:=/bin/vi}"
trap "" 2           # 편집하는 동안 DELETE를 입력하더라도 취소되지 않는다
$EDITOR /tmp/ed$$

#
# 이제 오래된 항목을 삭제하고 새로운 항목을 추가한다
#

grep -i -v "^$line$" $PHONEBOOK > /tmp/phonebook$$
{ tr '\012' '^' < /tmp/ed$$; echo; } >> /tmp/phonebook$$
# 마지막 echo는 tr이 번역한 후행 개행 문자를 다시 저장한다

sort /tmp/phonebook$$ -o $PHONEBOOK
rm /tmp/ed$$ /tmp/phonebook$$
```

change 프로그램을 사용하면 사용자는 전화번호부의 항목을 편집할 수 있다. change의 첫 번째 부분은 rem의 첫 번째 부분과 사실상 동일하다. 그래서 일치하는 항목을 찾은 후 변경할 항목을 선택하라는 메시지를 사용자에게 출력한다.

그리고 선택된 항목의 ^ 문자를 개행 문자로 번역한 후 해당 항목을 임시 파일인 /tmp/ ed$$에 기록한다. 이는 rolo의 항목을 출력하는 방식과 쉬운 편집 방식에 대한 일관성을 유지하기 위해 항목을 별도의 라인으로 나타낸다. 그리고 프로그램에서 메시지를 출력 한다.

```
echo "Enter changes with ${EDITOR:=/bin/vi}"
```

해당 커맨드는 두 개의 목적을 가진다. 첫 번째 목적은 변경할 때 어떤 편집기를 사용할 지 사용자에게 알려주는 것이고, 두 번째 목적은 아직 EDITOR 변수를 설정하지 않으면 EDITOR 변수를 /bin/vi로 설정(아직 설정되지 않은 경우)하는 것이다. 해당 기법을 사용하 면 rolo를 실행하기 전에 EDITOR 변수에 이름을 지정해 사용자가 선호하는 편집기를 사 용할 수 있게 한다.

```
$ EDITOR=emacs rolo
```

사용자가 편집기에서 DELETE 키(2)를 누르면 해당 키로 생성된 신호는 무시되기 때문에 change 프로그램이 중단되지 않는다. 그리고 사용자가 필요한 변경 내용을 작업할 수 있도록 편집기를 실행시킨다. 편집이 완료되면 프로그램은 전화번호부 파일에서 grep을 사용해 이전 항목을 삭제한 후, 수정된 항목의 개행 문자를 다시 ^ 필드 구분자로 변환하 고 전화번호부 파일의 끝에 추가한다. 추가 개행 문자는 새 항목 다음에 새로운 라인으로 파일에 저장될 수 있기 때문에 반드시 추가돼야 한다. 이는 매개변수를 전혀 사용하지 않 고 echo를 사용해 쉽게 진행할 수 있다.

마지막으로 전화번호부 파일이 정렬되고 임시 파일이 삭제된다.

listall 프로그램

```
#
# 전화번호부의 모든 항목을 출력한다
#
```

```
IFS='^'      # to be used in set command below
echo "----------------------------------------------------"
while read line
do
    #
    # 첫 번째와 마지막 필드(짐작컨대 이름과 숫자)를 얻는다
    #

    set $line

    #
    # 첫 번째와 마지막 필드를 역순으로 출력한다
    #

    eval printf "\"%-40.40s %s\\n\"" "\"$1\"" "\"\${$#}\""
done < $PHONEBOOK
echo "----------------------------------------------------"
```

listall 프로그램은 전화번호부의 모든 항목을 나열할 때 각 항목의 첫 번째 라인과 마지막 라인만 출력한다. 내부 필드 분리자(IFS)는 ^으로 설정돼 루프 안에서 사용된다. 파일의 각 라인을 읽고 line 변수에 지정한다. set 커맨드는 앞서 설명한 것처럼 각 필드를 적절한 위치 매개변수에 지정한다.

첫 번째 위치 변수와 마지막 위치 매개변수의 값을 얻는 것이 과제다. 첫 번째는 $1으로 직접 참조될 수 있기 때문에 쉽다. 마지막 매개변수를 얻으려면 12장에서 설명한 대로 eval을 사용한다. 특히 다음 커맨드의 경우

```
eval echo \${$#}
```

마지막 위치 매개변수의 값을 표시한다. listall 프로그램의 커맨드에서 보여준다.

```
eval printf "\"%-40.40s %-s\\n\"" "\"$1\"" "\"\${$#}\""
```

예를 들어 해당 커맨드는 다음과 같이 평가됐다.

```
printf "%-40.40s %-s\n" "Steve's Ice Cream" "${4}"
```

이전에 표시된 항목을 사용하고 printf를 실행하기 전에 ${4}의 값을 대체하기 위해 다시 분석한다.

예시 결과

이제 새롭고 개선된 rolo의 작동 방법을 살펴볼 시간이다. 우리는 비어있는 전화번호부로 시작해 전화번호부에 몇 가지 항목을 추가할 예정이다. 그런 다음 모든 항목을 나열하고 친구를 찾은 후 항목을 변경한다. 이 책에서는 지면 공간을 절약하기 위해 처음으로 rolo가 표시되는 전체 메뉴만 표시한다.

```
$ PHONEBOOK=/users/steve/misc/book
$ export PHONEBOOK
$ rolo                          rolo를 시작하기
/users/steve/misc/book does not exist!
Should I create it for you (y/n)? y

        Would you like to:

                1. Look someone up
                2. Add someone to the phone book
                3. Remove someone from the phone book
                4. Change an entry in the phone book
                5. List all names and numbers in the phone
                6. Exit this program

Please select one of the above (1-6): 2

Type in your new entry
When you're done, type just a single Enter on the line.
>> Steve's Ice Cream
>> 444 6th Avenue
>> New York City 10003
>> 212-555-3021
>>

Steve's Ice Cream has been added to the phone book
```

```
        Would you like to:
            ...
        Please select one of the above (1-6): 2


Type in your new entry
When you're done, type just a single Enter on the line.
>> YMCA
>> 973-555-2344
>>


YMCA has been added to the phone book

        Would you like to:
            ...
        Please select one of the above (1-6): 2


Type in your new entry
When you're done, type just a single Enter on the line.
>> Maureen Connelly
>> Hayden Book Companu
>> 10 Mulholland Drive
>> Hasbrouck Heights, N.J. 07604
>> 201-555-6000
>>


Maureen Connelly has been added to the phone book

        Would you like to:
            ...
        Please select one of the above (1-6): 2


Type in your new entry
When you're done, type just a single Enter on the line.
>> Teri Zak
>> Hayden Book Company
>> (see Maureen Connelly for address)
>> 201-555-6060
>>
```

Teri Zak has been added to the phone book

        Would you like to:
           ...
        Please select one of the above (1-6): **5**

Maureen Connelly   201-555-6000
Steve's Ice Cream   212-555-3021
Teri Zak   201-555-6060
YMCA   973-555-2344

        Would you like to:
           ...
        Please select one of the above (1-6): **1**
Enter name to look up: **Maureen**

| Maureen Connelly |
| Hayden Book Companu |
| 10 Mulholland Drive |
| Hasbrouck Heights, NJ 07604 |
| 201-555-6000 |
| o   o |

| Teri Zak |
| Hayden Book Company |
| (see Maureen Connelly for address)|
| 201-555-6060 |
| |
| o   o |

        Would you like to:
           ...
        Please select one of the above (1-6): 4

```
Enter name to change: Maureen

------------------------------------
| Maureen Connelly                 |
| Hayden Book Companu              |
| 10 Mulholland Drive              |
| Hasbrouck Heights, NJ 07604      |
| 201-555-6000                     |
|        o                  o      |
------------------------------------

Change this person (y/n)? y
Enter changes with /bin/ed
101
1,$p
Maureen Connelly
Hayden Book Companu
10 Mulholland Drive
Hasbrouck Heights, NJ 07604
201-555-6000
2s/anu/any                              오타를 수정한다
Hayden Book Company
w
101
q

    Would you like to:
      ...
    Please select one of the above (1-6): 6
$
```

바라건대 이렇게 복잡한 셸 프로그래밍 예시는 여러분에게 좀 더 큰 셸 프로그램을 개발하는 방법과 시스템에서 제공하는 여러 프로그래밍 툴이 함께 작동하는 방법에 대한 통찰력을 제공한다고 믿는다.

rolo는 셸 내장 기능 외에도 tr, grep, 편집기, sort, mv 및 rm과 같은 표준 파일시스템 커맨드를 사용해 작업을 완료한다.

이런 모든 툴을 쉽게 묶을 수 있는 단순성과 우아함은 유닉스 시스템이 인기를 얻을 만한 이유를 설명한다.

rolo 프로그램 다운로드에 대한 자세한 정보는 부록 B를 참조한다.

14장에서는 셸의 대화식 기능과 POSIX 표준 셸에서 찾을 수 없지만 좋은 기능들을 가진 두 개의 셸을 소개한다.

14

대화식 및 비표준 셸 기능

14장에서는 POSIX 셸 표준은 아니지만 대화식 사용자에게 유용한 셸 기능을 다룬다. 해당 기능은 Bash와 Korn 셸에서 사용할 수 있다. Korn 셸은 유닉스, 리눅스, 맥 시스템에서 가장 일반적으로 사용할 수 있는 POSIX 호환 셸이다.

Korn 셸은 AT&T 벨 연구소의 데이빗 콘David Korn에 의해 개발됐고 System V Bourne 셸 및 POSIX 표준 셸 모두와 '상위 호환성upward compatible'이 유지되도록 설계됐다. 이제 모든 주요 *nix 플랫폼에서 광범위하게 사용할 수 있으며, 커맨드라인에 액세스 할 수 있으면 ksh를 사용할 수 있다.

Bash(Bourne-Again Shell의 약자)는 브라이언 폭스Brian Fox가 자유 소프트웨어 재단Free Software Foundation을 위해 개발했다. 또한 System V Bourne 셸 및 POSIX 표준 셸과 호환되도록 설계됐으며 추가로 Korn 및 C 셸의 많은 확장이 포함돼 있다. Bash는 리눅스 시스템의 표준 셸이며 대부분의 최신 유닉스와 맥 시스템에서 Bourne 셸을 대체한다(sh를 실제로 사용하고 있다면 bash를 실제로 사용하고 있는지 모르고 있을 수 있다).

약간의 차이를 제외하고 Bash 셸과 Korn 셸은 모든 POSIX 표준 셸의 기능을 제공하고 새로운 기능을 추가한다. 해당 셸들의 POSIX 표준 관련 호환성에 대한 아이디어를 얻을 수 있도록 이 책에서 제시한 모든 셸 프로그램은 Bash와 Korn 셸에서 작동한다.

지금부터 14장에서 다룰 비표준 기능을 살펴볼 것이며, 14장 끝부분의 표 14.4는 다른 셸이 지원하는 기능을 소개한다.

올바른 셸 얻기

지금까지 우리는 어떤 셸이 실제로 라인을 읽고 프로그램을 실행하는지에 대해 이야기하지 않고 파일에 커맨드를 저장하고 셸 프로그램으로 실행했다. 기본적으로 셸 프로그램은 로그인 셸에 의해 실행되기 때문에 셸의 종류는 큰 이슈가 아니었다.

모든 주요 대화형 셸은 파일을 실행하기 위해 사용해야 하는 셸이 무엇인지 지정할 수 있다(사실 유닉스 또는 리눅스 배포판에 포함된다). 파일 첫 번째 라인의 처음 두 글자가 #!이라면 해당 라인의 나머지는 파일을 해석할 수 있는 인터프리터를 지정한다. 그래서 다음 라인의 경우

```
#!/bin/ksh
```

Korn 셸을 지정하고, 다음 라인의 경우

```
#!/bin/bash
```

Bash를 지정한다. 특정 셸에 해당하는 구문 또는 표기 규칙을 사용한다면 인터프리터 표기 방식을 사용해 해당 셸에서 프로그램을 실행하도록 함으로써 호환성 문제를 피할 수 있다.

원하는 모든 프로그램을 지정할 수 있기 때문에 펄Perl 프로그램이라면 다음과 같이 시작할 수 있다.

```
#!/usr/bin/perl
```

파일의 라인을 해석할 수 있도록 셸은 /usr/bin/perl을 호출할 수 있다.

그러나 펄과 같은 많은 프로그램은 모든 유닉스 시스템의 표준 장소에 있지 않기 때문에 인터프리터 표기 기능을 사용할 때는 신중해야 한다. 또한 POSIX 표준에서 인터프리터 표기 방식을 지정하지 않았지만 모든 최신 셸에서 인터프리터 지정 방식을 발견할 수 있으며 많은 유닉스 버전의 운영체제에서도 구현되고 있다.

시스템 셸 프로그램에서는 사용자 로그인 셸과 상관없이 인터프리터 표기 방식을 사용하기 위해 가장 일반적으로 Bourne 셸이 사용되고 있다.

```
#!/bin/sh
```

ENV 파일

셸 시작 시 가장 먼저 수행되는 작업 중 하나는 환경에서 ENV라는 변수를 찾는 것이다.
로그인할 때 .profile이 실행되는 것처럼 ENV 변수를 찾고 해당 변수가 널이 아니면 ENV
로 지정된 파일이 실행된다. ENV 파일에는 셸 환경을 설정하는 커맨드가 포함된다. 14
장 전체에서 ENV 파일에 저장하고 싶은 다양한 내용을 설명한다.

ENV 파일이 존재하는 것으로 결정한다면 .profile 파일에 ENV 변수를 설정하고 내보내야
한다.

```
$ cat .profile
...
export ENV=$HOME/.alias
...
$
```

이전 예시에서 한 번에 적용한 설정을 주목한다. 변수에 값을 할당한 후 export를 호출하
는 대신 효율성을 위해 같은 라인에서 두 작업을 한 번에 수행했다.

Bash 사용자의 경우 Bash가 --posix 커맨드라인 옵션과 함께 sh 이름으로 호출된 경우
또는 set -o posix가 실행된 후에만 ENV 파일을 읽을 수 있다(둘 다 POSIX 표준을 준수한
다). 기본적으로 비대화형 Bash 셸이 시작될 때(예: 셸 프로그램을 실행할 때) BASH_ENV 환
경 변수에 지정된 파일에서 커맨드를 읽는다. 대화식 Bash 셸이 시작될 때(예: 커맨드 프
롬프트에서 bash를 입력할 때) BASH_ENV 환경 변수에 지정된 파일에서 커맨드를 읽지 않
는다.

오래된 유닉스 시스템을 사용 중이라면 .profile 파일 내의 SHELL이라는 변수도 내보내야
한다.

```
$ grep SHELL .profile
SHELL=/bin/ksh ; export SHELL
$
```

특정 애플리케이션(예: vi)에서 사용되는 SHELL 변수는 사용자가 셸에서 나갈 때 어느
셸로 실행해야 할지 알리기 위해 사용된다. 이 경우 새로운 셸을 시작할 때마다 이전
Bourne 셸이 아닌 원하는 셸을 얻는다.

아마도 SHELL은 이미 로그인 셸에서 설정돼 있을 것이다. 다음과 같이 테스트할 수 있다.

```
$ echo $SHELL
/bin/bash
$
```

또한 이전 예시는 변수를 설정하고 내보내는 다른 방법을 보여준다. 이번에는 같은 라인에 세미콜론으로 구분된 두 개의 별도 커맨드가 존재한다. 왜 일관성이 없는 것일까? 유닉스는 매우 유연해서 사용자가 읽는 셸 프로그램에서는 별도의 커맨드를 사용하는 것이 일반적임을 알게 될 것이다. 아마도 다양한 표기법에 익숙해지는 편이 나을 것이다.

커맨드라인 편집

라인 편집 모드는 두 개의 유명한 스크린 편집기에 있는 기능을 모방하는 방식으로 커맨드라인을 편집할 수 있는 셸의 기능이다. POSIX 표준 셸은 vi를 모방할 수 있는 기능을 제공하며 Bash와 Korn 셸은 emacs 라인 편집 모드를 지원한다. vi 커맨드의 전체 집합은 부록 A의 표 A.4에 나열돼 있다.

스크린 기반 텍스트 편집기 중 하나를 사용하고 있다면 셸의 내장된 라인 편집기가 기능적 관점에서 충실히 구현돼 있음을 알 수 있을 것이다. 해당 기능은 셸에서 가장 유용한 기능 중 하나다.

라인 편집 모드를 켜려면 set 커맨드에 -o mode 옵션을 사용하며, mode는 vi 또는 emacs를 입력할 수 있다.

```
$ set -o vi          vi 모드를 켠다
```

셸에서 편집 모드 중 하나가 켜진 채 자동으로 시작할 수 있도록 .profile 또는 ENV 파일에 해당 커맨드를 저장한다.

커맨드 히스토리

사용하는 셀과 관계없이 이전에 입력한 모든 커맨드의 히스토리를 유지한다. 커맨드를 실행하기 위해 Enter 키를 누를 때마다 커맨드는 히스토리 목록의 끝에 추가된다.

설정에 따라 커맨드 히스토리를 파일에 저장하고 로그인 세션 간에도 복구할 수 있으므로 이전 세션의 커맨드에 빨리 접근할 수 있다.

기본적으로 히스토리 목록은 .sh_history(Bash의 경우 .bash_history)라는 이름으로 홈 디렉터리의 파일에 보관된다. HISTFILE 변수를 히스토리 파일의 이름으로 설정해 원하는 파일 이름으로 변경할 수 있다. .profile 파일에서 해당 변수를 설정하고 내보낼 수 있다.

셀이 저장하는 커맨드 수에는 제한이 있다. 최솟값은 128개의 커맨드지만 대부분의 최신 셀은 500개 이상의 커맨드를 목록에 저장한다. 로그인할 때마다 셀은 자동으로 히스토리 파일을 주어진 길이로 자른다.

HISTSIZE 변수에서 히스토리 파일의 크기를 제어할 수 있다. 기본 크기가 적절하지 않으면 HISTSIZE 변수를 500 또는 1000처럼 더 큰 값으로 설정한다. HISTSIZE에 할당한 값은 .profile 파일에서 설정하고 내보낼 수 있다.

```
$ grep HISTSIZE .profile
HISTSIZE=500
export HISTSIZE
$
```

엄청 큰 히스토리 크기 때문에 화낼 필요는 없다. 히스토리 크기 값이 클수록 히스토리 파일을 저장하는 데 더 많은 디스크 공간이 필요하고 이전 커맨드에 접근하려 할 때 셀이 목록을 검색하는 데 더 많은 시간이 걸린다.

vi 라인 편집 모드

vi 라인 편집기 기능을 켜면 vi 사용자는 입력 모드^{input mode}로 생각하는 모든 후속 커맨드를 입력할 수 있다. 기본 셀 입력 프롬프트에서 진행한 동일한 방법으로 커맨드를 입력하고 실행할 수 있기 때문에 아마도 뭔가 다른 것은 전혀 눈치채지 못할 것이다.

```
$ set -o vi
$ echo hello
hello
$ pwd
/users/pat
$
```

라인 편집기를 사용하려면 키보드의 왼쪽 상단 모서리에 있는 **ESCAPE** 또는 **Esc** 키를 눌러 커맨드 모드^{command mode}로 전환해야 한다. 커맨드 모드로 진입하면 커서는 왼쪽으로 한 칸, 즉 입력한 마지막 문자로 이동된다.

현재 문자^{current character}는 커서가 있는 문자다. 잠시 현재 문자를 많이 언급할 것이다. 커맨드 모드에서만 vi 커맨드를 입력할 수 있고 커맨드를 입력할 때 커맨드가 즉시 해석되기 때문에 Enter 키를 사용할 필요는 없다.

긴 커맨드를 입력할 때 발생할 수 있는 일반적인 문제는 긴 커맨드를 입력한 후에야 에러를 받는다는 점이다. 불가피하게 에러는 라인의 시작 부분에 있다!

커맨드 모드에서는 커맨드라인을 방해하지 않은 채 커서를 움직여 에러를 수정할 수 있다. 커서를 에러가 발생한 위치로 이동한 후 원하는 대로 문자 또는 문자들을 변경할 수 있다. 그다음 Enter 키를 누르면(커서가 커맨드라인 중 어디에 있더라도 상관없다.) 문자를 해석할 수 있도록 셸에 전달된다.

다음 예시에서 밑줄(_)은 커서를 나타낸다. 한 커맨드라인이 주어지고 하나 이상의 키를 입력해 키 입력을 적용하고 나면 라인은 다음과 같을 것이다.

```
$ mary had a little larb
```

먼저 커서 이동부터 살펴본다. 많은 시스템에서 키보드의 화살표 키를 사용하면 쉽게 이동할 수 있다. 왼쪽 화살표는 왼쪽으로 이동하고 오른쪽 화살표는 오른쪽으로 이동한다.

하지만 vi에서 영감을 받고, 더 일반적인 커서 이동 커맨드가 존재한다. h 키를 누르면 커서가 왼쪽으로 이동하고 l 키를 누르면 오른쪽으로 이동한다. 커맨드 모드로 들어가서 (Esc 키를 누른다.) h와 l을 여러 번 눌러본다. 커서는 라인의 좌우로 움직여야 한다. 커서를 라인의 왼쪽 또는 오른쪽을 넘어 이동시키려면 셸에서 '비프음' 소리가 들린다.

```
$ mary had a little larb_     Esc    $ mary had a little larb
$ mary had a little larb       h     $ mary had a little larb
$ mary had a little larb       h     $ mary had a little larb
$ mary had a little larb       l     $ mary had a little larb
```

커서를 변경하고 싶은 문자 위에 올려놓은 다음, x 커맨드를 사용해 현재 문자를 삭제할 수 있다('X' 커맨드로 삭제할 수 있다).

```
$ mary had a little larb        x      $ mary had a little lab
```

r이 삭제될 때 b가 왼쪽으로 이동해 현재 문자가 됐다는 데 주목한다.

커맨드라인에 문자를 추가하려면 i 또는 a 커맨드를 사용할 수 있다. i 커맨드는 현재 문자 앞에 문자를 추가하고 a 커맨드는 현재 문자 다음에 문자를 추가한다. 두 커맨드 모두 입력 모드로 되돌아가기 때문에 커맨드 모드로 돌아가도록 Esc 키를 누르는 것을 기억한다.

```
$ mary had a little lab         im     $ mary had a little lamb
$ mary had a little lamb        m      $ mary had a little lammb
$ mary had a little lammb       Esc    $ mary had a little lammb
$ mary had a little lammb       x      $ mary had a little lamb
$ mary had a little lamb        a      $ mary had a little lamb_
$ mary had a little lamb_       da     $ mary had a little lambda_
```

h와 l을 반복해 눌러서 커서를 움직이는 것이 느리다고 생각한다면, 그 말이 맞다. h와 l 커맨드 앞에 커서를 이동할 공백 수를 지정하는 숫자가 올 수 있다.

```
$ mary had a little lambda_     Esc    $ mary had a little lambda
$ mary had a little lambda      10h    $ mary had a little lambda
$ mary had a little lambda      13h    $ mary had a little lambda
$ mary had a little lambda      5x     $ had a little lambda
```

보다시피 x 커맨드 앞에 숫자를 붙여서 삭제할 문자 수를 알려줄 수도 있다.

그리고 $ 커맨드를 입력해 라인 끝으로 쉽게 이동할 수 있다.

```
$ had a little lambda            $      $ had a little lambda
```

라인의 시작 부분으로 이동하려면 0(즉 숫자 0이다.) 커맨드를 사용한다.

```
$ had a little lambda          0        $ had a little lambda
```

이외에 유용한 커서 이동 커맨드는 w와 b다. w 커맨드는 커서를 다음 단어의 시작 부분으로 이동시킨다. 여기서 단어는 공백이나 구두점으로 구분된 문자, 숫자, 밑줄의 문자열이다. b 커맨드는 커서를 이전 단어의 시작 부분으로 후진시킨다. 또한 해당 커맨드 앞에 숫자를 입력해 앞 또는 뒤로 이동할 단어의 수를 지정할 수 있다.

```
$ had a little lambda          w        $ had a little lambda
$ had a little lambda          2w       $ had a little lambda
$ had a little lambda          3b       $ had a little lambda
```

언제든지 Enter 키를 누르면 현재 라인은 커맨드로 실행된다.

```
$ had a little lambda                   Enter 키를 누른다
ksh: had:  not found
$ _
```

커맨드가 실행된 후에는 입력 모드로 돌아간다.

히스토리에서 커맨드 접근하기

지금까지는 현재 커맨드라인을 편집하는 방법을 배웠다. 그러나 vi 커맨드에는 vi 커맨드인 k와 j를 사용해 히스토리에서 커맨드를 검색할 수 있는 vi 모드가 더 있다. k 커맨드는 터미널의 현재 라인을 이전에 입력했던 커맨드로 바꾸고 커서를 라인의 시작 부분에 둔다. 다음 커맨드를 입력했다고 가정한다.

```
$ pwd
/users/pat
$ cd /tmp
$ echo this is a test
this is a test
$ _
```

이제 커맨드 모드(Esc)로 가서 k를 사용하고 커맨드 히스토리에서 이전 커맨드에 접근한다.

```
$ _                                    Esc k       $ echo this is a test
```

k를 사용할 때마다, 이전에 설명한 것처럼 HISTSIZE로 설정된 제약 안에서 커맨드 히스토리의 이전 라인으로 대체된다.

```
$ echo this is a test           k          $ cd /tmp
$ cd /tmp                        k          $ pwd
```

표시된 커맨드를 실행하려면 Enter 키를 누른다.

```
$ pwd                      Enter 키를 누른다
/tmp
$ _
```

j 커맨드는 k 커맨드의 반대며 히스토리에서 가장 최근의 커맨드를 표시하는 데 사용된다. 다시 말하면 k는 히스토리 커맨드가 실행된 시간의 '뒤'로 이동시키고 j는 시간의 '앞'으로 움직이게 한다. 몇 번 시도해보면 j와 k 커맨드의 의미를 바로 알 수 있을 것이다.

/ 커맨드는 지정된 문자열을 포함하는 커맨드를 커맨드 히스토리에서 검색한다. / 뒤에 문자열이 온다면 셸은 히스토리를 역방향으로 검색해 해당 문자열을 포함하는 가장 최근에 실행된 커맨드를 찾는다. 그다음에 커맨드가 출력된다.

커맨드 히스토리에 지정된 문자열이 포함된 라인이 없으면 셸은 에러를 나타내는 '비프음' 소리를 낸다. /를 입력하면 현재 라인은 /로 대체된다.

```
/tmp
$ _                             Esc /test    /test_
```

Enter 키를 누르면 검색이 시작된다.

```
/test_                          Enter       $ echo this is a test
```

검색 결과의 커맨드를 실행하려면 Enter 키를 다시 눌러야 한다.

```
$ echo this is a test                  Enter 키를 다시 입력한다
this is a test
$ _
```

표시된 커맨드가 찾고자 하는 커맨드가 아니라면 패턴 없이 /와 Enter 키를 눌러 검색을 계속한다. 셸은 마지막으로 입력한 검색 커맨드를 사용할 수 있으며 커맨드 목록에서 마지막으로 찾은 문자열부터 계속 사용할 수 있다.

k, j, /를 사용해 커맨드 히스토리에서 커맨드를 발견하면 이미 설명한 vi 커맨드를 사용해 커맨드를 편집할 수 있다. 이런 변경을 통해 커맨드 히스토리의 커맨드를 실제로 변경하지 않는다는 점은 주목해야 한다. 커맨드의 복사본을 편집하는 것이고, Enter 키를 누르면 해당 커맨드는 커맨드 히스토리에 가장 최근 커맨드로 저장된다.

표 14.1은 기본적인 vi 라인 편집 커맨드를 요약한다.

표 14.1 기본 vi 라인 편집 커맨드

커맨드	의미
h	왼쪽으로 한 글자씩 이동한다.
l	오른쪽으로 한 글자씩 이동한다.
b	왼쪽으로 한 단어씩 이동한다.
w	오른쪽으로 한 단어씩 이동한다.
o	라인의 시작으로 이동한다.
$	라인의 끝으로 이동한다.
x	커서의 글자를 삭제한다.
dw	커서의 단어를 삭제한다.
rc	커서의 글자를 c로 변경한다.
a	입력 모드로 진입해 현재 글자 뒤에 글자를 추가한다.
i	입력 모드로 진입해 현재 글자 앞에 글자를 추가한다.
k	커맨드 히스토리에서 이전 커맨드를 얻는다.
j	커맨드 히스토리에서 이후 커맨드를 얻는다.
/string	커맨드 히스토리에서 string을 포함한 가장 최근에 실행한 커맨드를 찾는다. string이 널이면 바로 이전에 실행한 커맨드를 얻는다.

vi 라인 편집 커맨드가 많아 보이지만 너무 걱정할 필요는 없다. j와 k는 커맨드 히스토리 목록을 위아래로 이동하고, h와 l은 커맨드라인에서 좌우로 이동하며, i는 문자를 입력하고 Enter 키를 입력하면 커맨드를 실행한다. 실제 해야 할 일은 vi 모드에서 커맨드라인 편집으로 들어가는 것이다.

emac 라인 편집 모드

vi 비주얼 편집기의 팬이 아니라 오픈소스 개발자 커뮤니티에서 매우 사랑받는 emacs 편집기를 선호하는가? 셸에는 사용자를 위해 또 다른 라인 편집 모드도 있다. emacs 라인 편집기를 켠 후, 이전과 똑같은 커맨드를 입력하고 실행할 것이므로 뭔가 다른 것을 전혀 느끼지 못할 것이다.

```
$ set -o emacs
$ echo hello
hello
$ pwd
/users/pat
$
```

이번에는 emacs 라인 편집기를 사용하기 위해 emacs 커맨드를 입력한다. emacs 커맨드는 제어 문자control character(Ctrl 키를 누른 상태에서 다른 문자를 누른 문자) 또는 Esc 키가 앞에 오는 문자다. vi 라인 편집기와 같은 별도의 '모드'가 없기 때문에 언제든지 emacs 커맨드를 입력할 수 있다. emacs 커맨드 다음에 Enter가 없다는 것에 주목한다.

(emacs 커맨드의 전체 목록을 보려면 Bash 또는 Korn 셸 설명서를 참조한다.)

먼저 커맨드라인에서 커서를 움직이는 방법을 살펴본다. Ctrl+b는 커서를 뒤로(왼쪽으로) 이동시키고 Ctrl+f는 커서를 앞으로(오른쪽으로) 이동시킨다. 커맨드라인에서 커맨드를 입력하는 동안 Ctrl+b와 Ctrl+f를 몇 번 눌러본다. 커서가 라인에서 좌우로 움직여야 한다. 커서가 라인의 왼쪽이나 오른쪽을 넘어 이동하려 하면 셸은 emacs 커맨드를 간단히 무시한다.

```
$ mary had a little larb_      Ctrl+b      $ mary had a little larb
$ mary had a little larb       Ctrl+b      $ mary had a little larb
$ mary had a little larb       Ctrl+b      $ mary had a little larb
$ mary had a little larb       Ctrl+f      $ mary had a little larb
```

커서를 변경하려는 문자 위에 둔 후 Ctrl+d 커맨드를 사용해 현재 문자를 삭제할 수 있다.

```
$ mary had a little larb       Ctrl+d      $ mary had a little lab
```

r이 삭제되면서 b가 왼쪽으로 이동해 현재 문자가 됐다.

커맨드라인에 문자를 추가하려면 단지 문자를 입력하면 된다. 입력된 문자는 현재 문자 앞에 추가된다.

```
$ mary had a little lab       m          $ mary had a little lamb
$ mary had a little lamb      m          $ mary had a little lammb
$ mary had a little lammb     Ctrl+h     $ mary had a little lamb
```

현재 지우기 문자(일반적으로 Backspace 또는 Ctrl+h)는 항상 커서의 왼쪽에 있는 문자를 삭제한다.

Ctrl+a와 **Ctrl+e** 커맨드를 사용해 커서를 커맨드라인의 처음과 끝으로 각각 이동할 수 있다.

```
$ mary had a little lamb      Ctrl+a     $ mary had a little lamb
$ mary had a little lamb      Ctrl+e     $ mary had a little lamb_
```

Ctrl+e 커맨드는 커서를 라인의 마지막 문자 오른쪽 한 칸 뒤에 둔다(emacs 모드가 아니라면, 커서는 항상 라인의 끝부분에 있고 문자를 입력하면 공백이 마지막 문자의 오른쪽에 입력된다).

이것은 커서가 라인의 끝에 있을 때 입력할 모든 글자가 이미 라인에 추가돼 있기 때문에 편리하다.

```
$ mary had a little lamb_      da        $ mary had a little lambda_
```

이외에 유용한 커서 이동 커맨드로 **Esc f** 및 **Esc b** 커맨드가 있다. **Esc f** 커맨드는 커서를 현재 단어의 끝으로 전진시킨다. **Esc b** 커맨드는 커서를 이전 단어의 시작 부분으로 이동시킨다. 해당 커맨드는 **Esc** 키를 눌렀다가 원하는 커맨드에 해당하는 키(f, b 등)를 누르면 실행된다.

```
$ mary had a little lambda_    Esc b     $ mary had a little lambda
$ mary had a little lambda     Esc b     $ mary had a little lambda
$ mary had a little lambda     Esc b     $ mary had a little lambda
$ mary had a little lambda     Esc f     $ mary had a_little lambda
$ mary had a_little lambda     Esc f     $ mary had a little_lambda
```

언제든지 Enter 키를 누를 수 있고 현재 라인은 커맨드로 실행될 것이다.

```
$ mary had a little_lambda          Enter 키를 입력한다. 커맨드가 실행된다
ksh: mary: not found
$ _
```

커맨드 히스토리의 커맨드에 접근하기

지금까지 커맨드라인의 편집 방법을 다뤘다. 셸은 최근에 입력한 커맨드 히스토리를 유지한다. 히스토리 목록에서 최근에 입력한 커맨드에 접근하려면 emacs 커맨드인 Ctrl+p와 Ctrl+n을 사용한다. Ctrl+p 커맨드는 터미널의 현재 라인을 이전에 입력한 커맨드로 바꾸고 커서를 라인의 끝에 위치시킨다. Ctrl+n은 동일한 작업을 수행하지만 히스토리 목록의 다음 커맨드를 사용한다.

다음 커맨드를 입력했다고 가정해본다.

```
$ pwd
/users/pat
$ cd /tmp
$ echo this is a test
this is a test
$ _
```

이제 Ctrl+p 키를 사용해 접근한다.

```
$ _                       Ctrl+p          $ echo this is a test_
```

Ctrl+p를 사용할 때마다 현재 라인은 커맨드 히스토리의 이전 라인으로 변경된다.

```
$ echo this is a test_     Ctrl+p          $ cd /tmp_
$ cd /tmp_                  Ctrl+p          $ pwd_
```

표시된 커맨드를 실행하려면 Enter를 누른다.

```
$ pwd_                     Enter 키를 입력한다
/tmp
$ _
```

Ctrl+r 커맨드는 커맨드 히스토리에서 지정된 문자열을 포함하는 커맨드를 검색하기 위해 사용된다. Ctrl+r에 이어서 검색 패턴을 입력한 후 Enter 키를 입력한다. 그러면 셸은 커맨드 히스토리에서 해당 문자열이 포함된 가장 최근에 실행된 커맨드를 검색한다. 커맨드를 발견했다면 커맨드라인에 표시되고, 커맨드를 발견하지 못했다면 셸은 '비프음' 소리를 낸다.

Ctrl+r을 입력하면 셸은 현재 라인을 ^R 프롬프트로 바꾼다.

```
$ _                          Ctrl+r test     $ ^Rtest_
```

Enter 키를 누르면 검색이 시작된다.

```
$ ^Rtest_                    Enter          $ echo this is a test_
```

검색 결과로 표시된 커맨드를 실행하려면 Enter 키를 다시 누른다.

```
$ echo this is a test_        Enter 키를 다시 입력한다
this is a test
$ _
```

커맨드 히스토리로 계속 검색을 진행하려면 Ctrl+r을 입력하고 Enter를 누른다.

Bash는 Ctrl+r을 조금 다르게 처리한다. Ctrl+r을 입력하면 Bash는 현재 라인을 (reverse-i-search)`'로 변경한다.

```
$ _                          Ctrl+r         (reverse-i-search)`': _
```

텍스트를 입력할 때 `' 내부에 입력한 텍스트로 라인이 변경되고 나머지 라인은 일치하는 커맨드로 변경된다.

```
(reverse-i-search)`': _                     c     (reverse-i-search)`c': echo
this is a
test
(reverse-i-search)`c': echo this is a test   d     (reverse-i-search)`cd': cd /
tmp
```

Bash가 커맨드의 일치하는 부분을 강조하는 데 주목한다. Korn 셸에서는 Enter 키를 눌러 커맨드를 실행한다.

커맨드 히스토리에서 커맨드를 찾았을 때(Ctrl+p, Ctrl+n, Ctrl+r 중 하나를 실행했을 때) 이미 다뤘던 다른 emacs 커맨드를 사용해 커맨드를 편집할 수도 있다. vi 편집 모드에서는 커맨드 히스토리에서 실제로 커맨드를 변경하지 않고 커맨드 사본을 편집한다. Enter 키를 누를 때 커맨드 히스토리 목록에 커맨드가 입력된다.

표 14.2는 기본적인 emacs 라인 편집 커맨드를 요약한다.

표 14.2 기본 emacs 라인 편집 커맨드

커맨드	의미
Ctrl+b	왼쪽으로 한 글자씩 이동한다.
Ctrl+f	오른쪽으로 한 글자씩 이동한다.
Esc f	왼쪽으로 한 단어씩 이동한다.
Esc b	오른쪽으로 한 단어씩 이동한다.
Ctrl+a	라인의 시작으로 이동한다.
Ctrl+e	라인의 끝으로 이동한다.
Esc d	커서의 글자를 삭제한다.
erase char	커서의 단어를 삭제한다.
Ctrl+p	커맨드 히스토리에서 이전 커맨드를 얻는다.
Ctrl+n	커맨드 히스토리에서 이후 커맨드를 얻는다.
Ctrl+r string	커맨드 히스토리에서 string을 포함한 가장 최근에 실행한 커맨드를 찾는다.

커맨드 히스토리에 접근할 수 있는 또 다른 방법

vi 또는 emacs 라인 편집 모드가 작동하지 않는다면 커맨드 히스토리에 접근하는 또 다른 방법들이 있으며 이를 살펴보는 것은 주목할 만한 가치가 있다.

history 커맨드

커맨드 히스토리에 접근하는 가장 쉬운 방법은 실제로 history 커맨드를 입력하는 것이다.

```
$ history
507    cd shell
508    cd ch15
```

```
509   vi int
510   ps
511   echo $HISTSIZE
512   cat $ENV
513   cp int int.sv
514   history
515   exit
516   cd shell
517   cd ch16
518   vi all
519   run -n5 all
520   ps
521   lpr all.out
522   history
```

왼쪽의 숫자는 상대적인 커맨드 번호다(커맨드 번호 1은 커맨드 히스토리의 첫 번째 커맨드 또는 가장 오래된 커맨드다).

Korn 셸과 Bash 셸의 history 커맨드는 서로 다르다. Korn 셸의 history 커맨드는 마지막 16개 커맨드를 표준 출력에 기록하는 반면, Bash 셸의 history 커맨드는 500라인이나 1,000라인인 경우에도 모든 커맨드 히스토리를 출력한다.

Bash를 실행 중이고 커맨드 히스토리 목록이 너무 많이 출력되지 않길 바란다면 매개변수로 출력할 커맨드 개수를 지정할 수 있다.

```
$ history 10
  513   cp int int.sv
  514   history
  515   exit
  516   cd shell
  517   cd ch16
  518   vi all
  519   run -n5 all
  520   ps
  521   lpr all.out
  522   history 10
$
```

fc 커맨드

fc 커맨드를 사용하면 커맨드 하나 이상의 히스토리 커맨드를 변경하기 위해 편집기를 시작하거나 터미널에서 커맨드 히스토리 목록을 저장할 수 있다.

후자의 경우, fc에 -l 옵션을 사용하는 것은 history 실행과 비슷하지만 더 유연하다(나열할 커맨드 범위를 지정할 수 있다).

예를 들어, 다음 커맨드의 경우

```
fc -l 510 515
```

히스토리의 커맨드 510부터 515까지 표준 출력으로 출력한다. 다음 커맨드의 경우

```
fc -n -l -20
```

최근 20개의 커맨드를 표준 출력에 기록하지만 커맨드 번호(-n)는 생략한다. 사용자가 긴 커맨드를 바로 실행했고 해당 커맨드라인을 runx라는 셸 프로그램으로 변환하는 것이 좋다고 결정한 것으로 가정해본다. fc를 사용해 커맨드 히스토리와 I/O 리디렉션에서 커맨드를 가져와서 파일에 해당 커맨드를 사용할 수 있다.

```
fc -n -l -1 > runx
```

가장 최근의 커맨드(현재 값에서 1을 뺌)를 얻기 위해 -l 뒤에 -1이 온다. 부록 A에서 fc를 자세히 설명한다.

r 커맨드

간단한 Korn 셸 커맨드를 사용하면 적은 키 입력으로 이전 커맨드를 재실행할 수 있다. r 커맨드를 입력하면 Korn 셸은 마지막 커맨드를 재실행한다.

```
$ date
Thu Oct 24 14:24:48 EST 2002
$ r                              이전 커맨드를 재실행한다
date
Thu Oct 24 14:25:13 EST 2002
$
```

Korn 셸에서 r 커맨드를 실행하면 이전 커맨드를 다시 표시하고 바로 실행된다.

Korn 셸에서 r에 특정 커맨드의 이름을 매개변수로 지정하면 커맨드 히스토리에서 지정된 패턴으로 시작하는 가장 최근의 커맨드를 재실행한다.

```
$ cat docs/planA
...
$ pwd
/users/steve
$ r cat                    마지막 cat 커맨드를 재실행한다
cat docs/planA
$
```

다시 한 번, Korn 셸은 자동으로 재실행하기 전에 커맨드라인을 커맨드 히스토리에서 다시 표시한다.

r 커맨드의 마지막 형식을 사용하면 첫 번째 문자열을 다음 문자열로 대체할 수 있다. planA 대신 planB 파일의 마지막 cat 커맨드를 재실행할 때 다음을 실행한다.

```
$ r cat planA=planB
cat docs/planB
...
$
```

또는 더 간단하게 다음과 같이 실행할 수 있다.

```
$ r cat A=B
cat docs/planB
...
$
```

Bash는 비슷한 히스토리 단축키 커맨드를 가지고 있다. !string을 통해 커맨드 히스토리를 검색하고 !!는 이전 커맨드를 재실행한다.

```
$ !!
cat docs/planB
...
$ !d
```

```
date
Thu Oct 24 14:39:40 EST 2002
$
```

!와 string 사이에 공백이 있어서는 안 된다.

fc 커맨드에 -s 옵션을 사용하면 모든 POSIX 호환 셸에서 동일한 작업을 수행할 수 있다(r 커맨드는 실제로 Korn 셸에서 fc 커맨드의 앨리어스며, 이에 대해 14장의 뒷부분에서 자세히 설명한다).

```
$ fc -s cat
cat docs/planB
...
$ fc -s B=C
cat docs/planC
...
$
```

함수

Bash와 Korn 셸은 POSIX 표준 셸에서 사용할 수 없는 기능을 가지고 있다. 다음 기능을 살펴보자.

지역 변수

Bash 및 Korn 셸 함수 모두 지역 변수를 가질 수 있기 때문에 재귀 함수를 사용할 수 있다. 지역 변수는 typeset 커맨드로 정의된다.

```
typeset i j
```

동일한 이름의 변수가 이미 존재하면, typeset이 실행될 때 기존 변수가 저장되고 함수가 종료될 때 기존 변수는 복원된다.

셸을 잠시 사용하면서 대화형 작업 세션 중에 사용하길 원하는 함수를 개발하고 싶을 수 있다. 해당 함수를 ENV 파일 내부에 정의하면 새로운 셸을 시작할 때마다 해당 함수가 정의된다.

자동으로 로드되는 함수

Korn 셸을 사용하면 PATH 변수와 유사한 FPATH라는 특수 변수를 설정할 수 있다. Korn 셸에서 아직 정의되지 않은 함수를 실행하려 하면 Korn 셸은 FPATH에 있는 콜론으로 구분된 디렉터리 목록에서 함수 이름과 일치하는 파일을 검색한다. 검색할 파일을 찾으면 해당 파일의 어딘가에 지정된 함수가 정의됐을 것이라 기대하면서 현재 셸에서 파일을 실행한다.

정수 산술 연산

Bash와 Korn 셸 모두 산술 확장 없이 산술 표현식을 평가할 수 있다. 구문은 $((...))와 유사하지만 달러 기호는 없다. 산술 확장이 수행되지 않을 수 있기 때문에 생성자는 그 자체로 커맨드에서 사용될 수 있다.

```
$ x=10
$ (( x = x * 12 ))
$ echo $x
120
$
```

이전 구문의 진정한 가치는 if, while, until 커맨드에서 사용될 산술 표현식을 사용할 수 있다는 점이다. 비교 연산자는 비교 결과가 거짓이면 종료 상태를 0이 아닌 값으로 설정하고, 비교 결과가 참이면 종료 상태를 0으로 설정한다.

그래서 다음의 경우

```
(( i == 100 ))
```

i가 100인지 확인하고 종료 상태를 설정한다. 따라서 if 조건에 정수 산술 연산이 포함되는 것은 이상적이다.

```
if (( i == 100 ))
then
     ...
fi
```

(i == 100)은 i가 100이면 종료 상태 0(true)을 리턴하고, i가 100이 아니면 1(false)을 리턴한다. 이는 다음과 같은 효과를 가진다.

```
if [ "$i" -eq 100 ]
then
        ...
fi
```

test가 아닌 ((...))를 사용할 경우의 또 다른 장점은 테스트의 일부로 산술 연산을 수행할 수 있다는 것이다.

```
if (( i / 10 != 0 ))
then
    ...
fi
```

이전 예시에서는 10으로 나눈 값이 0이 아니면 TRUE를 반환한다.

while 루프는 정수 연산의 장점을 얻을 수 있다. 예를 들어 다음 구문은

```
x=0
while ((x++ < 100))
do
        commands
done
```

commands를 100번 실행한다.

정수 타입

Korn과 Bash 셸은 정수 데이터 타입을 지원한다. typeset 커맨드에 -i 옵션을 사용하면 변수를 정수로 선언할 수 있다.

```
typeset -i variables
```

여기서 variables는 유효한 셸 변수 이름이다. 변수를 선언할 때마다 초기 값을 변수에 지정할 수도 있다.

```
typeset -i signal=1
```

여기서 주요 장점을 살펴보면, ((...)) 구조에서 정수 변수로 수행된 산술 연산은 정수 가 아닌 값으로 수행된 산술 연산보다 빠르다는 것이다.

그러나 정수 변수에 정수 값 또는 정수 표현식 이외의 값을 지정할 수 없다. 정수 변수에 정수가 아닌 값을 할당하려고 하면 셸에서 bad number가 출력된다.

```
$ typeset -i i
$ i=hello
ksh: i: bad number
```

Bash는 숫자 값을 포함하지 않는 문자열을 단순히 무시하며, 숫자와 다른 문자가 모두 포함된 문자열인 경우에는 에러가 생성된다.

```
$ typeset -i i
$ i=hello
$ echo $i
0
$ i=1hello
bash: 1hello: value too great for base (error token is "1hello")
$ i=10+15
$ echo $i
25
$
```

또한 이전 예시에서는 정수 값 표현식이 ((...)) 구조를 사용하지 않고도 정수 변수에 할당될 수 있음을 보여준다. 이는 두 셸 모두에 적용된다.

여러 진수의 숫자

Korn과 Bash를 사용할 때 서로 다른 진수 값으로 산술 연산을 수행할 수도 있다. 두 셸 에서 여러 진수의 숫자를 저장하려면 다음 표기법을 사용한다.

base#number

예를 들어, 8진수의 값 100을 표현하려면 다음과 같이 작성할 수 있다.

```
8#100
```

정수 값이 허용된다면 여러 진수로 상수를 작성할 수 있다. 정수 변수 i에 8진수 100을
할당하려면 다음과 같이 작성할 수 있다.

```
typeset -i i=8#100
```

Korn 셸에서 정수 변수에 첫 번째로 할당된 진수 값의 경우 해당 변수가 이후에 사용될
기본 진수로 설정됨을 주목한다. 다시 말해 Korn 셸에서 정수 변수 i에 할당한 첫 번째
값이 8진수라면 커맨드라인에서 i 값을 참조할 때마다 8#value 표기법을 사용해 8진수
로 표시한다.

```
$ typeset -i i=8#100
$ echo $i
8#100
$ i=50
$ echo $i
8#62
$ (( i = 16#a5 + 16#120 ))
$ echo $i
8#705
$
```

i에 할당된 첫 번째 값이 8진수(8#100)이므로 이후 i에 대해 참조할 때 모두 8진수가 된
다. 다음에 i에 10진수 50을 할당하고 이어서 i를 출력할 때 10진수 50과 동일한 8진수
8#62를 얻는다.

이전 예시에서 미묘한 점이 있다. i의 표시 값이 8진수로 설정돼 있는 반면, 다른 진수로
지정하지 않으면 변수에 할당된 값의 기본 진수는 10진수다. 다시 말해, 셸이 i를 기본 8
진수로 참조하고 있음을 알고 있다 해도 i=50과 i=8#50은 같지 않다.

이전 예시에서 ((...)) 구문은 두 개의 16진수 값 a5와 120을 추가하는 데 사용된다. 두
값의 결과는 다시 8진수로 출력된다. 이런 예는 아주 모호하므로 일상적인 셸 프로그래
밍이나 대화식 사용에서 만날 일이 거의 없을 것이다.

Bash에서는 임의의 진법을 base#number 구문으로 사용하고 8진수와 16진수에 대한 C
언어 구문을 사용한다. 즉 8진수 앞에는 0이 오고 16진수 앞에는 0x가 온다.

```
$ typeset -i i=0100
$ echo $i
64
$ i=0x80
$ echo $i
128
$ i=2#1101001
$ echo $i
105
$ (( i = 16#a5 + 16#120 ))
$ echo $i
453
$
```

Korn 셸과 달리 Bash는 변수의 진법 정보를 추적하지 않는다. 즉 정수 변수는 10진수 값으로 표시된다. printf를 사용하면 정수를 8진수 또는 16진수 형식으로 출력할 수 있다.

지금까지 살펴본 것처럼 Bash와 Korn 셸을 사용하면 여러 진법으로 작업하기 쉽고, 진법 변환과 10진수가 아닌 다른 진수의 산술 연산을 수행하는 함수를 작성할 수 있다.

alias 커맨드

앨리어스는 커맨드의 사용자 정의를 허용하기 위해 셸이 제공하는 축약 표기법이다. 셸은 커맨드가 입력될 때 대체가 일어나기 전에 검색되는 앨리어스 목록을 유지한다. 커맨드라인의 첫 단어가 앨리어스라면, 앨리어스의 텍스트로 대체된다.

앨리어스는 alias 커맨드를 사용해 정의된다. 형식은 다음과 같다.

alias name=string

여기서 name은 앨리어스의 이름이고 string은 임의의 문자열이다. 예를 들어, 다음은 앨리어스 ll에 ls -l을 할당한다.

alias ll='ls ?l'

이제 사용자가 ll 커맨드를 입력하면 셸은 자동으로 ls -l로 바꾼다.

더 좋은 방법이 있다. 커맨드라인에서 앨리어스 이름 뒤에 매개변수를 다음과 같이 입력할 수 있다.

ll *.c

앨리어스 대체가 수행된 후에는 다음과 같이 변환된다.

ls -l * .c

셸에서는 앨리어스가 설정될 때와 앨리어스가 사용될 때 모두 정상적인 커맨드라인 처리를 수행하기 때문에 따옴표는 까다로울 수 있다.

예를 들어, 셸은 PWD 변수를 통해 현재 작업 디렉터리를 추적함을 상기한다.

```
$ cd /users/steve/letters
$ echo $PWD
/users/steve/letters
$
```

PWD 변수와 매개변수 대체 구문 중 하나를 사용해 현재 작업 디렉터리의 기본 이름을 제공하는 dir이라는 앨리어스를 만들 수 있다.

alias dir="echo ${PWD##*/}"

앨리어스를 생성하는 방법이 합리적인 것으로 보이지만, 여기서 실제 앨리어스의 작동 방법을 살펴본다.

```
$ alias dir="echo ${PWD##*/}"          앨리어스를 정의한다
$ pwd                                   현재 작업 디렉터리의 위치는?
/users/steve
$ dir                                   앨리어스를 실행한다
steve
$ cd letters                            디렉터리를 변경한다
$ dir                                   다시 앨리어스를 실행한다
steve
$ cd /usr/spool                         다시 한 번 시도한다
$ dir
steve
$
```

현재 디렉터리에 상관없이 앨리어스 dir은 steve를 출력한다. 그 이유는 앨리어스 dir을 정의할 때 따옴표에 주의하지 않았기 때문이다. 셸이 큰따옴표에서 매개변수 대체를 수행한다는 것을 기억한다면, 앨리어스를 정의했을 때 셸을 계산한다는 점이 문제다.

${PWD##*/}

즉, dir 앨리어스는 본질적으로 다음과 같이 입력한 것처럼 정의된다.

```
$ alias dir="echo steve"
```

dir 앨리어스가 동작하지 않는 것은 당연하다!

이 문제의 해결 방법은 dir 앨리어스를 실행할 때까지 매개변수의 대체를 연기하도록 dir 앨리어스를 정의할 때 큰따옴표가 아닌 작은따옴표를 사용하는 것이다.

```
$ alias dir='echo ${PWD##*/}'        앨리어스를 정의한다
$ pwd                                현재 작업 디렉터리의 위치는?
/users/steve
$ dir                                앨리어스를 실행한다
steve
$ cd letters                         디렉터리를 변경한다
$ dir                                앨리어스를 다시 실행한다
letters
$ cd /usr/spool                      다시 한 번 실행한다
$ dir
spool
$
```

앨리어스가 공백으로 끝나면 앨리어스의 다음 단어도 앨리어스 대체를 점검한다.

```
alias nohup="/bin/nohup "
nohup ll
```

예를 들어, 위와 같이 nohup을 /bin/nohup으로 변경한 후 셸이 문자열 ll에 대한 앨리어스 검사를 수행하도록 한다.

커맨드를 인용하거나 역슬래시로 시작하면 앨리어스 대체를 방지한다. 예는 다음과 같다.

```
$ 'll'
ksh: ll: command not found
$
```

다음 커맨드를 실행하면

```
alias name
```

앨리어스 name의 값이 출력되고, 매개변수가 없는 alias 커맨드를 실행하면 모든 앨리어스가 나열된다.

Korn 셸이 시작할 때 다음 앨리어스는 자동으로 정의된다.

```
autoload='typeset —fu'
functions='typeset —f'
history='fc —l'
integer='typeset —i'
local=typeset
nohup='nohup '
r='fc -e —'
suspend='kill -STOP $$'
```

앞의 예시에서 r은 실제로 -e 옵션이 있는 fc 커맨드의 앨리어스고, history는 fc -l의 앨리어스다. Bash와 비교하면, Bash는 기본적으로 앨리어스를 자동으로 정의하지 않는다.

앨리어스 삭제하기

unalias 커맨드는 앨리어스 목록에서 앨리어스를 제거하는 데 사용된다. 형식은 다음과 같다.

```
unalias name
```

이전 예시는 앨리어스 name을 제거한다.

```
unalias —a
```

이전 예시는 모든 앨리어스를 제거한다.

로그인 세션 중에 사용하고 싶은 앨리어스 정의 집합을 개발한다면 ENV 파일에 앨리어스 정의 집합을 정의하고 사용할 수 있을 것이다. ENV 파일에 앨리어스 정의 집합을 두면 서브셸로 마이그레이션하지 않는다.

배열

Korn과 Bash는 제한된 배열 기능을 제공한다. Bash 배열에는 엘리먼트 개수에 대한 제한이 없다(메모리 제한은 존재). Korn 배열의 엘리먼트 개수는 4,096개라는 제한이 있다. 두 셸 모두 배열 인덱싱은 0부터 시작한다.

배열 엘리먼트는 대괄호로 묶인 정수 값 표현식인 첨자^{subscript}로 접근된다. 셸 배열의 최대 크기를 선언하지 않고 필요할 때 엘리먼트에 값을 할당한다. 할당할 수 있는 값은 일반 변수와 동일하다.

```
$ arr[0]=hello
$ arr[1]="some text"
$ arr[2]=/users/steve/memos
$
```

배열에서 엘리먼트를 얻으려면 여는 중괄호, 배열 이름, 엘리먼트 번호, 닫는 중괄호를 써야 한다. 전체 구문은 중괄호 쌍으로 묶여져야 하고 전체 엘리먼트 앞에는 달러 기호가 와야 한다. 복잡해 보이는가? 그렇지 않다.

```
$ echo ${array[0]}
hello
$ echo ${array[1]}
some text
$ echo ${array[2]}
/users/steve/memos
$ echo $array
hello
$
```

이전 예시에서 볼 수 있듯이 첨자를 지정하지 않으면 0번째 엘리먼트가 사용된다.

대체를 수행할 때 중괄호를 사용하지 않아도 실행이 중단되지 않고 예상된 결과가 나타난다.

```
$ echo $array[1]
hello[1]
$
```

array의 값은 대체되고(array[0]의 값은 hello다.), [1]과 함께 출력된다(셸이 변수 대체 후에 파일 이름을 치환하기 때문에, 셸은 현재 디렉터리의 파일 중 hello[1] 패턴과 일치하는 파일이 무엇인지 확인할 것이다).

[*] 구문은 각 엘리먼트를 공백으로 구분해 커맨드라인에서 배열의 모든 엘리먼트를 출력하기 위한 첨자로 사용할 수 있다.

```
$ echo ${array[*]}
hello some text /users/steve/memos
$
```

${#array[*]} 구문을 사용하면 array에 있는 엘리먼트의 수를 알아낼 수 있다.

```
$ echo ${#array[*]}
3
$
```

출력된 숫자는 실제 배열 엘리먼트에 저장된 값 개수지만 배열에서 엘리먼트를 저장하는 데 사용되는 최대 첨자는 아니다.

```
$ array[10]=foo
$ echo ${array[*]}            모든 엘리먼트를 출력한다
hello some text /users/steve/memos foo
$ echo ${#array[*]}           엘리먼트 개수
4
$
```

값이 연속적으로 정의되지 않은 배열은 희소 배열^{sparse array}로 알려져 있고, 이전에 들어 본 적이 있었을 것이다.

typeset -i에 배열 이름을 지정해 정수 배열을 선언할 수 있다.

typeset -i data

정수 계산은 ((...)) 구문을 사용해 배열 엘리먼트에서 수행될 수 있다.

```
$ typeset -i array
$ array[0]=100
$ array[1]=50
$ (( array[2] = array[0] + array[1] ))
$ echo ${array[2]}
150
$ i=1
$ echo ${array[i]}
50
$ array[3]=array[0]+array[2]
$ echo ${array[3]}
250
$
```

이중 괄호 안에 배열 엘리먼트를 참조할 때 달러 기호와 중괄호를 생략할 수 있을 뿐만 아니라 배열이 정수 유형으로 선언될 때는 달러 기호와 중괄호를 생략할 수도 있다. 또한 첨자 표현식에 변수를 사용하기 전에 달러 기호가 필요치 않음도 주목해야 한다.

reverse라고 하는 다음 프로그램은 표준 입력에서 라인을 읽은 후 역순으로 표준 출력에 다시 쓴다.

```
$ cat reverse
# buf 배열에서 라인을 읽는다

typeset -i line=0

while ({ line < 4096 )) && read buf[line]
do
    ({ line = line + 1 ))
done

# 이제 역순으로 라인을 출력한다
```

```
while (( line > 0 )) do
   (( line = line - 1 ))
   echo "${buf[line]}"
done
```

```
$ reverse
line one
line two
line three
Ctrl+d
line three
line two
line one
$
```

첫 번째 while 루프는 파일의 끝까지 또는 4096 라인을 읽을 때까지 실행된다(Korn 셸의 배열 버퍼 제한이 4096이다).

다른 예시를 살펴보자. 아래에 정의된 cdh 함수는 현재 디렉터리를 변경하지만 배열을 사용해 이전 디렉터리의 기록을 유지한다. 사용자는 디렉터리에 대한 히스토리를 나열하고 목록의 모든 디렉터리로 다시 이동할 수 있다.

```
$ cat cdh
CDHIST[0]=$PWD                      # CDHIST[0]를 초기화한다

cdh ( )
{
        typeset -i cdlen i
        if [ $# -eq 0 ] ; then      # 매개변수가 없으면 기본 HOME을 설정한다
          set -- $HOME
        fi

        cdlen=${#CDHIST[*]}         # CDHIST의 엘리먼트 개수

        case "$@" in
        -l)                         # 디렉터리 목록을 출력한다
                i=0
                while ((i < cdlen))
                do
```

```
                    printf "%3d %s\n" $i ${CDHIST[i]}
                    ((i = i + 1))
            done
            return ;;
        -[0-9]|-[0-9][0-9])          # 목록의 디렉터리로 이동한다
            i=${1#-}                 # 앞에 나오는 '-'를 삭제한다
            cd ${CDHIST[i]} ;;
        *)                           # 새로운 디렉터리로 이동한다
            cd $@ ;;
    esac

    CDHIST[cdlen]=$PWD
}
$
```

CDHIST 배열은 cdh가 방문한 각 디렉터리를 저장하고 cdh 파일이 실행될 때 첫 번째 엘리먼트인 CDHIST[0]를 현재 디렉터리로 초기화한다.

```
$ pwd
/users/pat
$ . cdh                  cdh 함수를 정의한다
$ cdh /tmp
$ cdh -l
  0 /users/pat
  1 /tmp
$
```

cdh 파일이 처음 실행될 때 CDHIST[0]에 /users/pat이 할당되고 cdh 함수는 정의된다. cdh /tmp가 실행되면 cdlen에 CDHIST(1)의 엘리먼트 수가 할당되고 CDHIST[1]에 /tmp가 할당된다. cdh -l을 실행하면 CDHIST의 각 엘리먼트를 printf로 출력한다(해당 호출에서 CDHIST의 엘리먼트 0과 1이 데이터를 포함했기 때문에 cdlen은 2로 설정됐다).

함수의 시작 부분에 있는 if문에 매개변수가 전달되지 않으면 $1을 $HOME으로 설정한다. 다음과 같이 시도한다.

```
$ cdh
$ pwd
/users/pat
```

```
$ cdh -l
  0 /users/pat
  1 /tmp
  2 /users/pat
$
```

잘 동작했지만 지금은 /users/pat이 목록에 두 번 나타난다.

cdh의 가장 유용한 기능은 -n 옵션으로 현재 디렉터리를 목록에 지정된 디렉터리로 변경하는 것이다.

```
$ cdh /usr/spool/uucppublic
$ cdh -l
  0 /users/pat
  1 /tmp
  2 /users/pat
  3 /usr/spool/uucppublic
$ cdh -1
$ pwd
/tmp
$ cdh -3
$ pwd
/usr/spool/uucppublic
$
```

cdh는 내장 커맨드를 실행하기 전에 앨리어스를 조회하기 때문에 표준 cd 커맨드를 바꿀 수 있다. cd 앨리어스를 cdh로 만들면 이제 개선된 cd를 갖게 된다.

그러나 실행하려 할 때 원치 않는 재귀를 방지하려면 cdh 함수에서 cd를 사용할 때마다 따옴표를 사용해야 한다.

```
$ cat cdh
CDHIST[0]=$PWD                       # CDHIST[0]를 초기화한다
alias cd=cdh

cdh ()
{
        typeset -i cdlen i
        if [ $# -eq 0 ] ; then       # 매개변수가 없으면 기본 HOME을 설정한다
```

```
        set -- $HOME
    fi

    cdlen=${#CDHIST[*]}              # CDHIST의 엘리먼트 개수

    case "$@" in
    -l)                             # 디렉터리 목록을 출력한다
            i=0
            while (( i < cdlen ))
            do
                    printf "%3d %s\n" $i ${CDHIST[i]}
                    (( i = i + 1 ))
            done
            return ;;
    -[0-9]|-[0-9][0-9])             # 목록의 디렉터리로 이동한다
            i=${1#-}                # 앞에 나오는 '-'를 삭제한다
            'cd' ${CDHIST[i]} ;;
    *)                              # 새로운 디렉터리로 이동한다
            'cd' $@ ;;
    esac

    CDHIST[cdlen]=$PWD
}
$ . cdh                          cdh 함수와 cd 앨리어스
$ cd /tmp
$ cd -l
  0 /users/pat
  1 /tmp
$ cd /usr/spool
$ cd -l
  0 /users/pat
  1 /tmp
  2 /usr/spool
$
```

표 14.3은 Korn과 Bash의 다양한 배열 구문을 요약한다.

표 14.3 배열 구문

구문	의미
${array[i]}	i번째 엘리먼트 값을 대체한다.
$array	첫 번째 엘리먼트 값을 대체한다.
${array[*]}	모든 엘리먼트의 값을 대체한다.
${#array[*]}	엘리먼트 개수를 대체한다.
array[i]=val	array[i]에 val을 저장한다.

작업 제어

셸은 커맨드라인에서 직접 작업^{job}을 제어하는 기능을 제공한다. 작업은 셸의 커맨드 또는 여러 커맨드의 조합이다. 예를 들면 다음과 같다.

who | wc

커맨드가 백그라운드에서 시작될 때(즉, &와 함께) 셸은 프로세스 ID와 마찬가지로 대괄호([ ]) 안에 작업 번호$^{job\ number}$를 출력한다.

```
$ who | wc &
[1]      832
$
```

작업이 완료되면 셸은 메시지를 출력한다.

[n] + Done   sequence

여기서 n은 완료된 작업의 작업 번호고, sequence는 작업을 생성하는 데 사용된 커맨드의 텍스트다.

완료되지 않은 작업의 상태를 출력하는 가장 쉬운 방법으로 jobs 커맨드를 사용한다.

```
$ jobs
[3] + Running      make ksh &
[2] - Running      monitor &
[1]   Running      pic chapt2 | troff > aps.out &
```

작업 번호 뒤의 +와 -는 각각 현재 작업과 이전 작업을 출력한다. 현재 작업은 가장 최근에 백그라운드로 전송된 작업이고, 이전 작업은 백그라운드로 전송된 두 번째 작업이다. 많은 내장 커맨드는 작업 번호 또는 현재/이전 작업을 매개변수로 지정할 수 있고 단축키로 편리하게 사용할 수 있다.

예를 들어 셸의 내장 kill 커맨드를 사용하면 백그라운드에서 실행 중인 작업을 종료할 수 있다. 매개변수는 프로세스 ID 또는 백분율 기호(%) 다음에 오는 작업 번호, +(현재 작업), -(이전 작업), 다른 %(현재 작업)가 될 수 있다.

```
$ pic chapt1 | troff > aps.out &
[1]      886
$ jobs
[1] +  Running          pic chapt1 | troff > aps.out &
$ kill %1
[1]    Done             pic chapt1 | troff > aps.out &
$
```

이전 kill은 %+ 또는 %%를 사용해 동일한 작업을 참조할 수 있었다.

커맨드의 처음 몇 문자는 작업을 참조하는 데 사용될 수도 있다. 예를 들어, kill %pic은 이전 예시에서 작동했을 것이다.

멈춰진 작업과 fg 및 bg 커맨드

포그라운드foreground에서 작업을 실행 중인 상태에서 작업을 일시 중지하려면 Ctrl+z를 누른다. 해당 작업은 실행이 중지되고 셸은 메시지를 출력한다.

```
[n] + Stopped (SIGTSTP)     sequence
```

중지된 작업이 현재 작업이 된다. 계속 실행하려면 fg 또는 bg 커맨드를 사용한다. fg 커맨드는 현재 작업이 포그라운드에서 실행을 재개하도록 하고 bg는 현재 작업이 백그라운드에서 실행을 재개하도록 한다.

또한 작업 번호, 파이프라인의 처음 몇 글자, +, - , % 앞에 %를 지정해 fg와 bg 커맨드 작업을 지정할 수 있다. 해당 커맨드는 포그라운드로 올리거나 백그라운드로 내려보낸 내용을 출력하는 데 사용될 수도 있다.

```
$ troff memo | photo
Ctrl+z
[1] + Stopped (SIGTSTP)          troff memo | photo
$ bg
[1]        troff memo | photo &
$
```

이전 커맨드는 작업 제어와 함께 가장 자주 사용되는 커맨드 중 하나다. 실행 중인 포그 라운드 작업을 중지하고 백그라운드로 보낸다.

백그라운드에서 실행 중인 작업이 터미널에서 읽으려고 시도하면 작업이 중지되고 메시 지는 다음과 같이 출력된다.

```
[n] - Stopped (SIGTTIN)   sequence
```

그다음 fg 커맨드를 사용해 포그라운드로 올린 다음 필요한 데이터를 입력할 수 있다. 데 이터를 입력하면 작업을 다시 중지하고(Ctrl+z를 사용) 백그라운드로 이동해 실행을 계속 할 수 있다.

백그라운드 작업의 출력은 일반적으로 작업을 실행한 터미널에서 바로 수행된다. 하지만 해당 터미널에서 다른 작업을 수행하다가 백그라운드 작업이 출력되면 혼동을 일으킬 수 있다. 따라서 이런 혼란이 일어나지 않도록 수정한다.

```
stty tostop
```

이전 커맨드를 사용하면 터미널에 기록하려고 시도하는 백그라운드 작업을 중지시키고 메시지는 다음과 같이 출력된다(Bash는 여기에 출력된 내용과 조금 다른 메시지를 생성하지만 기능은 동일하다).

```
[n] - Stopped (SIGTTOU)   sequence
```

다음은 작업 제어가 사용되는 방식을 보여준다.

```
$ stty tostop
$ rundb                              데이터베이스 프로그램을 시작한다
??? find green red                   green과 red 객체를 찾는다
Ctrl+z                               이 작업은 시간이 좀 걸릴 수 있다
[1] + Stopped        rundb
```

```
$ bg                                       해당 커맨드를 백그라운드로 전달한다
[1]      runbd &
...                                        작업을 진행한다
$ jobs
[1] + Stopped(tty output)                  runbd &
$ fg                                       포그라운드로 실행한다
1973 Ford       Mustang        red
1975 Chevy      Monte Carlo    green
1976 Ford       Granada        green
1980 Buick      Century        green
1983 Chevy      Cavalier       red
??? find blue                              blue 객체를 찾는다
Ctrl+z                                     다시 중지시킨다
[1] + Stopped           runbd
$ bg                                       백그라운드로 내린다
[1]      runbd &
...                                        준비될 때까지 계속 작업한다.
```

기타 기능

14장을 끝내기 전에 더 가벼운 내용들을 다룬다.

cd 커맨드의 기타 기능

cd 커맨드는 간단해 보이지만 숨겨진 좋은 기능이 있다. 예를 들어, - 매개변수는 편한 단축키로 '바로 이전 디렉터리'를 의미한다.

```
$ pwd
/usr/src/cmd
$ cd /usr/spool/uucp
$ pwd
/usr/spool/uucp
$ cd -                                     바로 이전 디렉터리로 이동한다
/usr/src/cmd                               cd는 새로운 디렉터리의 이름을 출력한다
$ cd -
/usr/spool/uucp
$
```

보다시피 cd -는 특별한 노력 없이 두 디렉터리 사이를 전환하기 위해 사용할 수 있다.

Korn 셸의 cd 커맨드는 현재 디렉터리 경로의 일부를 대체하는 기능이 있다(Bash나 POSIX 표준 셸은 해당 기능을 지원하지 않는다).

형식은 다음과 같다.

```
cd old new
```

cd는 현재 디렉터리 경로에서 old 문자열의 첫 번째 항목을 new 문자열로 바꾸려고 시도한다.

```
$ pwd
/usr/spool/uucppublic/pat
$ cd pat steve            pat을 steve로 변경하고 디렉터리를 변경한다
/usr/spool/uucppublic/steve   cd는 새로운 디렉터리의 이름을 출력한다
$ pwd                     위치를 확인한다
/usr/spool/uucppublic/steve
$
```

물결표 대체

커맨드라인의 단어가 물결표(~)로 시작한다면 셸은 다음과 같은 대체를 수행한다. 물결표가 유일한 문자이거나 물결표 다음의 문자가 슬래시(/)인 경우 HOME 변수의 값은 다음과 같이 대체된다.

```
$ echo ~
/users/pat
$ qrep Korn ~/shell/chapter9/ksh
The Korn shell is a new shell developed
by David Korn at AT&T
for the Bourne shell would also run under the Korn
the one on System V, the Korn shell provides you with
idea of the compatibility of the Korn shell with Bourne's,
the Bourne and Korn shells.
The main features added to the Korn shell are:
$
```

슬래시 뒤의 단어가 /etc/passwd에 포함된 사용자의 로그인 이름이라면 물결표와 사용자의 로그인 이름은 해당 사용자의 HOME 디렉터리로 대체된다.

```
$ echo ~steve
/users/steve
$ echo ~pat
/users/pat
$ qrep Korn -pat/shell/chapter9/ksh
The Korn shell is a new shell developed
by David Korn at AT&T
for the Bourne shell would also run under the Korn
the one on System V, the Korn shell provides you with
idea of the compatibility of the Korn shell with Bourne's,
the Bourne and Korn shells.
The main features added to the Korn shell are:
$
```

Korn 및 Bash 셸에서 물결표(~) 다음에 + 또는 -가 온다면 변수 PWD 또는 OLDPWD의 값은 각각 대체된다. PWD와 OLDPWD는 cd로 설정되며 현재 디렉터리와 이전 디렉터리의 전체 경로 이름이다. ~+와 ~-는 POSIX 표준 셸에서 지원하지 않는다.

```
$ pwd
/usr/spool/uucppublic/steve
$ cd
$ pwd
/users/pat
$ echo ~+
/users/pat
$ echo ~-
/usr/spool/uucppublic/steve
$
```

셸은 이전 대체를 진행할 뿐 아니라 콜론(:) 뒤의 물결표도 검사하고 물결표 대체를 수행한다(이는 PATH에 ~/bin과 비슷한 내용을 추가할 수 있게 하고 올바르게 작동하도록 할 수 있다).

검색 순서

커맨드 이름을 입력할 때 셸이 사용하는 검색 순서를 이해하는 것은 의미가 있다.

1. 셸은 가장 먼저 커맨드가 예약어인지 확인한다(예: for 또는 do).

2. 예약어가 아니고 따옴표로 묶여 있지 않으면 셸은 앨리어스 목록을 확인한다. 앨리어스 목록과 일치한다면 앨리어스 대체를 수행한다. 앨리어스 정의가 공백으로 끝나면 다음 단어에 대한 앨리어스 대체도 수행하려 한다. 최종 결과를 예약어 목록과 비교하고 예약어가 아니면 3단계로 넘어간다.

3. 셸은 함수 목록에서 커맨드를 비교한 후 일치하는 커맨드가 있다면 해당 함수를 실행한다.

4. 셸은 커맨드가 내장 커맨드인지 확인한다(예: cd와 pwd).

5. 마지막으로 셸은 PATH를 탐색해 커맨드를 찾는다.

6. 그래도 커맨드를 찾을 수 없다면 'command not found'라는 에러 메시지가 표시된다.

호환성 요약

표 14.4에서는 14장에서 설명한 기능과 관련해 POSIX 표준 셸, Korn 셸, Bash 셸의 호환성을 요약했다. 해당 표에서 'X'는 지원 기능을 의미하고, 'UP'은 POSIX 셸의 선택적 기능(POSIX 셸에서는 '사용자 이식성User Portability')을 의미하며, 'POS'는 sh 또는 --posix 커맨드라인 옵션으로 호출될 때나 set -o posix가 실행된 후에 Bash 셸에서만 지원하는 기능을 의미한다.

표 14.4 POSIX 셸, Korn 셸, Bash 셸의 호환성

	POSIX 셸	Korn 셸	Bash 셸
ENV 파일	X	X	POS
vi 라인 편집 모드	X	X	X
emacs 라인 편집 모드		X	X
fc 커맨드	X	X	X
r 커맨드			X
!!			
!string			X
함수	X	X	X
지연 변수		X	X
FPATH를 통해 자동 로드		X	
((...))으로 정수 표현		X	X
정수 데이터 타입		X	X
여러 진법으로 정수 표현		X	X
0x16진수, 08진수			X
앨리어스	UP	X	X
배열		X	X
작업 제어	UP	X	X
cd −	X	X	X
cd old new		X	
~username, ~/	X	X	X
~+, ~−		X	X

셸 요약

부록에서는 IEEE 표준 1003.1-2001에 따른 표준 POSIX 셸의 주요 기능을 요약한다.

시작

셸은 커맨드라인에 set 커맨드로 지정할 수 있는 것과 동일한 옵션을 지정할 수 있다. 게다가 다음 옵션을 지정할 수 있다.

- -c commands   commands가 실행된다.
- -i   셸은 대화형이다. 2, 3, 15 시그널은 무시된다.
- -s   커맨드는 표준 입력에서 읽는다.

커맨드

셸에 입력된 커맨드의 일반적인 형식은 다음과 같다.

command arguments

여기서 command는 실행할 프로그램의 이름이고 arguments는 매개변수다. 커맨드 이름과 매개변수는 공백 문자, 일반적으로 공백, 탭, 개행 문자로 구분된다(IFS 변수를 변경하면 영향을 미친다).

또한 같은 라인에서 여러 커맨드를 세미콜론(;)으로 구분해 실행할 수 있다.

실행된 모든 커맨드는 종료 상태^(exit status)라고 하는 숫자를 리턴한다. 종료 상태 0은 성공을 나타내고, 0이 아니면 실패를 나타낸다.

다음 예시처럼 파이프 기호 |는 한 커맨드의 표준 출력을 다른 커맨드의 표준 입력에 연결하기 위해 사용될 수 있다.

```
who | wc -l
```

여러 커맨드의 종료 상태는 파이프라인의 마지막 커맨드의 종료 상태다. 파이프라인의 처음에 !를 둔다면 파이프라인의 종료 상태는 파이프라인의 마지막 커맨드의 논리적인 부정이 된다.

커맨드 순서가 &로 끝나면 백그라운드에서 비동기적으로 실행된다. 셸은 터미널에서 커맨드의 프로세스 ID와 작업 번호를 표시하고 입력할 다음 대화식 커맨드 프롬프트를 표시한다.

라인의 마지막 문자가 역슬래시 문자(\)인 경우 커맨드를 입력하면 다음 라인으로 계속 진행할 수 있다.

&& 문자는 && 이전의 커맨드가 종료 상태 0을 반환하면 && 다음의 커맨드를 실행한다. || 문자는 || 이전의 커맨드가 0이 아닌 종료 상태를 리턴하는 경우에만 다음 커맨드를 실행한다.

예를 들어 다음 커맨드의 경우

```
who | grep "fred" > /dev/null && echo "fred's logged on"
```

grep은 종료 상태 0을 반환하는 경우에만 echo가 실행된다.

주석

문자가 라인에 존재하면 셸은 라인의 나머지 부분을 주석으로 처리하고 해석, 대체, 실행을 수행하지 않도록 한다.

매개변수와 변수

세 가지 유형의 매개변수인 셸 변수, 특수 매개변수, 위치 매개변수가 존재한다.

셸 변수

셸 변수 이름은 영문자 또는 밑줄(_) 문자로 시작해야 하며 그 뒤에 임의의 영숫자 또는 밑줄 문자가 올 수 있다. 셸 변수는 다음과 같이 작성해서 커맨드라인에 값을 할당할 수 있다.

variable=value variable=value ...

value에 파일 이름 대체가 수행되지 않는다.

위치 매개변수

셸 프로그램이 실행될 때마다 프로그램의 이름을 $0 변수에 할당하고 매개변수는 커맨드라인에서 $1, $2, … 변수로 각각 지정된다. set 커맨드를 사용해 위치 매개변수에 값을 지정할 수도 있다. 첫 번째 매개변수부터 아홉 번째 매개변수까지 명시적으로 참조할 수 있다. 9보다 큰 매개변수는 ${10}처럼 중괄호로 묶어야 한다.

특수 매개변수

표 A.1은 셸의 특수 매개변수를 요약한다.

표 A.1 특수 매개변수 값

매개변수	의미
$#	프로그램에 전달된 매개변수 값 또는 set 문장을 실행함으로써 설정된 매개변수 개수
$*	$1, $2, …과 같은 모든 위치 매개변수를 통틀어 참조한다.
$@	$*와 동일하게 큰따옴표로 묶인 ("$@")이 "$1", "$2", …과 같은 모든 위치 매개변수를 통틀어 참조한다.
$0	실행될 프로그램의 이름
$$	실행될 프로그램의 프로세스 ID
$!	백그라운드 실행을 위해 전달된 마지막 프로그램의 프로세스 ID
$?	백그라운드에서 실행되지 않을 마지막 커맨드의 종료 상태
$-	사실상 현재 옵션 플래그(set 문장을 살펴본다.)

특수 매개변수 외에도 셸에서 사용하는 여러 변수가 존재한다. 이 변수 중 더 중요한 변수를 표 A.2에서 요약한다.

표 A.2 셸이 사용하는 기타 변수

변수	의미
CDPATH	전체 경로가 매개변수로 주어지지 않은 채 cd가 실행할 때마다 검색될 디렉터리
ENV	대화식으로 시작할 때 현재 환경에서 셸이 실행하는 파일의 이름
FCEDIT	fc가 사용하는 편집기. FCEDIT가 설정돼 있지 않으면 ed가 사용된다.
HISTFILE	HISTFILE이 지정돼 있다면 커맨드 히스토리를 저장하기 위해 사용되는 파일을 명세한다. 만약 HISTFILE이 지정돼 있지 않거나 지정된 파일에 커맨드 히스토리를 저장할 수 없다면 $HOME/.sh_history가 사용된다.
HISTSIZE	HISTSIZE가 지정돼 있다면, 이전에 입력한 커맨드를 편집할 수 있도록 지정한다. 기본값은 최소 128이다.
HOME	사용자의 홈 디렉터리다. 매개변수 없이 cd를 사용하면 변경되는 디렉터리다.
IFS	내부 필드 구분자 문자로서 셸에서 커맨드라인을 구문 분석할 때 단어를 구분하고자 사용한다. read와 set 커맨드의 경우 역따옴표 커맨드에서 결과를 대체할 때와 매개변수 대체를 수행할 때 IFS가 사용된다. 일반적으로 세 개의 문자인 공백, 수평 탭, 개행 문자를 포함한다.
LINENO	셸에 의해 설정되는 스크립트의 라인 번호다. LINENO는 라인이 실행되기 전에 설정되고 1부터 시작한다.
MAIL	셸이 주기적으로 메일 수신을 위해 확인하는 파일의 이름이다. 새로운 메일이 도착하면 셸은 'You have mail' 메시지를 표시한다. MAILCHECK와 MAILPATH도 참조한다.
MAILCHECK	셸에서 MAILPATH에 나열된 파일 또는 MAIL 파일의 수신 메일을 얼마나 자주 확인할지 지정하는 숫자(단위는 초). 기본값은 600이다. 0으로 지정하면 매번 커맨드 프롬프트를 출력하기 전에 셸에서 확인한다.
MAILPATH	메일 수신 확인을 위해 사용되는 파일 목록이다. 각 파일은 콜론으로 구분되며 지정된 파일에 메일이 도착할 때 퍼센트 기호(%)와 출력될 메시지가 다음에 온다(You have mail은 종종 기본값이다).
PATH	셸이 실행될 커맨드를 찾아야 할 때 콜론으로 구분된 검색될 디렉터리 목록이다. 현재 디렉터리는 :: 또는 :.:으로 지정된다(현재 디렉터리가 맨 앞 또는 맨 끝이라면 :은 충분하다).
PPID	셸을 실행한 프로그램의 프로세스 ID(즉, 부모 프로세스)
PS1	주요 커맨드 프롬프트. 일반적으로 '$ '다.
PS2	보조 커맨드 프롬프트. 일반적으로 '〉'다.
PS4	실행을 추적할 때 사용되는 커맨드 프롬프트다(셸에 대한 -x 옵션 또는 set -x). 기본값은 '+ '다.
PWD	현재 작업 디렉터리의 경로 이름이다.

매개변수 대체

가장 단순한 경우 매개변수의 값은 매개변수 앞에 달러 기호($)를 붙여 접근할 수 있다. 표 A.3은 수행할 수 있는 매개변수 대체의 여러 유형을 요약하고 있다. 셸은 파일 이름을 대체하기 전과 커맨드라인이 매개변수로 분리되기 전에 매개변수 대체를 수행한다.

표 A.3에서 parameter 뒤에 콜론이 있으면 parameter가 설정됐고 널이 아닌지 확인해야 한다. 콜론이 없으면 parameter가 설정돼 있는지 확인하기 위해 테스트가 수행된다.

표 A.3 매개변수 대체

매개변수	의미
$parameter 또는 ${parameter}	parameter의 값을 대체한다.
${parameter:-value}	parameter가 지정됐고 널이 아니면 parameter의 값을 대체한다. 그렇지 않으면 value로 대체한다.
${parameter-value}	parameter가 지정됐다면 parameter의 값을 대체한다. 그렇지 않으면 value로 대체한다.
${parameter:=value}	parameter가 지정됐고 널이 아니면 parameter의 값을 대체한다. 그렇지 않으면 value로 대체하고 parameter에도 value를 할당한다.
${parameter=value}	parameter가 지정됐다면 parameter의 값을 대체한다. 그렇지 않으면 value로 대체하고 parameter에도 value를 할당한다.
${parameter:?value}	parameter가 지정됐고 널이 아니면 parameter의 값을 대체한다. 그렇지 않으면 value에 표준 에러를 기록하고 종료한다. value가 생략되면 parameter: parameter null or not set이 출력된다.
${parameter?value}	parameter가 지정됐다면 parameter의 값을 대체한다. 그렇지 않으면 value에 표준 에러를 기록하고 종료한다. value가 생략되면 parameter: parameter null or not set이 출력된다.
${parameter:+value}	parameter가 지정되고 널이 아니면 value를 대체한다. 그렇지 않으면 널로 대체한다.
${parameter}	parameter의 길이를 대체한다.
${parameter#pattern}	왼쪽부터 삭제된 pattern에 맞게 parameter의 값을 대체한다. pattern과 일치하는 parameter 내용 중 가장 작은 부분이 삭제된다. 셸 파일 이름 대체 문자(*, ?, [...], !, @)는 pattern에서 사용될 수 있다.
${parameter##pattern}	삭제될 pattern과 가장 크게 일치한 부분을 제외하고 #pattern과 동일하다.
${parameter%pattern}	오른쪽부터 삭제될 pattern을 제외하고 #pattern과 동일하다.
${parameter%%pattern}	오른쪽부터 삭제될 pattern과 가장 크게 일치하는 부분을 제외하고 ##pattern과 동일하다.

커맨드 재진입 ▌▌▌▌▌▌▌▌▌▌

셸은 최근에 입력한 커맨드 히스토리 목록을 관리한다. 사용 가능한 커맨드의 수는 HISTSIZE 변수(기본값은 일반적으로 128)에 의해 결정되고 히스토리가 유지되는 파일은 HISTFILE 변수(기본값은 $ HOME/.sh_history)에 의해 결정된다. 커맨드 히스토리는 파일에 저장되므로 로그오프한 후 다시 로그인하면 다시 사용할 수 있다.

커맨드 히스토리에 접근할 수 있는 세 가지 방법이 있다.

fc 커맨드

내장 커맨드인 fc를 사용하면 커맨드 히스토리에서 하나 이상의 커맨드에 대해 편집기를 실행할 수 있다. 커맨드를 편집하고 편집기에서 나가면 편집한 커맨드 버전이 실행된다. 편집기는 FCEDIT 변수에 의해 결정된다(기본값은 ed다). fc에 -e 옵션을 함께 사용하면 FCEDIT가 아닌 편집기를 지정한다.

-s 옵션을 사용하면 먼저 편집기를 호출하지 않고 커맨드가 실행된다. 간단한 편집 기능은 fc -s 커맨드에 내장돼 있다. 다음 형식의 매개변수인 경우

old=new

재실행할 커맨드에서 old 문자열의 첫 번째 항목을 new 문자열로 변경하는 데 사용될 수 있다.

vi 라인 편집 모드

셸은 vi 편집기 호환 편집 모드를 가지고 있다. vi 모드가 켜져 있으면 vi의 입력 모드 input mode와 중복된 상태가 되고, ESC 키를 눌러 편집 모드edit mode에 있을 수 있다. 이 시점에서 셸은 대부분의 vi 커맨드를 올바르게 해석한다. 현재 커맨드라인을 편집할 수 있을 뿐 아니라 커맨드 히스토리의 모든 라인이 될 수 있다. 커맨드 또는 입력 모드에서 Enter 키를 누르면 편집 중인 커맨드가 실행된다.

표 A.4는 vi 모드의 모든 편집 커맨드를 나열한다. [count]는 정수이므로 생략할 수 있음을 주목한다.

표 A.4 vi 커맨드 편집

입력 모드 커맨드

커맨드	의미
erase	(Erase 문자, 보통 Ctrl+h 또는 #). 이전 문자를 삭제한다.
Ctrl+w	공백으로 구분된 라인에서 이전 단어를 삭제한다.
kill	(Line-kill 문자, 일반적으로 Ctrl+u 또는 @). 모든 현재 라인을 삭제한다.
eof	(End-of-file 문자, 일반적으로 Ctrl+d). 현재 라인이 비어있다면 셸을 종료한다.
Ctrl+v	다음 글자를 입력한다. Ctrl+v로 시작하는 경우 문자와 erase와 kill 문자의 편집을 커맨드 라인 또는 검색 문자열에서 진행할 수 있다.
Enter	현재 라인을 실행한다.
ESC	편집 모드에 진입한다.

편집 모드 커맨드

커맨드	의미
[count]k	커맨드 히스토리에서 이전 커맨드를 얻는다.
[count]-	커맨드 히스토리에서 이전 커맨드를 얻는다.
[count]j	커맨드 히스토리에서 다음 커맨드를 얻는다.
[count]+	커맨드 히스토리에서 다음 커맨드를 얻는다.
[count]G	커맨드 히스토리에서 count 커맨드 숫자를 얻는다. 기본값은 가장 오래된 저장 커맨드다.
/string	string을 포함한 가장 최근 커맨드의 커맨드 히스토리를 검색한다. string이 널이면 이전 문자열이 사용될 것이다(string은 Enter 또는 Ctrl+j에 의해 끝난다). string이 ^으로 시작하면 string으로 시작하는 라인을 찾는다.
?string	가장 최근 커맨드에 대해 검색한다는 것을 제외하고 /string과 동일하다.
n	마지막 / 또는 ? 커맨드를 반복한다.
N	마지막 / 또는 ? 커맨드를 반복하지만 검색 방향은 반대로다.
[count]l 또는 [count] space	커서를 오른쪽 문자로 이동한다.
[count] w	커서를 오른쪽 영숫자 단어로 이동한다.
[count]W	커서를 공백으로 구분된 다음 단어를 향해 오른쪽 방향으로 이동한다.
[count]e	커서를 단어의 끝으로 이동한다.
[count]E	커서를 공백으로 구분한 다음 단어의 끝으로 이동한다.
[count]h	커서를 왼쪽 문자로 이동한다.
[count]b	커서를 왼쪽 단어로 이동한다.
[count]B	커서를 공백으로 구분된 다음 단어를 향해 왼쪽 방향으로 이동한다.

(이어짐)

0	커서를 라인의 시작으로 이동한다.
^	비어있지 않은 첫 번째 문자로 이동한다.
$	커서를 라인의 끝으로 이동한다.
[count]|	커서를 count번째 칼럼으로 이동한다. 기본값은 1이다.
[count]fc	커서를 c 문자의 오른쪽으로 이동한다.
[count]Fc	커서를 c 문자의 왼쪽으로 이동한다.
[count]tc	h가 다음에 오는 fc와 동일하다.
[count]Tc	1이 다음에 오는 Fc와 동일하다.
;	마지막 f, F, t, T 커맨드를 반복한다.
,	;의 반대다.
a	입력 모드로 진입하고 현재 글자 뒤에 텍스트를 입력한다.
A	라인의 끝에 텍스트를 추가한다. $a와 동일하다.
[count]c motion	motion으로 지정된 글자로 현재 문자를 삭제하고 입력 모드로 진입한다. motion이 c면, 전체 라인은 삭제된다.
c	라인의 끝에서 현재 글자를 삭제하고 입력 모드에 진입한다.
s	cc와 동일하다.
[count]d motion	motion으로 지정된 문자를 통해 현재 문자를 삭제한다. 모션이 d면, 전체 라인이 삭제된다.
D	라인의 끝까지 현재 문자를 삭제한다. d$와 동일하다.
i	입력 모드로 들어가 현재 문자 앞에 텍스트를 추가한다.
I	입력 모드로 들어가 라인의 첫 단어 앞에 텍스트를 추가한다.
[count]P	커서 앞에 이전 텍스트 수정 내용을 추가한다.
[count]p	커서 뒤에 이전 텍스트 수정 내용을 추가한다.
[count]y motion	motion에 의해 지정된 문자까지 현재 문자를 p와 P를 사용했던 버퍼로 복사한다. motion이 y면 전체 라인이 복사된다.
Y	현재 문자를 라인 끝까지 복사한다. y$와 동일하다.
R	입력 모드로 들어가 라인의 문자를 덮어 쓴다.
[count]d motion	motion으로 지정된 문자를 통해 현재 글자가 삭제된다. motion이 d면 전체 라인이 삭제된다.
D	라인의 끝까지 현재 문자를 삭제한다. d$와 동일하다.
i	입력 모드로 들어가 현재 문자 앞에 텍스트를 추가한다.
I	입력 모드로 들어가 라인의 첫 단어 앞에 텍스트를 추가한다.

(이어짐)

[count]P	커서 앞에 이전 텍스트 수정 내용을 추가한다.
[count]p	커서 뒤에 이전 텍스트 수정 내용을 추가한다.
[count]y motion	motion에 의해 지정된 문자를 사용해 현재 문자를 p와 P를 사용했던 버퍼로 복사한다. motion이 y면 전체 라인이 복사된다.
Y	현재 문자를 라인 끝까지 복사한다. y$와 동일하다.
R	입력 모드로 진입하고 라인의 문자를 덮어 쓴다.
[count]rc	현재 문자를 c로 바꾼다.
[count]x	현재 문자를 삭제한다.
[count]X	이전 문자를 삭제한다.
[count].	이전 텍스트 수정 커맨드를 반복한다.
~	현재 문자의 대소문자를 반전시키고 커서를 앞으로 이동시킨다.
[count]_	이전 커맨드에서 단어를 추가하고 입력 모드로 들어간다. 마지막 단어가 기본값이다.
	현재 단어에 대한 파일 이름 생성을 시도한다. 일치하는 단어가 있으면 일치하는 단어로 바꾸고 입력 모드로 진입한다.
=	현재 단어로 시작하는 파일을 출력한다.
\	현재 단어의 완전한 경로 이름. 현재 단어가 디렉터리면 /를 추가한다. 현재 단어가 파일이면 공백을 추가한다.
u	마지막 텍스트 수정 커맨드의 실행을 취소한다.
U	현재 라인을 원래 상태로 복원한다.
@letter	소프트 함수 키. _letter라는 이름이 앨리어스로 정의된 경우 해당 값이 실행된다.
[count]v	count번째 라인에서 vi 편집기를 실행한다. count가 생략되면 현재 라인이 사용된다.
Ctrl+l	라인을 바꾸고 현재 라인을 출력한다.
L	현재 라인을 다시 출력한다.
Ctrl+j	현재 라인을 실행한다.
Ctrl+m	현재 라인을 실행한다.
Enter	현재 라인을 실행한다.
#	라인의 시작 부분에 #을 추가하고 커맨드 히스토리에 라인을 입력한다(I#Enter와 동일하다).

따옴표

표 A.5에 요약된 것처럼 네 가지 유형의 따옴표가 있다.

표 A.5 따옴표 요약

따옴표	설명
'...'	둘러싸인 모든 글자의 특별한 의미를 제거한다.
"..."	$, ', \를 제외하고 둘러싸인 모든 글자의 특별한 의미를 제거한다.
\c	뒤에 오는 문자 c의 특별한 의미를 제거한다. 큰따옴표 안의 $, ', ", 개행 문자, \의 특별한 의미를 제거하고 그렇지 않으면 해석하지 않는다. 해당 문자가 라인의 마지막 문자를 나타내면(개행 문자를 제거) 라인이 계속되고 있음을 나타내기 위해 사용된다.
'command' 또는 $(command)	command를 실행하고 실행 시점에 표준 출력을 기록한다.

물결표 대체

커맨드라인의 각 단어와 셸 변수가 따옴표 없는 물결표(~)로 시작하는지 확인한다. 그럴 경우 나머지 단어나 변수는 /까지의 단어를 로그인 이름으로 간주하고 시스템 파일(일반적으로 /etc/passwd)에서 검색한다. 검색된 사용자가 존재하면 홈 디렉터리를 ~와 로그인 이름으로 치환한다. 해당 사용자가 존재하지 않으면 텍스트는 변경되지 않는다. ~ 자체 또는 ~ 뒤에 /가 오는 변수는 HOME 변수로 대체된다.

산술 표현식

일반적인 형식: $((expression))

셸은 정수 산술 expression을 계산한다. expression에 상수, 셸 변수(달러 기호가 변수 앞에 붙지 않아도 됨), 연산자가 포함될 수 있다. 연산자의 우선순위가 낮아지는 순서대로 다음을 설명한다.

-	단항 마이너스
~	비트 NOT
!	논리적 부정
* / %	곱, 나누기, 나머지

+ -	더하기, 빼기
<< >>	왼쪽 시프트, 오른쪽 시프트
<= >= < >	비교
== !=	등위, 비등
&	비트 논리곱(AND)
^	비트 배타적 논리합(OR)
|	비트 논리합(OR)
&&	논리 AND
||	논리 OR
$expr_1$? $expr_2$: $expr_3$	조건 연산자
=, *=, /=, %=, +=, <<=, >>=, &=, ^=, |=	할당

괄호는 연산자 우선순위를 재정의하기 위해 사용될 수 있다.

마지막 표현식이 0이 아니면 종료 상태는 0(true)이고, 마지막 표현식이 0이면 1(false)이다.

sizeof, ++, --와 같은 C 연산자는 셀 구현에서 사용할 수 있지만 표준은 아니다. sizeof를 실행해 결과를 확인할 수 있다.

예시

```
y=$((22 * 33))
z=$((y * y / (y - 1)))
```

파일 이름 대체

커맨드라인에서 매개변수 대체와 커맨드 대체가 수행된 후 셀은 특수 문자 *, ?, []를 찾는다. 따옴표로 묶여 있지 않으면, 셀은 현재 디렉터리 또는 /가 앞에 선행하는 다른 디렉터리를 검색하고 일치하는 모든 파일의 이름을 대체한다. 일치하는 내용이 없다면, 문자는 그대로 유지된다.

.으로 시작하는 파일 이름은 명시적으로 일치시켜야 찾을 수 있다(즉, echo *는 숨겨진 파일을 표시하지 않지만 echo .*는 숨겨진 파일을 표시한다).

파일 이름 대체 문자는 표 A.6에 요약돼 있다.

표 A.6 파일 이름 대체 문자

문자	의미
?	모든 단일 문자와 일치한다.
*	0개 이상의 문자와 일치한다.
[chars]	chars에 있는 모든 단일 문자와 일치한다. c_1-c_2 형식은 c_1에서 c_2를 포함하는 범위의 모든 문자와 일치시키기 위해 사용된다(예를 들어 [A-Z]는 모든 대문자 문자와 일치한다).
[!chars]	chars에 포함되지 않는 모든 단일 문자와 일치한다. 문자의 범위를 바로 이전처럼 명시할 수 있다.

I/O 리디렉션

커맨드라인을 분석할 때 셸은 특수 리디렉션 문자인 <와 >를 찾는다. 특수 리디렉션 문자를 발견하면 커맨드라인에서 처리되고 제거된다(모든 관련 매개변수를 포함). 표 A.7은 셸이 지원하는 다양한 유형의 I/O 리디렉션을 요약한다.

표 A.7 I/O 리디렉션

구문	의미
〈 file	file에서 표준 입력으로 리디렉션한다.
〉 file	표준 출력을 file로 리디렉션한다. file이 존재하지 않으면 file이 생성되고 file이 존재하면 file을 초기화한다.
〉| file	file로 표준 출력을 리디렉션한다. file이 존재하지 않으면 file이 생성되고 file이 존재하면 file을 초기화한다. set의 noclobber(-C) 옵션은 무시된다.
〉〉 file	〉와 같지만 file이 이미 존재하면 결과가 file에 추가된다.
〈〈 word	이어지는 라인의 표준 입력을 word가 포함된 라인까지 리디렉션한다. 라인에서 매개변수 대체가 일어나고 역따옴표 부호가 있는 커맨드가 실행되며 역슬래시 문자가 해석된다. word 문자를 따옴표로 처리하면 어떠한 처리도 일어나지 않고 라인은 변경되지 않은 채 전달된다. word 앞에 -가 있다면, 선행 탭은 제거된다.
〈& digit	digit 파일 디스크립터와 관련된 파일에서 표준 입력으로 리디렉션한다.
〉& digit	표준 출력이 digit 파일 디스크립터와 관련된 파일로 리디렉션한다.
〈&-	표준 입력은 닫힌다.
〉&-	표준 출력은 닫힌다.
〈〉 file	읽기와 쓰기용으로 file을 연다.

파일 이름 대체는 file에서 수행되지 않는다는 데 주목한다. 표 A.7의 첫 번째 칼럼에 나열된 모든 구문이 파일 디스크립터와 관련된 파일에 동일한 효과를 주기 위해 파일 디스크립터 번호 앞에 올 수 있다.

파일 디스크립터 0은 표준 입력, 파일 디스크립터 1은 표준 출력, 파일 디스크립터 2는 표준 에러로 연관된다.

export 변수와 서브셸 실행

셸의 내장 커맨드 외에 일반 커맨드는 일반적으로 서브셸subshell이라는 셸의 새로운 인스턴스에서 실행된다. 서브셸은 부모 셸의 변수 값을 변경할 수 없고 암묵적으로 또는 명시적으로 내보낸 부모 셸의 변수에 접근할 수 있다. 서브셸이 해당 변수 중 하나의 값을 변경하고 자체 서브셸에서 해당 변수를 알길 원한다면 서브셸을 실행하기 전에 명시적으로 변수를 내보내야 한다.

서브셸이 실행을 완료하면 부모 셸에서는 서브셸에서 설정된 모든 변수에 접근할 수 없다.

(...) 구문

괄호 안에 하나 이상의 커맨드가 있다면 커맨드는 서브셸에서 실행된다.

{...;} 구문

하나 이상의 커맨드가 중괄호 안에 있으면 해당 커맨드는 현재 셸에서 실행된다.

해당 구문과 (...) 구문을 사용하면 I/O는 리디렉션하고 여러 커맨드들이 파이프 처리한 후 끝부분에 &를 둬서 해당 커맨드들이 백그라운드로 보낼 수 있다. 예를 들어 다음 커맨드의 경우

```
(prog1; prog2; prog3) 2>errors &
```

나열된 세 가지 프로그램을 백그라운드로 실행해 파일 에러가 발생하면 에러는 errors 파일로 리디렉션된다.

셸 변수 추가 정보

다음과 같은 커맨드라인에서 매개변수에 대한 할당 표현식을 커맨드 이름보다 먼저 둠으로써 rolo 커맨드 환경에서 셸 변수를 사용할 수 있다.

```
PHONEBOOK=$HOME/misc/phone rolo
```

여기서 PHONEBOOK 변수에 지정된 값이 할당되고 rolo 환경에서 사용될 수 있다. 다음과 같이 실행돼서 현재 셸의 환경은 변경되지 않는다.

```
(PHONEBOOK=$HOME/misc/phone; export PHONE BOOK; rolo)
```

함수

함수는 다음 형식을 취한다.

```
name( ) compound-command
```

여기서 compound-command는 (...), {...}로 묶인 커맨드 집합이거나 for, case, until, while 커맨드일 수 있다. 대부분의 경우 함수 정의는 다음 형식을 갖는다.

```
name( ) { command; command; ...command; }
```

여기서 name은 현재 셸에서 정의된 함수의 이름이다(함수를 내보낼 수 없다.). 함수 정의는 필요한 대로 많은 라인을 포함시킬 수 있다. return 커맨드는 셸을 종료하지 않고도 종료될 함수를 실행하기 위해 사용될 수 있다(return 커맨드의 설명을 참조함).

예를 들어, 다음 함수의 경우

```
nf( ) { ls | wc -l; }
```

현재 디렉터리의 파일 수를 세는 nf라는 함수를 정의한다.

작업 제어

셸 작업

백그라운드에서 실행되는 모든 커맨드에 1부터 시작하는 작업 번호$^{\text{job number}}$가 지정된다. 작업은 작업 번호, %+, %-, %%, % 다음에 파이프라인의 처음 몇 글자 또는 %?string이 오는 job_id로 참조할 수 있다.

다음 내장 커맨드, 즉 kill, fg, bg, wait에는 job_id를 매개변수로 지정할 수 있다. 특별하게도 %+, %-는 현재 작업과 이전 작업을 각각 나타낸다. 그리고 %%는 현재 작업을 나타낸다. 현재 작업은 백그라운드로 보낸 가장 최근의 작업이거나 포그라운드에서 실행 중인 작업이다. %string은 이름이 string으로 시작하는 작업을 나타낸다. 그리고 %?string은 이름에 string이 포함된 작업을 나타낸다. jobs 커맨드는 현재 실행 중인 모든 작업의 상태를 나열하는 데 사용될 수 있다.

set 커맨드의 monitor 옵션이 켜지면 셸은 각 작업이 완료될 때 메시지를 출력한다. 셸을 종료하려 할 때 작업이 남아있는 경우 작업이 남아있음을 알리는 메시지가 출력된다. 다시 종료하려고 할 때 셸은 종료된다. 대화식 셸의 경우 monitor 옵션을 기본적으로 사용할 수 있다.

작업 중지

셸이 작업 제어를 사용하는 시스템에서 실행 중이고 set 커맨드의 monitor 옵션을 사용한 경우, 포그라운드에서 실행 중인 작업은 백그라운드에 내려갈 수 있고 백그라운드에서 실행 중인 작업은 포그라운드로 올라갈 수 있다. 일반적으로 Ctrl+z는 현재 작업을 중지하고 bg 커맨드는 중지된 작업을 백그라운드에 내린다. fg 커맨드는 백그라운드의 작업 또는 중지된 작업을 포그라운드로 가져온다.

백그라운드의 작업이 터미널에서 읽기를 시도할 때 해당 작업은 포그라운드로 올라올 때까지 중지된다. 백그라운드 작업의 출력은 일반적으로 터미널에 기록된다. stty tostop이 실행되면 백그라운드 작업의 출력은 비활성화되고 터미널에 쓰는 작업이 포그라운드로 올라올 때까지 중지된다. 셸이 종료되면 중지된 모든 작업이 종료된다.

커맨드 요약

이 절에서는 셸의 내장 커맨드를 요약한다. 실제로 일부 커맨드 중 일부(예: echo와 test)는 셸에 내장돼 있지 않거나 간소화된 버전으로 내장돼 있거나 별도의 프로그램인 좀 더 복잡한 버전으로 있을 수 있다. 모든 경우에 이러한 함수는 POSIX 호환 시스템에서 유틸리티로 제공돼야 한다. 해당 커맨드는 Bash와 Korn 셸에 내장돼 거의 모든 셸 스크립트에서 사용된다.

: 커맨드

일반적인 형식: :

이는 본질적으로 널^{null} 커맨드며, 커맨드가 있어야 하는 요구 사항을 충족시키는 데 자주 사용된다.

예시

```
if who | grep jack > /dev/null ; then
        :
else
        echo "jack's not logged in"
fi
```

: 커맨드는 종료 상태 0을 리턴한다.

. 커맨드

일반적인 형식: . file

'마침표^{dot}' 커맨드는 파일의 라인이 그 시점에서 입력된 것처럼 셸이 지정 파일을 읽고 실행할 수 있게 한다. file은 실행 가능한 상태일 필요는 없고 읽을 수 있는 상태여야 한다. 또한 셸은 PATH 변수를 사용해 file을 찾는다.

예시

```
. progdefs                prodefs의 커맨드를 실행한다
```

이전 커맨드는 셸이 현재 PATH에서 progdefs 파일을 검색한다. 파일을 찾으면 파일에서 커맨드를 읽고 실행한다.

서브셸에서 file을 실행하지 않았기 때문에 file의 실행이 완료된 후에는 file 내에서 설정된 변수나 변경된 변수는 유효하게 유지됨을 주목한다.

alias 커맨드

일반적인 형식: alias name=string [name=string ...]

alias 커맨드는 앨리어스 name에 string을 할당한다. name이 커맨드로 사용될 때마다 커맨드라인 대체가 수행돼 셸은 string으로 대체한다.

예시

```
alias ll='ls —l'
alias dir='basename $(pwd)'
```

앨리어스가 공백으로 끝나면 앨리어스 다음의 단어도 앨리어스인지 확인한다.

다음 형식의 경우 name에 대한 앨리어스를 출력한다.

```
alias name
```

매개변수가 없는 alias는 모든 앨리어스를 출력한다.

alias 커맨드에 앨리어스로 정의된 name(alias name처럼)을 제공하면 종료 상태 0을 리턴한다.

bg 커맨드

일반적인 형식: bg job_id

작업 제어가 가능하다면 job_id로 지정된 작업은 백그라운드로 내려간다. 매개변수를 제공하지 않으면 가장 최근에 일시적으로 중단된 작업을 백그라운드로 내린다.

예시

bg %2

break 커맨드

일반적인 형식: break

for, while, until 루프에서 break 커맨드를 실행하면 가장 안쪽의 실행이 즉시 중단된다. 루프 바로 뒤의 커맨드가 실행된다.

```
break n
```

위 형식이 사용된다면 n개의 가장 안쪽 루프의 실행이 자동으로 종료된다.

case 커맨드

일반적인 형식:

```
case value in
      pat₁) command
               command
               ...
               command;;
      pat₂) command
               command
               ...
               command;;
               ...
      patₙ) command
               command
               ...
               command;;
esac
```

value 단어와 일치할 때까지 pat₁, pat₂, ..., patₙ과 연속적으로 비교한다. 일치하는 패턴 다음에 바로 나타나는 커맨드들은 두 개의 세미콜론(;;)을 만날 때까지 계속 실행된다. 이 시점에서 case의 실행이 종료된다.

value와 일치하는 패턴이 없으면 case의 어떤 커맨드도 실행되지 않는다. 패턴 *는 무엇이든 일치하기 때문에 case의 마지막 패턴으로서 기본 또는 모든 경우의 의미로 사용된다.

패턴에서 다음과 같은 셸의 메타 문자를 사용할 수 있다.

* (0개 이상의 문자와 일치),

? (모든 단일 문자와 일치),

[...] (대괄호로 묶인 모든 단일 문자와 일치)

| 문자는 두 패턴의 논리 OR을 지정하기 위해 사용될 수 있다.

pat_1| pat_2

이는 pat_1 또는 pat_2와 일치하는 것을 의미한다.

예시

```
case $1 in
    -1) lopt=TRUE;;
    -w) wopt=TRUE;;
    -c) copt=TRUE;;
     *) echo "Unknown option";;
esac
case $choice in
    [1-9]) valid=TRUE;;
        *) echo "Please choose a number from 1-9";;
esac
```

cd 커맨드

일반적인 형식: cd directory

cd 커맨드를 실행하면 셸은 directory를 현재 디렉터리로 만든다. directory가 생략되면, 셸은 HOME 변수에 지정된 디렉터리를 현재 디렉터리로 만든다.

셸 변수 CDPATH가 널인 경우 directory는 전체 디렉터리 경로(예: /users/steve/documents)가 돼야 하거나 현재 디렉터리와 관련된 상대 경로(예: documents 또는 ../pat)여야 한다.

CDPATH가 널이 아니고 directory가 전체 경로가 아니면 셸은 콜론으로 구분된 CDPATH 디렉터리 목록에서 directory를 포함하는 디렉터리를 검색한다.

예시

```
$ cd documents/memos        documents/memos 디렉터리로 이동한다
$ cd                        HOME 디렉터리로 변경한다
```

- 매개변수를 사용하면 셸은 사용자를 이전 디렉터리로 다시 이동시킨다. 새로운 현재 디렉터리의 경로 이름이 출력된다.

예시

```
$ pwd
/usr/lib/uucp
$ cd /
$ cd -
/usr/lib/uucp
$
```

cd 커맨드는 PWD 셸 변수를 새로운 현재 디렉터리로, OLDPWD 셸 변수를 이전 디렉터리로 설정한다.

continue 커맨드

일반적인 형식: continue

for, while, until 루프 안에서 continue 커맨드를 실행하면 continue 다음의 모든 커맨드를 건너뛴다.

그리고 루프의 실행은 정상적으로 계속된다.

다음 형식을 사용하면 n개의 가장 안쪽 루프의 커맨드를 건너뛴다.

continue n

그리고 루프의 실행이 정상적으로 계속된다.

echo 커맨드

일반적인 형식: echo args

echo 커맨드는 args를 표준 출력으로 기록한다. args의 각 단어는 공백으로 구분된다. 개행 문자는 끝에 기록된다. args가 생략되면, 라인을 건너뛴다.

특정 역슬래시 문자는 표 A.8에 표시된 대로 echo에 대한 특별한 의미를 갖는다.

표 A.8 echo 이스케이프 문자

문자	출력
\a	경고
\b	백스페이스
\c	종료하는 개행 문자가 없는 라인
\f	폼피드(formfeed)
\n	개행 문자
\r	캐리지 리턴(carriage return)
\t	탭 문자
\v	수직(vertical) 탭 문자
\\	역슬래시 문자
\0nnn	ASCII 값의 문자는 nnn이다. nnn은 0으로 시작하는 8진수 값이다.

셸이 아니라 echo 커맨드가 echo 이스케이프 문자를 해석하도록 해당 이스케이프 문자에 따옴표 처리를 하는 것을 기억한다.

예시

```
$ echo *                         현재 디렉터리의 모든 파일을 나열한다
bin docs mail mise src
$ echo                           라인을 건너뛴다

$ echo 'X\tY'                    탭으로 구분된 X와 Y를 출력한다
X       Y
$ echo "\n\nSales Report"        Sales Report를 출력하기 전에 두 라인을 건너뛴다

Sales Report
$ echo "Wake up!!\a"             메시지를 출력하고 비프음이 나게 한다
Wake up!!
$
```

eval 커맨드

일반적인 형식: eval args

eval 커맨드를 실행하면 셸이 args를 평가한 다음 결과를 실행한다. 이는 커맨드라인을 효과적으로 중복해서 분석할 수 있기 때문에 유용하다.

예시

```
$ x='abc def'
$ y='$x'                    $x를 y에 할당한다
$ echo $y
$x
$ eval echo $y
abc def
$
```

exec 커맨드

일반적인 형식: exec command args

셸이 exec 커맨드를 실행하면 지정된 매개변수를 사용해 지정된 command의 실행을 시작한다. 다른 커맨드와 달리 command는 현재 프로세스를 대체한다(즉, 새로운 프로세스는 생성되지 않음). command가 실행하면 exec를 시작한 프로그램으로 돌아갈 수 없다.

I/O 리디렉션을 지정하면 셸의 입력과 출력은 리디렉션에 따라 처리된다.

예시

```
exec /bin/sh                현재 프로세스를 sh로 교체한다
exec < datafile             표준 입력을 데이터 파일로 재할당한다
```

exit 커맨드

일반적인 형식: exit n

exit를 실행하면 현재 셸 프로그램이 즉시 종료된다. n을 제공하면 프로그램의 종료 상태는 정수 n 값이다. n을 제공하지 않으면 프로그램의 종료 상태는 종료 전에 실행된 마지막 커맨드의 종료 상태다.

종료 상태 0은 성공을 나타내는 데 사용되고, 종료 상태가 0이 아니면 실패(예: 에러 조건)를 표시하기 위해 사용된다. 셸은 종료 상태 값을 이용해 if, while, until 커맨드와 && 및 || 구문 조건을 평가하기 위해 사용된다.

예시

```
who | grep $user > /dev/null
exit                              마지막 grep의 종료 상태로 종료한다
exit 1                            종료 상태 1로 종료한다
if finduser                       finduser가 종료 상태 0을 리턴하면 ...을 처리한다
then
    ...
fi
```

로그인 셸에서 exit를 바로 실행하면 로그오프된다.

export 커맨드

일반적인 형식: export variables

export 커맨드는 셸에게 지정된 변수가 내보낸 것으로 표시되도록 알린다. 즉, export 변수의 값은 서브셸로 전달된다.

예시

```
export PATH PS1
export dbhome x1 y1 date
```

export 커맨드의 형식을 사용해 변수를 내보내려면 다음과 같이 설정돼야 한다.

export variable=value…

그래서 다음과 같은 라인의 경우

```
PATH=$PATH:$HOME/bin; export PATH
CDPATH=.:$HOME:/usr/spool/uucppublic; export CDPATH
```

다음과 같이 재작성될 수 있다.

```
export PATH=$PATH:$HOME/bin CDPATH=.:$HOME:/usr/spool/uucppublic
```

export에 -p 매개변수를 추가해 실행한 결과는 내보낸 목록이고 다음 형식의 값이다.

export variable=value

또는

export variable

false 커맨드

일반적인 형식: false

false 커맨드는 0이 아닌 종료 상태를 리턴한다.

fc 커맨드

일반적인 형식: fc -e editor -lnr first last

                 fc -s old=new first

fc 커맨드는 커맨드 히스토리의 커맨드를 편집하는 데 사용된다. 커맨드의 범위는 first 부터 last까지 지정되는데, 여기서 first와 last는 커맨드 번호 또는 문자열일 수 있다. first와 last의 음수는 현재 커맨드 번호에서 오프셋offset으로 사용되는 반면, 문자열은 해당 문자열로 시작하는 가장 최근에 입력된 커맨드를 지정한다. 편집기에서 커맨드를 읽고 편집기를 종료할 때 커맨드가 실행된다. 편집기를 지정하지 않으면 셸 변수 FCEDIT 의 값이 사용된다. 편집기의 값이 지정되지 않으면 셸 변수 FCEDIT가 사용되고 FCEDIT가 설정되지 않으면 ed가 사용된다.

-l 옵션은 first부터 last까지의 커맨드를 나열한다(즉, 편집기가 호출되지 않음). 또한 -n 옵션을 사용하면, 해당 커맨드 앞에 커맨드 번호가 붙지 않는다.

fc의 -r 옵션은 커맨드의 순서를 역순으로 출력한다.

last를 지정하지 않으면 기본적으로 first가 사용된다. first도 지정하지 않으면 편집 할 때는 이전 커맨드가 사용되고 출력할 때는 -16이 기본값으로 사용된다.

-s 옵션을 사용하면 먼저 선택된 커맨드를 편집하지 않고 실행된다.

```
fc -s old=new first
```

위 형식의 경우 커맨드의 old 문자열이 new 문자열로 바뀐 후 first 커맨드가 재실행된다. first를 지정하지 않으면 이전 커맨드가 사용된다. old=new가 지정되지 않으면 커맨드는 변경되지 않는다.

예시

fc -l	마지막 *16*개의 커맨드를 나열한다
fc -e vi sed	마지막 *sed* 커맨드를 vi로 읽는다
fc 100 110	*100*번째 커맨드에서 *110*번째 커맨드까지 *$FCEDIT*로 읽는다
fc -s	이전 커맨드를 재실행한다
fc -s abc=def 104	*abc*를 *def*로 변경한 후 *104*번째 커맨드를 재실행한다

fg 커맨드

일반적인 형식: fg job_id

작업 제어를 진행한다면 job_id로 지정된 작업이 포그라운드로 올라간다. 매개변수를 제공하지 않으면 가장 최근에 일시적으로 중단된 작업 또는 마지막으로 백그라운드로 보낸 작업을 포그라운드로 올린다.

예시

fg %2

for 커맨드

일반적인 형식 :

```
for var in word₁ word₂ ... wordₙ
do
    command
    command
    ...
done
```

for 커맨드를 실행하면 do와 done 사이에 있는 커맨드가 in 뒤에 나오는 단어가 있는 횟수만큼 실행된다.

454

루프를 처음 실행할 때 첫 번째 단어인 word₁이 var 변수에 할당되고 do와 done 사이의 커맨드가 실행된다. 루프를 통해 두 번째로 나열된 단어인 word₂는 var에 할당되고 루프의 커맨드가 다시 실행된다.

이 프로세스는 목록의 마지막 변수인 wordₙ이 var에 할당되고 do와 done 사이의 커맨드가 실행될 때까지 계속된다. 이 시점에서 for 루프의 실행이 종료된다. 그리고 done 다음에 오는 커맨드가 실행된다.

다음과 같은 특수 형식의 경우

```
for var
do
    ...
done
```

위치 매개변수 "$1", "$ ", ...이 목록에서 사용된다는 것을 나타내며 다음과 동일하다.

```
for var in "$@"
do
    ...
done
```

예시
```
# 현재 디렉터리의 모든 파일에 대해 nroff를 실행한다
for file in *
do
    nroff -Tlp $file | lp
done
```

getopts 커맨드

일반적인 형식: getopts options var

getopts 커맨드는 커맨드라인 매개변수를 처리한다. options는 유효한 단일 문자 옵션 목록이다. options의 특정 문자 다음에 :이 온다면 옵션은 커맨드라인에서 적어도 하나 이상의 공백으로 구분돼야 하는 추가 매개변수가 필요하다.

getopts가 호출될 때마다 다음 커맨드라인 매개변수를 처리한다. 유효한 옵션을 발견하면 getopts는 일치하는 옵션 문자를 지정된 변수 var에 저장하고 종료 상태 0을 리턴한다.

유효하지 않은 옵션(옵션에 나열되지 않은 옵션)이 지정되면 getopts는 var 안에 ?를 저장하고 종료 상태를 0으로 리턴한다. 또한 표준 에러에 에러 메시지를 저장한다.

매개변수를 옵션으로 받으면 getopts는 일치하는 옵션 문자를 var에 저장하고 커맨드라인의 매개변수를 특수 변수인 OPTARG에 저장한다. 커맨드라인에 매개변수가 없다면, getopts는 var를 ?로 설정하고 표준 에러에 에러 메시지를 저장한다.

커맨드라인에 옵션이 더 이상 없으면(다음 커맨드라인 매개변수가 -로 시작하지 않으면) getopts는 0이 아닌 종료 상태를 리턴한다.

특수 변수 OPTIND는 getopts에서도 사용된다. 처리될 다음 커맨드라인에 있는 매개변수의 수를 표시하기 위해 처음에 1로 설정되고 getopts가 리턴할 때마다 조정된다.

커맨드라인 매개변수의 끝을 지정하기 위해 -- 매개변수를 커맨드라인에 둘 수 있다.

getopts는 다음과 같이 매개변수를 한 번에 모아서 적용할 수 있다.

```
repx -iau
```

이전 커맨드는 다음 커맨드와 동일하다.

```
repx -i -a -u
```

필수 매개변수가 있는 옵션은 한 번에 모아서 사용할 수 없다.

```
getopts options var args
```

위 형식의 경우 getopts는 커맨드라인 매개변수가 아닌 args에 의해 지정된 매개변수를 구문 분석한다.

예시
```
usage="Usage: foo [-r] [-O outfile] infile"

while getopts ro: opt
do
        case "$opt"
        in
```

```
                  r) rflag=1;;
                  O) oflag=1
                     ofile=$OPTARG;;
                \?) echo "$usage"
                     exit 1;;
          esac
done

if [ $OPTIND -gt $# ]
then
        echo "Needs input file!"
        echo "$usage"
        exit 2
fi

shift $((OPTIND - 1))
ifile=$1
...
```

hash 커맨드

일반적인 형식: hash 커맨드

hash 커맨드는 셸에게 지정된 커맨드를 찾고 해당 커맨드를 포함한 디렉터리를 기억하게 한다. commands를 지정하지 않으면 해시 커맨드 리스트가 표시된다.

```
hash -r
```

위 형식을 사용하면 셸은 해시 리스트에서 모든 커맨드를 제거한다. 다음 번에 특정 커맨드가 실행될 때마다 셸은 일반적인 검색 방법을 사용해 커맨드를 찾는다.

예시

```
hash rolo whoq              해시 리스트에 rolo와 whoq를 추가한다
hash                        해시 리스트를 출력한다
hash -r                     해시 리스트를 삭제한다
```

if 커맨드

일반적인 형식 :

```
if   command_t
then
        command
        command
...
fi
```

command$_t$가 실행되고 종료 상태가 테스트된다. 값이 0이면 fi까지 이어지는 커맨드가 실행된다. 값이 0이 아니면 fi까지 이어지는 커맨드를 실행하지 않는다.

예시

```
if grep $sys sysnames > /dev/null
then
        echo "$sys is a valid system name"
fi
```

grep이 종료 상태 0을 리턴하면(sysnames 파일에서 $sys를 찾으면) echo 커맨드가 실행된다. 그렇지 않으면 건너뛴다.

내장 커맨드 test는 if 다음에 오는 커맨드로 사용되는데, if문에 명시적으로 test를 호출하거나 해당 니모닉 단축키 [(구문 뒤에 [와 일치하는]가 필요하다.)를 종종 사용한다.

예시

```
if [ $# -eq 0 ] ; then
        echo "Usage: $0 [-l] file ..."
        exit 1
fi
```

커맨드가 0이 아닌 종료 상태를 리턴하면 실행될 if에 else 절을 추가할 수 있다. 이 경우 if의 일반적인 형식은 다음과 같다.

```
if command_t
then
        command
        command
```

```
        ...
else
        command
        command
        ...
fi
```

command_t가 종료 상태 0을 리턴하면 else까지 이어지는 커맨드가 실행되고 else와 fi 사이의 커맨드는 실행되지 않는다. 반면 command_t는 0이 아닌 종료 상태를 반환하고 then과 else 사이의 커맨드는 건너뛰며 else와 fi 사이의 커맨드가 실행된다.

예시

```
if [ -z "$line" ]
then
        echo "I couldn't find $name"
else
        echo "$line"
fi
```

앞의 예에서 line의 길이가 0이면 $ name을 찾을 수 없다는 메시지를 표시하는 echo 커맨드가 실행된다. 그렇지 않으면, line 값을 표시하는 echo 커맨드가 실행된다.

if 커맨드의 최종 형식은 두 가지 이상의 결정을 내려야 할 때 유용하다. 일반적인 형식은 다음과 같다.

```
if command₁
then
        command
        command
        ...
elif command₂
then
        command
        command
        ...
elif commandₙ
then
        command
```

```
        command
        ...
else
    command
        command
        ...
fi
```

command$_1$, command$_2$, ..., command$_n$은 커맨드 중 하나가 종료 상태 0을 리턴할 때까지 순서대로 평가된다. 종료 상태 0을 리턴하는 시점에서 바로 then 다음에 오는 커맨드(다른 elif, else, fi까지)가 실행된다. 어떤 커맨드도 종료 상태 0을 리턴하지 않으면 else 다음에 나열된 커맨드(만약 있다면)가 실행된다.

예시

```
if [ "$choice" = a ] ; then
        add $*
elif [ "$choice" = d ] ; then
        delete $*
elif [ "$choice" = l ] ; then
        list
else
        echo "Bad choice!"
        error=TRUE
fi
```

jobs 커맨드

일반적인 형식: jobs

jobs 커맨드는 동작 중인 작업의 목록을 출력한다. -l 옵션을 지정하면 프로세스 ID를 포함해 각 작업에 대한 자세한 정보도 나열된다. -p 옵션을 지정하면 프로세스 ID만 나열된다.

jobs 커맨드에 job_id를 제공하면 해당 작업에 대한 정보만 출력된다.

예시

```
$ sleep 100 &
[1] 1104
$ jobs
[1] + Running          sleep 100 &
$
```

kill 커맨드

일반적인 형식: kill -signal job

kill 커맨드는 지정된 프로세스로 signal 시그널을 보낸다. 여기서 job은 프로세스 ID 또는 job_id고 signal은 <signal.h>에 지정된 번호 또는 시그널 이름 중 하나다. kill -l 을 실행하면 해당 signal 시그널 이름을 출력한다. -l 옵션 다음에 시그널 번호를 제공해 실행한다면 해당 시그널의 이름을 출력한다. -l 옵션에 함께 사용되는 프로세스 ID는 지정된 프로세스를 종료하는 시그널의 이름을 출력한다(해당 시그널에 의해 종료된 경우).

시그널 이름이 제공될 때 -s 옵션을 사용할 수도 있다. 이 경우 이름 앞에 대시가 사용되지 않는다(다음 예시 참조).

signal을 지정하지 않으면 SIGTERM(TERM)이 사용된다.

예시

```
kill -9 1234
kill -HUP %2 3456
kill -s TERM %2
kill %1
```

커맨드라인에서 kill 커맨드에 하나 이상의 프로세스 ID를 제공할 수 있다.

newgrp 커맨드

일반적인 형식: newgrp group

newgrp 커맨드는 사용자의 실제 그룹 ID(GID)를 group으로 변경한다. 매개변수를 지정하지 않으면 사용자의 실제 그룹을 기본 그룹으로 되돌린다.

예시

newgrp shbook	*shbook* 그룹으로 변경한다
newgrp	기본 그룹으로 변경한다

패스워드가 새 그룹과 연관돼 있고 해당 그룹의 구성원으로 출력되지 않으면, 입력하라는 메시지가 나타난다.

newgrp -l은 사용자를 로그인 그룹으로 변경한다.

pwd 커맨드

일반적인 형식: pwd

pwd 커맨드는 사용자의 작업 디렉터리를 표준 출력으로 표시한다.

예시

```
$ pwd
/users/steve/documents/memos
$ cd
$ pwd
/users/steve
$
```

read 커맨드

일반적인 형식: read vars

read 커맨드는 표준 입력에서 한 라인을 읽고 라인에서 공백으로 구분된 연속 단어를 변수 vars에 할당한다. 라인에 단어가 있는 것보다 적은 변수가 나열되면 추가 단어는 마지막 변수에 저장된다.

특정 변수를 지정하면 전체 라인을 읽고 해당 변수에 전체 라인을 할당한다.

파일의 끝end-of-file이라는 조건을 만나지 않으면 read의 종료 상태는 0이다.

예시

```
$ read hours mins
10 19
$ echo "$hours:$mins"
```

```
10:19
$ read num rest
39 East 12th Street, New York City 10003
$ echo "$num\n$rest"
39
East 12th Street, New York City 10003

$ read line
     Here     is an entire          line \r
$ echo "$line"
Here     is an entire          line r
$
```

마지막 예시를 살펴보면 셸이 선행 공백 문자를 읽을 때 해당 공백 문자를 '잡아먹는다.' 해당 문제가 발생하지 않도록 IFS를 변경할 수 있다.

또한 라인을 읽을 때 셸은 역슬래시 문자를 읽을 수 있는데, echo를 통해 변수의 값으로 해석한다(두 개의 역슬래시는 하나이 역슬래시로 해석한다).

read에 -r 옵션을 실행한 상태에서 라인 끝에 \ 문자를 추가하더라도 더 이상 라인을 계속 입력받지 않는다.

readonly 커맨드

일반적인 형식: readonly vars

readonly 커맨드에 나열된 변수에 값을 할당할 수 없다. 해당 변수는 readonly 커맨드라 인에서 선택적으로 값을 할당할 수 있다. 나중에 readonly 변수에 값을 지정하려 하면 셸은 에러 메시지를 출력한다.

readonly 변수는 실수로 변수의 값을 덮어 쓰지 않으려 할 때 유용하다. 셸 프로그램을 사용하는 다른 사람들이 특정 변수(예: HOME 디렉터리 또는 PATH)의 값을 변경할 수 없게 할 때도 유용하다. readonly 속성은 서브셸로 전달되지 않는다.

readonly에 -p 옵션을 사용하면 readonly 목록을 출력한다.

예시

```
$ readonly DB=/users/steve/database      DB에 값을 할당하고 readonly로 설정한다
$ DB=foo                                 DB에 값을 할당하려고 한다
sh: DB: is read-only                     셸이 에러 메시지를 출력한다
$ echo $DB                               하지만 DB는 기존 값으로 접근할 수 있다
/users/steve/database
$
```

return 커맨드

일반적인 형식: return n

return 커맨드는 셸에게 현재 함수의 실행을 중지하게 하고 호출자에게 종료 상태 n을 즉시 리턴한다. n을 생략하면 리턴 종료 상태는 return 직전에 실행된 커맨드의 종료 상태다.

set 커맨드

일반적인 형식: set options args

set 커맨드는 options에서 지정된 대로 옵션을 켜거나 끌 때 사용된다. 또한 args에 지정된 위치 매개변수를 설정하기 위해 사용된다.

options의 각 단일 문자 옵션은 옵션 앞에 마이너스(-) 기호가 있으면 사용 가능하다. 그리고 옵션 앞에 플러스(+)가 있으면 옵션을 사용할 수 없다.

set -fx

옵션은 위의 경우처럼 그룹핑해서 f 옵션과 x 옵션을 사용할 수 있다.

표 A.9는 선택할 수 있는 옵션을 요약했다.

표 A.9 set 옵션

의미	옵션
--	다음 args 앞에 -를 옵션으로 사용하지 않도록 한다. 매개변수가 없다면 위치 매개변수가 설정되지 않는다.
-a	이 다음에 정의되거나 변경된 모든 변수를 자동으로 내보낸다.

(이어짐)

–b	백그라운드 작업이 완료될 때 셸이 사용자에게 알려준다.
–c	기존 파일을 덮어 쓰기 위해 결과 리디렉션을 허용하지 않는다.)l을 사용하면 기존 파일을 강제로 덮어 쓸 수 있다.
–e	실행할 커맨드가 실패하거나 종료 상태가 0이 아닌 경우 종료한다.
–f	파일 이름 생성을 비활성화한다.
–h	커맨드가 정의될 때, 커맨드가 실행되지 않을 때 함수 내부의 커맨드를 해시 리스트에 추가한다.
–m	작업 모니터링을 켠다.
–n	커맨드를 실행하지 않고 커맨드를 읽는다(do…done과 if…fi를 확인할 때 유효하다).
+o	현재 옵션 모드 설정을 커맨드 형식으로 작성한다.
–o m	옵션 모드 m을 켠다(표 A.10 참조).
–u	값이 지정되지 않은 변수가 참조되거나 위치 매개변수가 설정되지 않고 참조되는 경우 에러를 발생시킨다.
–v	각 셸 커맨드라인을 읽을 때마다 출력한다.
–x	커맨드가 실행될 때 각 커맨드와 커맨드 매개변수를 + 다음에 출력한다.

셸 모드는 각각 –o 및 +o 옵션을 사용하며 해당 옵션 뒤에 옵션 이름을 사용해 셸 모드를 켜거나 끈다. 해당 옵션은 표 A.10에 요약돼 있다.

표 A.10 셸 모드

모드	의미
allexport	–a와 동일하다.
errexit	–e와 동일하다.
ignoreeof	exit 커맨드에서 셸을 떠나기 위해 사용돼야 한다.
monitor	–m과 동일하다.
noclobber	–c와 동일하다.
noexec	–n과 동일하다.
noglob	–f와 동일하다.
nolog	커맨드 히스토리에 함수 정의를 저장하지 않는다.
nounset	–u와 동일하다.
verbose	–v와 동일하다.
vi	인라인 편집기를 vi로 설정한다.
xtrace	–x와 동일하다.

옵션 없이 set -o 커맨드는 모든 셸 모드와 현재 설정을 나열한다.

셸 변수 $-는 현재 옵션 설정을 포함한다.

args에 나열된 각 단어는 각각 $1, $2, … 위치 매개변수로 설정된다. 첫 단어가 마이너스 (-) 기호로 시작한다면, 마이너스 값을 해석하지 않도록 set에 -- 옵션을 지정하는 것이 더 안전하다.

args가 제공되면 $# 변수는 커맨드 실행 후 할당된 매개변수 수로 설정된다.

예시

set -vx	모든 커맨드라인이 읽힐 때 해당 커맨드라인을 출력하고, 커맨드가 실행될 때마다 각 커맨드와 커맨드 매개변수를 출력한다
set "$name" "$address" "$phone"	$1을 $name으로, $2를 $address로, $3를 $phone으로 설정한다
set -- -1	$1을 -1로 설정한다
set -o vi	vi 모드를 켠다
set +o verbose -o noglob	verbose 모드를 끄고 noglob를 켠다.

shift 커맨드

일반적인 형식: shift

shift 커맨드는 $1, $2, …, $n 위치 매개변수가 '왼쪽으로 시프트'되도록 한다. 즉 $2는 $1, $3는 $2, …, $n은 $n-1에 할당된다. $#도 같이 변경된다.

shift 커맨드 형식이 다음과 같이 사용되면

shift n

왼쪽으로 n번 시프트된다.

예시

```
$ set a b c d
$ echo "$#\n$*"
4
a b c d
$ shift
$ echo "$#\n$*"
```

```
3
b c d
$ shift 2
$ echo "$#\n$*"
1
d
$
```

test 커맨드

일반적인 형식:

```
test condition
```

또는

```
[ condition ]
```

셸은 condition을 평가하고 평가 결과가 TRUE면 종료 상태 0을 리턴한다. 평가 결과가 FALSE면 0이 아닌 종료 상태를 리턴한다. [condition] 형식이 사용되는 경우 공백이 [다음과] 이전에 있어야 한다.

condition은 표 A.11처럼 하나 이상의 연산자로 구성된다. -a 연산자는 -o 연산자보다 우선순위가 높다. 어떤 경우든 괄호를 사용해 하위 정규 표현식을 그룹핑할 수 있다. 괄호는 셸에서 중요하기 때문에 괄호를 따옴표로 묶어야 한다는 것을 기억해야 한다. 연산자와 피연산자(괄호를 포함)는 하나 이상의 공백으로 구분돼야 test에서 개별 매개변수로 간주된다.

test는 if, while, until 커맨드에서 조건절을 테스트하는 데 많이 사용된다.

예시

```
# perms가 실행 가능한지 확인한다

if test -x /etc/perms
then
        ...
fi
# 디렉터리인지, 읽을 수 있는 일반 파일인지 확인한다
```

```
if [ -d $file -o \( -f $file -a -r $file \) ]
then
        ...
fi
```

표 A.11 test 연산자

연산자	다음 조건이면 TRUE(종료 상태 0)를 리턴한다.
파일 연산자	
−b file	file이 블록 특수 파일(block special file)이라면
−c file	file이 문자 특수 파일(character special file)이라면
−d file	file이 디렉터리라면
−e file	file이 존재한다면
−f file	file이 일반 파일이라면
−g file	file이 SGID(set group id) 비트 집합을 가지고 있다면
−h file	file이 심볼릭 링크라면
−k file	file이 sticky bit 집합을 가지고 있다면
−L file	file이 심볼릭 링크라면
−p file	file이 이름이 있는 파이프라면
−r file	프로세스에서 file을 읽을 수 있다면
−S file	file이 소켓이라면
−s file	파일의 길이가 0이 아니라면
−t fd	fd가 터미널과 관련된 열려 있는 파일 디스크립터라면
−u file	file이 SUID(set user id) 비트 집합을 가지고 있다면
−w file	프로세스에서 file을 저장할 수 있다면
−x file	file을 실행할 수 있다면
문자열 연산자	
string	string이 널이 아니면
−n string	string이 널이 아니면(그리고 string은 test에서 볼 수 있어야 한다.)
−z string	string이 널이면(그리고 string은 test에서 볼 수 있어야 한다.)
$string_1$ = $string_2$	$string_1$이 $string_2$와 같다면
$string_1$!= $string_2$	$string_1$이 $string_2$와 같지 않다면

(이어짐)

정수 비교 연산자	
int_1 −eq int_2	int_1이 int_2와 같다면
int_1 −ge int_2	int_1이 int_2보다 같거나 크다면
int_1 −gt int_2	int_1이 int_2보다 크다면
int_1 −le int_2	int_1이 int_2보다 같거나 작다면
int_1 −lt int_2	int_1이 int_2보다 작다면
int_1 −ne int_2	int_1이 int_2보다 같지 않다면
불린 연산자	
! expr	expr이 FALSE면(TRUE를 리턴한다.)
$expr_1$ −a $expr_2$	$expr_1$이 TRUE고 $expr_2$가 TRUE라면
$expr_1$ −o $expr_2$	$expr_1$이 TRUE이거나 $expr_2$가 TRUE라면

times 커맨드

일반적인 형식: times

times 커맨드를 실행하면 모든 출력과 하위 프로세스에서 사용한 총시간을 표준 출력으로 기록한다. 두 개의 숫자, 즉 먼저 누적된 사용자 시간user time과 누적된 시스템 시간system time을 각각 출력한다.

times는 내장 커맨드에서 사용한 시간을 출력하지 않음에 유의한다.

예시

```
$ times              프로세스가 사용한 시간을 출력한다
1m5s 2m9s            사용자 시간은 1분 5초, 시스템 시간은 2분 9초
8m22.23s 6m22.01s    자식 프로세스가 사용한 시간
$
```

trap 커맨드

일반적인 형식: trap commands signals

trap 커맨드는 signals에 나열된 시그널 중 하나를 수신할 때마다 커맨드를 실행하도록 셸에 알린다. 나열된 시그널은 이름 또는 번호로 지정할 수 있다.

매개변수가 없는 trap은 현재의 트랩 할당 목록을 출력한다.

다음과 같이 첫 번째 매개변수가 널 문자열인 경우

trap "" signals

셸이 시그널을 수신할 때 signals의 시그널을 무시한다.

trap signals

위와 같은 형식을 사용하면 signals에 나열된 각 시그널 처리 작업이 기본 동작으로 재설정된다.

예시

trap "echo hangup >> $ERRFILE; exit" HUP   *HUP(hangup) 시그널을 받으면 로그 메시지가 출력되고 프로그램이 종료된다*

trap "rm $TMPFILE; exit" 1 2 15   *1, 2, 15 시그널을 받으면 $TMPFILE을 삭제한다*
trap "" 2   *인터럽트를 무시한다*
trap 2   *인터럽트의 기본 처리를 재설정한다*

표 A.12에서 시그널 목록으로 지정할 수 있는 값을 나열했다.

표 A.12 시그널 번호와 trap 이름

시그널 번호	시그널 이름	생성 이유
0	EXIT	셸에서 나갈 때
1	HUP	행업(hangup)
2	INT	인터럽트(예: Delete 키, Ctrl+c)
3	QUIT	종료(quit)
6	ABRT	종료(abort)
9	KILL	종료(kill)
14	ALRM	알람 타임아웃
15	TERM	소프트웨어 종료 시그널(기본적으로 kill에 의해 강제 종료됨)

trap 커맨드를 만나거나 나열된 시그널 중 하나를 다시 수신할 때 셸은 commands를 분석한다. 예를 들어 셸이 다음 커맨드를 만났을 때

```
trap "echo $count lines processed >> $LOGFILE; exit" HUP INT TERM
```

셸은 그 시점에서 count의 값을 대체하지만, 시그널 중 하나를 수신하면 count의 값을 대체하지 않는다. 대신 커맨드를 작은따옴표로 묶는다면 시그널 중 하나를 수신할 때 count의 값이 대체될 것이다.

true 커맨드

일반적인 형식: true

true 커맨드는 종료 상태 0을 리턴한다.

type 커맨드

일반적인 형식: type commands

type 커맨드는 표시된 커맨드에 대한 정보를 출력한다.

예시

```
$ type troff echo
troff is /usr/bin/troff
echo is a shell builtin
$
```

umask 커맨드

일반적인 형식: umask mask

umask는 기본 파일 생성 마스크를 mask로 설정한다. 이후에 생성되는 파일은 해당 마스크와 합쳐지고 파일의 모드를 결정한다.

매개변수가 없는 umask는 현재 마스크를 출력한다. -S 옵션을 사용하면 심볼 모드로 볼 수 있다.

예시

$ **umask**	*현재 마스크를 출력한다*
0002	*기타 사용자가 저장하지 못하게 한다*
$ **umask 022**	*또한 그룹 사용자가 저장하지 못하게 한다*
$	

unalias 커맨드

일반적인 형식: unalias names

names 앨리어스가 앨리어스 목록에서 삭제된다. -a 옵션은 모든 앨리어스를 삭제한다.

unset 커맨드

일반적인 형식: unset names

unset을 사용하면 셸은 names에 나열된 변수 또는 함수의 정의를 삭제한다. 읽기 전용 변수는 설정을 해제할 수 없다. unset의 -v 옵션 뒤에 변수 이름을 지정할 수 있고 -f 옵션 뒤에 함수 이름을 지정할 수 있다. 두 옵션 모두 사용하지 않으면 unset 커맨드 다음에 변수 이름이 온다고 가정한다.

예시

unset dblist files   *dblist와 files 변수의 정의를 삭제한다*

until 커맨드

일반적인 형식 :

```
until command_t
do
      command
      command
      ...
done
```

$command_t$가 실행된 후 $command_t$의 종료 상태를 확인한다. 해당 종료 상태가 0이 아니면, do와 done 사이에 있는 커맨드가 실행된다. 이어서 $command_t$가 다시 실행되고 $command_t$

의 종료 상태를 확인한다. 종료 상태가 0이 아니면 do와 done 사이의 커맨드가 다시 실행된다. command_t의 실행과 do와 done 사이의 커맨드 실행은 command_t가 종료 상태를 0으로 리턴할 때까지 계속되고 종료 상태가 0을 리턴하는 시점에 루프가 종료된다. 그리고 done 다음에 오는 커맨드가 실행될 것이다.

command_t가 루프에 진입할 때 즉시 평가되기 때문에 command_t 결과의 종료 상태가 처음부터 0을 리턴한다면 do와 done 사이의 커맨드는 전혀 실행되지 않을 것이다.

예시

```
# jack이 로그온할 때까지 60초를 기다린다
until who | grep jack > /dev/null
do
        sleep 60
done

echo jack has logged on
```

이전 루프에서 grep이 종료 상태 0을 리턴한 때까지 계속된다(즉, who 결과에서 jack을 찾음). grep의 종료 상태가 0이 되면 루프가 종료되고 루프 뒤의 echo 커맨드가 실행된다.

wait 커맨드

일반적인 형식: wait job

wait 커맨드를 사용하면 job으로 식별된 프로세스가 실행을 종료할 때까지 실행을 일시 중단한다. job은 프로세스 ID 또는 job_id가 될 수 있다. wait에 job이 주어지지 않으면 셸은 모든 하위 프로세스가 실행을 마칠 때까지 기다린다. 둘 이상의 프로세스 ID를 나열하지 않으면 wait가 완료될 때까지 대기한다.

wait는 실행을 위해 백그라운드로 보낸 프로세스의 종료를 기다릴 때 유용하다.

예시

```
sort large_file > sorted_file &     백그라운드에서 정렬한다
    ...                             작업이 계속 진행된다
wait                                이제 정렬이 완료될 때까지 기다린다
plotdata sorted_file
```

$! 변수는 백그라운드로 보낸 마지막 프로세스의 프로세스 ID를 얻는 데 사용할 수 있다.

while 커맨드

일반적인 형식:

```
while command_t
do
        command
        command
        ...
done
```

$command_t$가 실행되고 $command_t$의 종료 상태를 확인한다. $command_t$의 종료 값이 0이면 do 와 done 사이의 모든 커맨드가 실행된다. $command_t$가 다시 실행되고 $command_t$의 종료 상 태를 확인한다. $command_t$의 종료 상태가 0이라면 do와 done 사이의 커맨드가 다시 한 번 실행된다. $command_t$의 실행과 do와 done 사이의 커맨드 실행은 $command_t$가 0이 아닌 종료 상태를 리턴할 때까지 계속되고 0이 아닌 종료 상태를 리턴하는 시점에 루프가 종료된 다. 그리고 done 다음에 오는 커맨드가 실행될 것이다.

$command_t$가 루프에 진입할 때 즉시 평가되기 때문에 $command_t$ 결과의 종료 상태가 처 음부터 0이 아닌 값으로 리턴된다면 do와 done 사이의 커맨드는 전혀 실행되지 않을 것이다.

예시

```
# 버퍼에 공백 라인을 채운다

while [ $lines -le $maxlines ]
do
        echo >> $BUFFER
        lines=$((lines + 1))
done
```

추가 정보

유닉스, 리눅스, 맥 OS X 커맨드라인에 대한 많은 정보가 다양한 곳에 있지만, 우리는 셸 프로그래머에게 특별한 가치가 있는 제목과 웹사이트를 골라봤다. 모든 웹사이트와 URL 은 이 책의 발행 시점에 유효하지만, 인터넷에서 자주 볼 수 있는 것처럼 일부 URL은 이 책을 읽을 무렵에는 사용하지 못할 수도 있다.

여러분에게 꼭 필요한 한 가지가 있다. 그것은 여러분이 사용 중인 특별한 시스템의 문법 에 대한 자세한 설명과 각 커맨드의 다양한 옵션을 설명하는 내부 문서다.

온라인 문서

시스템 문서의 출력 버전을 사용할 수 없는 경우 man 커맨드를 사용해 특정 유닉스 커맨 드에 대한 정보('맨 페이지man page'라고 일컬음)를 얻을 수 있다. 형식은 다음과 같다.

```
man command
```

커맨드 이름을 정확히 모르는가? man -k는 우분투 리눅스의 예시처럼 특정 리눅스 또는 유닉스 커맨드를 찾는 데 도움을 줄 수 있다.

```
$ man -k dvd
brasero (1)            - Simple and easy to use CD/DVD burning application for ...
btcflash (8)           - firmware flash utility for BTC DRW1008 DVD+/-RW recorder.
dvd+rw-booktype (1)    - format DVD+-RW/-RAM disk with a logical format
dvd+rw-format (1)      - format DVD+-RW/-RAM disk
dvd+rw-mediainfo (1)   - display information about dvd drive and disk
```

```
dvd-ram-control (1)   - checks features of DVD-RAM discs
growisofs (1)         - combined genisoimage frontend/DVD recording program.
rpl8 (8)              - Firmware loader for DVD drives
$
```

일부 시스템에 info라는 대화식 문서 커맨드가 있다. info 커맨드를 호출하기 위해 간단히 info를 입력하고 시작한 후에 튜토리얼을 위해 h를 입력한다.

웹 문서

POSIX 표준에 대한 정보는 www.unix.org에서 볼 수 있다. 해당 웹사이트는 현재의 POSIX 사양을 만들기 위해 IEEE와 협력한 국제 컨소시엄인 The Open Group에서 관리한다. 전체 사양은 해당 웹사이트에서 볼 수 있다. 전체 사양을 읽으려면 먼저 등록해야 하지만 등록은 무료다. 문서에 접근하기 위한 URL은 www.unix.org/online.html이다.

자유 소프트웨어 재단Free Software Foundation은 다양한 리눅스 및 유닉스 유틸리티(특히 Bash와 C 컴파일러 포함)의 온라인 문서를 www.fsf.org/manual에 보관한다.

Korn 셸의 개발자인 데이빗 콘David Korn은 www.kornshell.com을 운영하고 있다. 여기서는 Korn 셸에 대한 문서, 다운로드, 책 정보를 비롯해 다른 셸들에 대한 정보 관련 링크가 제공된다.

여러분이 마이크로소프트 윈도우 시스템에만 접근할 수 있지만 셸 프로그래밍을 하고 싶거나 리눅스를 접하길 원한다면 www.cygwin.com에서 Cygwin 패키지를 설치하는 것이 좋다. 기본 시스템에는 Bash와 많은 다른 커맨드라인 유틸리티가 포함돼 있으므로 리눅스와 유닉스 같은 시스템을 제공한다. 무엇보다 Cygwin 패키지 전체는 무료로 다운로드해 사용할 수 있다.

책

오라일리 미디어

리눅스와 유닉스 관련 주제를 설명한 좋은 책들이 오라일리 미디어O'Reilly & Associates(www.ora.com) 출판사에 있다. 해당 출판사의 책들은 다양한 주제를 다루고 있으며 웹사이트, 온라인 서점 및 일반 서점에서 구할 수 있다. 오라일리 미디어 웹사이트에는 유닉스와 리눅스에 관한 유용한 기사가 많이 있다.

유닉스와 리눅스에 대한 좋은 참고 자료는 다음과 같다.

Unix in a Nutshell, 4th Edition, A. Robbins, O'Reilly & Associates, 2005.

Linux in a Nutshell, 6th Edition, E. Siever, S. Figgins, R. Love and A. Robbins, O'Reilly & Associates, 2009.

초급 내용부터 고급 내용까지 다룬 펄Perl 프로그래밍과 관련된 두 권의 훌륭한 책

Learning Perl, 6th Edition, R. L. Schwartz, B. Foy and T. Phoenix, O'Reilly & Associates, 2011.

Perl in a Nutshell, 2nd Edition, S. Spainhour, E. Siever, and N. Patwardhan, O'Reilly & Associates, 2002

awk와 sed의 POSIX 표준 버전과 GNU 버전을 다룬 좋은 책

Sed & Awk, 2nd Edition, D. Dougherty and A. Robbins, O'Reilly & Associates, 1997 (ISBN 978-1-56592-225-9).

맥 사용자의 관점에서 유닉스 커맨드라인에 대해 더 알고 싶은 부분이 있는가? 다음 책을 추천한다.

Learning Unix for OS X, D. Taylor, O'Reilly & Associates

피어슨

피어슨^{Pearson}의 다음 책들을 통해 유닉스 셸 프로그래밍의 필수 내용을 처음부터 배울 수 있다.

Sams Teach Yourself Shell Programming in 24 Hours, 2nd Edition, S. Veeraraghaven, Sams Publishing, 2002.

유닉스 시스템에서 C와 펄로 유닉스와 프로그래밍을 배우기에 좋은 책

Sams Teach Yourself Unix in 24 Hours, 5th Edition, D. Taylor, Sams Publishing, 2016.

다음 책은 FreeBSD와 견고하고 무료며 리눅스 대신 사용하는 유닉스에 대한 광범위한 주제를 제공한다. 또한 해당 운영체제에 대한 접근 방법을 상세히 설명하고 쉽게 찾아보기 어려운 좋은 정보를 제공한다.

FreeBSD Unleashed, 2nd Edition, M. Urban and B. Tiemann, Sams Publishing, 2003.

FreeBSD를 처음부터 배우길 바란다. 이 책은 FreeBSD를 위한 초급 튜토리얼이며, FreeBSD 운영체제의 모든 기능을 다룬다.

Sams Teach Yourself FreeBSD in 24 Hours, Michael Urban and Brian Tiemann, 2002.

The Unix C Shell Field Guide, G. Anderson and P. Anderson, Prentice Hall, 1986.

C 셸에 대해 매우 자세히 참조할 수 있다.

The AWK Programming Language, A. V. Aho, B. W. Kernighan, and P. J. Weinberger, Addison-Wesley, 1988.

awk를 만든 프로그래머가 저술한 책으로서 awk 언어를 매우 자세히 다룬다.

The Unix Programming Environment, B. W. Kernighan and R. Pike, Prentice Hall, 1984.

고급 유닉스 프로그래밍 책이다.

Advanced Linux Programming, M. Mitchell, J. Oldham, and A. Samuel, New Riders Publishing, 2001.

고급 리눅스 프로그래밍 책이다.

찾아보기

에이콘출판의 기틀을 마련하신 故 정완재 선생님 (1935-2004)

유닉스, 리눅스, OS X 환경에서 사용할 수 있는

셸 스크립트 프로그래밍 입문 4/e

발 행 | 2018년 1월 2일

지은이 | 스티븐 코찬 · 패트릭 우드
옮긴이 | 김 용 환

펴낸이 | 권 성 준
편집장 | 황 영 주
편 집 | 조 유 나
디자인 | 박 주 란

에이콘출판주식회사
서울특별시 양천구 국회대로 287 (목동)
전화 02-2653-7600, 팩스 02-2653-0433
www.acornpub.co.kr / editor@acornpub.co.kr

한국어판 © 에이콘출판주식회사, 2018, Printed in Korea.
ISBN 979-11-6175-100-9
ISBN 978-89-6077-103-1(세트)
http://www.acornpub.co.kr/book/shell-unix-linux-osx-4

이 도서의 국립중앙도서관 출판시도서목록(CIP)은 서지정보유통지원시스템 홈페이지(http://seoji.nl.go.kr)와
국가자료공동목록시스템(http://www.nl.go.kr/kolisnet)에서 이용하실 수 있습니다.(CIP제어번호: CIP201703933)

책값은 뒤표지에 있습니다.